真实与方法（三）

中国音乐考古学成果导读

贾伯男　王萍　孔义龙 ◎ 主编

文化艺术出版社
Culture and Art Publishing House

图书在版编目（CIP）数据

真实与方法. 三, 中国音乐考古学成果导读 /
贾伯男, 王萍, 孔义龙主编. —北京：文化艺术出版社,
2023.3
ISBN 978-7-5039-7369-7

Ⅰ.①真… Ⅱ.①贾… ②王… ③孔… Ⅲ.①音乐—
考古学—中国 Ⅳ.①K875.5

中国版本图书馆CIP数据核字（2022）第258246号

真实与方法（三）
——中国音乐考古学成果导读

主　　编	贾伯男　王　萍　孔义龙
责任编辑	贾　茜
责任校对	董　斌
书籍设计	姚雪媛
出版发行	文化艺术出版社
地　　址	北京市东城区东四八条52号（100700）
网　　址	www.caaph.com
电子邮箱	s@caaph.com
电　　话	（010）84057666（总编室）　84057667（办公室） 　　　　　84057696—84057699（发行部）
传　　真	（010）84057660（总编室）　84057670（办公室） 　　　　　84057690（发行部）
经　　销	新华书店
印　　刷	国英印务有限公司
版　　次	2023年12月第1版
印　　次	2023年12月第1次印刷
开　　本	710毫米×1000毫米　1/16
印　　张	23.75
字　　数	478千字
书　　号	ISBN 978-7-5039-7369-7
定　　价	98.00元

版权所有，侵权必究。如有印装错误，随时调换。

本书为国家哲学社科基金艺术学项目

（项目编号：21BD057）系列成果

指导委员会

王　红　王子初　王希丹　方建军
冯光生　朱国伟　陈　艳　罗艺峰
曹　林　隋　郁　韩宝强　訾　威

编辑委员会

主　编：

贾伯男　王　萍　孔义龙

编　委：

李予扬　袁萌萌　黄若昕

编者感言

近20年来，在中国音乐史学的分支学科中，中国音乐考古学成果丰硕，学科理论日趋完善，梯队建设十分健全，是学科意识最强、发展速度最快、对史学乃至音乐学推动最大、影响最广的学科。

针对中国音乐考古学如此丰硕的研究成果，我们尝试续编一部《成果导读》对近年来长期耕耘在这一领域的学术研究者的工作做出力所能及的简单回顾与梳理，既是为热爱和关心音乐考古学的学者、朋友，也是为我们自己。于是，我们采取了一种归纳法，从该交叉学科诸多领域的成果中归纳出四个方面，即"音乐器物的发现与实物材料的发布""成果的催生与思维的启迪""学科理论探究与学科研究方法""梯队建设与国外研究"构成《成果导读》的大框架。

为保证编撰的客观性、全面性及相对准确性，在编写过程中，我们曾向许多专家学者请教编撰方案，得到王子初先生、冯光生先生、方建军先生、罗艺峰先生、崔宪先生、韩宝强先生、项阳先生、秦序先生、李幼平先生、陈荃有先生、罗伯特·贝格利（Robert Bagley）、罗泰（Lothar von Falkenhausen）、陈艳女士、王清雷先生、任方冰先生、李宏锋先生、冯卓慧先生、王红女士等专家学者们的建设性意见，以及专家学者们提供的代表性成果的电子文本，为编撰带来了极大的便利。在此，我们要向他（她）们的关爱与支持表达最真挚的敬意与感谢！

我们编写的目的主要有三个：一是整合近年来中国音乐考古学的优秀成果，将该学科的基本特征与发展面貌分类型、分层次、分疏密浓淡地呈现在读者面前；二是通过呈现该学科各领域优秀的研究成果，展现前辈学者们卓越的成就，让大家领略到为该学科辛勤耕耘的学者们，特别是那些耗费毕生心血的前辈学者们的成果中绽放出来的科研精神；三是通过尽可能清晰的成果呈现，为关心、从事该学科的同人特别是初级研究工作者提供真实有效的引导。

在具体的方式方法上，考虑到各篇章内容的差异，我们还须做些简单说明。

1. 由于我们还不具备全面、高度评价很多成果的资格和水平，所以本书并未将评价作为编写的首要任务。我们的任务是尽可能多地呈现中国音乐考古学的优秀成果，特别是在原文或原著的呈现与评述之后，还通过"拓展"环节为大家提供阅读的通道与窗口，从而使该书真正具备"阅读"与"查找"的双重功能。

2. 从结构上讲，每篇的总体结构可概括为两部分，第一部分是"呈现原始的报道、论文或著作"，第二部分是"评述与拓展"。由于各篇涉及的领域不同，呈现的目的也不同，所以在表述上略有变化。

3. 在摘录各种代表性成果的观点时，当遇到原成果的探讨对象及论点与本书在本节中整体想要强调的论点略有偏差时，我们会摘录某些可能是原成果中非核心的论点。

4. 本书收录的论文出自不同时期的不同刊物，它们的格式、体例均不统一，且不同专家作者的文字表述习惯也不尽相同。为了尊重原文、尊重作者，我们并未按现代图书出版的编辑规范对原文做完全统一的修改，而是尽量保留原文的表述方式与基本格式。

5. 由于本书篇幅有限，我们对部分成果的内容进行了有选择性的摘录，并未呈现全文，并对原成果中的图片、表格进行了删减，若读者想更进一步了解相关内容，烦请参见成果原文。

6. 本书的每一篇所选成果均按照时间顺序排列，第一篇采用中国历史年代的排序方法，第二、三、四篇以作者出版或发表完成的时间为依据。

7. 由于近年来中国音乐考古学的发展使其在国际上拥有一席之地，得到了许多国外学者的广泛关注，因此在第四篇中筛选了部分国外学者的文章。

大家看得出来，我们的出发点和愿望是好的，但真正做起来才感觉水平非常有限，不够精准或详尽之处请大家谅解！

诚然，中国音乐考古学虽然走过了近90年的风雨，但真正有意义的学科建设在20世纪80年代方才开始，尤其是近20年的迅猛发展，无论是基础材料研究成果还是学科理论研究成果，都有快速的积累。在此人才梯队走向健全，研究领域逐渐细化、深化的欣欣向荣之际，此书及其中提到的论著所反映的只能算是学科发展过程的又一阶段性成果，未来中国音乐考古学将在哪些领域进行探索并推出怎样的成果无疑是前辈学者的期望，更是年轻学者们肩负的责任。

谨以此书献给曾为中国音乐考古学建起灯塔的引路者们！献给砌起该学科基石，立起它的大门，为学科大厦的耸起倾注毕生心血的跨世纪学科建设者们！献给在该学科各领域紧紧跟随、相互激励的新世纪青年学者们！

2021 年 7 月 21 日于广州

目录

第一篇　音乐器物的发现与实物材料的发布

第一章　兴隆洼—红山文化 / 3

　　第一节　出土情况 / 3

　　第二节　评述与拓展 / 8

第二章　陶寺遗址 / 11

　　第一节　发掘报告 / 11

　　第二节　评述与拓展 / 27

第三章　楚雄万家坝古墓群 / 42

　　第一节　发掘报告 / 42

　　第二节　评述与拓展 / 48

第四章　燕下都遗址 / 51

　　第一节　发掘报告 / 51

　　第二节　评述与拓展 / 68

第五章　萧皇后墓 / 72

　　第一节　发掘报告 / 72

　　第二节　评述与拓展 / 75

第二篇　成果的催生与思维的启迪

第一章　曾侯乙钟磬铭文乐学体系初探 / 83

　　第一节　原文 / 83

附论　释"穆""龢" / 110

　　第二节　评述与拓展 / 119

第二章　史前史—东周史 / 122

　　第一节　原文 / 122

　　第二节　评述与拓展 / 179

第三章　晚商铜铃辨析 / 184

　　第一节　原文 / 184

　　第二节　评述与拓展 / 205

第四章　石峁初音——音乐学、考古学与语言学结出的奇葩 / 208

　　第一节　原文 / 208

　　第二节　评述与拓展 / 229

第三篇　学科理论探究与学科研究方法

第一章　江苏盱眙大云山一号墓出土仿玉玻璃编磬的复原研究 / 235

　　第一节　原文 / 235

　　第二节　基本内容及意义 / 270

第二章　如何评测编钟的音乐性能 / 273

　　第一节　原文 / 273

　　第二节　基本内容及意义 / 282

第三章　音乐考古学研究：对象和方法 / 284

　　第一节　原文 / 284

　　第二节　基本内容及意义 / 290

第四章　从实验考古到实验音乐考古——概念、分类及国外研究综述 / 292

　　第一节　原文 / 292

　　第二节　基本内容 / 311

　　第三节　评述与相关成果研究 / 312

第四篇　梯队建设与国外研究

第一章　Suspended Music : Chime-Bells in the Culture of Bronze Age China / 315

　　第一节　引言及目录 / 315

　　第二节　评述与拓展 / 332

第二章　春秋许公墓青铜编钟研究 / 334

　　第一节　摘要、目录及结论 / 334

　　第二节　相关成果 / 340

第三章　集安高句丽墓壁画的音乐考古学研究 / 342

　　第一节　摘要、目录及结论 / 342

　　第二节　相关成果 / 348

第四章　两周越地青铜编钟研究 / 351

　　第一节　摘要、目录及结论 / 351

　　第二节　相关成果 / 360

第五章　西汉五弦筑研究 / 362

　　第一节　摘要、目录及结论 / 362

　　第二节　相关成果 / 367

第一篇

音乐器物的发现与实物材料的发布

第一章 兴隆洼—红山文化

第一节 出土情况

兴隆洼村隶属于内蒙古自治区赤峰市（原昭乌达盟）敖汉旗宝国吐乡。这里地处大凌河支流牤牛河上游，遗址在村东偏南1.3千米（直线距离，下同）低丘陵西缘上，高出附近地面约20米，西南坡下有泉水，东距今河道1.5千米。遗址所在岗地东高西低，西南坡有一种新发现的新石器文化遗存，发掘中编为A区；东北坡至西坡一带是红山文化遗址，编为B区，两区紧密相连。1983年，在A区发掘880平方米，内有7间房址、3个灰坑和一段围沟；出土自具特色的陶、石、骨器物群。1983—1986年，中国社会科学院考古研究所内蒙古工作队曾先后对此遗址进行过四次发掘，共清理房址60余间，获得了一批实物资料，并在1985年发表的简报中正式命名为"兴隆洼文化"。[1]

兴隆洼文化分布在西辽河地区，这一地区的古文化序列包括兴隆洼文化、赵宝沟文化、富河文化、红山文化、小河沿文化和夏家店下层文化，统称为红山诸文化。[2] 红山诸文化的起讫时间相当于中国的新石器时代早期至青铜时代中期，距今8000—3000年。

一、文化背景[3]

兴隆洼文化分布范围，东起医巫闾山，西逾大兴安岭，北过乌尔吉木河，东北至吉林省通榆，向南波及天津附近的冀东南一带。兴隆洼文化得名于1983—1984年对内蒙古敖汉旗宝国吐乡兴隆洼遗址的正式发掘。此后，经过大面积发掘且较为重要的相关遗址又有辽宁阜新查海、内蒙古林西县白音长汗、克什克腾旗南台子和兴隆洼遗址附近的兴隆沟。综合各地发掘材料，可以观察到这几处古文化遗存的年代接近，内涵大体相同，应属同一种考古学文化。其相互之间的差异，可以看作兴隆洼文化在不同时段、不同地域的不同发展面貌。

兴隆洼文化生存的年代，处于公元前6200—前5400年这一时间范围之内，与中原的华北地区发现于黄河中上游一带的老官台文化（公元前6000—前5000）、发

---

[1] 参见杨虎、朱延平、孔昭宸等《内蒙古敖汉旗兴隆洼遗址发掘简报》，《考古》1985年第10期。
[2] 参见莫尔吉胡《考察的惊喜》，《中国音乐》2000年第2期。
[3] 参见田广林《中国北方西辽河地区的文明起源》，博士学位论文，东北师范大学，2003年。

现于黄河中游一带的裴李岗文化（前6200—前5500）和磁山文化（前6100—前5600）、发现于黄河下游一带的后李文化（前6000—前5000）基本相当。兴隆洼文化经历了近千年时间的发展后，趋于衰落。在这种背景下，邻境地区，特别是中原地区的某些文化因素趁机渗入，从而导致了文化上的交流、撞击、裂变与重新整合，结果是赵宝沟文化、富河文化、红山文化相继出现，西辽河地区的古文化发展由此进入了一个新的历史发展时期。

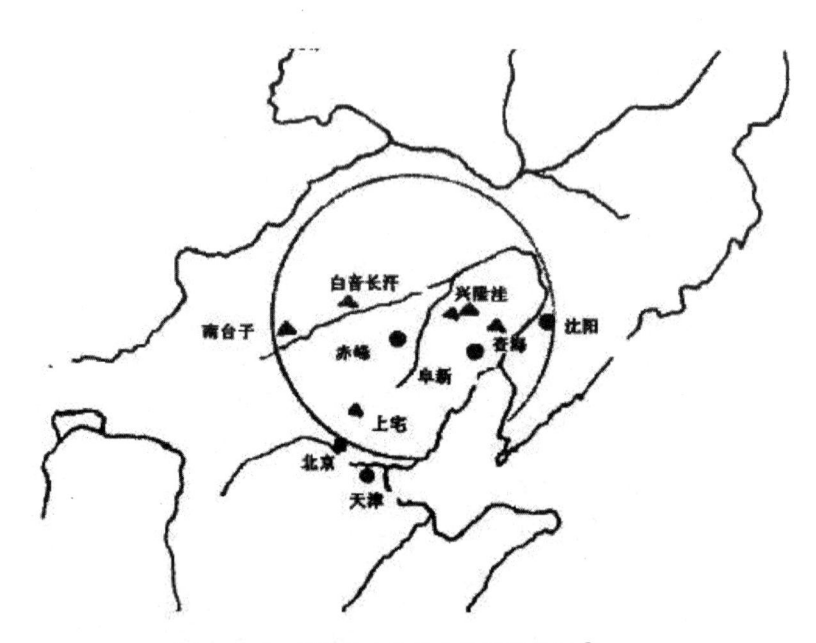

图 1-1-1　兴隆洼文化分布范围示意图[①]

红山文化于1935年发现于内蒙古赤峰市红山后遗址，1955年获得正式命名。这是一种年代与仰韶文化大体相当，发展水平也基本接近的新石器时代晚期至铜石并用时代的考古学文化，因此被视为该区的代表性文化遗存。半个多世纪以来，越来越多的同类遗存被识别和发现，目前见于公开报道的遗址和墓葬有百余处，实际上存在的红山文化遗存远远不止这个数字。在20世纪末的文物普查中，仅内蒙古赤峰市敖汉一旗境内，便发现红山文化遗存502处，平均每16平方千米便有一处。红山文化的分布范围，以西拉木伦河、老哈河和大凌河流域为中心地带，东逾阜新、西至张家口、北过奈曼、南至锦承铁路沿线。其生存的绝对年代，在公元前4710—前

[①] 参见田广林《中国北方西辽河地区的文明起源》，博士学位论文，东北师范大学，2003年，原文图 2-1。

2920年。在兴隆洼文化衰落之后，红山文化兴起之前，在本区南部生存的考古学文化是赵宝沟文化，在北部则是富河文化。红山文化出现后，逐渐把其势力推向本区全境。这三种考古学文化都属兴隆洼文化在本区的延续。许多迹象表明，这一时期的红山文化曾经与赵宝沟文化和富河文化交错并存，赵宝沟文化衰落之后，红山文化在本区取得了支配地位。

二、相关研究[①]

兴隆洼骨笛在1986年对兴隆洼文化的第三次大规模发掘时，出土于F166号房址的墓葬中。F166号房址位于聚落中部，房址平面呈长方形。半地穴式建筑，东北、西北和东南侧穴壁较直，西南侧穴壁微外弧。壁面为黄褐色生土，未见特殊加工痕迹。室内面积约为52.21平方米。房址居住面通体砸实，呈灰褐、灰白色，较坚硬，灶址基本位于房址中部，室内共发现4个柱洞，居住面上遗物较多。F166号房址有室内窖穴2座（K120、H308），均开口于房址第二层堆积下，乃打破居住面及生土开通的。位于房址东北部的M134号居室墓葬，东北侧穴壁紧靠房址的东北侧中段内侧。开口于房址居住面下，打破生土。兴隆洼骨笛不随葬于M134墓主人身侧，但是与墓主人有着密切关系。可以肯定，只有墓主人生前拥有特殊地位才有可能被安放于居室内，故可认为F166是M134墓主人的祭祀场地，即F166地层堆积所包含的遗物以及F166居住面遗物均为随葬和祭祀遗物。遗物出现在地层堆积、居住面，是后人在不同时期对墓主人在埋葬、祭奠时的物化反映。经研究测定，确认兴隆洼骨笛是用猫头鹰的翅膀骨做成的。骨质骨壁较轻薄，两端腐朽烂坏，中间完好，有5个单钻圆形穿孔，孔径2.8—3.8毫米不等，其中下面有四个等距为一组，上面一个偏远。骨笛残长170毫米，一端呈喇叭状，直径60毫米，另一端呈扁圆状，直径35毫米，骨笛壁厚2.3毫米，直径最小处19毫米。通过测音研究表明，其能够准确奏出一个八度内的七个基本音级，并能发出四种音列。这是目前我国北方地区发现最早的，音律最准、音孔最多的骨质笛乐器，有完整的七声音阶。

红山骨笛，为1994年内蒙古赤峰市松山区初头朗乡三座店村农民在植树造林时发现，距今约5500年，属于红山文化时期，为少见的五孔骨笛。骨笛呈深黄色，用飞禽类的肢骨制成，已钙化成石质。骨笛长约15厘米，外径0.7厘米至1.5厘米，其上有等距离的5个音孔，音孔直径约0.3厘米，在底端处还有两个约0.2厘米相对的小孔。红山骨笛由上一孔至下五孔，发音顺序为D、E、G、A、C五个音级。音阶为大二度小三度关系。为8000年骨笛的传承又寻找到一条链条。

[①] 参见席永杰《从考古新材料看西辽河流域古代科技发展水平》，《赤峰学院学报（汉文哲学社会科学版）》2008年第S1期。

三、出土乐器

兴隆洼骨笛，1986年出土于内蒙古自治区敖汉旗宝国吐乡兴隆洼村，距今约8000年，属于兴隆洼文化时期。经研究测定，确认兴隆洼骨笛是由猫头鹰的翅膀骨制成的。兴隆洼骨笛可以准确奏出一个八度内的七个基本音阶，并能发出四种音列。这是目前我国北方地区发现最早、音律最准、音孔最多的骨质笛乐器。

四、乐器图片

（一）兴隆洼骨笛

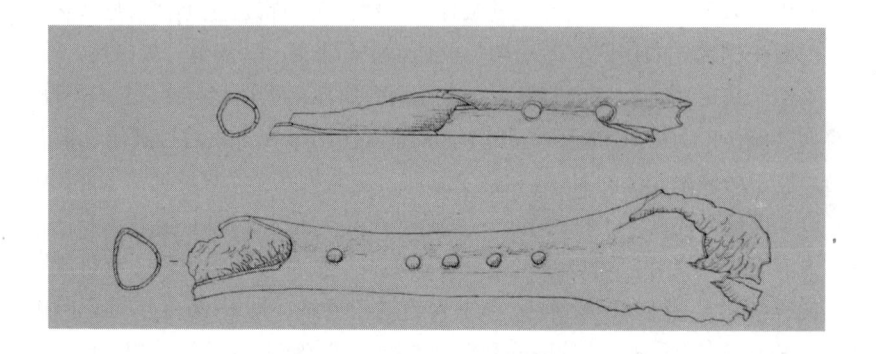

图 1-1-2　F166 骨笛手绘草图[①]

图 1-1-3　兴隆洼骨笛图[②]

---

① 参见席永杰《从考古新材料看西辽河流域古代科技发展水平》，《赤峰学院学报（汉文哲学社会科学版）》2008 年第 S1 期，原文图 7。
② 参见席永杰、张国强、杨国庆《内蒙古敖汉旗兴隆洼文化八千年前骨笛研究》，《北方文物》2011 年第 1 期，原文图 1。

图 1-1-4　骨笛复原图[①]

(二) 红山骨笛

图 1-1-5[②]

(三) 德辅博物馆馆藏兴隆洼文化骨笛国家一级文物 (德辅博物馆拍摄)

图 1-1-6[③]

[①] 参见孙孝良《骨笛神韵——8000 年前骨笛研究》,《赤峰学院学报 (汉文哲学社会科学版)》2015 年第 7 期,原文图 1。
[②] 参见《红山文化时期骨笛》,微信公众号"乐胡之光",2020 年 5 月 23 日。
[③] 参见王冬力《八千年石埙的发现及史前礼乐之器初探》,《乐府新声 (沈阳音乐学院学报)》2019 年第 4 期,原文图 12。

第二节　评述与拓展

一、相关音乐内容与评述

兴隆洼骨笛，1986 年出土于兴隆洼文化第三次大规模发掘中。红山骨笛，1994 年农民在植树造林时发现于内蒙古自治区赤峰市松山区初头朗乡三座店村。二者皆暂无相关发掘简报。席永杰、张国强、杨国庆的《内蒙古敖汉旗兴隆洼文化八千年前骨笛研究》一文，对兴隆洼骨笛进行了详细的研究。

《内蒙古敖汉旗兴隆洼文化八千年前骨笛研究》发表在《北方文物》2011 年第 1 期上。论文共 2 页，内附插图一幅，图为兴隆洼文化 F166 骨笛手绘草图。

全文正文分为四个部分：

第一部分——骨笛出土的基本情况。记述了兴隆洼骨笛出土时的地理环境概况，以及周遭的声音景观。

第二部分——骨笛制作与修复。经研究确认骨笛为猫头鹰的翅膀骨做成，并对骨笛的形制数据以及运用化学方式对骨笛的复原进行了描述。

第三部分——骨笛测音及发声规律。采用竖笛吹法，对骨笛进行了测音研究，并附上测音数据。证明骨笛能准确奏出一个八度音域内的七个基本音级，并能发出四种音列。

第四部分——骨笛研究结论。作者对兴隆洼骨笛研究后得出了结论：兴隆洼 F166 房址骨笛是中国远古时期最早的乐器之一；此笛的发现把中国音乐和乐器制作史提前了 3000 年；此笛证明古代的音乐从诞生那天起就是七音调式；此笛证明了西辽河地区是中国音乐的故乡之一。

评述：《内蒙古敖汉旗兴隆洼文化八千年前骨笛研究》一文，提供了兴隆洼骨笛的出土情况、制作复原、测音研究等可靠翔实的资料。最重要的是兴隆洼骨笛距今约 8000 年，为猫头鹰的翅膀骨制成，该笛年代与河南舞阳贾湖骨笛相近，而地域却相隔甚远。这说明 8000 年前西辽河地区已经产生了复杂的音乐情况，使得该地区的音乐历史向前推进了 3000 年，为该地区的音乐考古以及相关学科的研究提供了宝贵的资料并开拓了更广阔的研究空间。

二、相关报道

1. "中国红山文化"博客：《人类最早的笛子——兴隆洼骨笛》，2009 年 4 月 19 日，http://blog.sina.com.cn/s/blog_517848220100cvk0.html。

2. 席永杰：《从考古新材料看西辽河流域古代科技发展水平》，《赤峰学院学报

（汉文哲学社会科学版）》2008年第S1期。

3. 中国红山文化的博客：《红山文化骨笛》，2009年4月21日，http://blog.sina.com.cn/s/blog_517848220100cvk9.html。

4. 郝凤亮：《红山文化的五孔骨箫》，《乐器》2000年第5期。

三、出土文物的音乐学意义

（一）兴隆洼骨笛

席永杰：先民们在漫长的原始社会中创造了原始音乐，它是劳动人民集体智慧和劳动实践的结晶。原始音乐由声乐和器乐组成，声乐是为协调劳动时的工作和减轻疲劳而创作的劳动号子，而器乐则是出于狩猎需要，逐步完善发展成器。同时，器乐一方面是为休闲、伴奏，如果从宗教的意义上理解，它也是宗教祭祀活动的重要内容。考古学文化研究证明，红山文化是承继了兴隆洼文化的先进因素在本地域成长出来的原住民文化，那么，在音乐方面也有传承关系。兴隆洼的骨笛，开创了中国乐器制作史的先河。[①]

席永杰、张国强、杨国庆：这支骨笛发现对古籍和古代音乐理论的认识也是一个冲击，传统音乐理论认为，古之音律为五音调式，即"角、徵、宫、商、羽"，而这支骨笛能演奏七音调式，证明古代的音乐从它诞生那天起就是七音调式。

这支骨笛的出土和对它成功的测音，证明了西辽河地区是中国音乐故乡之一。[②]

孙孝良：兴隆洼文化遗址出土的这支骨笛，经专家鉴定研究、修复、测音、演奏，证明了它是中国最早的乐器之一。中国音乐史的研究资料表明，1987年8月，在河南舞阳县贾湖遗址出土的骨笛，迄今已有8000年，为世界上年代最早、保存最完整、出土个数最多且能演奏的乐器实物。而出土于内蒙古敖汉旗境内兴隆洼文化遗址的这支骨笛，距今同样有8000年，说明西辽河流域的敖汉旗兴隆洼文化遗址同样是中国音乐和乐器的故乡，是东北亚地区最早产生音乐的地方。

兴隆洼文化遗址出土的这支骨笛，具有一个八度的音域，不但能吹奏自然七声音阶，而且能吹奏七声雅乐音阶。……证明了8000年前中国不仅有五声音阶、六声音阶还有七声音阶，把中国七声音阶的历史提前到了8000年前。[③]

石琳、张国强：兴隆洼文化的骨笛是目前东北地区发现最早的、音律最准、音孔最多的骨质笛乐器，有完整的七个音阶，表明早在约8000年前，我们的先民就已

---

① 参见席永杰《从考古新材料看西辽河流域古代科技发展水平》，《赤峰学院学报（汉文哲学社会科学版）》2008年第S1期。
② 参见席永杰、张国强、杨国庆《内蒙古敖汉旗兴隆洼文化八千年前骨笛研究》，《北方文物》2011年第1期。
③ 参见孙孝良《骨笛神韵——8000年前骨笛研究》，《赤峰学院学报（汉文哲学社会科学版）》2015年第7期。

经认识和掌握了乐器的制作技术。同时，兴隆洼文化骨笛的发现，使我们从更深层次认识到，它的主人是史前东北亚巫文化中的一个代表人物，这为我们研究史前东北亚地区的巫术文化增添了新的史料。①

（二）红山骨笛

赵益健： 作为原始乐器最重要的载体——骨笛和骨哨，由于特殊原因被保存下来，显得尤为珍贵。在当时的物物交换中，原始的加工工艺下，制造的骨笛、骨哨是很珍贵的。特别是因为某些丧葬条件，在特殊的埋葬环境下，某些骨笛、骨哨出现部分玉化现象，就像木化石那样，由骨头玉化成石头，显得更是稀少。这些骨笛、骨哨在探索史前文明过程中的地位是相当突出的，它的出现和延续发展，说明了史前人类对乐器的使用是从简单到复杂、从初级到高级发展的。红山骨笛和骨哨的出现，不仅仅是红山文化出现音乐文明的见证，更是当时社会文明水平的发展标志，持有者具有某种特殊的身份。当时的原始人类，除了考虑一些基本的物质需求以外，还有一些精神上的追求和超自然的追求，这也是宗教的起源。②

四、相关研究成果

1. 郝凤亮：《红山文化的五孔骨箫》，《乐器》2000 年第 5 期。

2. 席永杰：《从考古新材料看西辽河流域古代科技发展水平》，《赤峰学院学报（汉文哲学社会科学版）》2008 年第 S1 期。

3. 席永杰、张国强：《完善理论求实创新——对西辽河地区史前科技发展水平研究的思考》，《赤峰学院学报（汉文哲学社会科学版）》2010 年第 1 期。

4. 席永杰、张国强、杨国庆：《内蒙古敖汉旗兴隆洼文化八千年前骨笛研究》，《北方文物》2011 年第 1 期。

5. 孙孝良：《骨笛神韵——8000 年前骨笛研究》，《赤峰学院学报（汉文哲学社会科学版）》2015 年第 7 期。

6. 石琳、张国强：《兴隆洼文化、骨笛及巫文化研究》，《赤峰学院学报（汉文哲学社会科学版）》2016 年第 12 期。

7. 赵益健：《红山骨笛和骨哨》，《文物鉴定与鉴赏》2018 年第 7 期。

---

① 参见石琳、张国强《兴隆洼文化、骨笛及巫文化研究》，《赤峰学院学报（汉文哲学社会科学版）》2016 年第 12 期。

② 参见赵益健《红山骨笛和骨哨》，《文物鉴定与鉴赏》2018 年第 7 期。

第二章　陶寺遗址

第一节　发掘报告

节选自中国社会科学院考古研究所、山西省临汾市文物局

《襄汾陶寺：1978—1985年考古发掘报告》

——文物出版社2015年版

陶寺遗址，位于山西省襄汾县陶寺村附近，属国家级重点文物保护单位。遗址面积400余万平方米，规模巨大，内涵极为丰富，包括庙底沟二期文化（指该文化的较早阶段，前2800—前2700）和陶寺文化（前2400—前1900，曾称"中原龙山文化陶寺类型"）两种史前遗存，以后者为主。1978—1985年，由中国社会科学院考古研究所山西工作队与山西省临汾行署文化局联合组队进行大规模发掘。

构成遗址主体的陶寺文化，可分早、中、晚三期，各期的年代跨度在一二百年间。其早期处于我国历史上的尧、舜时期，晚期已进入夏代纪年范围。如遗址的规模和内涵所显示，这是一处已进入早期文明社会的具有方国都城性质的中心聚邑。从年代和古史地望分析，学者一般推测其为陶唐氏遗存；由于遗址恰又处在晋西南"夏墟"的腹心地带，或认为与探索先夏和夏代早期的历史相关。在中国文明起源研究和重建我国上古信史的巨大工程中，陶寺遗址和陶寺文化占有的重要地位，已为学术界所公认。

一、遗址即出土乐器墓葬概况

（一）遗址概况

对遗址范围有一个认识过程，1963年调查时分为陶寺、中梁、李庄和沟西四处遗址。1973年复查时，提出陶寺村南、李庄东南与中梁村北村东属于同一遗址。1978年发掘初期，发现遗址范围向东南可扩展至东坡沟村西、村北；其后又经反复勘察，发现中梁村和沟西村周围、东坡沟村东北也属陶寺遗址分布范围。至1987年考古队撤离陶寺村前，还做过两次勘验。我们最终得到以下认识：陶寺遗址范围并不方正，东南部和中部近似不规则长方形，西北部则近似不规则梯形，其四至为：

东南界在东坡沟村东北，西北界在李庄村南"南河"的南岸，东北界在贯穿陶寺村南部的"南河"河谷南岸，西南界止于中梁沟（图1-1，略）。中梁沟是一条发源于塔儿山主峰南侧毛家岭山前的季节河，宽150—300米（沟西、中梁村旁河宽180—220米），河谷深四五十米，河床中的砾石有的直径可达1米，看出曾有过很大水量。20世纪70年代春、秋季还有流水，这应当是陶寺遗址边缘的一条自然界线。中梁至沟西村一带河岸暴露的文化遗迹，应是水土流失、河岸垮塌的结果。

2000年以后，在遗址范围内发现陶寺文化古城遗址，面积达280万平方米，从而使我们原先对遗址范围的判断得到验证。20世纪80年代勘定的范围包括了城址外围（主要涉及西北侧）的有关遗存，据发掘期间实测1∶5000地形图，遗址东南—西北向纵轴长3300米；东北—西南向的宽度不一，西北端窄，东南端宽，自西北端风水塔处起算，沿纵轴每200米测一次宽度，得16个宽度数据，依次为600米、900米、1000米、1150米、1200米、1450米、1350米、1330米、1350米、1400米、1500米、1450米、1600米、1800米、1750米、1500米，平均宽度1333.125米。据以上纵向长度和横向平均宽度计算，遗址总面积可概算为440万平方米（3300米×1333米=4398900平方米）。

（二）墓葬概况

1. 陶寺文化居住址

据勘察，陶寺文化先民居住址分布于遗址内Ⅰ、Ⅱ、Ⅲ、Ⅳ、Ⅴ各区，在墓葬区西北部边缘地带也存在少量陶寺文化居住遗迹（详见《报告》第四章）。如《报告》第一章所述，经1978—1985年在Ⅰ、Ⅱ区的试掘和Ⅲ、Ⅴ区较大面积的发掘，居住址累积发掘面积2100平方米，收获相当丰富。

在上述发掘范围内，普遍发现陶寺文化遗存（Ⅲ区的陶寺文化层下，还存在庙底沟二期文化遗存，详见《报告》第二章），包括：第Ⅲ区第4层诸小层、第3-Ⅰ-A和3-Ⅰ-B层第3层诸小层为代表的陶寺文化早、中、晚期文化层；陶寺文化先民建造和使用的各种生产、生活设施遗迹，包括窑洞式半地穴式和地面起建的居室建筑、水井、陶窑、石灰窑、窖穴与灰坑、灰沟、小型墓葬等遗迹单位200有余，陶、石、骨、蚌质生产工具、生活用具、乐器、装饰品、玩具、卜骨等各类标本1560余件。其中，以陶器最为丰富，获得陶容器（含完整器、复原器和器形特征明确的残器）和其他陶质器具（非容器）标本760余件，陶器碎片1700余筐，片数以数十万计。最重要的发现还有以陶扁壶为载体的朱书文字。

综观以上发现，对于揭示陶寺文化面貌、特征、发展水平，认识这支史前文化本身发展的连续性和阶段性、它同周邻区系文化的交流与相互影响，提供了基础性资料。

2. 陶寺文化墓地

在陶寺遗址范围内曾发现或大或小数处墓葬区，1978—1985 年连续发掘的墓地是其中面积最大、埋葬最密集、使用时间也最长的一处。墓地位于陶寺遗址东南隅，具体地说，在东坡沟村西北"南沟"沟头与"赵王沟"之间（参见图 1-1，略）。据地面勘察和钻探东西 200—250 米，南北约 200 米，面积在 40000 平方米以上。除北部和西北部边缘地带同居住址文化堆积有交错现象，墓地范围内绝大部分未见文化层或灰坑等类遗迹，墓地大多直接叠压在耕土或近、现代梯田垫土下面。

为便于控制，我们将墓地规划为三个发掘区，自东而西，依次编为Ⅰ、Ⅱ、Ⅲ区。居中的Ⅱ区东西宽度为 100 米，Ⅰ、Ⅲ区的宽度不超过 100 米，南北向可根据发掘需要延伸。探方号和墓号按四位数编排其千位数与发掘区编号一致。考虑到向四方延展的需要，预先对各区探方号做出安排（图 4-1，略）；每区内的墓号则基本是按墓的先后发掘顺序编排，如Ⅰ区自 M1001 始，Ⅱ区的墓自 M2001 始，Ⅲ区的墓自 M3001 始，往下顺编。

这处墓地发现于 1978 年春陶寺遗址发掘之初，当年秋季正式发掘。至 1985 年夏，经过 14 个季度的田野工作。在Ⅰ区北部（即"南沟"沟头附近）相邻的四处开 25 米×5 米、10 米×10 米、5 米×10 米探方各 1 个，5 米×5 米探方 14 个，3 米×5 米探方 1 个，由于有的探方未打隔梁，而 T1201、T1202 等探方则根据需要屡屡扩方，实际发掘面积 693.26 平方米。发现 476 座墓，除大部压在探方外的 42 座未做清理，发掘了 434 座［图 4-2（见第二册封三附页）、4-3、4-4，略］。在Ⅱ、Ⅲ区中部连片开 10 米×10 米探方 32 个，10 米×9 米探方 12 个，9 米×9 米探方 1 个（后两种是沿发掘范围东北边缘，未打东、北隔梁所致），除现代茔地及柿树占地，实际发掘面积 4233.5 平方米。在属于Ⅱ区的 25 个探方内，发现 422 座墓，发掘 403 座；属于Ⅲ区的 20 个探方内，发现 481 座墓，发掘 472 座［（图 4-5（见第三册封三附页），图版一五一——一五三，彩版四，略］。

墓地Ⅰ、Ⅱ、Ⅲ区合计发掘面积 4926.76 平方米，共发现墓葬 1379 座，除大部分压在发掘范围外的 70 座未予清理，实际发掘 1309 座。另Ⅱ、Ⅲ区内金、元墓 4 座、清代墓 1 座、近代墓 7 座未计在内。

根据一部分墓葬与居住址文化层，灰坑的叠压，打破关系，随葬陶器、石器、骨器与居址日用器间有多种相同或近似的器形，以及墓葬 14C 年代数据同居址放射性碳素年代互相对应等方面，可以确认：这片规模庞大的墓地是陶寺文化先民的埋葬区，它的使用年代大致同陶寺文化居住址相始终。

依随葬陶器组合和器形的演变，早期墓可区分出连续的五组，其第一组的年代大致与陶寺文化居住址早期一组相当；第二至第五组则大体包括在居址早期二组的年代范围内；晚期陶器墓及叠压在陶寺文化居址晚期文化层、灰坑之间的墓，填土中含有居址晚期陶片的墓，还有一些打破上述晚期墓的墓，其年代相当于居住址晚期二组（详见《报告》第几章第四节）。

墓圹形制大都是长方形土坑竖穴，有的发现二层台、壁龛和脚窝。死者除个别是儿童外，基本上是成年人的单人葬。葬式以仰身直肢为主，大多头向东南（120°—140°居多）。少数有木棺，一部分用丝、麻织物、麻类编结物、编织物或植物茎秆编联物、草类等殓尸。在已发掘的1309座墓中，随葬陶器的只有42座。96%以上的墓不用陶器，是这批墓葬的显著特点之一。因此也给墓地分期带来极大的困难。

早期和期属不明的200多座墓，有相当整齐的排列，每排数座至数十座不等；陶寺文化居址晚期二组的墓，有的仍保留着横排，但每排墓数明显减少，另有一部分形成穴位错落而相对集中的小型群组。

墓的规模和内涵差别十分明显。据初步研究，分成六大类，其中一类又分甲、乙型；二类又分甲、乙、丙、丁型；三类又分为甲、乙、丙型；四、五、六类未再分型。墓葬规格多层次的分化清晰地表现出墓主生前社会地位及财富的差别。一类大型墓只有6座，仅占墓葬总数的0.4%；只有极少随葬品或既无葬具、尸殓又无随葬品的五、六类小墓占80%以上。

由于在五六百年间集中使用同一片墓地，墓的密度极高，尤以墓地北部为甚。在I区北部已发掘的690平方米范围内发现墓葬476座，平均每平方米葬入0.7座；探方T1201北半部的50平方米内有墓71座，平均每平方米1.42座。在同一地点长期重复葬入的结果是墓群间出现了繁复的叠压、打破关系。后葬的墓往往破坏好几座先前的墓，例如M1228打破7座墓、M1817则被9座墓打破、M1644被3座墓打破，而它又打破5座更早些的墓。个别的墓，如M1240竟完全坐落在较早的M1270墓圹内。在发掘范围内，共发现打破关系160组，涉及1088座墓，占发现墓葬总数1379座的78.9%（在I区发掘范围内则占到92.6%）。一组打破关系少则两座墓，多则十几座、几十座至上百座墓，最多的一组涉及185座墓。遗迹间存在如此复杂的叠压、打破关系，在中国考古学史上尚无先例。被打破的墓遭到不同程度的破坏；其中有的仅存上半或下半，有的仅余一角；墓圹填土中有的扰有先葬墓的零乱尸骨，或可至三五个个体，有的扰进先葬墓的随葬品；再加上填土往往经过多次翻动，各墓内填土的土质、土色相近，密如网罗交错的墓圹很难辨识，在很大程度上增加了发掘工作的难度。由于我们坚持田野工作规范和作业精细化方针，从而探索出一套平剖面相结合的缜密工作方法，终于破解了上述难题，保证了发掘的科学性。同时，还对较典型的葬具和殓尸遗迹做了剔剥、解剖、测绘与记录；提取出上百件朱绘、彩绘木器标本，取得重要收获。

墓地处于塔儿山余脉山麓下、自东南向西北缓慢倾斜的坡地上，由于历年整修梯田、截坡取土，地表已非原貌，古墓群又因此遭到严重破坏，梯田堰边断面上暴露有大量被破坏的墓。

Ⅱ、Ⅲ区内还出现因取土，古墓葬被彻底破坏而形成的大片空白地带，保留下来的墓大多失去原来的墓口。从种种迹象推断，大、中型墓原来可能大多有二层台，而目前见到的只是二层台下的墓室部分，有幸保存二层台的只有4座，其中的2座仅余残迹。

墓中出土陶器311件，(漆)木器156件（内器形可辨者117件），铜器1件，玉、石器815件（组）(含1019个单件，另有绿松石镶嵌饰片950余枚），骨、蚌、牙357件（组）(含2804个单件），家畜及其他动物578个个体（内猪下颌骨562个个体），合计2218件（组），包括单件5800有余。随葬品中，鼍鼓、特磬、土鼓，蟠龙纹陶盘和成组的彩绘陶器，案、俎、盘、豆等成组朱绘或彩绘（漆）木器、铜铃等，都是极具珍贵价值的历史文物。

二、随葬品的分布

（一）陶寺文化居住址

在居住址发掘中，以Ⅲ区揭露面积最大，共开探方66个，发掘面积1500余平方米。发掘范围内文化堆积厚度一般在3—5米，发现窑洞式和半地穴式居室25座、水井2座、陶窑6座、石灰窑1座、灰坑170座、墓葬28座、瓮棺葬1座（图1-2，略），包括庙底沟二期文化和陶寺文化两种遗存，后者又含有连续的不同发展阶段，可分为早中晚三期，每期中又可细分为前、后两组（关于陶寺文化分期，详见《报告》第三章第四节）。文化层和不同时段的各类遗迹之间，存在繁复的叠压、打破关系（图1-2，略）。

经发掘，得知当地堆积层次自上而下依次是：第1层是当代耕土层。第2层是遗址内普遍存在的扰乱层，多数属于整修梯田时的垫土。其下，是史前文化堆积。因此前经过对居住址Ⅰ区、Ⅱ区的试掘和Ⅴ区的发掘，已大致掌握陶寺文化从早至晚文化面貌的特点和演变脉络。1983—1984年在田区发掘时可较自觉地对照出土遗物（主要是陶器）所表现的面貌特征、期别归属来规划文化层编号次序。第3层（按土质土色的不同和上下叠压关系，又细分为3A、3B、3C、3D诸小层，总称第3层）为陶寺晚期文化堆积；3-Ⅰ层（含3-Ⅰ-A和3-Ⅰ-B）为陶寺中期文化堆积。第4层（按土质、土色和上下叠压关系细分为4、4A、4B、4C、4D……诸小层）属陶寺早期文化堆积。第5层（按土质、土色和上下叠压关系细分为5、5A、5B、5C、5D诸小层）属庙底沟二期文化堆积。上述第3—5层中按土质、土色划分出的A、B、C、D诸小层依照叠压关系应相对有早晚，唯有小层很薄，包含物多少不能作为一期当中再分段的依据。在一期中再分出有早晚关系的一组、二组（"组"即相当于

"段"的概念），则主要是依据地层关系明确、包含物丰富的典型单位来完成的。

（二）陶寺文化墓地

一类甲型墓

……

1. M3072

M3072 位于 T3011 中部，其左侧为 M3073，两墓并列，间距 22 米。该墓跨在两阶梯田之间，偏头端一半在上阶梯田，叠压在 3B 层下；偏足端一半在下一阶梯田，直接叠压在耕土层下，墓口距地表仅深 0.34 米。

这座墓头端和中部被扰坑 H3013 彻底毁坏。H3013 平面形状近似椭圆而不规则，口大底小，坑壁呈弧形下收，底部近沟槽状直取墓底中部，甚至深及墓底以下 10 余厘米生土中，墓室左侧近足端又被晚期坑 H3015 打破。现存墓口残长 0.8 米，墓底右侧残长 2.8 米、左侧残长 2.2 米、宽 2.18 米。墓室足端右侧未被扰坑破坏，但其上部临近梯田堰根，是平整梯田时取土最多的地方，存深 144 米。据墓底复原，中线朝向 150°（图 4–29、图 4–31，略）。

偏右侧足端保存着原下葬时的迹象：顺足端墓壁横置木俎 1 件，俎上并列 2 件彩绘木匣（应是古文献中置于俎上的"房"），俎前侧有椭圆形大陶斝 1 件、折腹斝 1 件、大型木豆 1 件、蟠龙纹陶盘 1 件，8 号木匣旁有石厨刀 1 件、匣后有劈开的猪头骨 1 具，刀与猪头原应置于俎上匣内，是匣与木俎朽塌后掉落一旁的。

在右侧近中部墓壁下，有大口罐、陶尊各 1 件，附近见陶豆 3 件。

靠近左侧墓壁，残鼍鼓 1 件，鼓腔直径约 50 厘米、一侧存高 32 厘米、另一侧存高 52 厘米，外皮着红彩，鼓腔内散落鳄鱼骨板 4 枚。鼓旁有石斧 1 件。

在靠近足端中段墓壁下，见残石磬、陶异形器（土鼓）各 1 件。残磬不知是否为扰乱时所折断的。

另外，在 H3013 填土中发现陶灶 1 件、大口罐 3 件、陶豆 1 件已残碎，但可复原。

加上扰坑内的遗物，该墓保存下的随葬品计 21 件：鼍鼓、石磬、陶异形器（土鼓）、蟠龙纹陶盘、组合式木俎（含俎 1 件、匣 2 件）、石厨刀、大型木豆陶灶、椭圆形大陶斝、折腹斝、陶尊（2 件）、大口罐（4 件）、陶豆（4 件）、石斧（未注明件数者为 1 件）。此外，还有猪头骨 1 具。

这里需提及，M3072 出土的彩绘蟠龙纹陶盘是陶寺遗址发现的龙纹盘中最清晰的 1 件；陶异形器，灰陶，火候较高，似为实用器，器表除附加堆纹外还见到刻画与戳印的龙鳞纹形象；石磬虽残断，却是陶寺大墓所出特磬中磨制最精、音质最好的一枚。

2. M3073

……

该墓残存随葬器物情形如下：在头端横置彩绘长方平盘（已残）、盘与墓壁间斜立玉钺1件，头端左角置横斜粗蓝纹褐色夹砂大口缸1件，器内灰烬过半，并有套合的骨匕2件，其下近左侧墓壁依次放置骨匕2件、彩绘木豆5件、彩绘陶豆5件、不明器形的彩绘残木器4件、陶异形器残片以及立置龛口的鼍鼓1件。

在右侧中段近墓壁处有残大口罐4件（仅复原1件）、盆形斝斝足1枚。

H3012填土中，发现从M3073扰出的彩绘蟠龙纹陶盘、折腹盆、小口高领折肩罐、折腹斝和盆形斝（足）残片（前3件可复原），鳄鱼骨板12枚以及玉环、石镞各1件（玉环、石镞均为H3012的编号）。

上述，M3073可确认的随葬品共34件，另有鳄鱼骨板44枚。其中长方平盘残长70厘米、宽40厘米，从位置看可能有代替木案的作用；彩绘木腔鼍鼓存高60—72厘米、鼓腔内鼓底以上30厘米填土中，见鳄鱼骨板32枚；鼓旁的陶异形器残片甚少，无法复原，器表呈青灰色，器壁薄，火候甚高，叩之清脆有声，原当是1件实用器。这座墓提供了鼍鼓同陶异形器（土鼓）配置的例证，只是原应有的石磬已无踪迹。陶寺遗址出土的蟠龙纹陶盘中，另几件都是朱绘，只有M3073的1件是以黑色为地，朱、白两色彩绘，龙纹描绘细致，可惜残碎过甚，复原后有些部位已难看清。我们还注意到：这座大墓使用的大口罐是4件一组，而彩绘木豆、陶豆则是奇数（5件）成组的。

3.M3016

……

现存随葬品35件以及肢解后的猪骸。在头端正中墓底有陶折腹斝和残木瓠各1件，原当是置于案上，案已不存；头端偏右侧墓壁下有小口高领折肩罐1件、高领陶壶2件；右侧近头端有大口罐2件，折腹小罐、单耳夹砂小罐、蟠龙纹陶盘各1件；墓室中部偏右有研磨盘、研磨棒一套，沾有红、黄色颜料，其下方见长方形残木盘1件；右侧偏足端有内置猪下颌的盆形斝1件，陶灶1件，平板石1块，石斧、石锛各4件，石凿2件，石镞2件，蚌镞1件，另见散置的猪下颌、猪肋、蹄等；陶异形器（土鼓）、鼍鼓鼓腔（2件）、石磬自右至左平列于足端。此外，墓底还见到器形不明的木器残迹2件。

……

4.M3015

……

随葬品放置情况：头端正中有破碎的折腹斝1件（36号）、不明器形彩绘残木器2件；头端左侧见彩绘木胎仓形器4件（74—77号），骨匕完整者5件、残2件，附近有玉石钺5件（2号、51号、55—57号，其中51号残）、双孔刀1件（49号）、小玉环1件（3号），其中54号骨匕置于76号仓形器顶部，应是原位，75号仓形器也是原位，其余均呈扰乱状。

头端右侧彩绘高柄木豆 2 件（33 号、34 号）；棺右有彩绘大木盆（32 号），盆内放着长柄木斗（35 号），斗柄架在盆沿上，盆沿下压着残高柄木豆 1 件（84 号），附近又有小木盆（43 号）、陶灶（28 号）、单耳夹砂小罐（45 号）、盆形斝一大一小（26 号、30 号），26 号大斝内置已劈开的猪头，右侧中段墓壁下放着小口高领折肩罐（29 号）、大口罐 2 件（27 号、38 号），附近又有彩绘高领陶壶 2 件（41 号、42 号）、鼓腹小罐 1 件（31 号）；这批陶炊器、盛器下方，沿右侧墓壁顺置木俎（79 号），俎上放置与之配套的彩绘木匣（23 号），匣内斜立着石厨刀（39 号、40 号），还有猪蹄骨，另 1 件石厨刀（24 号）掉落在俎旁；足端右侧墓角有大型木豆（2 号），已残。在木俎和木豆附近，墓底散见石镞 6 件（19 号、20 号、65—68 号）。

墓室左侧，沿近头端墓壁顺置一块彩绘物件（1 号），是在麻布上以红色为地，用黄、白、黑彩绘出图案；近板灰处又有一处类似遗迹（5 号），已残，为在麻布上以黄色为地，用红彩绘出纹样，均不明形制、用途。其附近有彩绘、朱绘木豆 7 件（6 号、7 号、70 号、71 号、72 号、73 号、85 号），似经扰动。左侧中段偏下有大口罐 2 件（58 号、59 号）、小口高领折肩罐 1 件（13 号）似与右侧同类器呈对称布置。这一带墓底见到石镞 111 枚、骨镞 4 枚，锋尖均朝向足端，有的已散乱，有的尚成束，一束最多者 22 枚。

左侧近足端立置彩绘木腔鼍鼓一对（15 号、16 号），鼓腔存高近 1 米，上细下粗，15 号鼓发现鳄鱼骨板 11 枚（鼓腔内 3 枚、鼓周墓底 8 枚），16 号鼓腔内发现鳄鱼骨板 24 枚、调音用黑褐色小圆锥体 29 枚，应是鼓皮朽后落入鼓腔的。鳄鱼骨板多已残碎，完整的极少。大石磬（17 号）置于足端近墓壁处。2 件鼍鼓内侧墓底见研磨盘、研磨棒一套（63 号、64 号）。

足端墓底铺一层白灰面，面积 80 厘米×60 厘米，其上有肢解后的猪脊椎、肋排、蹄腿等。

H3005 填土中，扰进 M3015 随葬品 30 件：石镞 18 枚，骨镞 6 枚，玉管、铸形玉饰片各 1 件，穿孔绿松石饰片 2 件，骨饰片 1 件，重要的还有陶异形器的残片。

以上，成件器物包括陶器 15 件，玉石器 18 件，漆木器 26 件（含器形不明残器 5 件），骨器 7 件，玉、骨装饰散件 6 件，不明彩绘痕迹 2 处，共 74 件（处）。加上石镞 129 枚、骨镞 10 枚、鳄鱼骨板 35 枚、黑褐色小圆锥体 29 枚，合计 277 个单件。其中，鼍鼓鼓腔为几座大墓中保存最好的，最为重要；陶异形器（土鼓），灰褐色，只找到腹部残片，已无法复原；木俎上置木匣、猪骨和 3 件成套的石厨刀，同 M3072 的俎可相互印证，展现出古礼中俎与房、厨刀配置的具体形象。

5. M3002

……

发掘时，墓内残存随葬器物 51 件：头端有折腹斝 1 件（25 号）、头端左角存木胎仓形器2件（48号、51号）。

板灰左侧，顺墓壁有一长方形彩绘痕迹，其上方及附近有高领彩绘陶壶1件（50号）、残朱绘木豆3件（30号、31号、57号）、残骨器1件（26号）、玉钺3件（4号、5号、7号）、石镞4枚，上述器物均有被扰动迹象。左侧偏足端墓壁下放大口罐2件（8号、9号）、小口高领折肩罐1件（10号），近足端左角见石玖2件（11号、40号）。

靠近足端并立彩绘木腔鼍鼓2件（27号、28号），存高62—70厘米，鼓腔内都散落有黑褐色小圆锥体（27号鼓16枚、28号鼓14枚）。27号鼓侧横向立置大石磬1件（6号）。石磬下面压着1件骨簪（46号），显然并非原位。

足端偏右有研磨器一套，研磨棒（36号）置于研磨盘（35号）中心凹槽内；这一片墓底见大小依次有序、成系列的石斧7件、石锛13件。

未发现木俎。石厨刀2件，其中37号刀位于右侧墓壁下，13号刀在石斧、石锛群中。从右侧墓壁下至足端鼓腔附近，散置劈开的猪头、猪下颌（8副）、猪的肩胛、脊椎、肋排、蹄腿等，至少包括一具被肢解的整猪及几副下颌骨。

在右侧 H3001 坑斜壁以下墓底，残留有盆形斝（32号）、单耳罐形斝（47号）、高领彩绘壶（49号）的碎片（可复原）。

H3001 填土中扰自本墓的随葬品有单耳夹砂小罐（52号）、陶异形器（53号）、大口罐2件（54号、58号）、大型夹砂器盖（55号）、陶灶（56号）等。

以上合计玉石器34件、陶器14件、木器7件、骨器2件，共57件；鼍鼓鼓腔内小圆锥体30枚，猪的骸骨未计在内。

……

三、随葬品

（一）陶寺文化居住址

1. 陶器

……

埙

仅采集1件。

标本Ⅲ C:08　泥质，褐色，手制，近似橄榄形，上端呈圆弧状，下端截平，下面鼓凸，背面微见外鼓，器壁内为空腔。上端正中有一吹孔，正面中部偏上有手指按奏的小孔一对。器高4.4厘米、中上部直径3.1厘米、吹孔径0.6厘米、按孔径0.4厘米（图3-103；图版一一一，4，略）。

铃

7件。皆泥质陶，手制而成，横截面形制多样，呈椭圆形、菱形、近棱形（或称合瓦形）、长方形或半圆形，空腔，顶部设系铃舌用的对称小孔，下端敞口无底，造型与本遗址 M3296 出土的铜铃（见第四章第三节）类同。经鉴定，可确认为陶铃（详见本《报告》下编《陶寺遗址出土乐器鉴定研究报告》），唯铃舌均失。发现 7 件，分二型。

Ⅰ型　平顶，顶中部透穿对称二孔。发现 4 件。

标本 H340:51　器表黑色，胎红褐色，顶部俯视呈合瓦形，有二椭圆形透孔，铃壁已残。顶部长轴 10.1 厘米、短轴 4.2 厘米、残高 2.2 厘米、复原高度 6 厘米（图 3-104，3；图版一一〇，1，略）。

标本 Ⅳ C:06　灰色，顶部俯视呈菱形，铃腔下部横截面近似合瓦形，顶部有二圆形透孔，器壁有横向平行线和侧向弧线组成的划纹，残存大半铃体。经复原，顶部长轴 8.6 厘米、短轴 5 厘米、底部长轴 9.9 厘米、短轴 3.8 厘米、高 5.4 厘米（图 3-104，1；图版一一〇，4，略）。

标本 T403 ④ C:48　灰色，顶部俯视近似卵形，铃壁外撇，器形较小，制作粗糙，出土时铃壁局部残损。顶部长轴 4.9 厘米、短轴 3.4 厘米、底口长轴 6.7 厘米、短轴 3.7 厘米、高 3.5 厘米（图 3-104，2；图版一一〇，2，略）。

标本 H3017:01　灰褐色，顶端长方形，四壁近下口稍内收，顶壁厚于周壁，顶壁顺长轴穿并列二孔。长 4.6 厘米、宽 2.8 厘米、高 3 厘米（图 3-104，4；图版一一〇，3，略）。该器出于墓地晚期灰坑中，出土时残存大半，顶部一孔完整、一孔仅存半周，据以复原。下口沾有朱砂痕，原是否为扰自墓中的随葬品，不详。

Ⅱ型　顶壁下移至铃的上体，顶以上周壁穿有对称的横孔，推测是便于系绳佩挂之用。发现 3 件。

标本 J301:4　褐色，器形小巧，横截面呈菱形，顶部二个竖向透孔，顶周四壁对称部位各有一横向透孔，直壁。长轴 3.3 厘米、短轴 2.3 厘米、高 2.6 厘米（图 3-104，6；图版一一一，1，略）。

标本 H419:5　器表灰色，胎呈褐色，横截面呈合瓦形，已残，顶中部有一竖向残孔，一端又有竖向二孔；顶以上一端周壁有对称二横向穿孔。长轴残长 4 厘米、短轴 2.7 厘米、残高 2.5 厘米，据残器复原后，知顶壁上可能有竖向透孔，一列 5 个，顶上方的两侧弧壁上有对称的横向透孔，两组共 4 孔。复原长轴 8.6 厘米、复原高度 3.7 厘米（图 3-104，5；图版一一一，2，略）。

标本 T393 ④ B:3　黑灰色，胎红褐色，仅残存少半。从残部看，横截面似为半圆形，竖向为直壁，顶部靠直边线残存一竖孔，顶以上弧壁残存一横向穿孔，器表磨光，腔壁下缘有细弦纹 10 余周。器高 5.5 厘米（图 3-104，7；图版一一一，3，略）。

需要说明的是，上述陶铃中，除标本 J301:4 为完整器外，其余 6 件中如标本 Ⅳ C:06、T403 ④ C:48、H3017:01 虽有残损，但复原的根据充分，故发表了经复原的插图；另 3 件的复原有一定推测性，故只发表了残器线图。图版所示则皆为复原后的形状。

……

2. 石器

……

3. 骨器

……

4. 蚌器

……

5. 卜骨

……

6. 文字的发现

……

7. 自然遗物

……

（二）陶寺文化墓地

1. 随葬品出土情况

……

2. 陶器

……

异形器（土鼓）

造型特殊，或高或低的筒状颈，下接椭圆形腹腔，筒口下设纽状突起一周或二周，腹底中央凸出一管状孔，主孔周围又设 3 个略小的管状孔，多数在颈、腹之间置竖向桥耳一对。器高为 45—142 厘米。泥质褐陶或灰陶，手制，系颈、腹分别用泥条筑成后再粘接，纽、耳、管状孔为后加。成型过程中，曾在通体压印绳纹，颈部绳纹多被抹消或经磨光，或再施弦纹、刻画纹、剔刺纹，腹腔外的绳纹之上都附加条带状或网状堆纹，有的在堆纹上重压一层绳纹。在 6 座墓中出土 6 件（包括无法复原的残器 2 件）。基本完整或复原器 4 件中，标本 M3002:53 被扰入 H3001，原位置不详；标本 M3032:1 因过于高大，顺向卧置于墓底一侧；另 2 件均置于墓圹足端：标本 M3016:33 与鼍鼓邻近，标本 M3072:11 出土时基本完整，腹腔朝下竖立于墓中，应是使用时悬挂方式的反映。依体态和筒颈的高低，分为二型。

Ⅰ型　体形肥硕，筒颈矮粗，颈、腹之间的界线极不明显。2 件。

标本 M3072:11　灰陶，胎厚近 1 厘米，火候较高。上口微内敛，口下外壁贴附泥片一周，宽约 8 厘米，其上设圆饼状纽 11 枚，纽径约 4 厘米，纽面呈一斜面，纽的上缘与筒壁近平，下缘呈刃状突起，便于绷皮。颈部至耳下高约37厘米的一段，周壁器表磨光后又用弦纹、刻画纹及剔刺凹点纹组成多条卷曲但不辨头尾的蛇躯鳞身状图案。在腹部器表密集的绳纹上贴附多道泥条，交叉成菱形格图案，泥条上又补压绳纹。腹底中孔稍残。上口直径25.6厘米、最大腹径41厘米、底中孔径6.5厘米、存高80.4厘米（图4-125，1、2；图版二七九，1，略）。

标本M3016:33　器表灰褐色，胎红褐色，火候不高。筒口下设圆形柱状纽一周12枚，筒颈中部贴附箍状堆纹一周，其下至腹底间有间距不等的斜向堆纹7道，在颈、腹表面及堆纹上遍施整齐的竖向绳纹。腹下4个筒状孔的唇部及孔腔周壁均涂朱红色。唯此件缺耳。上口直径18.6厘米、最大腹径28厘米、底中孔径7.5厘米、孔高2.6厘米、底周三孔孔径3.4厘米、孔高约0.9厘米、通高45.6厘米（图4-125，3；图版二七九，2，略）。

Ⅱ型　体形瘦长，筒颈细高。2件。

标本M3002:53　器表深褐色，胎红褐色，火候较低。筒口平唇，口下有柱状圆纽一周12枚，筒口至耳下器表磨光，局部仍可见未磨平的绳纹痕迹，腹壁绳纹上又贴泥条，构成不甚规则的连续三角形和菱形图案。泥条上也见补施的稀疏绳纹。上口直径11.4厘米、腹最大径31.7厘米、底中孔径10.3厘米、孔高3.4厘米、底周三孔孔径4厘米、孔高2厘米、通高81.4厘米。

标本M3032:1　是同类器中最高大的1件，同时也是陶寺遗址出土陶器中最高的1件。器表灰褐色，胎红褐色。筒口微侈，平唇，口下有柱状圆纽两周各9枚，上、下两周纽的位置呈间隔分布。纽以下的筒颈器表，在大致等分部位有凹弦纹9周，从而将筒颈分成9段，自上而下第三、五、七、九段将原有绳纹抹去并经磨光。耳下至腹底在绳纹之上加多道泥条，构成菱形格图案。上口直径11.4厘米、最大腹径39厘米、底中孔径9.2厘米、孔高3厘米、底周孔径5厘米、孔高2厘米、耳以上高81.4厘米、通高140.5厘米（图4-126，2；图版二八〇，2，略）。

残器2件，无法分辨型、式，附记于下：

M3073:18　青灰色，火候甚高，存腹部残片，腹部筒状孔周及孔的唇部皆涂红彩，且其腹径在诸器中最大。

M3015墓中也见到残碎的异形器腹片，褐色低温陶。

上述6件陶异形器，有5件出自一类大型墓，它们的造型特殊，筒状孔涂朱，并有蛇躯鳞身样纹饰，故不是一般器具，应属礼器一类。这种器物上、下口连通，不可能是容器。在大型墓中每与鼍鼓、特磬同出，筒口下的圆纽推测用于绷皮，经与音乐史家共同鉴定，认为应是古文献中"以瓦为匡"的土鼓（参见本《报告》下编《陶寺遗址出土乐器鉴定研究报告》）。M3072、M3073出土的2件，火候高，可能属于实用器，其余则可能是明器。

参考墓列及随葬陶器组合可知，Ⅰ型的2件早于Ⅱ型，从短颈到高颈之间可能有发展关系；但因M3073、M3015出土的2件残器无法辨别器形，也不排除短颈与高颈是并行的可能。

3. 木器

……

鼍鼓

因鼓皮已朽，所见标本都是做圆筒状、经彩绘的木质鼓腔。在鼓腔内、外常散落有鳄鱼骨板数枚至数十枚，证明鼓腔上原来是蒙鳄鱼皮，即古文献所称"鼍鼓"。在5座一类甲型墓中，发现鼍鼓鼓腔8件（见表4-17，略），其中M3002、M3015、M3016各2件，M3072、M3073各1件，多位于墓圹左下角（M3015、M3073）或足端偏左（M3002、M3016），个别位于墓圹左侧中部（M3072），竖立于墓底。M3073左侧近足端墓壁挖有两个壁龛，19号鼓腔半置于靠前方的龛中，紧挨足端的另一龛已被破坏（参见图4-33，略），据以上情况推测：该墓原随葬的鼓也是2件。鼓腔多呈上细下粗状，直径（以鼓腔外周彩皮为准，下同）一般在50厘米上下，唯M3073的鼓腔最粗，直径达90厘米以上。各墓鼓腔的保存高度为5—110厘米。M3073墓中与鼍鼓同出的有陶异形器（残片），另4座墓中同出的有石磬和陶异形器。

标本M3072:16　因墓土挤压，出土时已呈倾斜状，存高一侧32厘米、另侧52厘米，底径50厘米、至高30厘米处的直径为54厘米，腔壁厚约2厘米，外周施红彩（参见图4-30；图版一五四，1，略）。鼓腔内发现鳄鱼骨板4枚。这件鼓腔出土时已残破不堪，未能取型。

标本M3073:19　残高60—72厘米，上部略粗于下部，底径88厘米、高60厘米处长径95厘米、短径90厘米，腔壁厚约2厘米。腔外周壁施红彩。鼓腔内，自底口以上10—30厘米的填土中，散落有鳄鱼骨板32枚（图4-128，1；图版一五六，3，略）。这件鼓腔已用套箱取回。为保存腔内骨板原状，未加剔剥。另，在破坏M3073的扰坑H3012中出土鳄鱼骨板12枚（H3012:11—22号），应扰自M3073，但是否属于19号鼓已难断定。

标本M3016:37、38　2件并置于墓圹足端偏左墓底，其左侧有石磬（39号）、右侧有陶异形器（33号）（图4-127；图版一五七，略）。2件鼓粗细相若，直径52厘米、腔壁厚约2厘米。37号仅在墓底看到大半圈鼓底痕迹；38号尚存半圈鼓腔，残高5厘米（图4-127，2、3，略）。腔外周壁施红彩，因仅残存底部，未取型。在打破M3016的灰坑H3008中，出土鳄鱼骨板13枚，应是上述2件鼓的遗存（图版二八三，1，略）。

标本M3015:15、16　15号鼓腔位于墓圹左侧偏下，紧靠左侧墓壁，其右下方为16号鼓腔，由于该处尚保留较深的墓圹，遂使上2件鼓腔成为陶寺墓地出土鼍鼓中保存最好的。16号鼓腔的右侧、靠近墓圹足端有石磬1件。由于填土的挤压，出土时2件鼓腔都已变形，呈向左前方倾斜状［参见图4-36（A）；图4-129，1、2；图版一五九，略］。15号鼓腔内壁灌注石膏后，已将原型取出（彩版二一，略）；因两鼓紧贴在一起，起取15号标本时，16号鼓腔局部受损，经现场解剖并测量绘图后，原型未保存。现将2件标本的形制、尺寸、彩绘等情形分述如下。

M3015:15 底部基本作圆形，上口已挤扁、平面呈不规则椭圆形。存高110厘米（指现存垂直高度，下同）、上口长径47厘米、短径38厘米、复原直径43厘米、底口直径56厘米，腔壁厚2—3厘米。鼓腔周壁满涂红彩为地，近上口（约占器高五分之一）的一段及中、下部（约占器高五分之二）的一段为淡红色，中部偏上的一段（约占器高五分之二）为赭红色，器表有彩绘图案两组：第一组位于中上部的赭红色地上，宽约45厘米，其上、下均以蓝、白二色细条纹绘出边框，靠内侧一条为蓝色，靠外侧一条为白色。边框内似分上、下四层以白色绘出互相勾连的几何形纹、云纹、回形纹，个别处白彩笔道中又填以蓝色；第二组图案位于近底部淡红色地上，宽约9厘米，上、下均有白色条带构成的边框，上面的白色边框外侧又附加蓝色条带一周。其内以白色绘出同边框相连的类似卷云纹或蟠螭纹，在两两白色花纹之间，又以黄色绘出几何形纹填充空地。图案均已斑驳不清，无法窥其原貌（图4-128，24-129，2；图版二八一；彩版二一，略）。鼓腔内发现鳄鱼骨板3枚，鼓外墓底发现同样的骨板8枚，多已残碎（彩版二三，2，略）。

M3015:16 存高93厘米、腔壁一侧斜长93厘米、另侧斜长101厘米、上口直径43—49厘米、底部直径46—50厘米、腔壁中部厚1.5厘米、近底部厚1—6厘米不等。在底部发现有一层同周壁相连的木灰，厚1—1.5厘米，可知这件鼓腔是有底的，这是该件标本与其他几件鼓腔不同之处（M3073:19号鼓腔用套箱取回，未经解剖，是否有底不详；除此之外，另6件鼓腔底部皆未发现木灰，应是上、下口连通的筒形）。在鼓腔内近底部填土中，发现鳄鱼骨板24枚、黑褐色圆锥体29枚，骨板多呈残碎状，几无完整板块（图4-129，1；图版二八三，2）。

M3002:27 同28号鼓腔并置于墓圹足端墓底，其前方有石磬1件［参见图4-37（A）］。已被挤压变形做倾斜状，横截面呈不规则的椭圆形，存高一侧为28厘米、另侧为34厘米，现存上口直径47.52厘米、底口直径47.5—57厘米。腔壁厚度不详。周壁满施淡红色为地，其上隐约可见用白彩绘制的图案残迹（图4-129，3；彩版二三，1，略）。鼓内发现细碎的鳄鱼骨板残块，还有黑褐色小圆锥体16枚（彩版二三，3，略）。经在内壁贴附石膏，已将该鼓腔原型起取（图版二八二，略）。

M3002:28 横截面亦呈不规则椭圆形，上口长径52厘米、短径44厘米。因起取27号鼓腔时受损，原型未能保存。在鼓腔内发现黑褐色圆锥体14枚。

经在发掘现场剔剥、取型或解剖时的观察，对出土鼍鼓的形制、结构、制法、放置方式等有所了解：鼍鼓原来大多是成对竖置于墓底，未发现用于悬挂的木架痕迹。随墓圹保存深度和鼍鼓所在部位破坏程度不同，各墓中鼓腔的现存高度悬殊，有的仅残存鼓底部分（M3016:3738 号鼓）；M3015 出土的 2 件鼓腔高在 1 米上下，可能接近原鼓高度。前文已提到鼓的制法应是将整段树干去皮后，挖空树心做成。参考民族学资料，大致是边剜、凿，边用微火阴燃，促使树心木质炭化，以解决内腔过深带来的困难。M3015:16 号鼓腔下段周壁厚薄不匀，正是剜、凿不便，无法精细加工的证据。除这件鼓腔留有鼓底，整体呈桶状外，其余大多是无底的筒状，上、下口连通。至于鼓腔上口固定鳄鱼皮的方法，是用绳类绑扎，抑或使用铆钉，已无证据可考。但鼓底是不曾蒙皮的，鼓腔位置都未经移动，若下口也蒙鳄鱼皮，鼓下应有排列整齐的骨板，而这种现象未见一例。相反，鳄鱼骨板都是零乱散落在鼓腔内外，只能是上口鼓皮朽后掉下去的。M3015:16 号鼓原有木底，也是不曾蒙皮的证据之一。散落鼓腔内的黑褐色圆锥体，系有机质黏合物，似又掺入少量陶土用手捏成。底径及高度多在 1—1.5 厘米，有的稍大，有的稍小，后者造型常不规则。这种小物件同骨板共存，个别的底部沾有红彩，参照民族学材料，可能是黏附在鼓皮上作装饰或调音之用。

……

4. 铜器

随葬铜器仅发现铃 1 件，出于 M3296。

M3296，规模不大，墓口中线长 215 厘米、头端宽 65 厘米、足端宽 80 厘米、深 222 厘米。无葬具。墓主为男性，50 岁左右，仰身直肢。该墓开口在第 2 层（扰乱层）下，没有随葬陶器，但在填土中发现居住址晚期的细绳纹扁壶碎片，证明这是一座晚期偏晚的墓葬。人骨的 14C 树轮年代校正为 BC1885—BC1683（高精度表）。又依本所实验室对陶寺文化人骨的 14C 测定和研究，认为陶寺文化居民以小米为主食，因此人骨的 14C 年代经同位素分馏效应校正后应相应增加 200 年左右，故该墓人骨入葬年代的校正值在公元前 2000 年前后。

铜铃出于墓主左侧股骨与耻骨联合之间的墓底。据此推测，可能原是系在腰间的。铃体表面有清晰的麻布纹痕迹，推测入葬时曾用麻布包裹。铃顶部沾染有朱砂痕迹。未发现铃舌（图版二七，略）。

铜铃的形制同居住址出土的陶铃（Ⅰ型）相似，正视如覆钵形，横截面近似合瓦形，长对角线两端有较明显的折角，短对角线两端呈弧面，平顶，铃壁自顶部以下呈弧形外扩；口部大于顶部。顶部近短对角线一端有一圆形小透孔，以便穿绳。铃壁不甚匀称，顶部较薄，近口部周壁略厚。顶部和长轴一端器壁上各有一外呈不规则形的铸造缺陷，前者已穿透，后者呈凹陷状。铜铃表面为素面，没有铸造或刻画的纹饰，铃高 2.65 厘米、顶部长对角线 5.1 厘米、短对角线 2.2 厘米、口部长对角线 6.3 厘米、短对角线 2.7 厘米、顶部厚约 0.11 厘米、周壁最厚处 0.28 厘米、顶部圆孔直径 0.25 厘米（图 4-146；图版二九七；彩版五五，略）。

铃为空腔，故铸造时除使用一块或两块对合的外范，还必须使用范芯。因此，这是 1 件复合范铸造产品。据观察，顶部的小孔是铸后钻成的。

经在顶部取样做化学定量分析，含铜量为 97.86%，另有铝 1.54%、锌 0.16%，当是铜矿中原有的杂质，非人工有意掺入，从而证明这是 1 件红铜制品。

初称"铃形铜器"，未敢臆断用途。经与各地史前文化及陶寺遗址本身出土的陶铃做对比，音乐史专家肯定这是 1 件仿陶的铜铃，并认为它与二里头文化的铜铃之间存在源流关系（详见本报告下编《陶寺遗址出土乐器鉴定研究报告》）。

5. 玉、石器

……

磬

4 件，分别出自 4 座一类甲型墓中，其中 3 件出在成组鼍鼓旁，另 1 件（M3072:10）出在陶异形器（土鼓）旁。1 件打制后仅经琢修，2 件经过琢磨，1 件经过精细磨光。

标本 M3002:6　角岩，青灰色。打制，局部经过琢修。通体有石片开裂形成的瘢痕及以打击点为中心的放射线。一面微鼓，一面略凹，两面均可见琢修留下的麻点。正视作折顶形，顶端呈不明显的倨句，平底。股部短而扁宽，鼓部窄长。中部较厚、底部较薄，股部较厚，鼓部较薄。近顶部有一孔，对钻形成，平面呈不规则圆形。通长 95 厘米、高 32 厘米、股部高约 25 厘米、鼓部高 10 厘米，厚 2—6.5 厘米、孔外径 6—7 厘米、内径 1.5 厘米（图 4-147，2；图版二九八；彩版二四，1，略）。出土时，置于近足端墓底鼍鼓（27 号、28 号）内侧。

标本 M3015:17　角岩，灰色。打制后经过磨修，但四周边缘仍留有打制瘢痕及放射线。磬作平顶、平底，偏鼓部一端磬底向上缓收。股与鼓部宽窄相近，唯股部略厚，鼓部稍薄。偏股部顶端钻有一孔，对钻，外周平面呈椭圆形。通长 79 厘米、高 32 厘米、中部厚 55.5 厘米、顶、底边缘厚 1 厘米，孔外径 5.5—8.5 厘米，内径 1.8—2.3 厘米（图 4-147，1；图版二九九；彩版二四、2，略）。出土时，置于足端偏左墓底，靠近 16 号鼍鼓。

标本 M3016:39　火山角砾石，豆绿色杂有白、褐及深绿色斑点。打制成型后，正反两面经磨修，四周边缘留有破裂瘢痕。正视作凹顶形，底呈弧线形，正面略凹，背面局部略显鼓凸。股部较宽，鼓部稍窄。对钻出两个透孔，中部一孔正面呈椭圆形，背面系先刻出一棱形凹槽，在槽底穿孔；旁侧偏上又一近圆形孔。通长 44 厘米、股端高 19 厘米、鼓部高 10 厘米、中部厚 3.5 厘米、中孔外径 4.5—5.5 厘米、内径 1—1.5 厘米、旁孔外径 3.5 厘米、内径 1 厘米（图 4-147，4；图版三〇〇，1）。出土时，平置于左下角墓底，38 号鼍鼓旁。

标本 M3072:10　安山岩，灰绿色。磨制，磬体平整，表面光洁。只余残半。从残体看，顶作弧形，底呈内凹的曲线，残断处最宽，另端较窄。残体近中部偏顶端有单面钻成的一个圆孔，残断处似原有一孔。残长 26 厘米、高 12.5—17 厘米、中部厚 2 厘米、下缘厚 1 厘米、孔外径 1.7 厘米、内径 0.5 厘米（图 4-147，3；图版三〇〇，2）。出土时，斜置于墓室足端陶异形器旁，但该墓近足端左侧墓壁下，也见到残存的鼍鼓 1 件。

关于以上 4 件石磬的测音鉴定，详见本《报告》下编《陶寺遗址出土乐器鉴定研究报告》。

6. 骨、蚌、牙器

……

7. 动物骨架及猪下颌骨

……

第二节　评述与拓展

一、发掘报告相关音乐内容与评述

《襄汾陶寺：1978—1985 年考古发掘报告》由中国社会科学院考古研究所、山西省临汾市文物局编著，2015 年由文物出版社出版。全书四册，分为两编，全面翔实地介绍了 1978—1985 年发掘的陶寺遗址的情况。

上编——共分五章，分别对陶寺遗址概况、庙底沟文化二期遗存、陶寺文化居住址、陶寺文化墓地及整体的认识和讨论等方面进行探讨，涉及墓葬形制、年代、规格、随葬品、祭祀遗址、文化性质、谱系及聚落群等。

下编——主要针对陶寺遗址各个方面问题的进一步深入研究，如陶寺地质地貌及水文考察、陶寺及邻近考古地磁研究、陶寺出土木材分析、陶寺遗址 14C 年代数据等。其中一篇还专门介绍了陶寺遗址出土的乐器。（见下文）

陶寺遗址出土乐器鉴定研究报告

中国社会科学院考古研究所山西工作队

山西省临汾行署文化局

中国艺术研究院音乐研究所调查组

一、陶寺遗址的乐器标本

著名的陶寺遗址，位于山西省襄汾县陶寺村附近，属国家级重点文物保护单位。

遗址面积400余万平方米，规模巨大，内涵极为丰富，包括庙底沟二期文化（指该文化的较早阶段，前2800—前2700）和陶寺文化（前2400—前1900，曾称"中原龙山文化陶寺类型"）两种史前遗存，以后者为主。1978—1985年，由中国社会科学院考古研究所山西工作队与山西省临汾行署文化局联合组队进行大规模发掘。

构成遗址主体的陶寺文化，可分早、中、晚三期，各期的年代跨度在一二百年间。其早期处于我国历史上的尧、舜时期，晚期已进入夏代纪年范围。如遗址的规模和内涵所显示，这是一处已进入早期文明社会的具有方国都城性质的中心聚邑。从年代和古史地望分析，学者一般推测其为陶唐氏遗存；由于遗址恰又处在晋西南"夏墟"的腹心地带，或认为与探索先夏和夏代早期的历史相关。在中国文明起源研究和重建我国上古信史的巨大工程中，陶寺遗址和陶寺文化占有的重要地位，已为学术界所公认。

1978—1985年，中国社会科学院考古研究所山西工作队与山西省临汾行署文化局联合组队发掘期间，曾出土一批龙山时代的乐器，共20余件。在我国，已不止一处史前遗址出土过乐器，但无论就乐器的种类、数量之多还是规格之高来看，陶寺的发现都堪称罕见。尤应指出的是，除个别乐器系发掘区内采集外，其余都是科学发掘品，出土单位和时代明确，组合关系清楚，是这批乐器的又一显著特点。由于当年发掘时田野工作方法规范、严密，使深埋地下数千载、木质已朽的鼍鼓鼓腔也得以重现其形态，并观察、记录到它同鳄鱼骨板和调音用圆锥状附件的共存关系，为鼍鼓复原提供了依据。陶寺出土的鼍鼓与特磬都是迄今可确认同类乐器中年代最早的，使鼍鼓及鼍鼓与石磬配组的历史从殷商上溯1000多年。陶寺出土龙山时代乐器群中，还包括迄今所见我国最早的金属乐器——铜铃；先秦文献屡有记载但失传已久的土鼓，也因陶寺的发掘而得以再现。因之，对于揭示4000多年前龙山时代的音乐发展水平，认识音乐与祭祀、埋葬习俗的关系，探索礼乐制度的起源与形成来说，陶寺出土乐器群都是不可多得的研究对象，弥足珍贵。

陶寺遗址出土的乐器有鼍鼓8件、石磬4件、土鼓6件、陶铃7件、铜铃1件、陶埙1件，合计27件。其中鼍鼓石磬和土鼓都是陶寺文化早期墓葬的随葬品，日历年代为公元前2400—前2300年。除1件土鼓（M3032:1）出于中型墓，其余均出自具有王者身份的方国首领人物大墓中。陶铃出在陶寺文化居住址和墓地中，早期居住址3件，中、晚期居住址各1件，居住址Ⅴ区采集1件，墓地晚期扰坑出1件。铜铃出土于陶寺文化晚期墓葬。陶埙采集于居住址Ⅲ区，当地有庙底沟二期文化和陶寺文化的堆积，其文化归属和年代虽难确指但不出以上两种史前文化范围。

在六类27件出土乐器中根据保存状况，实取标本20件，现按器类分述如下。

1. 鼍鼓

鼍鼓8件，分别出自陶寺文化早期的5座大墓中。其中，M3016、M3015、M3002

三墓各 2 件，M3072 和 M3073 二墓因破坏过甚，各存 1 件，估计每墓 2 件是原数。

鼍鼓一般位于墓室足端左角，M3016 等三座墓都是 2 件鼓并排竖立于墓底，未发现底座或鼓架一类附件。M3073 近足端左侧墓壁掏有两个直达墓底的壁龛，供放置鼍鼓之用。发掘时，一龛外侧尚存一鼓，另一龛已被破坏，仅见痕迹。据之推测：该墓原葬入的鼓也是 2 件。在 M3073 的残存遗物中，未发现石磬；而另 4 座墓中各有石磬 1 件与鼍鼓共存。M3016、M3015、M3002 三座墓中，石磬都置于鼓旁。由之可确证石磬与鼍鼓应为互相配合的同一组乐器，其配组方式为鼓二、磬一（图版一五九，略）。此外，在出土鼍鼓的 5 座墓中，还各伴出土鼓 1 件。

各墓鼍鼓的形制大体规整，鼓腔呈竖立筒状，蒙上鼓皮后，整体形制呈圆柱形。由于鼓腔是利用天然树干刮去树皮、掏空内腔并烘干后，外施彩绘制成，故鼓身上下的粗细并不一致，多呈上细下粗状。一般直径在 50 厘米上下，个别的下部直径达 90 厘米以上。

由于墓地在数千年间受到自然和人为因素的破坏，墓圹上部大都不存，鼓的上端随遭损毁，故各鼓原来高度已无法确知。现保存高度 5—110 厘米，后一数据可能接近原来的鼓高。长期深埋土中，受到腐蚀，鼓腔木质已朽。据发掘现场对鼓腔木灰痕迹的观察，腔厚度一般在 2 厘米上下。又据 M3015:16 号鼓的解剖数据，其鼓腔上、中部壁厚 1.5 厘米，近底部壁厚 1—6 厘米不等，这是刮削内腔时加工不均匀所致。如考虑到墓土挤压等因素，鼓腔原实际厚度可能略大于木灰痕迹的厚度。据在发掘现场的观察和解剖，只 M3015:16 号鼓的底部发现一层同周壁相连的木灰，证明该鼓是有底的；而其余鼓腔底部皆未发现木灰，都是上、下口连通的筒状。

各鼓出土时，在鼓腔内不同高度或鼓腔周围的墓底，发现有扬子鳄的骨板（图版二八三，1，略），可证鼓的上口原来蒙有鳄鱼皮。鉴于鼓腔都是直立竖置于墓底，若鼓底原也蒙鳄鱼皮，则相应平面上应有一层排列整齐的骨板，而实际上从未发现过类似现象，故可判定鼓的下口并未蒙皮。陶寺所出都是只在上口蒙皮的单面鼍皮鼓。M3002 的 2 件鼓和 M3015:16 号鼓，除鳄鱼骨板外还有黑褐色小圆锥体（图版二八三，2，略）共存。经鉴定，这是由某种有机质黏合材料（推测是生漆）糅合少量含石英等矿物质的陶土制成，未经烧制。根据民族学材料，可能是贴附在鼓皮上用来调节鼓音高低的。

发掘时，根据鼓腔实际保存状况，取型保存 3 件：

a. 标本 M3015:15　鼓略向一侧倾斜，上口已挤压呈不规则椭圆形，底口基本作圆形，存高（指现存垂直高度，下同）110 厘米、上口长径 47 厘米、短径 38 厘米、复原直径 43 厘米、底口直径 56 厘米、腔壁厚约 2 厘米。腔外周壁满涂红色，中部偏上一段为赭红色，其余为淡红色。在红色地上有两组彩绘图案：第一组位于中、上部的赭红地上，幅高 45 厘米许；第二组位于近底部的淡红色地上，幅高 9 厘米许，均以白、蓝二色绘出条带式边框，其内用白色或黄色绘出几何勾连纹、云纹、回纹等，已斑驳不清（图版二八一，略）。鼓腔内发现鳄鱼骨板3枚，鼓周墓底发现骨板8枚。

b. 标本M3002:27　已被挤压呈倾斜状，横截面呈不规则椭圆形，一侧存高28厘米、另侧存高34厘米、现存上口直径47—52厘米、底口直径47.5—54厘米。外壁满涂淡红色颜料，其上隐约可见白色图案残迹（图版二八二，略）。鼓腔内发现细碎的鳄鱼骨板残块，并见黑褐色圆锥状调音物16枚。

c. 标本M3073:19　残存高度一侧为60厘米、另侧为72厘米、底口直径88厘米、高60厘米处的横截面长径95厘米、短径90厘米、腔壁厚约2厘米。鼓腔外壁涂红彩。鼓腔内自鼓底以上10—30厘米填土中散落鳄鱼骨板32枚。该件标本用套箱法起取，为保存出土时原状，未再剔剥。

2. 石磬

石磬4件，分别出自陶寺文化早期的4座大墓内。出土时，磬均置于足端墓底，旁侧有鼍鼓或土鼓。另一座大墓（M3073）因发掘前破坏过甚，仅存鼍鼓（1件）和土鼓的残片，估计入葬时也应有石磬。现存4磬中，有3件完整，另1件为残器。磬的石质、形制、制作工艺并不完全相同。兹分别介绍如下。

a. 标本M3002:6　由青灰色角岩打制成型，经过琢修。磬体正视呈不规则多边形，股短阔，鼓狭长，折顶，平底，股与鼓的底边大体呈一直线。磬的两面，一面微鼓，另一面略凹。厚薄不均匀，大体上近顶部较厚，底部较薄；股部较厚，鼓部较薄。靠近顶部有一个对钻而成的圆孔。通长95厘米、通高32厘米、股部约25厘米、鼓部10厘米、厚2—6.5厘米。

b. 标本M3015:17　灰色角岩打制，并经琢、磨，四周边缘仍留有打制时形成的瘢痕。磬体呈不规则五边形，顶、底近平，无倨句，唯偏股部顶缘略显弧度，偏鼓部一端磬底向上缓收。股与鼓的宽窄相近，股短而较厚，鼓长且略薄。偏股部近顶端穿有一椭圆形孔。通长79厘米、高32厘米、中部最厚5.5厘米、底缘厚1厘米（图一，5，略）。

c. 标本M3016:39　由火山角砾岩打制成型，豆绿色间有杂色斑点，经过琢、磨，局部仍留有打制瘢痕。磬体两端一宽一窄，顶中部略凹，底呈弧线形；一面中部略凹，另一面局部略显鼓凸；中部较厚，边缘较薄。对钻出两个透孔，近中部一孔一面呈椭圆形，另一面则是先磨出一个梭形凹槽，在槽底穿孔；旁侧偏上又一近圆形孔。通长44厘米、近宽端高19厘米、窄端高10厘米、中部最厚处3.5厘米。两端表面遗有朱砂痕迹（图一，3，略）。

d. 标本M3072:10　由灰绿色安山岩制成，经精细磨修，磬体平整，局部表面光洁。中部折断，只余残半。依悬孔靠近顶部的通例判断，残磬作弧形的一边应为顶缘，呈内凹曲线的一边应为底缘。残断处较宽，另端较窄，窄端基本完整。有两个单面钻成的圆孔，一大一小。大孔恰在断裂处，已残。残长 26 厘米、残断处高 17 厘米、窄端高 93 厘米、残断处上缘厚 1.7 厘米、下缘厚 0.9 厘米（图一，4，略）。

3. 土鼓

土鼓 6 件。其中 5 件分别出在陶寺文化早期的 5 座大墓中，同鼍鼓、石磬共存；另一件（M3032ᆝ）出自大墓近旁的一座早期中型墓。伴出的玉圭等随葬品显示，墓主也是具有相当地位的人物。土鼓在大墓中同鼍鼓、石磬共存，反映出它同鼍鼓、特磬的关系。如出自 M3016 的土鼓在墓室近足端鼍鼓、石磬附近，出自 M3072 的土鼓则放在墓室足端壁下，紧靠石磬。后者出土时大体完整，筒状颈朝上，腹腔朝下竖置于墓底，应是使用时悬挂方式的反映。土鼓为泥质陶，M3072 和 M3073 所出的土鼓烧制时火候甚高，呈灰色或青灰色，陶质坚硬，叩之有声，无疑是实用器；其他几件烧成温度较低，或许是专为随葬制作的明器。M3015 和 M3073 两座大墓中的土鼓仅存残片，其余四墓所出的较完整或虽碎裂而可复原。

土鼓器形的基本特征是：腹部近圆球形或近卵形、近橄榄形，上接一筒状颈，有的颈较矮粗，有的颈部细高，然从整体形状观，无论颈之矮粗或细高，都如同长颈葫芦。筒颈口的外周有呈圆柱状或圆饼状的纽一至两周。腹底中央凸出一筒状孔，主孔周围又环列 3 个筒状小孔。颈、腹交界部位往往设桥形竖耳一对，仅个别认为是明器的无耳。腹部器表普遍压印密集的绳纹，此外又常以多道附加堆纹组成菱形或三角形格状饰。颈部器表多磨光，有的以弦纹间隔成有细线纹饰与无纹饰的数节，有的用刻画和压印手法表现出类似蛇躯鳞身的图案。出自 M3016 的一件，颈上口唇部及腹下大小四孔的内壁均涂朱红彩，M3073 残器的腹孔也涂有红彩。器高 45—142 厘米，基本完整或已复原的 4 件，分述如下。

a. 标本 M3072:11　泥质灰陶，火候较高。颈矮粗，腹近卵形，颈腹间无明显分界。颈口周围用泥片加厚，并附饼状圆纽一周 11 枚。筒颈器表抹光，由多道弧线形刻画纹和压印凹点纹组成蜷曲的蛇躯鳞身样图案。腹部器表遍施绳纹，其上又以多道交叉泥条组成菱格形或近三角形图案，泥条上又滚压有绳纹。通高 80.4 厘米、上口直径 25.6 厘米、最大腹径 41 厘米（图二，1，略）。

b. 标本 M3016:33　泥质陶，器表灰褐色，胎红褐色，火候不高。出土时已破碎，经粘对复原。颈部和腹部形制同上件标本（M3072:11）近似，只是颈口周围设柱状圆纽一周 12 枚，无耳。颈下部器表贴箍状附加堆纹一周，其下至腹部有斜向带状堆纹 7 道，又遍体滚压有绳纹。通高 45.6 厘米、上口直径 18.6 厘米、最大腹径 28 厘米。

c. 标本 M3002:53　泥质陶，器表深褐色，胎红褐色，火候不高。出土时已破碎，经粘对复原。颈部细高，近球形圆腹。颈口外有柱状圆纽一周 12 枚。颈部器表磨光，仅局部残存未磨平的绳纹痕迹。腹部器表以绳纹为地上贴泥条，泥条上又压印稀疏绳纹，构成不甚规则的连续三角形和菱形图案。通高81.4厘米、上口直径11.4厘米、最大腹径31.7厘米（图二，3，略）。

d. 标本M3032:1　泥质陶，器表灰褐色，胎红褐色，火候不高。细而高的筒状颈，腹部近似橄榄形。颈口外有柱状圆纽两周，每周各9枚。颈部以凹弦纹为界，分成大致等高的9段，自上而下的奇数段磨光，偶数段保留竖向绳纹。腹部器表通饰绳纹，其上又分上、下两层，贴附斜向堆纹，构成菱格形图案。这是已复原各器中最大的1件，通高142.5厘米、上口直径11.4厘米、最大腹径39厘米（图二，4，略）。

另外，M3073所出的1件残器，呈青灰色，火候甚高，从残片看，其腹径大于已复原诸器，原型当十分壮观。

4. 陶铃

陶铃7件，分别出于陶寺文化早、中、晚期的文化层、水井或灰坑中。铃的形制多样，横截面呈合瓦形、菱形、椭圆形，或作长方形、半圆形（马蹄形），空腔，顶壁设吊铃舌用的小孔，下口齐平。铃舌均佚。依顶部形制可分为平顶与凹顶两种，后者是将铃的顶壁下移至铃体上部，似乎形成上、下两个铃腔，除顶壁的竖向穿孔外，凹顶铃"上腔"的周壁还常见横向穿孔。

a. 标本H340:51　出于居住址Ⅲ区发掘范围内的340号灰坑，时代属陶寺文化早期。泥质陶，器表黑色，胎红褐色，手制。平顶，顶部俯视呈合瓦形，顺长轴穿有椭圆形透孔一对。铃壁较直，已残。顶长径10.1厘米、短径4.2厘米、顶厚1.1厘米、残高22厘米、复原高度6厘米（图三，6，略）。

b. 标本VC:06　居住址Ⅴ区采集品，附近小范围内仅有陶寺文化堆积。故应属陶寺文化遗物，唯其期属难断。泥质灰陶，手制。平顶，顶部平面呈菱形，顺长对角线穿有竖向透孔一对。铃壁中部微外弧，近口处稍内敛，铃腔下部横截面近合瓦形，下口齐平。铃周壁表面饰并列的横向划纹五道和斜向弧线划纹若干道。出土时，残存大半铃体，经复原，顶部长对角线8.6厘米、短对角线5厘米、下口长径9.9厘米、短径3.8厘米、通高5.4厘米（图三，7，略）。

c. 标本T403④C:48　出于居住址Ⅴ区403号探方的4C层，时代属陶寺文化晚期。泥质灰陶，手制。平顶，俯视呈不规则椭圆形，顺长轴穿有竖向透孔一对，周壁下部外撇。顶部长径4.9厘米、短径3.4厘米、下口长径6.7厘米、通高3.5厘米（图三，3，略）。

d. 标本H3017:01　出于陶寺墓地Ⅲ区发掘范围内的一座晚期大型扰坑H3017，该坑曾打破早期大墓M3015、中型墓M3017、M3085，小型墓M3014，以及另两座期属不明的小墓。从陶铃表面沾有朱砂来看，也不排除原为随葬品的可能。泥质灰陶，手制。平顶，平口，横截面呈长方形。顶部穿竖向二孔。顶壁略厚于周壁。长4.6厘米、宽 2.8 厘米、高 3 厘米（图三，1，略）。

e. 标本 J301:4　出于居住址Ⅲ区发掘范围内的 301 号水井内，属陶寺文化早期遗物。泥质陶，呈深褐色，手制。器形小巧，横截面呈菱形，凹顶。顶壁顺长对角线有竖向两孔，顶以上四壁对称部位各有横向一孔。上、下口大小相若，长对角线 3.3 厘米、短对角线 2.3 厘米、通高 2.6 厘米（图三，5，略）。

f. 标本 T393 ④ B:3　出于居住址Ⅲ区 393 号探方的 4B 层，属陶寺文化早期遗物。泥质陶，器表黑色，胎红褐色，手制。横截面似马蹄形，一侧为直壁，余为弧壁，凹顶。仅存残半。近直壁一侧顶壁原应有竖向孔两个，残器仅存一孔；顶壁以上弧壁的两端原也应有对称的横向孔两个，也仅存一孔。器表磨光，近下口处有细弦纹十余周。最大宽度 5.5 厘米、通高 5.5 厘米（图三，8，略）。

g. 标本 H419 :5　出于居住址区发掘范围内的 419 号灰坑中，属陶寺文化中期遗物。泥质陶，器表灰色，胎褐色，手制。横截面呈合瓦形，凹顶。仅存残半，宽（短径）2.7 厘米、残长 4 厘米、残高 2.5 厘米。据残器复原后，知顶壁上可能有竖向圆孔 5 个，顶上方的两侧弧壁上有对称的横向圆孔两组，共 4 孔。复原长径 8.6 厘米、复原高度 3.7 厘米（图三，2，略）。

5. 铜铃

铜铃 1 件。

标本 M3296:1　出于陶寺文化晚期 3296 号墓。出土时，位于男性墓主（50 岁上下）骨架左侧股骨与耻骨联合之间，推测入葬前可能是挂在死者腰部至下腹间，后因软组织腐败而滚落到墓底。器表粘有麻布纹。铃舌已佚。

铃为平顶，顶部、底口及中腰的横截面近似合瓦形与菱形之间，铃壁一侧呈弧形，另侧中部略显出棱，铃壁自上而下稍侈张，故底口略大于顶。经鉴定，是 1 件红铜铸造品。顶壁近短对角线一端钻有一圆孔，当供悬系铃舌之用。器壁厚薄不匀，顶厚约 0.11 厘米、近口处厚约 0.28 厘米。顶及一侧铃壁各有不规则形透孔或残痕一处，系铸造过程中出现的缺陷（气孔）。顶部长对角线 5.1 厘米、短对角线 2.2 厘米、口部长对角线 6.3 厘米、短对角线 2.7 厘米、高 2.65 厘米（图三，4，略）。

6. 陶埙

陶埙 1 件，系居住址Ⅲ区采集品，按当地文化堆积状况，应属陶寺文化或庙底沟二期文化遗物。深褐色，泥质陶制成。埙体近似红枣，顶呈圆弧状，底部截平，中腰横截面为不规则圆形，空腔，顶有一吹孔，一侧埙壁中部偏上有相邻的两个圆形按孔。器形完整。最大腹径 3.1 厘米、通高 4.4 厘米（图版一一一，4，略）。

二、陶寺乐器的测音

陶寺遗址出土的乐器中，至今尚能发音的有石磬 4 件、陶埙 1 件。1987 年，中国艺术研究院音乐研究所派出的陶寺乐器调查组对石磬和陶埙的音高与发音性能进行了测试。作为对比材料，对发现于襄汾大崮堆山史前采石场的1件磬坯也做了测试。测试工作分两个阶段：先是当年11月28日在襄汾陶寺考古队驻地（室温19℃），对石磬和陶埙原件直接敲击或吹奏，以日本产Strobo-cann闪光音准仪测出其音高，并由Sony-DC6型录音机与Maxel Type Ⅱ CrO_2 磁带录下其音响；其后，在北京中国艺术研究院音乐研究所声学实验室用原录音机将录音输入丹麦产Type 2032数字频谱分析仪，得出所测声音的基频和声频谱。频谱分析的精度由分析的频率上限决定。所测声音基频的误差在1.25赫兹以内。

1. 石磬的测音

鉴于石磬是一种敲击发声的石质板振动乐器，所用石料的质地以及磬体的形状、大小、厚薄、击点的选择，均与音高关系甚大。测试时发现，有的磬体尚有古代击痕可辨，从而易找出击点的准确位置。凡击痕不易识别者，则用木槌遍击股、鼓的各个部位，经过比较，以确定较佳击点的位置。然后即按此击点或磬上的击痕进行测试与录音。

测试结果见表1-2-1。

表1-2-1　陶寺石磬的音高与发音性能[①]

测音磬号	相当于平均律音名	频率（Hz）	音分值（Cent）	击点或发音位置	备注
M3002:6	（1）C_5-23	516.35	5977	鼓上角	鼓下角同
	（2）C_5-18	518	5982	鼓上角	
M3015:17	（1）$^\#F_5$-23 E_6-11	730.22 1310.20	6577 7589	第一击点（第三击点同） 第二击点（第四击点同）	音质较佳
	（2）$^\#F_5$-10 E_6-9	736 1312	6590 7591	第一击点（第三击点同） 第二击点（第四击点同）	音质较佳
M3016:39	（1）$^\#G_6$-23（上） B_5+1（下）	1639.30 988.34	7977 7101	鼓上角（原击痕） 鼓下角（原击痕）	音质不佳

[①] 参见中国社会科学院考古研究所、山西省临汾市文物局编著《襄汾陶寺：1978—1985年考古发掘报告》，文物出版社2015年版，第1336页，原表一。

续表

测音磬号	相当于平均律音名	频率（Hz）	音分值（Cent）	击点或发音位置	备注
M3072:10	（1）#C_7+27（上） A_6+7（下）	2252.3 1767.1	8527 8107	鼓上角 鼓下角	音质佳
	（1）#C_7+36（上） A_6+12（下）	2264 1772	8536 8112	鼓上角 鼓下角	音质佳
附：大崮堆山磬坯P058	（1）E_6+4（2） E_7−30（1）	1321.6 2591.7	7604 8770	第二击点 第一击点	
	（2）E_6+13	1328	7613	第二击点	第一击点未测

上列各磬音高和声频谱显示：

a. 在 4 件石磬中，M3002:6 号磬敲击鼓上角和鼓下角音高相同，仅发一音；其余 3 磬，敲击不同部位均可发出两个不同频率的基音。且 M3016:39 号磬的鼓部上、下两端及股部下端至今尚见明显的古代击痕，故可以推知当时虽用单音，但更多是使用两音。

b. 各磬音质的优劣有很大差异。其中 M3016:39 号磬虽发两音，但因磬体中部呈弧形弯曲状，不利于板块振动，其声音无稳定过程，迅速衰减，音质最差。M3002:6 号磬，因股部较厚，鼓端所发之音的衰减过程也很短促，音质欠佳。比较而言，音质较好、衰减较慢、有稳定过程者首推 M3072:10 号残磬，其次是 M3015:17 号磬。

M3072:10 号磬，在敲击鼓上角时，鼓下角之音频同时存在，但处于较弱地位，二者强度相差为 −15.9dB。反之，敲击鼓下角时，原来鼓上角之音频又相对转弱，二者强度相差为 −25.8dB。因而其上下两角之音清晰可辨，音质较佳。

M3015:17 号磬，在敲击第二击点时，第一击点的音频同时存在，但处于较弱地位，二者强度相差约 26.2dB。然而，敲击第一击点时，第二击点的音频不但同时出现，且强度相同，均为 −33.1dB。因而有双音感觉，其清晰程度不如 M3072:10 号磬。

2. 陶埙的测音

陶埙是一种吹击边棱发声的气鸣乐器。吹奏时气流冲击边棱的角度、力度与音高关系甚大，为此我们请具有多年吹奏经验的专家徐桃英女士在力求不改变吹奏角度与气流力度的情况下，开闭各个按孔，吹出各音，同时用闪光音准仪直接测出其频率。根据测试结果可以看出：该埙较易以 F_6+32 音分为宫，构成↓徵、宫、↑商或以 C_6+28 为宫，构成宫、清角、↑徵的三音列，详见表 1-2-2。

表 1-2-2　陶寺遗址陶埙的音高与发音性能 ①

测音 器名	相当于平均律音名	频率（Hz）	音分值（Cent）	演奏法	备注
陶寺陶埙	C_6+28	1063.6	7228	全闭	—
	F_6+32	1423.0	7732	开右孔	—
	F_6−19	1381.7	7681	开左孔	—
	$^\#G_6$+12	1672.8	8012	全开	—

三、陶寺遗址出土乐器的意义

1. 鼍鼓

扬子鳄古称"鼍""鼍龙",一作"鲜"。鼍鼓即鳄皮鼓。古代文献和铜器铭文的有关记载、考古发现的实物资料都一再证明,从龙山时代直到商、周,鼍鼓始终是王室、诸侯、方国首领专用的礼制重器。

发掘出土的鼍鼓实物,20 世纪 30 年代首见于安阳西北冈王陵区 1217 号大墓中,鼍鼓和石磬各 1 件,并排放在西墓道的一个平台上,附近还有入葬时已拆散的鼓架、磬架遗迹。② 大约半个世纪后,在山西灵石旌介的一座商代方国首领墓中,也曾发现 1 件尚存圆形鼓腔的残鼍鼓。③ 陶寺的鼍鼓,是 1979 年、1980 年出自陶寺文化早期方国首领人物的 5 座大墓中。按陶寺墓葬编年序列,并参照有关的 14C 年代数据,以上 5 座墓的入葬时间为公元前 2400—前 2300 年。可知陶寺大墓中鼍鼓的年代,要比安阳殷王陵及旌介商墓中的同类鼓早 1000 年以上。

陶寺鼍鼓同殷王陵鼍鼓比较,二者都是木质鼓腔,蒙鼍皮,鼓腔外周有繁缛的彩绘(或漆绘)图案;都是与特磬配组;墓主身份和陵墓规格都显示出鼍鼓具有的礼制重器特质。二者的差异表现在:前者用 2 件单面皮鼓,鼓腔呈上细下粗的筒状,近似树干原状,竖立于墓底;后者用 1 件双面皮鼓,鼓腔加工呈截头橄榄状,原当平向吊挂在鼓架下。日本泉屋博古馆收藏的 1 件商代青铜鼍鼓模型,鼓腔形状同殷王陵及旌介商墓出土的一致,不用鼓架而平置于用兽面装饰的四足上,其形象对商代鼍鼓的形制以及它的神圣地位和神秘性,都有真切表现④,反映出商代鼍鼓形制相

---

① 参见中国社会科学院考古研究所、山西省临汾市文物局编著《襄汾陶寺:1978—1985 年考古发掘报告》,文物出版社 2015 年版,第 1340 页,原表三。
② 参见梁思永、高去寻《侯家庄》第六本《1217 号大墓》,台北"中央"研究院历史语言研究所,1968 年,第 23—27 页,插图八—十,图版拾叁—贰贰、叁壹。
③ 参见山西省考古研究所《山西灵石旌介村商墓》,《文物》1986 年第 11 期;山西省考古研究所《灵石旌介商墓》,科学出版社 2006 年版,第 92 页,图 102、图 103。
④ 参见[日]滨田耕作《泉屋清赏》第三册,大正八年影印本,第 130 图;[日]桶口隆康《乐器》,泉古博物馆,平成五年,第 5、10—11 页。

当规范，制作工艺十分精致。相比之下，陶寺鼍鼓则表现出早期鼍鼓某些方面的原始性。然而，在迄今可确认的古代鼍鼓中，陶寺的这批科学发掘品，不仅是已知年代最早、数量最多的一群，而且鼓腔形制清楚，出土位置、摆放方式及鼓、磬配组关系明确，为探索鼍鼓起源、形制演变、制作和使用方法及其与古代祭祀、礼乐制度的关系，提供了一组值得珍视的资料。

2. 石磬

同鼍鼓配组的石磬，作为中国古代礼乐重器，是华夏文明中最具特色的表征符号之一。已有的考古资料说明，从中国文明形成期的龙山时代到夏代和商代，磬在黄河流域和北方长城沿线地区已有相当广泛的分布。迄今发现的史前石磬，都是单枚、磬体较大的"特磬"。陶寺文化早期大墓出土的 4 件磬，是其中年代最早且集中出土数量较多的一组，对于研究磬的起源、演变以及中国早期打击乐器的发音特点等，都有极高的价值。

从石质、制作工艺和形制的角度观察，陶寺的 4 件石磬中，有 3 件表现出较高的一致性。如 M3002:6 号磬和 M3015:17 号磬，同为角岩大石片打制成型，都是平底；M3002:6 号磬仅经琢修，M3015:17 号磬并用琢与磨两种修整手法；M3016:39 号磬的石质为火山角砾岩，其成型与修整工艺则与 M3015:17 号磬相同；上述 3 件磬的平面都作不规则几何形，形状不规整，正、反两面凹凸不平，从而表现出一定的原始性。然而，股、鼓已经分明，股短阔而较厚，鼓狭长而较薄，悬孔大多近顶边且偏向股部一侧，表明它们已经不是磬的初始形态。由此可知，磬的起源还应在比之更早的史前文化中去探寻。

在陶寺遗址附近的襄汾大崮堆山史前采石场遗址，曾发现大量与陶寺出土角岩石器相同的石材与半成品，并采集到两件尚待加工的黑色角岩磬坯，其中 1 件的形制与 M3016:39 号磬近似，即上厚下薄的凹顶形，或为其倒置后之弧顶凹底形，唯尚未琢磨和钻孔。[①] 拿这件磬坯的石质形制和打制手法做对比，可证明 M3002:6 号磬和 M3015:17 号磬当是本地制造，其石料即采自大崮堆山。至于 M3016:39 号磬，虽石质不同，但从形制及工艺看，也很可能是本地产品。

这里还应提到：大同市博物馆收藏的 1 件传出襄汾的石磬，长 138 厘米，是古磬中最大的，其石质、颜色、制作工艺同陶寺 M3002:6 号磬十分接近，推测石料也是采自大崮堆山。[②] 鉴于陶寺墓地很久以前已遭破坏，残存的 5 座大墓中，有一座墓的石磬已佚，且原来大墓的数量或不止 5 座；同时，在今襄汾一带尚未发现规格

[①] 参见陶富海《山西襄汾大崮堆山发现新石器时代石磬坯》，《考古》1988 年第 12 期。大崮堆山采集到的另一件磬坯参见《中国音乐文物大系》总编辑部编《中国音乐文物大系·山西卷》，大象出版社 2000 年版，第 16—17 页。

[②] 参见张丽《山西大同市博物馆收藏的一件特大石磬》，《考古》1999 年第 2 期。

高出陶寺的龙山时代遗址，故推测大同馆藏的那件磬，也有可能原本出自陶寺闻喜县南宋村遗址，地处陶寺文化同三里桥类型龙山文化交界地带，依地面采集到的陶器判断，年代约与陶寺文化中晚期相当，故当地采集的 1 件石磬约略晚于陶寺出土诸磬，但肯定是公元前 2000 年以前的龙山文化遗物。① 该磬仍作不规则几何形，器形厚大，两面凹凸不平，特点是顶微弧、底略凹，打制与磨修工艺则同陶寺 M3015：17 号磬十分接近，与陶寺石磬应属同一特磬系统，是该系统中年代稍晚的一个实例。夏县东下冯遗址出土的 1 件二里头文化东下冯类型打制石磬②，其年代在公元前 1700 年前后，其造型与打制工艺显示，同陶寺 M3002:6 号磬之间存在较直接的联系，显然是陶寺—南宋村龙山特磬系统强烈影响下的产物。

至于陶寺 M3072:10 号残磬，据地质学家鉴定，石质为安山岩，不同于本地石磬多用角岩，而且这种石质在陶寺遗址出土的大量石器中也很少见到。因磬体仅存残半，原来形制已难确指。依钻孔位置观察，应为弧顶、凹底。磬体正反两面及周缘都精细磨平，同前述诸磬表面凹凸不平判然有别；且据残断一端测量，磬顶缘和底缘的厚度之比大体接近 2 : 1，充分显示其制作工艺远高于前述各磬，它的发音性能和音质也明显优于陶寺另三磬，从而代表了龙山时代石磬的先进水平。石质和制作工艺的差别，表明它同 M3002:6 号、M3015:17 号诸磬或许不属于同一系统，至于它是否由外地传入的，则有待研究。

3. 土鼓

同类陶器，最初是安特生 1921 年发现于河南渑池不召寨遗址，仅存腹部。③ 20 世纪 80 年代初，陕西武功浒西庄遗址出土的一例，仅存下腹部。④ 以上两件的器形，同陶寺所出大同小异。研究者曾对以上两件庙底沟二期文化阶段的标本做过详细描述和年代学考察，列出它们同陶寺 M3072 所出矮粗型和 M3002 所出细高型标本之间的发展序列，认为不召寨标本的年代应同浒西庄的相当，器形也相近，当是陶寺出土标本的前身。陶寺的矮粗型又早于细高型，并指出其主要发展趋势是由粗壮变为细高，器腹周列 3 孔在庙底沟二期文化阶段位置偏上，至陶寺文化早期已下移至腹底。⑤ 依据晋陕豫交界地区龙山时代（庙底沟二期文化—中原龙山文化）的考古年代序列和陶寺遗址更细密的编年研究成果来看，上述文献提出的器形演化轨迹或是可信的。

土鼓曾被称为"陶异形器"，盖因其形制特殊，可对照的文献记载又语焉不详，从而关于其性质、用途、名称的确定，向有争议。解决"异形器"的定性与定名问

---

① 参见李裕群、韩梦儒《山西闻喜县发现龙山时期大石磬》，《考古与文物》1986 年第 2 期。
② 参见中国社会科学院考古研究所等《夏县东下冯》，文物出版社 1988 年版，第 98—99 页，图九二，4。
③ J.G. Andersson, *Prehistoric sites in Honan*, Museum of Far Eastern Antiquities, 1947.
④ 参见中国社会科学院考古研究所编著《武功发掘报告》，文物出版社 1988 年版，第 59—60 页，图五〇，14；图版二九，4。
⑤ 参见高天麟《黄河流域新石器时代的陶鼓辨析》，《考古学报》1991 年第 2 期。

题，首先需着眼于其本身形制、结构，并结合其出土位置及与其他遗物的共存关系进行研究。陶寺墓地中共获标本 6 件（含无法复原的残器 2 件），内 5 件出自陶寺文化早期方国首领人物的大墓中，其具体位置多在偏足端墓底，与鼍鼓、特磬临近；另 1 件出自大墓附近的一座早期中型墓，该墓为二次葬，从随葬玉圭及其他玉石镶嵌品看，墓主也是一个有特殊地位的人物。从以上出土情况和这种器物庄严、凝重的造型，繁缛而又具神秘意味的纹饰以及筒状孔口、唇涂朱彩来看，可以肯定它不是一般的日常生活用具，而属龙山时代方国统治者拥有的礼制器具，其上、下口连通，也非容器。这种器物另一显著特点是其筒颈上口周围都有圆纽一至两周，同我国西南少数民族中某些木腔皮鼓鼓口周围用于绷皮的木纽位置一致，形状相近。这些圆纽的存在，成为筒颈上口原来蒙皮并用以敲击的证据。它在大墓中常置于鼍鼓、特磬旁侧，从而表现出三者使用性能上的联系，即它们有可能是同一组配套的乐器。有理由相信，这就是见于《礼记·礼运》和《礼记·明堂位》记载，起源甚古、为史前先民在祭祀活动中长期使用的"土鼓"。陶寺土鼓的出土，使这种久已失传的乐器重新被人们认识，填补了中国古乐器史的一项空白，并为复原中原地区土鼓形制演变史树立了重要标尺。它之所以能起到如此重要的作用，是以发掘和复原的科学性，土鼓同鼍鼓、特磬的共存关系明确为前提的。

在陶寺，土鼓不见于一般中、小墓，而是与鼍鼓、特磬等重器配组，出现于具有早期王者身份的大墓中，说明在距今 4000 多年前的龙山时代中叶，土鼓已由原始居民单纯的祭器，转变为标志统治者权力、地位的礼乐器。土鼓作为礼乐器，则一直延续到周代。《周礼·春官·龠章》曾记录西周王室指定专职官员掌管土鼓，在祈年、逆暑、迎寒、年末蜡祭等仪式上，击土鼓作乐的情形。

4. 陶铃和铜铃

在史前乐器中，铃的起源较早，自仰韶时代（前 5000—前 3000）以来，曾广泛分布于黄河中、下游，长江中游和黄淮、江汉流域诸地，分布地域广，延续时间长，发现的数量也较多。在出土陶铃的诸史前遗址中，陶寺以数量多且铃的形制多样引人注意。已发现的 7 枚标本中有平顶和凹顶两种，铃体横截面分别呈椭圆形、合瓦形、菱形、长方形和马蹄形，可以说囊括了龙山时代悬系铃的全部式样，为研究这种史前乐器提供了丰富的资料。

陶寺晚期的铜铃是非常重要的发现。它的出现，不仅说明中原地区在龙山时代末叶已掌握复合范铸造工艺，而且为青铜礼器群的问世准备了技术条件，在中国青铜文化起源史上占有重要地位。从音乐史角度看，它是迄今所见中国历史上第一件金属乐器，标志着构成中国三代音乐文明重要内涵的"金石之声"时代的来临，可以说具有划时代的意义。从形制来看，铜铃是陶寺合瓦形陶铃的仿制品；拿它同二里头文化成熟形态的铜铃相比较，二者都是平顶、空腔、下口齐平，在顶壁上穿有系铃舌的透孔，而且在墓中的出土部位相同，铃体表面都遗有织物痕迹，上述一致处显示二者应属同一器类；而二者在铸造工艺和形制上的差异，则标志着铜铃的先后两个发展阶段。陶寺铜铃把史前陶铃同历史时期的铜铃乃至镈钟之间的发展链条连接了起来。

后记

应发掘单位之邀，中国艺术研究院音乐研究所于1987年冬派出由吴钊（领队）、李纯、徐桃英、顾国宝、秦序、方建军组成的调查组对陶寺遗址出土乐器进行鉴定，对其中的石磬和陶埙做了发音测试。同时，还将襄汾大崮堆山史前采石场遗址发现的1件磬坯作为对比材料，进行了鉴定和测试。发掘单位高炜、高天麟、张岱海、李健民，丁村文化工作站陶富海参加了鉴定。在鉴定过程中，有学者对"土鼓"说持保留意见，其余则取得广泛共识。

作为考古学和音乐史学两学科的共同研究成果，本文基本内容初载于《中国音乐文物大系·山西卷》（大象出版社2000年版）。收入本报告时，有修改、补充，有关石磬和陶埙音区的数据，依据原稿做了更正。

执笔者：吴钊、高炜

评述：《襄汾陶寺：1978—1985年考古发掘报告》是山西襄汾陶寺遗址的发掘报告。该报告详细地介绍了陶寺遗址的诸多方面并深入探讨了诸如年代、谱系及文化群体等问题。《陶寺遗址出土乐器鉴定研究报告》中较为详细地介绍了陶寺遗址中6类27件乐器中的20件，为研究陶寺乐器提供了第一手资料。陶寺遗址可分早、中、晚三期，各期的年代跨度在一二百年间。其早期处于我国历史上的尧、舜时期，晚期已进入夏代纪年范围。陶寺遗址乐器已经明显呈现出身份等级的差异性，其中鼍鼓和石磬被认为是"王"一级的身份标志，这对研究中国古代的"礼乐萌芽"有着重要的意义。

二、其他发掘报告

1. 梁星彭、李兆祥、张新治：《山西临汾下靳村陶寺文化墓地发掘报告》，《考古学报》1999年第4期。

2. 严志斌、何驽：《山西襄汾陶寺城址2002年发掘报告》，《考古学报》2005年第3期。

三、出土器物的音乐学意义

王子初：标本3015号大墓木鼍鼓，1980年发现于山西省襄汾陶寺墓地的一座大型墓葬中。发掘者根据它和一件特磬放置在一起，以及和其他几座大型墓葬中出土的同类器物一样，鼓内散落鳄皮鼓板，确定它就是古书中所说的"灵鼍之鼓"。陶寺鼍鼓的鼓框利用天然树干挖空制成，呈上小下大、略带锥度的圆筒形。体表施粉红或赭红底色，上施白、黄、黑、宝石蓝等色彩绘。可惜所绘图案已漫漶不清。鼓体中上部可辨宽约 22 厘米的图案，隐约可见回形纹。下部有一周宽约 4 厘米的带饰，其中可辨几何形和云纹。带饰上下有数道弦纹。出土时鼍鼓上口已残。陶寺遗址鼍鼓的时代为公元前 2500—前 1900 年，后期已进入夏代。鼍鼓是古人宗教礼仪或巫术活动的重要工具。在神权统治的古代社会，鼍鼓逢逢如雷的洪大声响，可产生一种强烈的威慑力量。①

申莹莹： 从各级墓随葬器物种类与数量的严格区分来看，陶寺文化早期，已出现礼制萌芽。就乐器出土情况而言，陶鼓、鼍鼓、石磬多出于大墓之中，且乐器组合呈明显规律性，作为王权的重要象征，它们已开始具有礼制意义。

由此看来，至迟在新石器时代晚期，我国黄河中游陕晋豫地区已经出现"礼乐"音乐萌芽，这与文献中记载的虞舜时期"制礼作乐"的传说基本相合。而就考古学研究成果，陶寺文化确曾对夏文化类型之一的东下冯文化产生过重要影响。由此，夏礼的形成也可能对陶寺音乐礼制有所借鉴。②

张蕾： 在迄今可确认的古代乐器组合中，陶寺遗址所出土的这几组鼓磬乐器，不仅是已知年代最早、数量最多的一群，而且出土位置、摆放方式及鼓、磬配组关系明确，这为探索我国古代礼乐器组合的起源、形制演变、制作和使用方法及其与早期祭祀活动的关系提供了一批重要的实物资料。同时，早期礼乐文化作为中国传统文化的根基，陶寺遗址鼓磬礼乐器组合的发现对中国礼乐文化的溯源和内涵研究也有着重要意义。③

四、相关研究成果

1. 华觉明：《从陶寺铜铃到中华和钟——双音青铜编钟的由来、衍变和创新》，《清华大学学报（哲学社会科学版）》2000 年第 5 期。
2. 申莹莹：《中国新石器时代出土乐器研究》，博士学位论文，中央音乐学院，2012 年。
3. 邓玲玲：《陶寺遗址陶铃功能探析》，《中原文物》2018 年第 4 期。
4. 张蕾：《陶寺遗址鼓磬组合及相关问题研究》，《中原文物》2019 年第 3 期。

---

① 参见王子初《中国音乐考古学》，人民音乐出版社 2020 年版。
② 参见申莹莹《中国新石器时代出土乐器研究》，博士学位论文，中央音乐学院，2012 年。
③ 参见张蕾《陶寺遗址鼓磬组合及相关问题研究》，《中原文物》2019 年第 3 期。

第三章 楚雄万家坝古墓群

第一节 发掘报告

节选自云南省文物工作队《楚雄万家坝古墓群发掘报告》

——《考古学报》1983年第3期

楚雄万家坝古墓群是1974年3月在农田基本建设中发现的。云南省文物工作队于1975年5月发掘大墓一座（M1），同年10月至1976年1月正式发掘。其中出土铜鼓的墓葬为其中的Ⅱ类墓，推断年代相当于中原地区的春秋晚期至战国时期。

一、墓葬概况

万家坝古墓群位于楚雄城东南3.5千米，龙川江支流青龙河的西岸。东距清龙河约1千米，海拔1800米，台地高出清龙河河面约30米，西面有楚雄至双柏的公路通过。这里原为荒山坡地，1973年起垦为农田。墓口一般见于耕土层下0.5米左右，皆为竖穴土坑墓，未见封土或其他标志。发掘区大体在台地顶部开出的二层梯地的范围之内，南北长约65米、东西宽30米，发掘面积约3000平方米，共发现古墓79座。其中大墓13座，多数位于发掘区的中部，小墓则分布在大墓的两侧：西北一侧墓葬分布密集，且有相互叠压、打破的现象，东南一侧分布较为稀疏。（图略）

墓葬方向以北偏东最多，墓室基本为长方形，圆角。许多墓的墓壁有明显加工拍打的痕迹。有的墓穴边上竖有边桩，墓底铺有垫木，有的有二层台与腰坑。大墓多数有棺，可分为有盖复合棺、有盖独木棺与无盖棺等，极为厚实。

M1

位于墓地中部靠北，墓口长5.2米、宽3.3米，墓底长5米、宽2.5米、深6.2米。墓底西侧挖有一腰坑，坑内置铜鼓一、铜釜一、编钟六。其上横置垫木三根，垫木之上西侧正中有木痕。西北角有釜、鼓形釜及镦等。墓室东端放置28套生产工具。该墓共出铜器110件。

M23

位于发掘区正中，墓室长5.6米、宽2米、深6.5—6.7米。两侧有边桩六，残高0.6—1米。墓的南壁有生土二层台，长4米、宽0.6米、高3.1米。距墓口深4.4

米处见到木棺，棺盖由两块圆木拼成，棺身由独木刳成。棺通长 2.6 米、宽 1—1.05 米、高 0.68—0.88 米。棺中部被盗。棺内槽长 1.89 米、宽 0.5 米、高 0.38 米。棺内有小型饰品数件。

棺下有东西向垫木三根，直接压于棺下的两根各长 5.3 米、宽 20—22 厘米、厚 12 厘米，另一根在棺的东端北侧，长 2.1 米、宽 10 厘米、厚 12 厘米。垫木东端置于二层台上数根横木之上；西端则置于四个倒置的铜鼓上，铜鼓在垫木之下分两对并列放置。

此墓出土随葬器物 577 件。多数集中在墓室东端。

……

万家坝古墓群与云南其他地区发现的墓群一样均为竖穴土坑墓，然墓穴中有腰坑、边桩、垫木等设施，尚属首见。79 座墓中 10 座有棺，其中棺的形状除无盖棺近似四川船棺葬外，其他两种独木棺，形体笨重，制作原始，为省内外所罕见，具有明显的地方特点。

二、随葬品的分布

M1 中出土的铜鼓一件与编钟六件皆位于墓地腰坑中。

M23 出土的铜鼓四件并排放置在棺底垫木下。

三、随葬品

79 座墓中 54 座有随葬品，计 1245 件。其中铜器有 1002 件，其余有陶、木、玉石、玛瑙、琥珀、绿松石、锡器等。现按用途分类介绍如下。

（一）兵器

……

（二）生产工具

……

（三）生活用具

……

（四）乐器

乐器　31 件，有铜鼓、编钟、铜铃。

1. 铜鼓　五件。分别出自 1、23 号两墓中，出土时鼓面向下，都具有早期铜鼓的特征：体分三段，鼓面小，胴部突出，胴径大于面径，纹饰简单，鼓面有太阳纹，无主晕纹，胴、足部素面。分为二型。

Ⅰ型　四件，皆出于 23 号墓。出土时两两相对，平行排列。特点是：胴径最宽处位于胴部中线以下，底径内沿有折边，鼓身内壁常带纹饰。

23:158，五鼓中最大。鼓面正中凸出一太阳纹，无芒，无晕。腰部纵分为 16 格，腰部交界处有云雷纹一周。鼓内壁有两条对称的卷云纹。四扁耳。鼓身两道合范线，外有烟熏痕迹。面径 46.5 厘米、足径 70 厘米、胴径 65 厘米、腰径 51 厘米、高 40 厘米、壁厚 0.5 厘米。

23:159，鼓面正中凸起一太阳纹，外有三道弦纹，八芒，复线，每芒中间填一直线。腰部被叉头线分为 12 格，近足处有云雷纹一周，鼓内壁饰四足爬虫纹、菱形网状纹、卷云纹等七组纹饰。四扁耳，鼓身两道合范线，鼓外有烟熏痕迹。面径 41.5 厘米、胴径 58 厘米、腰径 48 厘米、足径 63 厘米、高 37 厘米，足内折边宽 1 厘米。

23:160，鼓面一太阳纹，无芒，无晕，腰部纵分为 24 格，格间无饰，近足处云雷纹一周，四扁耳。鼓身两道合范线，带烟熏痕迹。面径 38 厘米、胴径 52 厘米、足径 54 厘米、腰径 43 厘米、高 34 厘米。壁厚 0.3 厘米、足内折边宽 0.6 厘米。

23:161，鼓面一太阳纹，十八芒，其中三芒不规则，芒外一弦纹，腰部被叉头形垂线纵分为 17 格。近足处云雷纹一周，内壁有四菱形网状纹，网四角带卷云纹。四扁耳。鼓身两道合范线，带烟熏痕，足内有折边。面径 41 厘米、胴径 53 厘米、腰径 43 厘米、足径 59.3 厘米、高 39 厘米、足内折边宽 0.8 厘米。

Ⅱ型：一件（1:12）。出于 1 号墓的腰坑中。胴体较高，足内无折边，鼓面一太阳纹凸起，无芒，无晕，腰部纵分为 18 格，近足处二道弦纹。四扁耳，鼓身二道合范线。面径 46 厘米、胴径 59 厘米、腰径 45.5 厘米、足径 64 厘米、高 38.5 厘米。

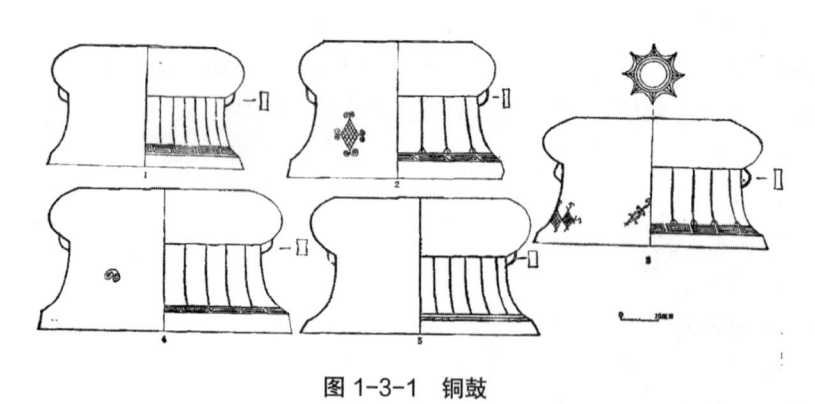

图 1-3-1　铜鼓

1-4. Ⅰ型（23:160、161、159、158）5. Ⅱ型（1:12）[①]

2. 编钟　一组六件，形制相同，大小不同，1 号墓出土。形状不同于中原编钟。上小下大，横剖面椭圆形，顶部上有一对羊角状纽，下有一长方形孔。素面，两侧各一合范线。尺寸详见表 1-3-1。

---

① 参见云南省文物工作队《楚雄万家坝古墓群发掘报告》《考古学报》1983 年第 3 期，原图三〇。

表 1-3-1　铜编钟形制数据

单位：厘米

部位 编号	通高	口长	口宽	孔长	孔宽
M1：13-a	21.9	13.3	11.3	3.4	1.7
M1：13-b	21.5	13.2	11.3	3.6	1.8
M1：13-c	21.4	13.2	11.2	3.7	1.7
M1：13-d	21.4	11.6	9.9	3.5	1.5
M1：13-E	18.3	10.8	9.1	3	1.3
M1：13-F	15	9.5	8.2	3	1.4

3. 铜铃　20件，两件残，分二型。

Ⅰ型：八件。半环形纽，口部平直，圆肩，横剖面椭圆形。57:14，高8.5厘米。

Ⅱ型：十件，口部内凹，两侧呈尖角突出，斜肩。35:14，正面上下开二小孔，高7.5厘米。

图 1-3-2　Ⅰ型铜铃（57:14）Ⅱ型铜铃（35:14）[①]

（五）装饰品

……

万家坝出土的铜鼓，是迄今为止科学发掘所获铜鼓中的最早者。这批铜鼓器身

---

① 参见云南省文物工作队《楚雄万家坝古墓群发掘报告》，《考古学报》1983年第3期，图版十五。

似釜，纹饰简单稚拙，有的鼓里有纹饰，制作技术低下，出土时鼓面朝下，外表满是烟炱，明显曾用作炊器。同时，又出土了似鼓的铜釜，这些证明鼓与釜之间有密切的渊源关系。这一现象对铜鼓起源的研究有着十分重要的意义。这里出土的编钟，六枚一编，形制特殊，纽作羊角形，钟身上部有方孔，与中原编钟差别甚大，但在晋宁石寨山、广西贵县罗泊湾、西林普驮屯都曾发现过，唯不如万家坝者完整，可见这种编钟曾在西南少数民族地区广泛流行。

图 1-3-3　楚雄万家坝墓葬出土铜釜、鼓[①]

……
乐器测音分析

万家坝 M23 出土的四面铜鼓和 M1 出土的一组编钟，由云南省民族音乐研究室秦序、吴学源两同志协助测音，又送录音胶带由文化部文艺研究院中国音乐研究所用闪光频率仪做进一步分析。秦序、吴学源同志根据测音记录，撰写《楚雄万家坝出土铜鼓、编钟测音结果的初步分析》一文，现摘录有关论述于后。

[①] 参见云南省文物工作队《楚雄万家坝古墓群发掘报告》，《考古学报》1983 年第 3 期，图版十三。

表 1-3-2 铜鼓、编钟测音数据

乐器名	器号	标准音高	乐器音高	频率
铜鼓	23:158	442.04（赫）	#d-11 音分	154.58
铜鼓	23:159	442.55	#f +4 音分	185.43
铜鼓	23:160	442.55	#g -4 音分	207.29
铜鼓	23:161	442.04	f +12 音分	175.83
编钟	1:13-a	441.78	#a +20 音分	471.58
编钟	1:13-b	441.78	e^2 -4 音分	522.04
编钟	1:13-c	441.27	d^2 -38 音分	574.58
编钟	1:13-d	442.55	#d^2 +6 音分	624.41
编钟	1:13-e	441.78	f^2 -60 音分	636.80
编钟	1:13-f	441.78	#c^3 +17 音分	1056.8

注：①此记录是音乐研究所据录音胶带在闪光频率仪测得。②测音时室温21℃。③ M1:13-e 有裂缝。

实测 23 号墓四具铜鼓（M23:158、159、160、161）的音高，可以组成如下音阶：

图 1-3-4 万家坝 M23 铜鼓音阶[①]

这几个音中包含有小三度、纯四度及大二度、小二度等音程关系，可视为 #F 调的 la、si、do、re 等音，或 #C 调的 re、mi、fa、sol 等音。铜鼓发音低沉浑厚，并且音律准确，从表 1-3-2 中可以见到，误差不超过 12 音分，这是云南古代少数民族音乐的重要音响资料。

编钟六枚，我们用金属锤依次敲击测音，除第五枚（M1:13-e）因铣部面已破坏外，余皆发音清朗，敲击隧部及鼓部等，音高均相近，没有明显的一钟发两音的情况。

第五枚钟初将裂缝焊接后试测，发音约为 f^2，旋即复裂，故实测时此钟得 e^2-60 音分。

---

① 参见云南省文物工作队《楚雄万家坝古墓群发掘报告》，《考古学报》1983 年第 3 期。

试测时，编钟发音可组成下列音阶（第五枚钟用初焊接后音）。

图 1-3-5　万家坝 M1 编钟音阶[①]

可视为 ^bB 调 do、re、mi、fa、(sol)、↑ $^\#$re 等音，包含有纯五度、纯四度、大三度、小三度及小六度等音程关系。

前五枚钟发音均按自然音阶各级顺序排列，唯第五枚与六枚相隔六度，似第五枚与第六枚间有所缺漏。另外，西南编钟出土常见六枚一编形式，如晋宁石寨山及牟定编钟均为六枚，则此编钟六枚可能为足数。这个问题，有待对更多的南方编钟进行比较研究。

"铜鼓和编钟所发音音列，虽然未构成完整的宫商角徵羽等五声音阶，但二者音阶中均有明显而准确的半音关系（小二度音程），可视为变徵与徵，或变宫与宫的关系，即已含有六声或七声音阶的因素，说明我省两千多年前的少数民族音乐（包括器乐），已经不局限于简单的五声音阶了。楚雄万家坝出土的铜鼓和编钟的音律，对于探索我国古代新、旧音阶的问题，对于研究我国古代五声和七声音阶的形成发展，均有重要参考价值。"

……

第二节　评述与拓展

一、发掘报告相关音乐内容与评述

《楚雄万家坝古墓群发掘报告》是由云南省文物工作队编撰的、全面介绍云南省楚雄县万家坝古墓群的文章，全文共分三部分。

第一部分——墓葬形制。介绍了万家坝古墓群的墓葬数量、地理位置、土壤及朝向，并选取墓群中一些较大的墓葬进行详述。其中包括出土铜鼓和编钟的 M1 和 M23，针对器物较多的 M23 绘制了翔实直观的线图。

第二部分——随葬器物。分种类介绍了墓群中出土的所有器物。对乐器的形制、纹饰、出土位置做了详细的描述及绘图。

第三部分——分析与研究。就墓葬的分期及年代、器物分析、冶金技术分析、

[①] 参见云南省文物工作队《楚雄万家坝古墓群发掘报告》，《考古学报》1983 年第 3 期，原图倒置。

乐器测音分析、族属、与中原文化的联系等角度做出了初步的论断。不仅列出了万家坝铜鼓、编钟的测音数据，更证明了铜鼓与铜釜的渊源及关系，为研究铜鼓起源提供了新思路。

评述：楚雄万家坝古墓群因定义了一种类型的铜鼓而闻名。在万家坝的五面铜鼓出土后，陆续在云南、广西的其他地区出土了相同形制的铜鼓，因此学界将这一类型的铜鼓定义为万家坝型铜鼓。《楚雄万家坝古墓群发掘报告》是在发掘简报的基础上整理而成的、最原始的报告。该报告从墓葬形制、随葬器物、分析与研究三个方面概述了万家坝古墓群的基本情况，其中音乐器物在文章中占据了一定篇幅，是研究万家坝乃至云南地区音乐器物的重要原始资料。

二、其他发掘报告

1. 云南省博物馆文物工作队、四川大学历史系考古专业七四级学员：《云南省楚雄县万家坝古墓群发掘简报》，《文物》1978 年第 10 期。

2. 李龙章：《楚雄万家坝墓群及万家坝型铜鼓的年代探讨》，《文物》2003 年第 12 期。

3. 中国古代铜鼓研究会：《中国古代铜鼓》，文物出版社 1988 年版。

4. 李晓岑、韩汝玢、孙淑云：《云南楚雄万家坝出土铜、锡器的分析及有关问题》，《文物》2008 年第 9 期。

5. 徐学书：《关于滇文化和滇西青铜文化年代的再探讨》，《考古》1999 年第 5 期。

6. 中国古代铜鼓研究会编：《古代铜鼓学术讨论会论文集》，文物出版社 1982 年版。

三、出土器物的音乐学意义

李昆声、黄德荣：从出土情况看，万家坝型铜鼓埋藏时有一种奇特现象，这些铜鼓往往是成对的埋在一起或附近。楚雄万家坝 23 号墓随葬四面铜鼓，分成两对，一大一小地埋在一起……究其原因，乃是鼓分雌雄。[①]

李龙章：万家坝型铜鼓并非所谓的"原始铜鼓"，也不是石寨山型铜鼓的起源，其年代与楚雄万家坝墓群一样，最早只处在西汉时期。它与石寨山型铜鼓时代相近，地域相邻，并行发展。石寨山型铜鼓为百濮系统中的滇人所铸，万家坝型铜鼓则是百濮中其他濮人部族所铸。因滇人发展水平较高，所以石寨山型铜鼓比万家坝型铜鼓更精致些，花纹也更繁密。[②]

[①] 李昆声、黄德荣：《论万家坝型铜鼓》，《考古》1990 年第 5 期。
[②] 李龙章：《楚雄万家坝墓群及万家坝型铜鼓的年代探讨》，《文物》2003 年第 12 期。

四、相关研究成果

1. 范传贤：《关于若干出土"铜鼓"的正名问题》，《昆明师范学院学报（哲学社会科学版）》1980 年第 1 期。

2. 席克定、余宏模、侯明德：《试论中国南方铜鼓的社会功能》，载《古代铜鼓学术讨论会论文集》，文物出版社 1980 年版。

3. 阚勇：《云南古代铜鼓的首创者——僰人先民》，载《古代铜鼓学术讨论会论文集》，文物出版社 1980 年版。

4. 陈宗祥、王家祐：《铜鼓起源考略》，载《古代铜鼓学术讨论会论文集》，文物出版社 1980 年版。

5. 李昆声、黄德荣：《论万家坝型铜鼓》，《考古》1990 年第 5 期。

五、拓展

1. 张顺彩：《永胜县金官区发现两面万家坝型铜鼓》，《中国古代铜鼓研究通讯》1987 年第 5 期。

2. 陈其复、黄振良：《田东县出土两面"万家坝型"铜鼓填补了广西铜鼓发展序列的空白》，《中国古代铜鼓研究通讯》1993 年第 9 期。

3. 陈其复、黄振良：《广西田东县再次出土万家坝型铜鼓》，《中国古代铜鼓研究通讯》1994 年第 10 期。

4. 田丰、万辅彬、蒋廷瑜：《试论广西田东县出土万家坝型铜鼓的意义——兼论万家坝型铜鼓传播路线》，《铜鼓和青铜文化的再探索——中国南方及东南亚地区古代铜鼓和青铜文化第三次国际学术讨论会论文集》，1996 年。

5. 李昆声、黄德荣：《再论万家坝型铜鼓》，《考古学报》2007 年第 2 期。

6. 范舟：《云南早期铜鼓起源新探》，《云南社会科学》2012 年第 1 期。

7. 刘焱鸿：《铜鼓再释——以万家坝墓葬群为个案的学术思想探讨》，《广东第二师范学院学报》2019 年第 1 期。

8. 刘金喜：《从广西古代铜鼓类型分期看铜鼓乐之衍变——滥觞期铜鼓乐》，《文物鉴定与鉴赏》2019 年第 3 期。

第四章　燕下都遗址

第一节　发掘报告

节选自河北省文物研究所编《燕下都》（上、下册）

——文物出版社 1996 年版

公元前 11 世纪中叶，武王灭商，建立了周王朝。周王朝建立之初，为了巩固自己的政权和建立新的社会秩序，就开始了"封建亲戚以蕃屏周"[①]的分封制。周武王封召公奭于燕后，召公以其元子就国。之后，为了防御鲜虞和中山国的军事进攻，燕国遂在太行山东麓的南北交通要道上选择了地势足以屏蔽的北易水和中易水之间的地带，筑城屯兵，以御强邻。这就是燕下都的前身——易。燕迁都于易不久，将易改名，直接称为燕下都。而蓟则成为燕的陪都。

燕下都故城在易县城东南五里河（即濡水，今北易水）和中易水之间，固城村是它的西北城角，东西 6.5 千米，南北 5 千米，西南隅向内收缩。城墙的痕迹断断续续，尚存十分之三四。西城墙和城门还显然可见。故城西南角内有城角村，村南有南墙一大段，高约 7 米，尚留有当时的版筑痕迹。版筑痕长约 2 米、高 0.3 米。城址内外有土台 50 多座，高 6—7 米不等，也有高达 20 米的，文化层次也很明显。故城、河道、坟台的方位，和《水经注》《元和郡县志》《太平寰宇记》等记载大都吻合。燕下都故城埋藏着丰富的物质文化遗存，从很早以前，就不断有大批文物出土。1893 年，燕下都故城出土了"齐侯四器"但没有引起人们的注意。1914 年，燕下都出土"铜龙"以后，燕下都故城才开始引起国内学者的注意，同时也为外国文化侵略者所窥视。1929—1930 年，为了防止盗掘，由我国现代考古学家、北京大学教授马衡先生发起，前北平研究院、古物保管委员会和北京大学联合组成燕下都考古团，开始了对燕下都故城的科学发掘工作。新中国成立后，由文化部和河北省组织相关专家于 1957 年冬到 1982 年 10 月先后多次进行发掘勘探。1961 年 3 月 4 日，燕下都遗址成为国务院公布的第一批全国重点文物保护单位。

[①] （魏晋）杜预注：《左传·僖公二十四年》，载《春秋左传集解》，上海人民出版社 1977 年版，第 345 页。

一、墓葬概况

（一）九女台墓区

1. 勘察与钻探

……

2. 16 号墓和车马坑的发掘

JM16 位于燕下都东城九女台墓区，西南距百福村约 670 米，是九女台墓区北排 5 座墓居中的 1 座，1964 年进行了墓室的发掘，1977 年发掘了车马坑（图三七七 A，1，略）。

JM16 是 1 座大型墓，墓室构筑及建造方法十分特殊。墓上有高大的封土，平面略呈长方形，四角缓圆，四边外弧，南北长 38.5 米、东西宽 32 米、高出地面约 7.6 米。

封土全部夯筑，夯层一般厚 0.08—0.2 米。封土周围的地表之下，还有面积比封土底盘还大的夯土，其面积经钻探得知（以封土底边为起点），向北为 2.5 米、向南为 16 米、向东为 15.5 米、向西为 23.5 米，深度则 0.8—3.5 米不等，围绕封土四周呈不规则的方形（图三七七 A，2，略）。墓室便构筑在夯土中。

发掘时，首先清理封土。在封土南部高约 3.5 米的断面上，发现了 2 条平行的灰白色土线痕迹，于是从 2 条土线之间挖去夯土，露出了 2 条光滑的夹板面，由南向北朝墓室方向扩展，形成全长 13.8 米、口宽 5.8 米、底宽 4.75 米、深 5.4 米的"坑道"。在封土北部，也出现同样的迹象，土线之间长 13.4 米、口宽 6.3 米、底宽 5.05 米、深 4.7 米，也是向墓室方向扩展。这南、北 2 条"坑道"似的遗迹，南部的底部仅深于墓口 1.05 米，北部的底部仅深于墓口 1.6 米。"坑道"的底部仍为夯土，中间的填土同样是夯土。它们分别位于墓室南北两端，似乎是南北墓道，但在清理时只找到"坑道"的夹板土线痕迹，且高于墓口，是否为墓道还不能肯定。

发掘封土深至 5 米时，出现墓口，与南北两端的形似墓道的"坑道"适呈中字形。墓室长方竖井式，方向 16°。墓口南北长 10.4 米、东西宽 7.7 米、距墓底深 7.6 米。墓室四壁上都夯筑，并经火烧，形成坚硬的烧土壁，其上有明显的夯层痕迹。东西两壁，在距墓口深约 1 米处，壁面凸起约 0.2 米，凸起的地方宽约 1 米。在凸起的两壁面中部，各有 2 个并列的板孔，互相对称。孔径约 0.2 米、孔距 3 米左右。东西两壁高度相等，南北两壁约低 0.7 米，可能是与"坑道"相连的缘故。东西南三壁深至 4.95 米处，即为白灰掺蚌壳筑成的二层台，台高 2.7 米、宽 1.2 米。北壁深至 3.8 米以下仍是烧土壁，但形成宽 1.2 米、高 3.8 米的平台，作为放置随葬陶器的地方。在这平台的南侧下方又是用白灰掺蚌壳堆筑起来的平台，宽、高与东西南三壁的白灰二层台相同，并与东西的二层台相连，构成 1 个长方形的小于墓口的扩室，长 6.6 米、宽 5.25 米、高 2.6 米。

墓室上部四面烧土壁的厚度由于火候的不一致，为 0.7—0.8 米。在墓室北壁距墓口深 3.8 米处的两角，各有 1 个伸出的平面呈长方形的凹槽，东边的长 1.35 米、宽 0.89 米，西边的长 0.98 米、宽 1.03 米。2 个凹槽中，堆满了被火烧焦的蚌壳。这 2 个凹槽，恐系当时建造烧土壁时所做的烟道口（图三七七 A，3、4，略）。

墓底呈长方形，小于墓口，南北长 6.6 米、东西宽 5.25 米。底部铺设 1 层厚约 0.02 米的黑炭。墓室内填满烧土末和烧土块，在 3 米以上则为烧土末加夯的填土。因椁室塌陷，这些烧土末、烧土块杂乱地堆积着。

葬具及人架均腐朽不存，仅在北部出土头骨、肱骨等碎块。

（二）虚粮冢墓区

虚粮冢墓区独立于东城西北隅，北有东城北垣，西有东城西垣，南有城内"隔墙"，东有二号河渠遗迹。二号河渠遗迹将此墓区与手工业作坊区和宫殿区隔开（图二，略）。

1. 勘察与钻探

墓区内的墓葬共有 13 座，编为 XLM1—M13。

13 座墓排列有序，分作 4 排。最北 1 排 4 座（XLM1—M4），东西两两成组。最南 1 排 3 座（XLM11—M13），呈鼎足式排列。中间 2 排，每排 3 座，东西并列，中东排 3 座（XLM5—M7），中西排 3 座（XLM8—M10X，图二，略）。这种排列，反映出墓区墓葬的埋葬是经过规划的。

……

2. 8 号墓的发掘

8 号墓是虚粮冢墓区中间西排最西端的 1 座墓。西北距东斗城村约 450 米。1976 年，为解决东斗城大队平整土地的要求和吉林大学考古专业的教学实习，经国家文物局批准进行了发掘。

（1）形制。

此墓由封土、南北墓道、墓坑、墓室、杂殉坑、车马坑 6 部分组成，为"中"字形竖穴土坑墓，方向 360°。从现存封土顶部至墓室底部 12.7 米（图三八五，略）。

现存封土，平面略呈圆角方形，四边较直，四角缓圆，长宽各 18 米，高出地面 7.2 米（图版一二四，1，略）。封土全部夯筑，夯层厚 0.1—0.13 米。封土周围地表以下，尚有面积较大的夯土，其面积经钻探得知（以封土的底边为起点），向北 15 米、向南 20 米、向东 6 米、向西 14 米，厚 0.8—1.5 米，围绕封土四周呈不规则的长方形。

发掘先从封土顶部开始（图版一二四，2，略）。封土顶部南部较高，北部较低。

北部封土有厚 0.5 米的扰土，封土下做至 1.1 米处时，西北角发现盗洞，做至距地表 4.2 米时，发现整个封土中部两侧各有 1 层厚 1 厘米的白灰面，白灰面的边即墓口线，这是因盗掘和椁室下陷而形成，原先可能是在墓口上用厚 1 厘米的白灰面封固墓口的，这样可防止雨水的渗透，也可对墓室起到保护作用。白灰面下即为夯筑墓口，墓口夯土面上有与壁柱沟槽相连的 5 道穿棍沟槽，有的沟槽有朽木痕迹。沟槽长短不一，最长的为 1.9 米、最短的 1.2 米，深 0.25 米、宽 0.2 米（图版一二四，3，略）。墓口东西宽 12 米，由于南北两面封土破坏较多，不见墓口的南北两边，长度不清。在西夯土壁中还发现有 5 个立柱和 3 个穿棍遗迹，并有 3 个直径大小不等的圆形坑（图版一二四，4，略）。墓口东西两壁各有 5 个相对称的壁柱沟槽（ZH1—10），内有朽木痕迹，东西两壁各有 4 个（ZH1—4、7—10）壁柱深入墓室二层台 1.4 米。壁柱高 6 米、宽 0.2—0.25 米、厚 0.15 米。东西两壁的 ZH5、ZH6 壁柱，高 4.7 米、宽 0.2 米、厚 0.15 米。墓坑南部二层台下的东西两壁各有互不对称的壁柱 6 个（ZH11—22），高 3.5—4 米、宽 0.2—0.3 米、厚 0.15—0.2 米。二层台上东西两面还有一排 5 个互不对称、直径大小不一的圆形柱洞（ZH29—38），直径 0.3—0.7 米不等，深 0.5 米。坑内填满纯黄土。墓坑北部的东西二层台下的东西两壁，各有壁柱 3 个（ZH23—28）、ZH25 与 ZH26 相对，ZH24 与 ZH27 基本对称，ZH23 与 ZH28 不对称。壁柱高 2.6—5.1 米、宽 0.25—0.4 米、厚 0.2—0.3 米。二层台上东西两面也各有 3 个圆形柱洞（ZH39—44），ZH41 与 ZH42 对称，其余 4 个不对称。直径 0.25—0.3 米不等，深 0.4 米。

墓坑呈长方形。墓口东西宽 12 米、底宽 11 米，墓口南北长 33 米、底宽 32 米。

墓室呈横长方形，四角缓圆，四边较直。长 10.4 米、宽 9.8 米。墓室四壁均系夯土筑成（图版一二四，5，略）。

南北墓道均为斜坡墓道，都在墓室中部。北墓道长 7 米、上口宽 6.9 米、底宽 5.7—6.6 米、深 0.1—1.7 米。南墓道长 73 米、北端宽 6.2 米、南端宽 9.4 米、深 0.1—3.3 米。

距北墓道北端 3.70 米处的墓道中，有一杂殉坑，编为 XLM8ZXK，东西长 5.5 米、南北宽 3.7 米，因建在斜坡墓道中，坑口呈斜坡状，深 6.4—9.3 米，平底，底宽 3.02 米、长 4.85 米。底部北两侧有长 4.85 米、宽 0.2 米、深 0.4 米的凹槽，南侧也有长 4.85 米、宽 0.24 米、深 0.4 米的凹槽，凹槽内均有朽木痕迹。坑底向上 4.1 米处有二层台，二层台宽 0.8 米。

车马坑在北墓道的东侧，距北墓道东壁 8.1 米，编为 XLM8CHMK。车马坑呈中部向内稍凹的长方形。坑口长 5.2 米、宽 3.7 米、深 3.1 米。坑口向下 1.2 米处有二层台，宽 0.6 米。平底，底长 4 米、宽 2.2 米。底部南北两侧有长 4 米、北侧宽 0.25 米、南侧宽 0.2 米、深 0.1 米的凹槽，凹槽内未见其他痕迹（图版一二五，1、

2，略）。

（2）椁室与葬具。

根据残存情况判断，有二椁二棺，即内外椁与内外棺。内棺长 2.34 米、宽 1.12 米、通高 0.8 米、棺板厚 0.1 米。外棺长 2.7 米、宽 1.9 米、通高 1.0 米、棺板厚 0.14 米。内椁南北宽 3.2 米、东西长 4.1 米、通高 1.4 米、椁板厚 0.1 米。外椁南北长 6.3 米、东西宽 4.7 米、高 1.8 米、椁板厚 0.17 米。墓室南墓道口挡板长 8.6 米、厚 0.14 米、高 2.3 米。北墓道口大部分被盗洞破坏，从东北角朽木观察，其挡板与南墓道口挡板相同。从南墓道口挡板上部尚未破坏部分观察，还有 2 层厚约 0.01 米的木板痕迹，因此很可能是放置好棺椁后，在外椁外填塞木炭，再用 2 层木板封闭墓室顶。

放置顺序是：墓底做好后，在紧贴墓室东壁和离西壁 0.9 米处放置外椁的东西两侧椁板，椁板宽约 0.2 米，再在距外椁东壁 0.5—0.7 米处放置内椁东侧椁板，椁板长 3.2 米、宽约 0.2 米，然后再放置东西向的南北两端的内外椁板，内椁西侧南北向椁板与外椁西侧南北向椁板共用。最后堆垒起内外椁室，再用木板封住南北墓道口形成墓室，在墓室与外椁空隙处填塞木炭，内外棺置于内椁中，在棺与内椁之间、内外椁之间的空隙处放置随葬器物。然后封固内外椁，在外椁盖板上铺 0.5 米厚的木炭，与墓室口平，再用 2 层厚约 1 厘米的木板封固墓室口，最后以木炭、填土相互交错夯筑封固墓室，再以填土夯筑直至墓口（图版一二五，4、5，略）。

内外棺葬具的制作方法，从残存朽木观察，内外棺的左右壁板、头挡、足挡及内棺的底板，均由 3 块宽度不等的木板组成。内棺的左右两侧板和底板每块木板均凿有 3 个长 10 厘米、宽 4 厘米的长方形穿，用 3 个穿带穿过长方形穿分别组成内棺左右两侧的棺板和底板，内外棺的头挡、足挡每块板上均凿有 2 个长 10 厘米、宽 4 厘米的长方形穿，用 2 个穿带穿过长方形穿组成。外棺的左右两侧板则由 4 个穿带穿过长方形穿组成。内外棺的左右两侧板，头挡、足挡板的上下、左右两端及底板四周平齐，不见榫卯结构，可能用胶粘接而成（图三八六；图版一二五，6，略）。

内外棺的内壁均施朱漆。根据部分残片观察，其制作方法是：先在内壁木质上涂 1 层黄色底色，再在底色上贴 1 层麻布，麻布上似又敷 1 层涂料，然后施以朱漆。内外棺的外表，据残存观察均饰黑地朱漆卷云纹。

（三）辛庄头墓区

辛庄头墓区位燕下都西城的中部，分布在辛庄头村村东北、西南一带，共有墓葬 8 座，编为 XZHM24—M28、M30—M32（图二，略）。

1. 勘察与钻探

XZHM24，单独位于辛庄头村东，靠近一号河渠遗址。XZHM27，也单独位于辛庄头村东南。其余 6 座墓为 2 墓 1 组排列。XZHM25、M26 为 1 组，东西排列，位于辛庄头村东北。XZHM28、M30为1组，东西排列，位于辛庄头村西南。XZHM31、M32为1组，东西排列，位于辛庄头村南。

8座墓除XZHM30、M31无封土外，其余6座均有夯打封土。封土最大的是XZHM25，南北宽30米、东西长30米、封土高4.7米。封土最小的是XZHM32，南北宽7米、东西长8米、封土高3.5米。封土最高的是XZHM26、M27，2座墓的封土高度均在6米左右。各墓封土四周地面以下均有夯土遗存。

8座墓除XZHM30已发掘外，其余7座只进行了钻探。XZHM24，从封土顶中央下探，深至6米全为夯土，6—8.2米为夯打花土，自8.2米起发现青灰泥，其下为生土。XZHM25，从封土顶中央下探，深至6.2米全为夯土，6.2—8.2米有淤土和花土，以下为红烧土，因坚硬，只探了0.5米未再下探。XZHM26，从封土中腰下探，至5米深全为夯土，5—9米为夯打花土，至9.4米时发现有板灰，下为生土。ZHM27，封土已残，从已被挖去封土的地面下探，至0.5米深为夯土，0.5—2.1米为淤土、花土，2.1—5.5米全为红烧土，5.55—5.8米也为红烧土，下见水停探。XZHM28，从封土顶中央下探，深至5.3米全为夯土，5.3—7.7米为淤土，7.7—9.1米为花土，并有少许炭渣，同时也发现板灰，9.1—9.8米为木炭，9.8—9.9米为红烧土，下为青砂。XZHM31，从地表向下探，深至0.2米是耕土，0.2—1.2米全为夯土，1.2—9.1米为夯打花土，并见板灰，其下为白砂。XZHM32，从封土南边中部下探，深至1.4米全为夯土，1.4—9.2米为夯打花土，并见漆片。

2. 30号墓的发掘

XZHM30是在修筑易满（易县至满城）公路时发现的。为配合公路的修筑，于1977年冬至1978年春发掘了此墓。XZHM30位于辛庄头村西南。易满公路西侧，西距XZHM28的封土边30米。XZHM30已无封土，耕土层下即显墓口。

因农民常年用土，已将封土挖完。墓由南北墓道、墓坑、墓室头箱3部分组成，为"中"字形土坑竖穴，方向360°。现存墓室口距墓底深8米。北墓道上口宽4.5米、底宽4.2米、长4.2米。北端耕土下即显墓道。墓道南端底部与墓坑在第2层二层台处相接，深2米。南墓道上口宽4.5米、底宽4.2米、长8米。南端耕土下即显墓道。墓道北部底部与墓坑在第2层二层台处相接，深2米。从上述情况可以判断墓坑和墓道上部已被破坏一部分。南北墓道应均为斜坡墓道。墓坑长方形，上口南北长12米、东西宽9.5米。从墓口向下设3层台阶。在距墓口1米深处设第1层台阶，四壁向内收缩0.1米，台面宽0.9厘米。第1层台阶向下1米，又向内斜收0.15米，设第2层台阶，台面宽0.85米。第2层台阶向下0.4米再向内收缩0.05米，形成第3层台阶，台面宽2.15米。第3层台阶向下0.8米，又向内收缩0.1米，即墓室口和头箱坑口。墓室口长6米、宽5米，向下4.8米至墓底。头箱东西长3.2米、南北宽2.6米、深2.2米。墓坑四壁均涂有0.3厘米的白灰面。墓室正中放置棺椁。发掘时，至墓坑深 1.9 米的西壁中部处发现直径约 1 米的盗洞，发掘至 3.2 米时发现椁室，并在椁室的四角发现有红烧土和塌陷的坑。这是盗墓后焚烧棺椁造成的。在西部盗洞中出土大量陶鼎、簋、壶、磬、编钟等陶礼器及盖弓帽、铜镞、铜铺首等。墓坑全部夯筑，夯层厚 12—15 厘米，窝夯，夯径 8—12 厘米。墓室自口往下 2.4 米的四壁是厚 0.2 米的夯土壁，往下为生砂土。墓室底部也有 0.2 米的夯土（图三九六，略）。

二、随葬品的分布

（一）九女台墓区

随葬器物全部发现于墓室北部的平台上，少数散见于北部墓室。由于墓室上部填土下塌，所有陶器均被砸碎（图三七七，略）。

从发掘情况得知，此墓墓室采用四壁填土夯筑，复经火烧而烧成烧土壁的做法，是因为土质多系砂土，松散易塌，故以此法来加固墓壁。墓室下部又用白灰和蚌壳筑成二层台，更可使墓室下部坚实，并起着椁室的作用。墓室的这种构筑方法，比较特殊。

......

JM16 的车马坑位于北墓道东侧，南距北墓道 23 米。坑长方形，因破坏严重，结构已不清楚。坑口东西长 14.4 米、南北宽 6 米，坑底东西长 13.5 米、南北宽 5.4 米、深 3 米。由于车马坑早期被盗，出土物很少（图三七七，C，略）。

（二）虚粮冢墓区

在北墓道的东侧发现一方形坑，编为 XLM8FK（图版一二四，6，略），内出石磬和残铁器、铜镞各 1 件。坑内堆积为纯黄土。XLM8FK 打破战国时期井 1 眼（编为 XLM8J）。井是建墓前的文化遗存。井内堆积为灰褐土，出有东周时期的陶瓮、豆及瓦的残片。

......

在距地表深 0.3 米处的盗洞中出土黑漆地朱漆卷云纹漆片 3 块。墓室东壁 ZH4 壁柱稍南，紧贴墓边出土铁镢 1 件。在距地表深 0.5 米处是经过夯筑的木炭层，厚 0.1 米，木炭层中出缓背匽字刀 1 枚，其下为 1.2 米厚的夯筑的黑褐色五花土，其下为经夯筑的厚 0.05 米的蚌壳层，再向下是墓室的积炭和夯土层。此墓的积炭据传曾被盗过，但这次发掘仍出土了 70 余立方米。

墓室在墓坑底部，中部放置棺椁。墓底为砂土底，放置棺椁前，先在墓底铺垫 0.2 米的木炭（图版一二五，3，略）。墓室南北正中放置 1 根与外椁室长度相等的松木垫木。垫木宽 0.2 米、厚 0.2 米、长 8.6 米。应当是先填 0.2 米厚的蚌壳与垫木上边齐平夯实，再置棺椁，然后填塞木炭，封固椁室（图三八六，略）。

（三）辛庄头墓区

根据被焚烧的椁室残存遗迹观察，此墓有一椁一棺。其放置顺序是：墓室挖好后，在墓室底先堆垒椁室、四壁，再铺椁底板，椁室建好后在椁室中间置东西向垫木2根，间距约1.25米，然后置棺于垫木中间。棺椁间放置随葬器物。在堆垒椁室的同时堆垒头箱，头箱堆垒好后亦随之放置随葬器物。

椁室内放置的都是较贵重的实用器。头箱内放置的都是陶礼器、明器车马器和兵器等。

此墓虽然被盗严重，但墓室内和盗洞中仍出土有陶礼器和贵重的金银饰件。除墓室东侧部分器物因盗掘时塌方未被扰乱外，其余随葬器物都被扰乱，已无法知其具体位置。

三、随葬品

（一）九女台墓区16号墓

此墓早期被盗扰，破坏比较严重，随葬品仅有大量陶器和石器、蚌器、骨器，另于墓底中部和北部发现铁镶镂、铁锤和铁铲等。

……

车马坑内遗留的随葬器物主要是车马器，计有铜车马器11件、铅质车马器17件，另有陶尊1件、残漆片10片和马牙1颗。

1. 陶器

……

2. 铜车马器

……

3. 铅车马器

有銮和铃2种。

銮8件。大都残缺。标本JM16CHMK:23，圆形，两面各有三角形孔8个，銮柄略呈扁长梯形状，四面下端各有一圆穿，銮作长方形。銮长3.6厘米、宽2.8厘米、铃径5厘米、通高16.6厘米（图三七八，6，略）。

铃9件。均残缺。标本JM16CHMK:16，椭圆筒形，口外侈呈弧形，平顶，顶上有半圆形纽。素面。铃顶内部中央也有一半圆形梁以悬铃舌，舌端较大，呈椭圆形，舌上有圆形鼻系于半圆形梁上。铃外表饰凸线卷云纹。顶宽3.2厘米×4.4厘米、口径3.2厘米×5.6厘米、通高约7.8厘米（图三七八，7，略）。

4. 彩绘漆片

……

（二）虚粮冢墓区

此墓因早期被盗，墓室、杂殉坑、车马坑均被严重破坏，墓室重要随葬器物被盗掘一空，仅剩一些陶器残片、小件铜器、石器、蚌器、骨器及墓室东壁和盗洞底出土的铁镢、凿、半圆形瓦当等。杂殉坑被盗也十分严重，石磬出土于不同部位、不同深度中。车马坑内虽埋葬着大量铜车马器的明器，但也被严重盗掘、扰乱。随葬器物可分为陶器、铁器、铜器、银器、铅器、骨器、石玉器和蚌器 8 类（图三八六，略）。

1. 陶器

……

2. 铁器

……

3. 铜器

……

铃 13 件。可分二式：

I 式 5 件。标本 XLM8CHMK:46-1-3，椭圆筒形，通体瘦长，平顶，顶上有半圆形纽，顶内部中央无梁、无舌。通高 3.2 厘米（图三九〇，10；图版一二九，2，略）。

II 式 8 件。标本 XLM8CHMK:47-1-3，形体较小。通高 2.5 厘米（图三九〇，11；图版一二九，2，略）。

……

4. 货币

……

5. 银器

……

6. 铅器

……

7. 骨器

……

8. 玉器　主要有龙、凤饰和璧等。龙、凤等透雕饰玉色均呈酱褐色。

……

9. 石器　有圭、璜形器和弧形长条石片和石磬等。

……

石磬 24 件。23 件出于杂殉坑，根据大小可分为 2 组：第 1 组 12 件（图三九四，略），第 2 组 11 件（图三九五，略）。另外，方坑出土 1 件。均为明器。2 组形制相同，大小相次，石质坚硬，属板页岩类。第 1 组大部分完整，仅 2 件较残，其余 10 件因土内含碱量高，亦多受腐蚀。上厚下薄，横断面呈倒置梯形状。鼓部端比股部端亦较薄。倨孔正面较大，背面较小，大约相差 0.3 厘米（图三九四，略）。

方坑出土 1 件石磬，编号为 XM8FK:3，鼓长 0.3 厘米、鼓部宽 8.3 厘米、鼓部厚 1.6—1.7 厘米、股长 15.2 厘米、股部宽 9.2 厘米、股部厚 1.7—1.9 厘米、倨孔 1.8 厘米。

表 1-4-1 虚粮冢墓区 8 号墓石磬实测登记表[①]

单位：厘米

标本号	鼓长	鼓部宽	鼓部厚	股长	股部宽	股部厚	倨孔	备注
XLM8ZXK:1	41.8	12		28.8	17	4.2—4.6	2.1	
XLM8ZXK:3	37.2	11.2		26.5	15	3.7—4.3	2.1	断为两段
XLM8ZXK:2	36.6	10.8	3.3—3.7	27.2	?	?—4.3	2.1	
XLM8ZXK:4	33.4	9.9	3.7—3.9	24	13.6	4—4.2	2	
XLM8ZXK:5	31.5	9.7	3.1—3.6	22.5	14.4	3.5—4	1.9	
XLM8ZXK:7	28.1	8.8	3.3—3.8	?	?	3.8—?	2.1	股博端残
XLM8ZXK:8	27.7	9	3.2—3.3	19.9	12	3.4—3.8	2.1	
XLM8ZXK:9	26.1	8.9	2.9—3.4	18.7	11.9	3.3—3.6	1.8	
XLM8ZXK:10	23.9	11.6	2.9	17.4	8.5	3.2	2	
XLM8ZXK:11	23.8	7.8	2.5—2.7	16.8	11	2.9—3.3	2	
XLM8ZXK:12	20.5	7.2	2.9—3.1	14.5	9.7	3.1—3.5	2	
XLM8ZXK:13	19.7	7.2	2.7—3	14.5	9.8	2.8—3.1	1.6	
XLM8ZXK:14	16.8	6.3	2.4—2.7	11.1	7.9	2.9—3.2	1.6	
XLM8ZXK:15	16.3	6.8	2.4—2.5	11.8	8.3	2.5—2.7	1.7	
XLM8ZXK:16	16.2	6	2—2.4	11.7	8.6	2.2—2.6	1.6	
XLM8ZXK:17	13.5	5.8	2.1—2.4	10.1	7.8	2.4—2.9	1.6	
XLM8ZXK:18	13	5.3	2—2.3	10.2	7.9	2.2—2.6	1.7	
XLM8ZXK:19	12.3	5.3	2.1—2.5	9	7.3	2.2—2.6	1.7	
XLM8ZXK:20	12	5.5	2.1—2.2	8.6	7	2.2—2.5	1.7	
XLM8ZXK:21	11.1	4.9	2.1—2.3	8.2	6.8	2.3—2.5	1.7	
XLM8ZXK:22	10.9	4.7	1.9—2	8.2	6.3	2.1—2.2	1.7	
XLM8ZXK:23	10.3	4.6	1.7—2	7.6	5.4	1.9—2.1	1.7	

[①] 参见河北省文物研究所编《燕下都》（上、下册），文物出版社 1996 年版，第 683 页，原文表三。

10. 蚌器 只有蚌鱼 1 种。

（三）辛庄头墓区

发掘所获随葬器物可分为陶器、铁器、铜器、金器、银器、铅器、骨器、玉器、石器和蚌器 10 类。

1. 陶器

出土陶器共修复 90 件。另有圆珠 7278 颗、管珠 6002 颗。

……

编镈 9 件。可分四式（表 1-4-2）：

Ⅰ式 1 件。标本 XZHM30:316，山形纽，纽中间有长方形穿。钟口平。篆饰以稍微凸起的泥带纹，钲前后之中间和鼓之末端亦饰宽泥带纹，篆和钲面均涂以朱色，篆之上下饰朱绘卷云纹，但多脱落（图四〇七，1；图版一三八，5，略）。

Ⅱ式 1 件。标本 XZHM30:315，山形纽，纽中间有长方形穿。钟口平。钲面平，用切割工具在钲面划出篆带，篆、钲面涂以朱色，纽顶中间涂 1 条朱色带。篆上下及篆之间无纹饰，鼓间饰朱色卷云纹（图四〇七，2；图版一三八，6，略）。

Ⅲ式 3 件。标本 XZHM30:314，山形纽，纽中间有凸字形穿。钟口平。篆 2 层，均涂以朱色，篆上下及篆间每层都附贴模制的 3 个乳钉形枚，共 12 组 36 个，舞面饰朱绘卷云纹，鼓面及篆涂以朱色（图四〇七，3；图版一三九，1，略）。

Ⅳ式 4 件。标本 XZHM30:310，与Ⅲ式基本相同，唯纽部下部为"凸"字形孔，其上有一圆穿，圆穿上又有 1 个"圭"形穿（图四〇七，4；图版一三九，2，略）。

表 1-4-2 辛庄头墓区 30 号墓陶编镈实测登记表[①]

单位：厘米

序号	标本号	式别	纽高	铣长	舞广	舞修	鼓间	铣间	厚度	备注
1	XZHM30:316	Ⅰ	5.5	17.5	12	13	15.4	17.3	1.3	残缺
2	XZHM30:315	Ⅱ	5.5	15	11.7	14	14.7	17	0.9	残缺
3	XZHM30:314	Ⅲ	6.2	16	11.9	13.2	15.8	17.4	1.3	残缺
4	XZHM30:313	Ⅲ	5.4	15.4	11.5	13.5	13.8	16.4	1.1	残缺
5	XZHM30:312	Ⅲ	5.8	14.5	9.8	11.2	13.3	14.8	0.9	残缺
6	XZHM30:311	Ⅳ	5.2	14.3	10.3	12.4	13.5	16	1.1	残缺
7	XZHM30:310	Ⅳ	5.3	14.3	9.3	10.6	12.5	13.5	0.8	残缺
8	XZHM30:309	Ⅳ	5.5	13.1	9.5	11.2	11.8	13.3	0.8	残缺
9	XZHM30:308	Ⅳ	4.2	11.7	8.3	9	10.5	11.5	0.6	残缺

[①] 参见河北省文物研究所编《燕下都》（上、下册），文物出版社 1996 年版，第 700 页，原文表四。

钮钟 19 件。形制相同，大小相次（表 1-4-3）。标本 XZHM30：306，纽略呈圆角方形，中间有长方形穿，钟口作拱形。篆两尾均涂以朱色。篆上下及篆间每层都粘贴模制的 3 个乳钉形纹，共 12 组 36 个。鼓端饰以朱色带纹，舞面有朱绘纹样，多脱落（图四〇七，5；彩版二四，1；图版一三九，3，略）。

另外，有的钮钟口内壁上有刻文。标本 XZHM30：287，钟口内壁有刻文"敳"和"四"（图四〇八，1、2，略）。标本 XZHM30：305，钟口内壁有刻文"三"（图四〇八，3）。标本 XZHM 30：304，钟口内壁有刻文"五"和"敳"（图四〇八，4、5，略）。标本 XZHM30：306，钟口内壁有刻文"敳"字，另一字不识（图四〇八，6、7，略）。

表 1-4-3　辛庄头墓区 30 号墓陶钮钟实测登记表[①]

单位：厘米

序号	标本号	纽高	铣长	舞广	舞修	鼓间	铣间	厚度	备注
1	XZHM30:280	5.3	13.2	8.2	9.6	10.4	13.2	0.9	好
2	XZHM30:305	5	12.7	8.3	10	10.5	13.2	0.9	残缺，有刻文
3	XZHM30:283	4.5	12.8	8.4	9.5	10.5	12.6	0.8	残缺
4	XZHM30:285	3.5	12.7	8.1	9.5	10.3	12.7	0.8	好
5	XZHM30:287	4.1	12.3	8.3	10	10.5	12.2	0.8	好，有刻文
6	XZHM30:281	4.4	12	8	9.6	9.8	12.5	0.9	好
7	XZHM30:304	4.3	12	8	9.7	10	12.3	1	好，有刻文
8	XZHM30:302	4.1	11.8	7.7	8.8	9.6	11.2	1	残，有刻文
9	XZHM30:299	无	11.8	7.2	8.8	8.8	10.9	0.7	残缺
10	XZHM30:284	4.2	11.3	7.6	9	9.5	11.4	0.9	好
11	XZHM30:282	3.5	11.7	7.6	9.2	8.9	11	0.9	残缺
12	XZHM30:303	4	11.3	8.1	9.3	10.1	11.6	0.9	好
13	XZHM30:286	3.8	11.4	8	9.4	10	12	0.9	残缺
14	XZHM30:277	3.5	11.5	7.6	9	9.3	12	0.8	好
15	XZHM30:306	4	11	7.9	9.2	9.3	11	0.9	残，有刻文
16	XZHM30:278	5	10.5	7.5	9	9.4	11	0.9	残缺，有刻文
17	XZHM30:279	3.5	10.5	6.7	8.7	8.6	11.5	0.8	残
18	XZHM30:300	4.2	10.2	7.2	8.3	8.5	11.2	0.8	残
19	XZHM30:301	无	9.3	6.2	7.7	8	10.8	0.8	残缺

[①] 参见河北省文物研究所编《燕下都》（上、下册），文物出版社 1996 年版，第 700 页，原文表五。

甬钟 13 件。分属二式（表 1-4-4）。

Ⅰ式 2 件。标本 XZHM30：319，短纽双旋，旋作凤首状。钟口平。篆 2 层，均涂以朱色，篆上下和篆间每层各附贴模制的 3 个乳钉形枚，共 12 组 36 个。纽顶涂以朱色。鼓面填以朱色，舞面朱绘卷云纹，外缘饰 1 周朱色带纹（图四○七，6；彩版二四，2；图版一三九，4，略）。

Ⅱ式 11 件。大小相次。形制与Ⅰ式基本相同。标本 XZHM30：290，唯枚作短柱状，钟口作拱形，舞面朱绘卷云纹，外缘饰 1 周朱色带纹，鼓端亦饰 1 周朱色宽带纹（图四○七，7，略）。

表 1-4-4 辛庄头墓区 30 号墓陶甬钟实测登记①

单位：厘米

序号	标本号	式别	纽高	洗长	舞广	舞修	鼓间	铣间	厚度	备注
1	XZHM30:319	Ⅰ	4.6	14	9.5	11.7	12.2	15.2	1	残缺
2	XZHM30:309	Ⅰ	4.6	13.8	8.6	11.1	12	14.6	12	残缺
3	XZHM30:288	Ⅱ	4.6	16.4	10.5	11.2	13.8	17.7	0.9	残缺
4	XZHM30:289	Ⅱ	4	16.5	10.9	11.5	13.5	17.3	0.8	残缺
5	XZHM30:291	Ⅱ	4.4	15.8	10.4	11.9	13.3	15.5	0.8	残缺
6	XZHM30:295	Ⅱ	5 1	15.4	10	10.8	13.2	14.5	1	残缺
7	XZHM30:293	Ⅱ	4.8	15.2	9.5	11	13.4	14.6	0.7	残缺
8	XZHM30:292	Ⅱ	4.5	15.4	9.7	10.8	12.4	15.5	0.8	残缺
9	XZHM30:290	Ⅱ	4.5	15.3	10.3	10.9	12.7	15.3	0.9	残缺
10	XZHM30:294	Ⅱ	5	14.3	9.6	10.5	12.9	14.3	1	残缺
11	XZHM30:296	Ⅱ	4.8	14.4	9.2	9.5	11.5	13.8	1.1	残缺
12	XZHM30:298	Ⅱ	4.9	13.5	9.5	9.8	11	13.1	0.7	残缺
13	XZHM30:297	Ⅱ	3.5	12.4	8.8	9.6	11.5	13	0.8	残缺

句鑃 1 件。标本 XZHM30：317，短柄，圆銎，口作拱形。柄中间上下两侧各饰 2 周卷云凹弦纹，柄、器身及底面朱绘卷云纹、宽带纹及朱色圆圈。通高 16.5 厘米、柄长 5.1 厘米（图○七，8；图版一三九，5，略）。

---

① 参见河北省文物研究所编《燕下都》（上、下册），文物出版社 1996 年版，第 700 页，原文表六。

编磬42件。可分为五组：

第1组8件（表1-4-5）。形制较大，大小相次。周边正中施朱色带纹，两面周缘施朱色框，内施朱色卷云纹。大部分朱色脱落，仅2件朱色纹完整（图四〇九，1、2；图版一四〇，1，略）。

第2组9件（表1-4-6）。大小相次。纹样与第1组基本相同，但卷云纹变化较多，且保存较好（图四九，4—8；图版一四〇，2，略）。

第3组7件（表1-4-7）。大小相次。股部较宽，纹样与第1组基本相同，卷云纹有较大的变化。绝大部分朱色剥落，仅有2件纹样较完整（图四一〇，1、2；图版一四〇，3，略）。

第4组 11件（表1-4-8）。大小相次。纹样与第1组基本相同，但纹样较简单，部分保存较好（图四一〇，3—8，图版一四〇，4，略）。

第5组 7件（表1-4-9）。形制较小，大小相次。纹样与第4组基本相同。绝大部分纹样已剥落，仅1件朱色保存较好（图四一〇，9；图版一四〇，5，略）。

表1-4-5　辛庄头墓区30号墓第1组陶磬实测登记表[①]

单位：厘米

序号	标本号	鼓长	鼓部宽	鼓部厚	股长	股部宽	股部厚	倨孔	插图号	备注
1	XZHM30:276	16.5	5.7	2.1	13.5	7.4	2.2—2.3	0.5	图四〇九，1	残
2	XZHM30:275	16.4	5.2	2.2	13.7	7.5	2.2	0.8		残
3	XZHM30:272	15.2	4.8	2.3	12.9	6.8	2.3	0，6	图四〇九，2	残
4	XZHM30:271	15.6	5.1	1.5	12.5	5.9	1.5	0.7		残
5	XZHM30:270	15.5	4.9	1.5	12.1	6	1.5	0.8		残
6	XZHM30:269	15.5	4.7	1.6	12	5.8	1.6—1.7	0.8		残
7	XZHM30:267	15.2	4.8	1.2—1.3	12.2	5.8	1.5	0.7		残
8	XZHM30:266	14	4.7	2.2	12.5	5.7	2.3—2.4	0.7		残

---

① 参见河北省文物研究所编《燕下都》（上、下册），文物出版社1996年版，第703页，原文表七。

表 1-4-6　辛庄头墓区 30 号墓第 2 组陶磬实测登记表[①]

单位：厘米

序号	标本号	鼓长	鼓部宽	鼓部厚	股长	股部宽	股部厚	倨孔	插图号	备注
1	XZHM30:250	14.3	5.4	2.1	12.7	6.8	2.2—2.4	0.7	图四〇九，3	
2	XZHM30:249	14.2	5.5	2.1			2—2.1	0.6		残
3	XZHM30:251	13.5	5.2	2.1—2.3	11.8	6.7	2.2—2.3	0.7	图四〇九，4	残
4	XZHM30:252	13.5	5.5	2			2.3	0.5		残
5	XZHM30:253	13	4.3	2.1	11.2	5.7	2—2.1	0.6		残
6	XZHM30:254	11.6	5	2.3	10.1	6.1	2.3	0.6	图四〇九，5	残
7	XZHM30:265	12.5	4.3	2—2.1	9.5	5.1	2.4	0.6	图四〇九，6	残
8	XZHM30:255	11	4.1	2	9.1	5.5	2.3	0.5	图四〇九，7	好
9	XZHM30:256	10.9	3.8	1.8—1.9	9.1	4.9	2.1—2.2	0.6	图四〇九，8	

表 1-4-7　辛庄头墓区 30 号墓第 3 组陶磬实测登记表[②]

单位：厘米

序号	标本号	鼓长	鼓部宽	鼓部厚	股长	股部宽	股部厚	倨孔	插图号	备注
1	XZHM30:235	18	7.2	1.8	10.2	9.1	1.7—1.9	0.9	图四一〇，1	残
2	XZHM30:236	15.2	6.8	2.1—2.2	11	7.9	2.2	1.2		残
3	XZHM30:237	13.3	6.3	2.2—2.3	12.1	8.1	2—2.1	1.3		残
4	XZHM30:238	13.5	6.4	1.9—2.1	11.1	8.5	2.1	1.2		残
5	XZHM30:239	12.5	6.1	1.9—2	8.1	7.5	2—2.1	0.4		残
6	XZHM30:240	11	5.8	2—2.1	7.2	7.1	2	0.8		好
7	XZHM30:241	9.8	5	2.2	6.5	6.3	2.2	1.2	图四一〇，2	残

① 参见河北省文物研究所编《燕下都》（上、下册），文物出版社 1996 年版，第 703 页，原文表八。
② 参见河北省文物研究所编《燕下都》（上、下册），文物出版社 1996 年版，第 704 页，原文表九。

表 1-4-8 辛庄头墓区 30 号墓第 4 组陶磬实测登记表[1]

单位：厘米

序号	标本号	鼓长	鼓部宽	鼓部厚	股长	股部宽	股部厚	倨孔	插图号	备注
1	XZHM30:273	12	3.5	1.6—1.7	9	4.7	1.5—1.7	0.7		残
2	XZHM30:274	11	4	1.8—2	10	5.5	1.9—2	0.7	图四一〇，3	残
3	XZHM30:268	11.4	3.4	1.5—1.6	8.1	4.5	1.7—1.8	0.8	图四一〇，4	好
4	XZHM30:264	10.3	4	1.8—1.9	8.6	5.3	2	0.7	图四一〇，5	好
5	XZHM30:263	11	3.5	1.6—1.7	7.5	4.5	1.6—1.7	0.7	图四一〇，6	好
6	XZHM30:262	10.1	3.5	1.7	7.4	4.4	1.8—1.9	0.6		残
7	XZHM30:261	9.5	3.4	1.5	6.9	4.2	1.5—1.6	0.6		残
8	XZHM30:260	9.3	3.3	1.9—2	6.7	4.2	1.7—1.8	0.6	图四一〇，7	好
9	XZHM30:259	9.2	3.3	1.7—1.8	6.8	4.3	1.7	0.6	图四一〇，8	好
10	XZHM30:258	8.5	3.5	1.5	6	4.2	1.6—1.8	0.6		好
11	XZHM30:257	8.3	3.5	1.7	6	4，2	1.8	0.4		残

表 1-4-9 辛庄头墓区 30 号墓第 5 组陶磬实测登记表[2]

单位：厘米

序号	标本号	鼓长	鼓部宽	鼓部厚	股长	股部宽	股部厚	倨孔	插图号	备注
1	XZHM30:248	10.2	3.3	2.6	8.5	4.4	2.4—2.6	0.5		残
2	XZHM30:247	9.8	3.6	2.3—2.4	8	4.2	2.2	0.4	图四一〇，9	好
3	XZHM30:246	9	3.3	2.3—2.4	8	4.2	2	0.4		残
4	XZHM30:245	8.5	2.8	2.3	6.8	3.5	2—2.1	0.5		好
5	XZHM30:244	8	2.5	2.2	6.8	2.2	2—2.1	0.5		好
6	XZHM30:243	7.5	2.7	2.2	6.5	3.5	2.2	0.4		残
7	XZHM30:242	7.4	2.2	2.3—2.4	5.4	2.9	2.3	0.5		残

[1] 参见河北省文物研究所编《燕下都》（上、下册），文物出版社 1996 年版，第 704 页，原文表一〇。
[2] 参见河北省文物研究所编《燕下都》（上、下册）文物出版社 1996 年版，第 704 页，原文表一一。

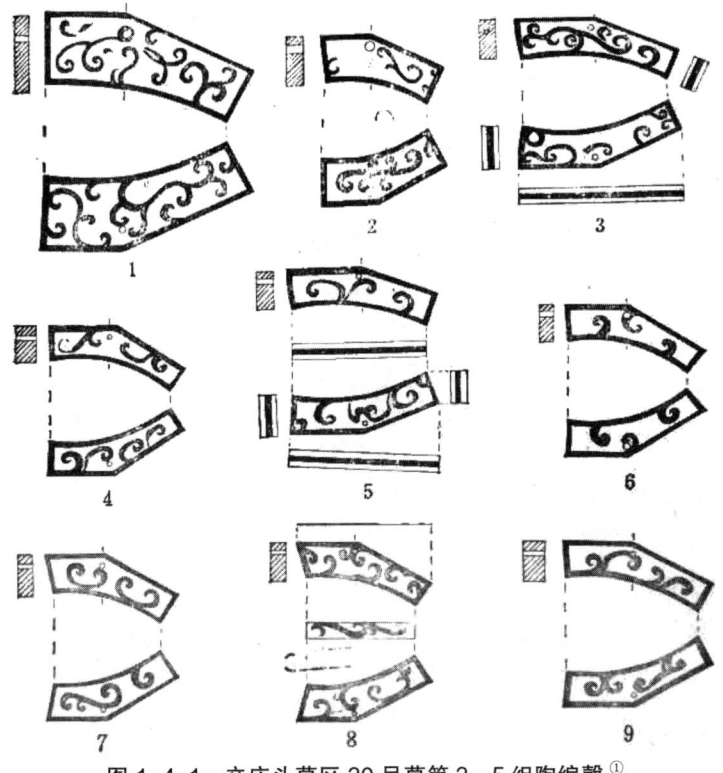

图 1-4-1 辛庄头墓区 30 号墓第 3—5 组陶编磬[①]

1. 第 3 组 XZHM 30：235　　2. 第 3 组 XZHM30：241　　3. 第 4 组 XZHM 30：274
4. 第 4 组 XZHM 30：268　　5. 第 4 组 XZHM 30：264　　6. 第 4 组 XZHM30：263
7. 第 4 组 XZHM 30：260　　8. 第 4 组 XZHM3S：259　　9. 第 5 组 XZHM30：247

2. 铁器

10 件。锈蚀严重。可分为生产工具、兵器和其他 3 类。

……

3. 铜器

82 件。有服饰品、车马器、兵器和其他 4 类。

……

4. 金器

82 件。均为饰件。形状有长方形、半球形、桃形、鸟嘴形、牛头形等（见表一

---

① 参见河北省文物研究所编《燕下都》(上、下册)，文物出版社 1996 年版，第 706 页，原文图四一〇。

二，略）。

……

5. 银器

……

6. 铅器

56 件。有车马器和兵器 2 类。

铃 1 件。标本 XZHM30：160，铸件。椭圆顶，顶上有一半圆形纽，铃口外侈。高 2.1 厘米、口径 1.2 厘米×1.8 厘米（图四二〇，10，略）。

……

7. 骨器

296 件。有钉、鐮、算筹和其他 4 类。

……

8. 玉器

有玉鸟和长方形饰等。

……

9. 石器

有璧、方璧、单龙透雕饰、双龙透雕饰、单雏凤透雕饰、双凤连体透雕饰、三角形饰、变形凤透雕饰、弧形长条片、长条片、长条形器、圭、圭形器、璜等。

……

10. 蚌器

……

第二节　评述与拓展

一、《燕下都》的音乐内容与评述

《燕下都》由河北省文物研究所编，文物出版社 1996 年出版，为河北省易县燕下都遗址发掘报告。书中对燕下都的发掘过程、墓葬底层、城内外探勘、城墙遗址、宫殿遗址、墓主人、出土器物等内容进行了详细的介绍和探讨。

全书分为五个部分。

第一部分——燕下都考古工作概述。这一部分介绍了有关燕下都的文献记载和 1949 年以前对于燕下都的考古调查、发现与研究和 1949 年以后对燕下都的保护、科学发掘与研究。其中重点关注了燕下都的位置与规模，老姆台的位置、形状及发掘的主要收获。

第二部分——燕下都城址、遗址、墓区的勘察与发掘。这一部分从燕下都城址的形制、主体宫殿和其他建筑群、作坊遗址、居住址、其他遗址、燕下都墓区六个方面介绍了燕下都，其中出土乐器的三座墓葬均出自燕下都墓区。30 号墓出土陶礼器是"七鼎六簋"，故墓主人应是燕国的贵族。30 号墓出土大批成套的仿铜陶礼器和陶编镈、编钟、编磬等，反映了随葬青铜礼器之风进一步衰落。

第三部分——燕下都城外遗存的勘察与发展。这一部分从形制、随葬器物、封土出土器物等方面出发，介绍老姆台建筑群、东垣外 29 号作坊遗址、都城外的防护建筑、城南墓区等燕下都城外遗址的情况。

第四部分——燕下都采集的遗物。燕下都的遗物主要有建筑材料、陶器、铁器、铜器、骨器和角器、玉和玛瑙器、石器、货币和铸币范等。其中燕下都出土的货币和瓦当为当时的珍品。

第五部分——结语。这一部分总结了从陶系、纹饰、器形演变出发探讨燕下都出土陶器的特色及其演变；从燕都的迁徙、遗迹和遗物分析燕下都营建年代；从地理位置、地理形势、自然条件和政治军事形势等方面研究燕下都的选址与总体设计，此外还探讨了燕下都宫殿使用的建筑材料及其装饰艺术等方面内容。

评述：《燕下都》作为易县燕下都遗址的发掘报告，全面详细地介绍了燕下都的城内城外建筑、墓区、出土遗物、年代界定等相关问题。燕下都共有三座墓葬出土了乐器，这也是目前为止出土的战国时期仅有的燕国乐器，由于文献中对于燕国音乐的记载极其稀少，仅有的记述也并未深入探讨，所以燕下都遗址出土的乐器对于探讨燕国礼乐制度有着十分重要的意义。燕下都出土乐器中大多为明器，其中仅有两套编磬为实用器，编磬的数量惊人，且器身上绘有大量精美的朱绘卷云纹。还有一件小铙（发掘报告中记载为句鑃）引人关注，这也是战国时期北方出土的唯一一件小铙，引发了关于墓主人文化背景的思考。

二、其他发掘报告

1. 孙德海：《河北易县燕下都第十六号墓发掘》，《考古学报》1965 年第 2 期。
2. 陈惠：《1964—1965 年燕下都墓葬发掘报告》，《考古》1965 年第 11 期。
3. 刘世枢：《河北易县燕下都 44 号墓发掘报告》，《考古》1975 年第 4 期。
4. 石永士：《河北易县燕下都第 16 号墓车马坑》，《考古》1985 年第 11 期。
5. 石永士：《河北易县燕下都第 13 号遗址第一次发掘》，《考古》1987 年第 5 期。
6. 李树田：《河北易县燕下都发现五铢钱范》，《考古》1994 年第 3 期。
7. 李晓东：《河北易县燕下都故城勘察和试掘》，《考古学报》1995 年第 1 期。
8. 林林：《易县燕下都遗址出土兵器概述》，《东方收藏》2020 年第 3 期。

三、出土器物的音乐学意义

胡小满：下都墓葬中的各类乐器虽属"不可用"的明器，但明器却源自人类生活中许多具体可用的礼器，是对人世行为的一种较客观而真实的模拟，从一个侧面反映了现实生活中的种种用乐礼俗。下都乐器首次将燕国宫廷的某些音乐制度间接地展现在今人面前，是一个庞大群体的较大规模的施乐现象。下都乐器明器的出土意义，在于为我们深入探究燕国音乐提供了一定的物化条件。长久以来，燕国音乐如同燕国的政治史、社会史、经济史与文化史一样，因史料记述的匮乏而模糊不清。闻名天下的"易水歌"这首英雄主义的悲怆曲，几乎成为人们认识"燕乐"的唯一内容。面对这般历史话语，理性审视下都乐器，它以一国一都固有的礼乐概况，以"金石"之声特有的轻柔亮丽，揭示了王公、群臣、乐师、市民诸身份的人们或奏或赏的乐章。①

贾伯男：易县燕下都出土的乐器是目前最直观也是唯一的燕国乐悬研究材料。从形制纹饰上看，其制作水平精良，与当时的中原地区相比处于较高的水平。三座墓出土的乐器数量众多，反映出当时燕国繁盛的乐悬制度。从战国早期的规范制度到战国晚期的宏大规模，在同时期、同规格的墓葬中均属罕见。30 号墓出土的铙从文化与器乐传承上来讲有着重要的意义，大量编磬的出土意味着燕国乐悬制度对于石磬的重视。三座墓葬出土的乐器种类、数量的变化更从另一个侧面反映出燕国乐悬、社会风气从规范走向奢靡，国力由盛转衰的过程。燕下都的乐器组合种类基本与中原地区一致，但辛庄头 30 号墓因其独特的历史文化而出现了一件铙。在战国晚期大型钟磬类乐器组合衰败的情况下，燕国出现了规模庞大的组合模式，可见燕国乐悬编列的宏大和持久的生命力。燕国乐悬体现出的中原音乐文化和辛庄头 30 号墓出现的殷商礼乐的代表——铙与其特殊的社会历史背景息息相关，而在这种独特的文化氛围中孕育出的燕国礼乐制度是以往我们所不了解的。

燕下都乐器明器的数量和规模是其综合国力及其社会心理因素等的外显。由于其较弱的经济状况和不稳定的国家形态使得燕国并没有大规模的实用乐器出土。国力的衰微和曾经地位显赫的先祖使得燕国人的心理十分矛盾。在众多的原因之下才造成燕下都出土的乐器大多为明器，且规模庞大，有些更是制作精良，其器形基本与实用器一致。诸多的原因造成了燕国乐悬独特的风格。②

四、相关研究成果

1. 邢倩倩：《先秦时期河北音乐历史研究》，硕士学位论文，河北大学，2009 年。

---

① 参见胡小满《河北燕下都乐器明器的出土意义》，《中国音乐学》2014 年第 2 期。
② 参见贾伯男《易县燕下都出土乐器编列研究》，《中国音乐》2019 年第 1 期。

2. 胡小满：《河北燕下都乐器明器的出土意义》，《中国音乐学》2014 年第 2 期。

3. 贾伯男：《战国时期燕国音乐文化浅思》，《交响（西安音乐学院学报）》2016 年第 4 期。

4. 吴迪：《先秦时期燕赵音乐文化史料研究》，硕士学位论文，天津音乐学院，2018 年。

5. 贾伯男：《易县燕下都出土乐器编列研究》，《中国音乐》2019 年第 1 期。

第五章 萧皇后墓

第一节 发掘报告

节选自束家平、杭涛、刘刚、薛炳宏《江苏扬州市曹庄隋炀帝墓》

——《考古》2014年第7期

2012年12月，扬州市文物考古研究所工作人员在扬州中星海上紫郡建设工地发现一些古代青砖，考古工作人员立即保护现场。2013年2月，建设单位清出建筑垃圾后，扬州市文物考古研究所组织人员对暴露青砖的地方进行铲探，确认是2座砖室墓（编号2013YCM1、2013YCM2）。2013年3月，开始进行抢救性考古发掘，4月中旬，在一号墓中发现一合墓志，有"隋故炀帝墓志"等文字。国家文物局立即组织召开专家会议，对墓葬进行初步认定。根据国家文物局、江苏省文物局的指示及专家意见，由南京博物院、扬州市文物考古研究所、苏州市考古研究所组成扬州曹庄隋唐墓葬联合考古队，重新调整、编制考古工作方案，经国家文物局批准，3—11月，联合考古队对墓葬及周边进行考古勘探和发掘，取得了重大的考古成果。

一、墓葬概况

隋炀帝墓位于扬州市邗江区西湖镇司徒村曹庄组的蜀冈西峰顶部，地势高于四周，其南侧为蜀冈西峰生态公园，北纬32°25′22″，东经119°23′32″，海拔高程24.7米，东距唐子城遗址西南角1.8公里。M1、M2所在的建设地块东西长约300米、南北宽约400米，面积12万余平方米。在此范围内进行全面勘探，勘探面积10.9万平方米，勘探出墓葬136座、夯土2处、沟2条、砖基1处、井5口、坑（塘）29个。根据考古勘探出的遗迹现象，有的放矢，以探沟发掘为主，部分结合探方发掘，以探寻相关陵园迹象，总发掘面积2000余平方米。

墓葬所在的土墩当地俗称"后头山"，原地势高于周边。20世纪80年代，村民建设住宅，破坏了原地形地貌，建筑直接修建在砖室墓上。现土墩高出四周1米多。在土墩的四侧布探沟发掘，确定了土墩的四界。土墩的封土基本被破坏（一般南方地区土墩底部为夯土，夯实到一定高度后直接堆土，不再夯实，称之为封土），仅在M1墓道壁与墓道填土之间残存。土墩中部建有现代建筑，M1、M2叠压在现代层下，探沟解剖表明 M1 基本位于土墩的中心，M2 偏于土墩东南。

在土墩四周开南北、东西向长探沟，通过对土墩周边的发掘，探明了土墩周边的文化层堆积，南面深，东、西、北三面浅，宋元至明清时期土墩周边均有人类活动，土墩南部活动较频繁。四侧探沟、探方的发掘表明无隋唐时期的文化层，隋唐的地面为生土面。经过考古勘探与发掘，目前在勘探范围内没有发现陵垣、神道、兆沟等陵垣迹象，也没有发现与 M1、M2 相关联的陪葬墓。

M1 位于土墩的中部，由墓道、甬道、主墓室、东耳室、西耳室五部分组成。墓道打破生土，底部南稍高、北稍低，呈缓坡状，长 19.5 米、北端上宽 6.42 米、南端上宽 5.9 米、下宽 4.3 米、残深 2 米。墓道结构特殊，墓壁凹凸不齐，极不规则，上宽下窄，近底部留二层台，墓道底、壁均经火熏烤。甬道位于主墓室南侧中部，东西长 1.72 米、南北宽 0.85 米，双层砌券，与墓门之间有凹槽结构，凹槽宽 0.08 米，推测有木门结构。墓门平砖封砌，与墓道连接处有两道封门。主墓室近方形，南北长 3.92 米（内长，下同）、东西宽 3.84 米、残高 2.76 米。四壁用青砖三顺一丁、一顺一丁砌造，顶部不存，东、西、北壁各有一龛，底铺砖呈席纹。西耳室用三顺一丁、一顺一丁砌法砌筑，南北长 1.84 米、东西宽 1.8 米、内高 2.58 米。西耳室南壁即是主墓室的南壁。耳室口部无券顶，应有木质门楣支撑，室内顶部发券。东耳室结构同西耳室。墓室用青砖为 34.5 厘米×18 厘米×6.5 厘米的长方砖和 34.5 厘米×18.4 厘米×7.4 厘米的斜面砖。M1 用砖与隋江都宫城城墙砖相同。M1 东耳室附近出土两颗牙齿，一颗为右侧上颌第三臼齿，一颗为右侧下颌第二白齿，经鉴定齿龄为 50 岁左右。

M2 位于土墩的东南，由墓道、甬道、主墓室、东耳室、西耳室组成，墓道通长 13.6 米。墓道呈南高北低的斜坡状，长 5.25 米、南端封门处宽 2.42 米、北端封门处宽 3.4 米。墓道壁做法特殊，砖壁与土壁相间隔。甬道与墓间有盗洞，长 2 米、宽 2.05 米。墓道东、西两侧各有一壁龛，壁龛内置动物俑。主墓室呈腰鼓形，由前室和后室两部分组成，后室高于前室，为棺床部分。主墓室长 5.97 米、宽 5.9 米，四壁用青砖三顺一丁、四顺一丁砌造，东、西、北壁各有 3 龛。墓底中部为席纹式铺砖，东侧顺铺砖，砖尺寸为 30 厘米×14.8 厘米×4.7 厘米和 29.5 厘米×14 厘米×5 厘米。在墓室倒塌淤积土中发现少量龙纹砖与莲瓣纹砖。耳室位于主墓室南部的东、西两侧，券顶，高 0.98 米、宽 0.72 米、进深 0.68 米。西耳室顶部有龙纹砖，室内放置骆驼俑。东耳室结构与西耳室相同，内放置陶灯、陶罐、漆盒等。M2 清理出一具人骨，保存状况较差，牙齿仅存 4 颗，分别为右侧上颌侧门齿、左侧上颌侧门齿、左侧上颌第二前白齿、牙根。经鉴定墓主人是一个大约 56 岁、身高约 1.5 米的老年女性个体。

二、随葬品分布

M1 出土了 4 件大型鎏金铜铺。西耳室集中放置 100 多件灰陶文官俑、武士俑、骑马俑等，排列有规律，说明下葬时进行过规划布局。陶俑的人物形象具有北周至隋的特征。M1 出土的一套十三环蹀躞金玉腰带较重要，蹀躞带流行于北朝，十三环蹀躞金玉带是最高等级的带具。主墓室中出土一方墓志，可解读的文字有 50 多个。

M2 出土的青釉辟雍瓷砚有 19 足，是隋末唐初的典型器物，随后砚足的数量逐渐减少。M2 出土礼仪用器玉璋，墓室内出土一套凤冠，工艺精细，组合复杂，由帽壁、金花、簪（笄）、钗、翅翼等组成。饰件鎏金，镶嵌珠玉，为女性用品，具有很强的礼仪象征性，等级身份较高者才能享用。M2 出土陶猪、鸡、羊、马、牛、骆驼、双人首蛇身俑、文官俑、执盾武士俑等近百件。

三、随葬品

M1 随葬品有陶器、铜器、漆器、玉器等遗物 180 余件。其中主墓室出土十三环蹀躞金玉带（图二，略）、鎏金铜铺首（图三，略）、铜壶、铜碗、陶罐、"隋故炀帝墓志"铭墓志（图四，略）等 20 多件遗物。

M2 随葬品有陶器、瓷器、铜器、漆木器、铁器、玉器等 600 余件（套）。其中陶器均为灰陶，有罐、炉、钵、灯、磨、几等，还有动物和人俑。

（一）铜器

1. 乐器共 36 件，有编钟、编磬两种

（1）编钟一套 16 件。编钟既不像甬钟也不像钮钟，有点四不像，但是从钲面布局可以判断是吸收了梵钟的特点。[①]

图 1-5-1　M2 出土铜编钟[②]

[①] 参见朱国伟《周汉音乐转型实证解析》，人民音乐出版社 2019 年版，第 55 页。
[②] 参见束家平、杭涛、刘刚、薛炳宏《江苏扬州市曹庄隋炀帝墓》，《考古》2014 年第 7 期。

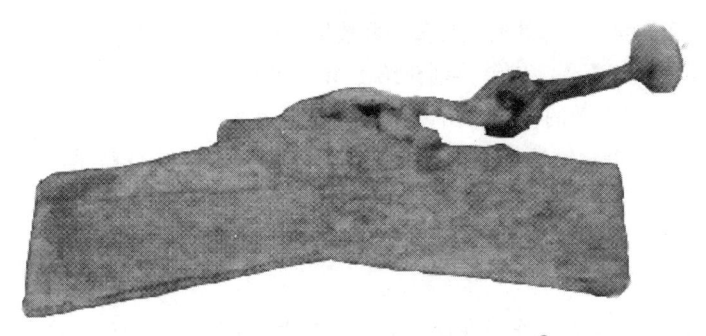

图 1-5-2　扬州曹庄二号墓编磬形状①

2. 其他用具

　灯、豆、凤冠等

（二）陶器

……

（三）漆木器

……

（四）玉器

……

第二节　评述与拓展

一、相关论文的音乐内容与评述

（一）《江苏扬州市曹庄隋炀帝墓》

作者：束家平等人，出自期刊《考古》2014年第7期，为曹庄隋炀帝M1、M2的发掘简报。文章对曹庄隋炀帝墓的发掘过程、陵园结构、出土器物、墓主人等内容进行了详细介绍与探讨。

论文分为四个部分，分别为发掘经过、墓葬地层与陵园勘探、墓葬、结语。

第一部分——发掘经过。作者概述了曹庄1、2号墓的地理位置、发现、发掘过程，同时简要介绍了墓主人认定的依据。"2013年3月，开展抢救性考古发掘，4月中旬，在一号墓中发现一合墓志，有'隋故炀帝墓志'等文字。国家文物局立即组织召开专家会议，对墓葬进行初步认定。"

第二部分——墓葬地层与陵园勘探。作者简要介绍了M1、M2所在的建设地块

---

① 参见朱国伟《周汉音乐转型实证解析》，人民音乐出版社2019年版，第76页。

的面积以及该范围内勘探处的陵园墓葬群数量、地层叠压关系等内容。

第三部分——墓葬。作者分别介绍了 M1、M2 的墓室结构以及占地面积、随葬品。如"M1 位于土墩的中部,由墓道、甬道、主墓室、东耳室、西耳室五部分组成""随葬品有陶器、铜器、漆器、玉器等遗物 180 余件""M2 位于土墩的东南,由墓道、甬道、主墓室、东耳室、西耳室组成,墓葬通长 13.6 米""随葬品有陶器、瓷器、铜器、漆木器、铁器、玉器等 600 余件……铜器有编钟一套 16 件、编磬一套 20 件……"。

第四部分——结语。作者在这一部分对墓主人的身份及地位进行了探讨,并结合出土器物论述了墓葬的等级与规格,对墓葬的年代和形制进行了论述,最后论述了 M1、M2 之间的关系以及其出土的意义。如"扬州曹庄隋炀帝墓的发掘与确认,解决了多年来隋炀帝终葬之地的争议。M1、M2 的形制差异明显,随葬品中既有北方地区北朝至隋唐贵族流行的蹀躞带,又有南方地区常用的双人首蛇身俑和双人首鸟身俑。此类俑多见于南方江西、湖南、江苏的唐、五代墓葬,北京、辽宁的同时期墓葬中亦有发现,而西北的长安、洛阳未见。M1、M2 形制和个别随葬品的差异,有可能与下葬的时间早晚有关,也可能是受不同地区文化习俗因素的影响,或还有其他原因,需要进一步的深入探讨和研究"。"隋炀帝墓出土的一批具有时代特征、地域特征的随葬品和特殊的墓葬形制,对于研究隋末唐初的高等级墓葬形制、丧葬习俗以及南北文化的交流提供了珍贵的资料,也有助于研究隋唐时期历史、政治、经济、文化等。隋炀帝墓的发掘,还丰富了扬州城遗址的内涵,扩展了扬州城遗址的范围,对进一步深化扬州城遗址的研究也具有特殊的意义。"

(二)《流星王朝的遗辉 "隋炀帝与扬州" 国际学术研讨会论文集》

扬州市文物局编,2015 年由苏州大学出版社出版。扬州不仅是隋炀帝的埋葬之地,更重要的是,它是即帝位前的杨广曾经生活过十年的地方,书中记载的 23 篇论文涉及了隋代的经济、政治、文化等方面内容,也有专门研究隋炀帝墓志的论文。该书记录的第一篇论文是韦正的《编钟、编磬与怪神俑——隋炀帝夫妇墓所见北朝至唐初丧葬礼制(俗)点滴》,论文中对萧皇后墓(即扬州曹庄 M2)的基本概况、出土器物、丧葬礼制及后续研究突破点进行了论述与探讨。

论文分为三个部分,分别为:编钟、编磬,怪神俑,大族的作用。

第一个部分——编钟、编磬。作者引用了萧皇后墓的发掘简报,从其出土的编钟、编磬出发,上溯至魏晋南北朝时期的茹茹公主墓、磁县湾漳大墓、贺拔昌墓,通过观其出土礼器、乐器来透视该时间段内的丧葬礼制。中国古代文化常常被称为礼乐文化,乐器是实现礼乐文化的基本手段。钟、磬则是最重要的乐器,钟、磬连称往往就表示乐文化。礼乐文化的核心之一是强调封建等级性,作为乐器之尊的钟、磬的使用有严格的等级性。不过,上述情况主要存在于先秦时期,西汉时期尚有一些编钟和编磬的考古发现，东汉以后几乎不见了。

第二部分——怪神俑

……

第三部分——大族的作用

……

作者认为萧皇后墓出土的编钟一套 16 件，编磬一套 20 件大概不是一时心血来潮之物，也不仅仅是简单的身份象征，它与茹茹公主墓、磁县湾漳大墓中的编钟编磬可能代表了北朝至唐朝早期真实存在过的某种礼仪制度。结合三座墓葬中出土的礼器说明：也许该时间段内存在过某种"复古"现象。但由于战争动乱、地域状况、身份差异等因素的影响，这种"复古"性质的礼乐制度可能只在社会最高等级得到施行，又由于墓葬被盗扰等的干扰，现在还不能充分看清来龙去脉，有待更多考古材料的补充。

评述：《江苏扬州市曹庄隋炀帝墓》一文并非一篇单一的考古发掘简报，全文通俗易懂、图文并茂，能够使读者很好地对于曹庄隋炀帝墓进行理解把握。文章对墓葬的出土器物进行了详细的介绍并且对墓葬涉及的背景问题以及出土意义都进行了论述（扬州曹庄隋炀帝墓的发掘与确认解决了多年来隋炀帝终葬之地的争议），同时对器物出土后的相关研究课题也进行了一定的总结（隋末唐初的高等级墓葬形制、丧葬习俗、南北方文化交流等），提出了如，M1、M2 形制差异与个别随葬品所体现的南北方特点有可能与下葬的时间早晚有关，也可能是受不同地区文化习俗因素的影响，或许还有其他原因，这都需要进一步的深入探讨等问题，尤其是文章中对于萧皇后墓（曹庄 M2）出土的编钟、编磬意义的论述也值得我们注意——"编钟、编磬在隋唐时期为宫廷乐器……M2 是目前国内唯一发现的唐代铜编钟、编磬实物。"这为研究汉代之后钟磬礼乐器提供了新材料，也为音乐学断代研究提供了参考标准。

《流星王朝的遗辉"隋炀帝与扬州"国际学术研讨会论文集》中的文章虽对于萧皇后墓出土的编钟、编磬没有进行过多的音乐层面的探讨，却指出了先秦时期十分重要的以"金石之乐"为代表的礼乐文化在汉朝之后的发展。萧皇后墓出土的钟磬乐悬应符合文献记载中的隋代房内乐的乐器组合，编钟和编磬一起出土体现了隋唐宫廷用乐的复古之风。萧皇后墓出土的铜编钟，是至今为止出土的唯——套隋唐编钟，从编钟的正圆形截面可以看出是吸收了佛教文化的产物，呈现出明显的梵钟特征，体现了南北朝至隋唐时期的民族音乐文化交流。

二、其他发掘报道

1. 郑晋鸣：《扬州确认发现隋炀帝墓》，《光明日报》2013 年 11 月 17 日。
2. 束家平、薛炳宏、秦宗林：《江苏扬州曹庄隋炀帝墓考古成果专家论证会纪要》,《东南文化》2014 年第 1 期。

3. 束家平:《江苏扬州曹庄隋炀帝墓考古发掘成果》,《中国文物报》2014 年 2 月 28 日。

4. 束家平:《倏忽的辉煌　千年的争论》,《中国文物报》2014 年 3 月 14 日。

5. 余国江:《隋炀帝墓志释文补正》,《中国国家博物馆馆刊》2017 年第 9 期。

三、出土器物的音乐学意义

王子初：2013 年 9 月，江苏扬州曹庄发现隋唐墓葬。经考古学家研究分析，为隋炀帝、萧皇后墓。两墓相隔 20 米左右，器物主要出土于隋萧后墓。包括乐器编钟一套 16 件，编磬一套 20 件。均为青铜铸制。史载武德九年（626）唐高祖召太常少卿祖孝孙与协律郎窦进等制定雅乐。祖孝孙，唐乐律学家。范阳（今涿州）人。隋开皇年间任协律郎，参定雅乐，曾奉命向陈山阳太守毛爽学习京房律法。入唐，历任著作郎、吏部郎、太常少卿等。贞观二年（628）乐成。按隋唐宫廷中钟乐的十二律，"其五钟设而不击，谓之哑钟"。经祖氏学家的律学理论与张文收的"耳决之明"相结合，才在实践中真正解决了编钟调律和十二律旋宫的问题，自此成为唐以后历代乐律志中的千古美谈。贞观十四年（640），张文收继祖孝孙业绩，再次定乐而受颁赐之时，孝孙已故，除有关《旧唐书·音乐志》《新唐书·礼乐志》载有他的学说之大要外，他的所有律学著述都没能传下来。隋炀帝—萧皇后墓钟磬是迄今为止考古发现的唐代钟磬礼乐的唯一实物标本，弥足珍贵。对中国礼乐制度及青铜乐钟史的研究，具有重要意义。①

朱国伟：宫廷用的圆形乐钟（包括椭圆形钟）与显威仪或作信号的圆形大钟，为梵钟的制作技术奠定了基础，随后梵钟随着佛教的兴起得到大量使用。梵钟在南北朝时影响已经很大，后来宫廷的编钟制造反过来受到它的很多影响。如新近发现的隋炀帝陵二号墓编钟，既不像甬钟又不像钮钟，有点四不像，但是从钲面布局可以判断是吸收了梵钟的特点。西汉中期后不再见到实用磬，出现的明器皆是"角底型"的，弧底型磬自此消失。萧皇后墓中的 20 件铜编磬也是角底型的。②

张美林：2013 年 3 月，轰动世界的隋炀帝墓在扬州市西湖镇司徒村曹庄被发现。其中，萧皇后墓里出土的 16 件成套青铜编钟，通过专业的测音音准仪，按照 16 件编钟铭文确定音名，根据频率给出音分值，其音域跨度了五个半八度，运用早期五度相生律的原理，可以测定出齐全的十二个半音列。青铜编钟、编磬之类的金石之器是皇室所用的帝王宫廷乐器，代表了严格的阶级等级制度和用乐规范礼仪。编钟和编磬都是礼乐所用乐器，簨虡是宫廷中悬挂钟、磬等金石乐器架子上的横梁。在

---

① 参见王子初《中国音乐考古学》，人民音乐出版社 2021 年版，第 386—387 页。
② 参见朱国伟《周汉音乐转型实证解析》，人民音乐出版社 2019 年版，第 55—56 页。

隋炀帝萧皇后墓中发掘出了铜编钟16件，上下各8件；铜编磬20件，反映了墓主是尊贵的帝王阶层的身份。隋萧皇后墓组套编钟编磬是迄今为止国内唯一出土的隋唐时期编钟、编磬的实物，是国宝级珍贵的出土音乐文物。[①]

郑晋鸣：从萧皇后墓中出土的成套编钟16件、编磬20件，是迄今为止国内唯一出土的隋唐时期的编钟编磬实物，填补了中国音乐考古史上的一项空白。[②]

韦正：扬州曹庄隋炀帝夫妇墓形制基本完整，还出土了一批随葬品，为探讨北朝至唐初丧葬文化提供了新材料。其中的编钟、编磬与怪神俑价值尤高，是透视北朝至唐初丧葬礼制（俗）"复古"现象特点的珍贵资料。编钟一套16件、编磬一套20件，出土于曹庄M2即萧后墓中。中国古代文化常常被称为礼乐文化。乐器是实现礼乐文化的基本手段，钟、磬则是最重要的乐器，钟、磬连称往往就表示乐文化。礼乐文化的核心之一是强调封建等级性，作为乐器之尊的钟、磬的使用有严格的等级性。不过，上述情况主要存在于先秦时期，西汉时期尚有一些编钟和编磬的考古发现，东汉以后几乎不见了，因此，M2出土的这套编钟和编磬值得注意。[③]

张学锋：编钟、编磬在隋唐时期为宫廷乐器。《隋书》卷十五《音乐志下》载："金之属二……二曰编钟，小钟也，各应律吕，大小以次，编而悬之，上下皆八，合十六钟，悬于一簨虡。""石之属一，曰磬，用玉若石为之，悬如编钟之法。"编磬的件数，《音乐志》未载。《音乐志》又载，隋朝"又增房内乐，益其钟磬"。所谓"房内乐"，"主为王后弦歌讽诵而事君子，故以房室为名"，是皇后身份的象征。2号墓铜编钟、铜编磬的出土，说明萧后卒后，葬礼享受皇后待遇，这与《资治通鉴》所言"诏复其位号，谥曰愍，使三品护葬，备卤簿仪卫，送至江都与炀帝合葬"，《北史·后妃传》所言"诏以皇后礼于扬州合葬于炀帝陵"相符。[④]

四、相关研究成果

1. 胡阿祥：《有关扬州隋炀帝陵"质疑"的质疑》，《南京晓庄学院学报》2013年第4期。

2. 扬州市文物局编：《流星王朝的遗辉"隋炀帝与扬州"国际学术研讨会论文集》，苏州大学出版社2015年版。

3. 刘思哲：《隋炀帝墓发现的十三环蹀躞金玉带及相关问题研究》，《考古与文

[①] 参见张美林《扬州出土音乐文物考》，《内蒙古艺术学院学报》2020年第2期。
[②] 参见郑晋鸣《扬州确认发现隋炀帝墓》，《光明日报》2013年11月17日。
[③] 参见韦正《编钟、编磬与怪神甬——隋炀帝夫妇墓所见北朝至唐初丧葬礼制（俗）点滴》，载扬州市文物局编《流星王朝的遗辉"隋炀帝与扬州"国际学术研讨会论文集》，苏州大学出版社2015年版，第1—2页。
[④] 参见张学锋《扬州曹庄隋炀帝墓研究六题》，载杜文玉主编《唐史论丛第二十一辑》，三秦出版社2015年版，第65—82页。

物》2015 年第 5 期。

4. 王永晴、王尔阳:《隋唐命妇冠饰初探——兼谈萧后冠饰各构件定名问题》,《东南文化》2017 年第 2 期。

5. 朱国伟:《周汉音乐转型实证解析》,人民音乐出版社 2019 年版。

6. 张美林:《扬州出土音乐文物考》,《内蒙古艺术学院学报》2020 第 2 期。

第二篇

成果的催生与思维的启迪

第一章 曾侯乙钟磬铭文乐学体系初探

第一节 原文

黄翔鹏：《曾侯乙钟磬铭文乐学体系初探》

——载中国艺术研究院音乐研究所编《黄翔鹏文存》（下卷），山东文艺出版社

2007年版

先秦并没有"乐学"这个名词，但是我国的传统乐律学中确实存在"律学"和"乐学"两个主要方面。杰出的音乐学者朱载堉，作《律学新说》和《乐学新说》，开始把二者区分开来。由于乐、律的不可分割，历来混为一谈，朱载堉在《律学新说》中述及宫调和七声阶名问题时，还曾用了"是乃乐学千古不刊之正法也"这样的字句，以示区别。朱载堉的"乐学"概念比我们现代人的理解范围要宽些，甚至把音乐的应用场合、有关礼仪的乐器排列情况等方面都包括在内。15世纪末朝鲜音乐家成伣在论述中国传去的乐学理论时，和朱载堉的"乐学"概念也大体相同，书名就叫作《乐学轨范》。到了晚清，"乐学"一词才专用于与音乐艺术实践相联系的技术理论之学。可以说，"律学"是从发音体振动的客观规律出发，取音乐声学的角度，运用数理方法来研究乐音之间的关系。"乐学"是从音乐艺术实践中与乐音有关的技术规律出发，取形态学的角度，运用逻辑方法来研究乐音之间的关系。从这样的内容看，曾侯乙钟铭无论在律学还是乐学方面，都给我们揭开了先秦乐律学史中光彩夺目的一页，需要我们长期地进行大量研究工作，在学术上探讨它的来龙去脉，以期挖掘出有利于我们借鉴、继承民族文化传统的积极因素。

从乐学的角度看来，曾侯乙钟、磬铭文好比是曾国宫廷中为乐工们演奏各诸侯国之乐而准备的有关"乐理"知识的一份"备忘录"。其中涉及音阶、调式、律名、阶名、变化音名、旋宫法、固定名标音体系、音域术语等方面，相当全面地反映了先秦乐学的高度发展水平。我们对它的认识，还处在粗浅的阶段。史籍失载的材料在钟铭中占极大比例，待考的问题甚多，其中，汉以后失传、误传的问题也不占少数，都非少数人和短时期所能探讨清楚的。本文以乐学体系问题为范围，不过是粗粗具呈浅见，借以引起深入研讨而已。

一、供研究钟铭使用的图、表、工具五种

（一）各诸侯国及周王室律名总表

律名的国别问题，铭文中明确指出国别的律名已经无须再加说明，应予研究的是表 2-1-1 中列于曾国项下的 11 个律名。

表 2-1-1[①]　各诸侯国及周王室律名总表

国别 音名	曾	周	楚	晋	齐	申
B	浊割肆					
$^\#A-^bB$	大矣、穆音	刺音	穆音	槃钟		
A			浊穆钟			
$^\#G-^bA$	黄钟𨻱音	𨻱音（钟）	兽钟			
G			浊兽钟			
$^\#F-^bG$	无铎，嬴孠		新钟		吕音	
F			浊新钟			
E	冎音		文王			
$^\#D-^bE$			浊文王			
D	妥宾		坪皇			犀则
$^\#C-^bD$			浊坪皇			
C	割肆宣钟		吕钟	六埔		

表 2-1-1 把凡未标明国别的律名尽归曾国，有下列的根据或原因。

1. 钟铭的制作，意在各诸侯国之间进行"乐制"的比较，应当以曾为主，对本国之律无须再加标明也是必然的。

2. "割肆"一律，名称来自周制的"姑洗"，而读音却不能相通，或为古称南蛮鴃舌的楚地方音，可以看作周文化被融入楚文化的证据。曾侯乙钟以割肆均统一全局，作为全部标音体系的总纲，定为曾国律名没有疑义。"浊割肆"一律也可以从而判断，以"浊"字称"六吕"，来自楚制，它不是"浊吕钟"，而是"浊割肆"，足以证明它是曾律名而不是楚律名。

[①] 参见黄翔鹏《曾侯乙钟磬铭文乐学体系初探》，中国艺术研究院音乐研究所编《黄翔鹏文存》（下卷），山东文艺出版社 2007 年版，第 279 页，原表一。

3. 上层钮钟应是曾侯探讨乐律问题的专用设备[1]，而甬钟是用于实际演奏的，它们的作用不同，铭文的情况也不相同。凡甬钟上已标明国别的律名，均未在钮钟铭文中出现。钮钟上的律名全部都是曾国律名。

4. 曾国的六律名称源于周制，但曾、周之间确有差别，同名各律的律高标准是不能相通的。

律高的差别可据"雁音"而断。"雁音"在钟铭中似乎是曾、周同用的律名。田野号下层二组第三钟左鼓部铭文："雁音之宫：雁音之才楚为兽钟，其才周为雁音。"说的是曾、楚、周之间的比较。"其才周为雁音"的"雁音"一名有可能是"雁钟"之误（或者竟是"应钟"的别名）。田野号下层三组第二钟钲部铭文有"雁钟之觥宫"，"雁钟"即"应钟"，是周十二正律中的六吕之一。此处未曾标明国别，应该是上一条铭文已经述及之故（钟铭的体例如此）。这个"雁钟"音高相当于 $^{\#}G$，而周王室的黄钟应在 A 的位置；曾国的"黄钟"律高却相当于 ^{b}A。"雁音（钟）"在周是正律，比黄钟低一律；"雁音"在曾却是与黄钟同音位的"变律"[2]，两者并不相同。

5. "宣钟"的律名，在钟铭中还有匨钟、亘钟、洹钟等异体写法，田野号下层二组第五钟的钲部铭文："割肄之才（在）楚也为吕钟、其坂为宣钟。"说明它的音位相当于割肄律的高八度位置，但它在铭文中既未居于领起的地位以与各国之律进行比较，也未出现于上层钮钟的铭文中，现在只是仿未标国别之例，列入曾国律名。[3]

律高和音位问题，表 2-1-1 用现代国际音名表示同一音位的横行各律，并不意味着频率也一定相同，其律高即使略有差别，但仍属同一音位，这是因为东周各国的律名与律高标准虽然各有不同，但都同样采取十二音位体系[4]的缘故。

同国、同位的律名，如曾国的割肄与宣钟，并不意味着它们的律高也必相同。

钟铭所提供的律名新材料，表 2-1-1 中共有八律属于前所已知的、西周以来的传统律名。[5]它们在曾侯乙钟铭的二十八个律名中，是钟铭出现前已知的名词。属于曾国的六个传统律名中，除宣钟（圜钟）高一律外，其他五律的相对位置尽皆符合旧传。周王室的雁钟（应钟）、申国的屖则（夷则）则不能按照同一黄钟标准来进行比照。

---

[1] 有关律学的问题，当另文相及，此处不予详论。
[2] 有关律学的问题，当另文相及，此处不予详论。
[3] 从音高分析，"宣钟"即"圜钟"的音位相当于"夹钟"律，可以与周王室"雁音（钟）"律取得相对位置的一致，可能应该列入周王室律名项内。
[4] 其中，曾国的律制兼采正律和变律，情况比较复杂。从铭文的律学分析看，旋宫之时，在一定条件下可以采用律高略有差别的同音替代的方法，因此虽然已经越出了十二律的范围，但却严格保持十二音位（七声和五个变化音）的系统，因此，这里采用了十二音位体系的提法，表明它在律制问题上总的倾向实际仍是十二律体系的一个变种，而与京房六十律既不相同，更与康熙十四律存在原则上的差别。由于本文不拟过多涉及律学问题，只在此处做此原则性的说明。
[5] 即大矣、黄钟、无铎、屖则、妥宾、宣钟、割肄、雁音（钟）。

另外几个律名加上"宣钟",经裘锡圭同志研究认为,嬴孠应即嬴乱,宣钟应即鼛钟,鼂音应即函钟,刺音应即厉音(均见《国语·周语下》)。但在曾侯乙钟铭出现前,仅据《伶州鸠答周景王问》的材料并不能确知它们都是律名,因此它们都不能算作钟铭出现前的已知名词。

总之,表 2-1-1 中所列 28 个律名中即使把"宣钟"算作已知律名,也只有八律是传统乐律学文献中已知的名称。它的比例还不及全部律名的三分之一。[①] 本表的制作是依靠对铭文的解读,利用已知律音位代入全文来求解未知项,在全部两千八百字的铭文中反复验算而取得的结果。

(二)阶名、变化音名及有关用语总表

表 2-1-2[②]　阶名、变化音名及有关用语总表

按"割肆"宫标音的音位		G	♭A	A	♭B	B	C	♯C	D	♭E	E	F	♯F
阶名	单音辞	通用五声阶名	客		孠		宫		商		角		
		带有音域意义或律位差别的专用阶名	终(冬)		鼓(壹喜)		巽				钬鉘(归)		穌	
	与生律法有关的阶名前后缀	下+( )									下角			
		素(索)+( )						素宫		素商				
		( )+庡						宫庡						
		珈+( )	珈客								珈归			
	已知音位但含义待考的用语							鼼鏄				中鏄詹		
变化音名	前缀辞	舩+( )		舩孠			舩宫(♭C)		舩商(♭D)				舩客(♭G)	
	后缀辞	( )+角					客角		孠角			宫角		商角
		( )+顁					客顁		孠顁			宫顁		商顁
		( )+曾	宫曾		商曾						客曾		孠曾	
		( )+顁下角									客顁下角(♯D)		孠顁下角(♯E)	

[①] 参见《先秦音乐文化的光辉创造——曾侯乙墓的古乐器》一文有关律名的部分。
[②] 参见黄翔鹏《曾侯乙钟磬铭文乐学体系初探》,载中国艺术研究院音乐研究所编《黄翔鹏文存》(下卷),山东文艺出版社 2007 年版,第 281 页,原表二。

曾侯乙钟、磬铭文中的阶名、变化音名，除去异体写法不计，共有38个名词，均见表2-1-2。

六声阶名和五声的异名问题，钟铭所用阶名以传统的徵、羽、宫、商、角为主。这五音之中，"徵"音作"峚"，"羽"音作"翆"，只有写法的不同，并无实质差别。

值得注意的是"龢"字的出现（田野号中层三组第4钟），它标志着新音阶第四级（宫音上方的纯四度）作为独立阶名的出现。这是先前从传统文献中见有"和"字记载时[1]弄不清的问题。从后文对编钟原设计音列的分析也可看出"宫、商、角、龢、峚、翆"六声音阶在战国音乐实践中的重要地位。

表2-1-2中列在"五音"纵行项下的14个名称（即："峚"行项下的"终""珈峚""韇镈"，"翆"行项下的"鼓"，"宫"行项下的"巽""素宫""宫厬"，"商"行项下的"素商"，"角"行项下的"躈""钼""下角""珈归""中镈""赢"）都是钟、磬铭文中出现的新材料[2]，其中包括了传统五声的异名和若干附加律学含义的用语。

"终、鼓、巽、躈"，分别是太声或正声八度组[3]峚、翆、宫、角的高八度异名；"钼"是角音的低音区异名，此外，还在铭文的律学计算中发现："钼"的位置在宫音上方的纯律大三度。

素宫、素商、宫厬、下角、珈峚、珈归，都是附加有律学含义的阶名。它们在十二音位体系中的位置及其乐学含义已如表2-1-2所示。律学方面的内容在此不做详论。[4]

"韇镈""中镈"和磬铭中的"赢"，在铭文中仅只一见，材料过少，难做定论。已知音位分别是徵、角两音。韇镈与中镈的名称还可能与钟制有关。

如表2-2-2所示，曾侯乙钟铭在同一音位中的五声阶名用语，少则两个名称，多至七个不同的名称，它们的含义几乎都是略有差别，并不是出于随意滥用。其中反映出的先秦乐律学高度发展水平，值得我们进行深入研究。

变化音名的前缀后缀问题，钟铭出现以前，从有关典籍中，只知韇宫、韇翆等以"韇（变）"字为前缀词的变化音名。但严格说来，汉以后的"韇"字在律学上的传统解释已和曾侯钟铭有了差别。[5]

---

[1] 《淮南子·天文训》，参见本文"附论　释'穆'龢'"。
[2] 其中"素商"一词，曾见于《乐府诗集》卷六、《唐五郊乐章·舒和》（原文为"玉吕灰飞含素商"）。但在钟铭出现前历代注家都不明其含义。
[3] 后文有详细介绍，见"（四）曾侯乙钟铭八度组定位尺"。"正声"是标准组，"太声"是低八度组。
[4] 参见《先秦音乐文化的光辉创造——曾侯乙墓的古乐器》一文。
[5] 简单地说，以割肆宫（C）为例，汉之"变宫"即B；而钟铭的"韇宫"才是真正的"变宫"——^{b}C。这在非平均律的律制中是不可完全等同的。[钟铭中，用峚颧（角）表示B音]铭文中普遍使用颧、曾变音，而极少出现宫、商、峚、翆的四"韇"，与此有关。

钟铭的前缀"龢"字和所有的后缀词四顪（角）、四曾一样，全都采取宫、商、徵、羽四声为纲的变化音系统，可能和我国民间传统的四宫系统密切相关。

后缀词"顪下角"的音程含义如字面所示，是大三度的双重叠置，表示所附阶名的增五度或减四度音程。

铭文中所有的变化音名，除个别例外，在钟铭的全部行文中，都没有计及八度组位置。从钟铭的体例来看，这一点正是阶名和变化音名的显著区别。

钟铭所提供的阶名和变化音名新材料，表 2-1-2 所列的 38 个名词，在钟、磬铭文初次出现时，其中只有五声和四变 9 个名词可以做出音乐上的解释。经过整理归纳，以通用五声阶名作为 5 个已知因素，以龢宫、龢商、龢徵、龢羽四个"变"音归纳为"龢 +" 1 个已知因素，总共作为 6 个已知因素看待；以其余的 9 个阶名作为 9 个未知因素看待；以 20 个带有前、后缀用语的名词作为：下 +、素 +、+ 叴、珈 +、+ 角、+ 顪、+ 曾 7 个未知因素看待；其已知因素和未知因素在数量上就缩小为 6∶16 的比例关系。未知因素占总数的 8/11。这 16 个未知因素就是为了通读铭文，需在乐律学上做出解释的新材料。

表 2-1-2 的制作与律名总表相同。除了参照裘锡圭等同志在文字学方面的解释与测音结果的对照研究外，主要是对钟铭全文做了律学和乐学两个方面的分析，利用少量的已知因素，把未知项逐个代入钟铭全文，在 2800 多字所提供的种种对应关系中反复验算，算到无所拘碍的程度为通，才做出如上解释的。

曾侯乙钟铭提供了新知道的 9 个阶名和 7 个前、后缀用语，几乎 3 倍于已知材料，它们已经成为研究我国传统乐学的重要资料。

（三）曾侯乙全部甬钟标音字原设计音高总表

曾侯乙钟的全部甬钟是演奏活动中实际应用的乐钟。[①] 从它的音列、音高设计中反映出了先秦音乐实践的某些乐学理论状况。

原设计的低音甬钟编列问题，据钟架横梁（笋）的标音字，可以知道，原设计的排列在入土殡葬时已经有了变化。[②]

[①] 上层钮钟的性质已见前文。作者认为钮钟是一种试验性的设备，正在设计过程之中，刻工与磨砺之工亦均未完成，其设计意图可供研究，其测音结果所示音高情况则不足为据。所以本节的讨论范围只限甬钟。

[②] 有关位置变动的原因，见《释"楚商"——从曾侯钟的调式研究管窥楚文化问题》，《文艺研究》1979 年第 2 期。

表 2-1-3[①]　曾侯乙全部甬钟标音字原设计音高总表

笋铭	大羽	大宫	大商
出土时现有位置上的甬钟（田野号）	下一·1	下一·2	下一·2
现有甬钟的隧部标音及其音高	宫—C	商—D	峇颠—B
有关各钟应在的位置	缺"大羽"—A—钟	下一·1 宫—C	下一·3 商—D

田野号"下一·3"一钟，应在楚王镈所占位置，即"下二·6"所占位置。其处的笋铭标音字清清楚楚地刻着"峇颠"二字。

从原设计的甬钟排列情况来考察，谱例 2-1-1 中补入所缺的"大羽"钟一件（鼓旁音情况不明，估计应是"羽角"——$^{\#}$C），撤除了不在本套的楚王镈；并将田野号"下一·3""峇颠"钟一件，补入下层二、三组的音列。

原设计音高问题，全套甬钟应有下层一组 3 件，下层二、三组 10 件，中层三组 10 件，中层二组 12 件，中层一组 11 件，总计 46 件，隧部、鼓旁部共 92 音。从乐学的角度，用十二音位体系来考察这 92 个乐音，我们留下同位异律问题不计，实得 52 个音名，从 A^1 到 C^4 分布在 5 个八度有余的音域之中。

曾侯乙甬钟的原设计音高如谱例 2-1-1 所示，是以钟铭的标音字为主要依据，结合测音数据考定的。

中层二组第 11 钟右鼓部标音字作"峇"，实测音高在 $^{b}a^1$，据曾侯乙钟每钟两音组成半音阶的分配规律（与中层三组"中音域"五声结构的分配规律不同），隧部作"角"时，鼓旁部应作"宫曾"，"鼓旁音应为 $^{b}a^1$，"峇"字应是误刻。

但在一般情况下，标音字与测音数据不符之时，则是调音不善所致。低音大甬钟田野号"下一·2""下三·4""下三·2"、最小甬钟"中一·1"，实测音高距离标音字所示的原设计音高，误差均已达到 3 个古代音差（Comma Mixma）左右，离开应有的音名已经过远。[②]

从全部甬钟的绝大多数音高符合原有设计意图、试奏效果良好的情况来判断，最高、最低钟的误差应是技术问题所致。最大、最小钟的调音困难，是编钟铸造上的普遍问题。这是编制谱例 2-1-1 时，主要以标音字为据，而仅以实测音高作为参考的理由所在。

[①] 参见黄翔鹏《曾侯乙钟磬铭文乐学体系初探》，载中国艺术研究院音乐研究所编《黄翔鹏文存》（下卷），山东文艺出版社 2007 年版，第 284 页，原表三。
[②] 参见中国艺术研究院音乐研究所编《黄翔鹏文存》，山东文艺出版社 2007 年版，第 228 页。

谱例 2-1-1　曾侯乙全部甬钟标音字原设计音高总表[1]

曾侯乙钟音列设计的特点和要点：

1. 全套编钟最低音为羽音，最高音为宫音，这是西周以来编钟音列的传统。曾侯乙钟保留了这个基本框架，把编钟音列发展到前所未有的完备程度。

2. 各组音列中的隧音，基本上取五声，低音区密集到形成完整的七声音阶，高音区疏阔到加入全部鼓旁音才能构成六声音阶。

3. 各组音列中的半音结构，疏密相间、互为补充，分组各自演奏时半音不全，全套甬钟配合起来自大字组 B 音至小字二组 ♭b，在最适合演奏使用的音域中连续构成完整的半音阶。最高一个八度没有变化音，仿佛水落石出，显露出了新音阶的六声结构。

4. 各组首尾隧音，基本上按起迄互相重叠（如谱例 2-1-1 中纵向虚线所示）突出了调式结构的主要骨干。曾侯乙钟各组起迄音中，以新音阶的商音占主要地位，是迄今所知的古编钟音阶结构中独一无二的特殊情况。

若干宫调的音阶举例，秦以后，按每钟两音的条件作编钟音列设计的方法已经失传，即使在唐以后恢复了古代旋宫制度，十二律也只用十二钟的隧音。曾侯乙钟的音列设计可以从隧音、鼓旁音的分配情况，判别当时的旋宫水平和音阶的某些形态。

---

[1] 参见黄翔鹏《曾侯乙钟磬铭文乐学体系初探》，载中国艺术研究院音乐研究所编《黄翔鹏文存》（下卷），山东文艺出版社 2007 年版，第 285 页，原表四。

1. 按钟序全取隧音，在下层二、三组中反映出七声新音阶的使用。

田野号：下三2　下三1　下一3　下二5　下二4　下二3　下二2　下二1

按割肄宫
固定名标音：客　乎　客颥　宫　商　中镈　商　镈颥
浊兽钟之宫　　　　　　　　　　　　　　　　角　客
七声音阶：宫　商　角　穌　客　乎　角　宫

谱例2-1-2①

2. 按音序全取隧音与鼓旁音，在中层一组和中层二组的最高音区反映出六声新音阶的存在。

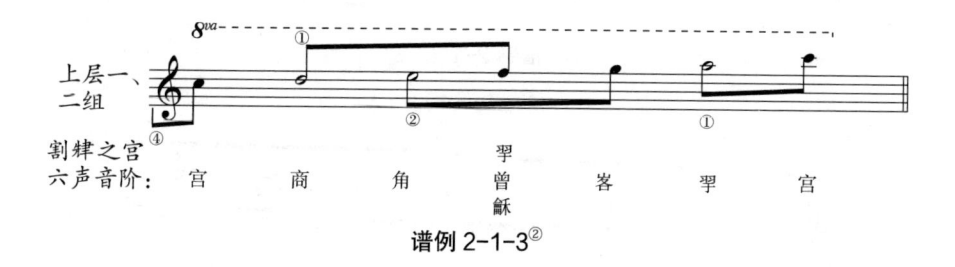

上层一、二组

割肄之宫④
　　　　　　　　　　　乎
六声音阶：宫　商　角　曾　客　乎　宫
　　　　　　　　　　　穌

谱例2-1-3②

3. 按钟序全取隧音或全取五正声③，再取角—客之间，乎—宫之间本音列中无可选择之音，构成七声。

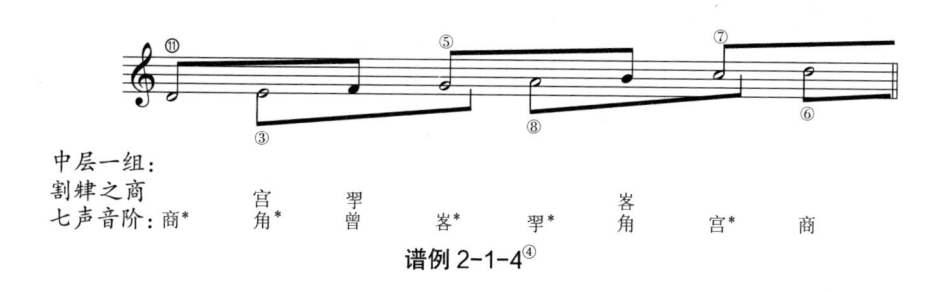

中层一组：
割肄之商
　　　　　　　宫　　乎　　　　　客
七声音阶：商*　角*　曾　客*　乎*　角　宫*　商

谱例2-1-4④

---

① 参见黄翔鹏《曾侯乙钟磬铭文乐学体系初探》，载中国艺术研究院音乐研究所编《黄翔鹏文存》（下卷），山东文艺出版社2007年版，第286页，原谱例1。
② 参见黄翔鹏《曾侯乙钟磬铭文乐学体系初探》，载中国艺术研究院音乐研究所编《黄翔鹏文存》（下卷），山东文艺出版社2007年版，第286页，原谱例2。
③ "五正声"在传统乐学中，相对二变而言，与表示八度组音域位置的"正声"，意义不同。谱例中以*号标出。
④ 参见黄翔鹏《曾侯乙钟磬铭文乐学体系初探》，载中国艺术研究院音乐研究所编《黄翔鹏文存》（下卷），山东文艺出版社2007年版，第286页，原谱例3。

坪皇之宫：
中层二组：

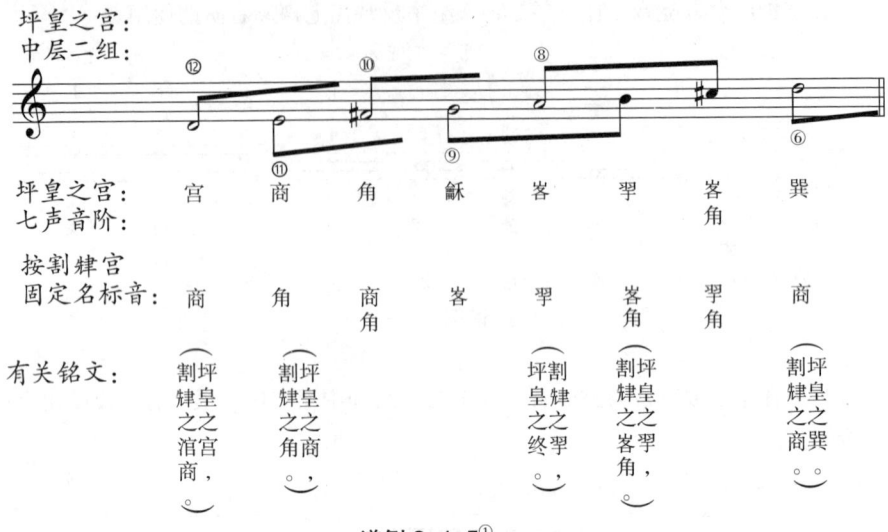

坪皇之宫： 宫   商   角   龢   峑   羽   峑   巽
七声音阶：   角   角

按割肆宫
固定名标音： 商   角   商   峑   羽   峑   羽   商
                   角   角

有关铭文： （割坪   （割坪   （坪割 （割坪 （割坪
            肄皇   肄皇   皇肄   皇之   皇之
            之之   之之   之羽   峑羽   之巽
            洎宫   角商   终峑   角   商
            商，   。）   。）   。）   。）
            。）

谱例 2-1-5①

中层三组：
浊新钟之峑 峑* 羽* 峑 宫*   商* 角* 羽曾 峑
七声音阶：   角   商曾   宫

按割肆宫   宫   商   角   龢   峑   羽 （穆音之宫）
固定名标音：   （割肄之龢）   宫

谱例 2-1-6②

---

① 参见黄翔鹏《曾侯乙钟磬铭文乐学体系初探》，载中国艺术研究院音乐研究所编《黄翔鹏文存》（下卷），山东文艺出版社 2007 年版，第 287 页，原谱例 4。
② 参见黄翔鹏《曾侯乙钟磬铭文乐学体系初探》，载中国艺术研究院音乐研究所编《黄翔鹏文存》（下卷），山东文艺出版社 2007 年版，第 287 页，原谱例 5。

4. 按半音阶提供的可能性，自由选择隧音与鼓旁音，构成七声音阶。

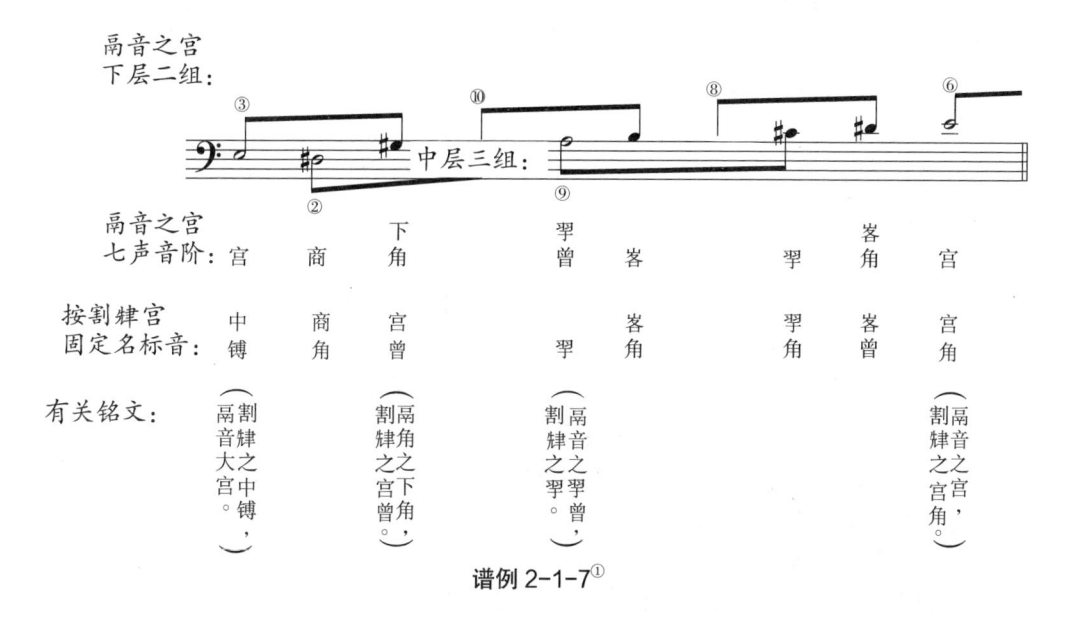

谱例 2-1-7①

以上若干例，都是在各组编钟就各自序列不相掺杂的条件下，得出宫调选择的可能性。实际上，曾侯乙钟中层各组之间，还可以容许对换悬挂位置，因此，演奏活动中的灵活处理，可以远远超出前举各例的范围。

（四）曾侯乙钟铭八度组定位尺

太、正、少等八度组概念，汉以后的八度音程概念是用"清""浊"来表达的。②这正像汉儒解释先秦乐律问题而出现的其他错误一样，把意义弄拧了。清、浊由半音之差变成了八度之差。先秦文献中的"清角"是高于角音一律的意思；曾侯乙钟铭中的"浊割肆"是低于"割肆"一律的意思。先秦的八度组概念是在曾侯乙钟铭出现后才知道的。八度组的概念在汉以后反而模糊了。文献中有"正声"的提法，但含义暧昧不清，偶有"太、少"的提法，也未见系统运用。北宋末期，大晟府典乐官田为提出太、正、少三律的制度，因为方法的错误，不能归于本宫。③这些情况说明，先秦用八度组来划分音域位置的方法，在后世还是略有所传的，但是已经不得要领了。

---

① 参见黄翔鹏《曾侯乙钟磬铭文乐学体系初探》，载中国艺术研究院音乐研究所编《黄翔鹏文存》（下卷），山东文艺出版社 2007 年版，第 288 页，原谱例 6。

② 例如清黄钟是黄钟的高八度，浊林钟是林钟的低八度，清宫是宫音的高八度等。

③ 田为的三律：太声 #D⁻、正声 d⁺、少声 d1⁻，不能像弦律倍半相生那样归于本宫，曾侯乙钟无论在当时是否有精确计算或只是一种经验体系，却是基本上能在八度重复中归于本宫的。

曾侯乙钟铭中表示八度位置的前、后缀用语计有：浊、大、少、反四种。其中虽然并没有指明"正声组"的前缀，但实际上不仅太、正、少三组俱全，而且在三组之外，还另有浊声与少声之反两组。从钟铭和钟钩等有关配件的铭文中可以看出下列几点。

第一，八度位置的区分是按《管子·地员》徵、羽、宫、商、角的次序分组排列的。

第二，铭文只给徵、羽、宫、商、角等五音规定八度位置。对于变化音名，并不计及它的八度组位置。仅有的一例是"新钟之少睪顿"（田野号中层一、二组第6钟），可能还是把它看作新钟均七声阶名的缘故。

第三，八度位置的分组，来自甬钟全部音高的五个八度音域的需要。

1. 最低组用"浊"字前缀。低于"浊"声之时，不再使用其他用语。
2. 比浊声高一八度的，用"大"字前缀（古文"太"字，通作"大"）。
3. 比"太"声高一八度（即正中一组）的，不用前缀（实即"正"声组）。
4. 比正声组高一八度的、用"少"字前缀或"反"字后缀，有时则采用"终""鼓""巽""敓"等异名来表示它八度位置。
5. 比"少"声组再高一八度的，兼用"少""反"前、后缀，或取"终""鼓"等名加"反"字后缀。①

以上的排比，详见图2-1-1的"声尺（动尺）"。

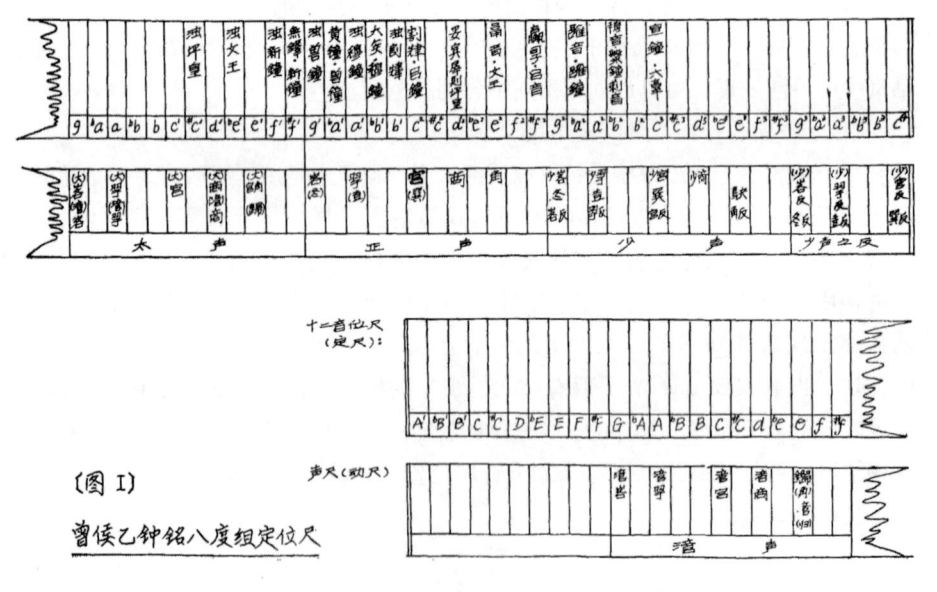

图 2-1-1　曾侯乙钟铭八度组定位尺②

---

① 高音小甬钟的钟钩配件铭文上，更有"少商之反"一类的明示该八度位置的标音方法。
② 参见黄翔鹏《曾侯乙钟磬铭文乐学体系初探》，《音乐研究》1981年第1期，原图 I。

曾侯乙钟这五种八度组术语的使用，当说明其时已形成精密概念的八度组体系；但在钟铭的实际应用中，却往往发生一个八度组位置的误差，特别在高、低音两端，用字并不严格。其原因或起于钟面标音字的求其简略，删除了缀词所致；而更明显的问题却出在"正声"组既无前缀，"太声"组又一般地略去了"大"字前缀。[①]但从整体来看，曾侯乙钟铭的八度位置分组系统是有实际价值的。不过存在一定的相对性，不能在一切情况下标明绝对位置而已。

律高和正声组宫位问题，曾侯乙钟铭中二十八个律名各自的标准音高虽不在本文讨论之列，但它们的八度位置，却直接联系着正声组的宫位所在，必须交代清楚。

钟铭以"割肆"律统率全局进行乐、律的比较，割肆律的音高起着"标准音"的作用。图 2-1-1 的"十二音位尺（定尺）"把割肆标准音定在 c^2，有两个主要根据：

第一，上层钮钟的"割肆之宫"，用无铎均的"商角"标音，应在 c^2 位置[②]；

第二，据全部甬钟的平均音分值观察，割肆宫的标准音高应在田野号"中二·7"，c^2 =512.9Hz。[③]

其他各律的音位，既可通过对钟铭的律学计算得到精确数据，亦可通过铭文的逻辑关系推知它们大体上的位置。[④]

钟铭的两种体例和各律的确切音位，钟铭中有一种体例是为比较各律音位而设的。田野号"下二·5"钲部的前半铭文作："割肆之宫：割律之才楚也为吕钟，其坂为宣钟，宣钟之才晋也为六肇。"[⑤] 这是说，"宣钟"和晋国的"六肇"二律，八度组位置在割肆律的高八度：c^3。

钟铭中还另有一种体例，是为比较各律的宫调关系而设的。例如现有最低的大钟"下一·1"钲部铭文："兽钟之浠钼，穆钟之浠商，割肆之浠宫，浊新钟之客。"

已知"割肆之浠宫"音位在小字组 C 音的位置，移动"声尺"，使浠钼、对正 C 音，可以知道"兽钟"律的标准音高应在 $^ba^1$（即 $^\#g^1$）；使"浠商"对正小字组 C 音，可以知道"穆钟"律的标准音高应在 $^bb^1$；使"（大）客"[⑥]对正 C 音，可以知道"浊新钟"律的标准音高应在 f^1。反过来，也可以移动声尺，每一次都使正声组的宫位对

---

① "声尺（动尺）"中，括号中的用语或被省略，或从应有位置上被移动一个八度组，即出此原因。
② 如前所述，上层钮钟实际上是一种律钟而未完工者，它们的现有音高虽不足为据，但八度组位置却是十分清楚的。
③ 详见本书第 228 页（中国艺术研究院音乐研究所编：《黄翔鹏文存》，山东文艺出版社 2007 年版）。
④ 据铭文的逻辑关系判断时，"坪皇"一律往往游移于 d^2 与 d^1 间，"文王"一律往往游移于 e^2 与 e^1 间。今据律学上的分析和上层钮钟"妥宾之宫"的位置，把"坪皇"定在 d^2，"文王"定在 e^2。
⑤ 其"坂"即其"反"，可以另从"中三·1"钟鼓旁部铭文"割肆之少宫……亘钟之宫"得到证明。
⑥ 由于"大"字在钟铭中常被省略，难于判断。此处用"大客"而不用（正）客，是因为"中一·7""中二·7"两钟相应的铭文正是"下一·1"铭文的高两个八度的重复，从而可以肯定它是太声组的"大客"。

正铭文所述各律，即可得知"浍钼""浍商""（大）䇂"各阶都在 C 音位置。

（五）曾侯乙钟铭正、变各律十二音位体系七音轮

下列"七音轮"的制作，是为通读钟铭而作的，并不能完全作为曾侯乙钟的"旋宫图"来使用。因为，曾侯乙钟铭从乐学角度提出的旋宫可能性，正如钟铭本身的文字并未全面涉及"旋宫图"理论上的八十四调一样，这里存在着非平均律本身的局限（此外，还有磨刻工调音水平的局限）。铭文的记录，看来是忠实于音乐实践而构成的一种经验体系。它的价值也正在于此。

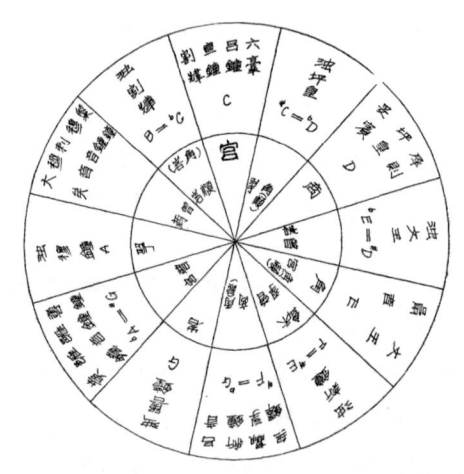

图 2-1-2　曾侯乙钟铭正、变各律十二音位体系七音轮[①]

下文所介绍的"七音轮"，旋转于十二音位之中，当条件容许自由选择甬钟上可用的乐音时，一般在半数以上各律之宫均中，可以演奏七声音阶的乐曲；某些困难的宫调，在少于七声的乐曲中亦可酌情使用。

制作，取律名表中的 28 个律名，按十二音位制为底盘（外轮），底盘固定不动。取六声阶名和四颤（角）、四曾变化音名，按音程次序排列于盘心的十二音位中，并突出七声位置。将盘心制为便于旋转的内轮。外轮的割犐律名和内轮的宫位用粗黑体或红笔书写。盘心较大时，亦可将全部阶名及其异名，以及带有前、后缀的全部变化音名尽数列入盘心。

功能和使用方法，"七音轮"是为配合通读钟铭而作的。由于它只以十二音位为纲，因而制作简略，并不能借此读通钟铭的律学含义。它的功能在于展示曾侯乙钟铭的宫调系统，检验解读钟铭时的音位判断是否准确，反过来，当钟铭本身发生极个别的误刻情况时，亦可借以校读。

[①] 参见黄翔鹏《曾侯乙钟磬铭文乐学体系初探》，《音乐研究》1981 年第 1 期，原图Ⅱ。

"七音轮"应该配合表 2-1-2 和图 2-1-1 一并使用。如需单独使用，就必须根据表 2-1-2 将终、鼓、巽、畎、钼、变宫、变商、变羿、变客等名称补入内轮相应位置。但在通读钟铭时如果要详细考查所及各音的八度组位置时，仍须有图 2-1-1 的配合。

使用方法和图 2-1-1 "八度组定位尺"相同，按照铭文，将"宫"位旋转至所读律名之下，即可从内轮各声的名称之中查出该声相当于哪一个音位。据同一段落的铭文中各组律—声关系求解时，都应在"七音轮"上得出相同的音位。否则必有判断的错误、材料的错误或工具本身的错误。

上举这五种图、表工具，目的是供研究钟铭使用的。它本身也来源于对钟铭的研究。

曾侯乙钟、磬铭文中出现的 28 个律名，有 20 个原属未知项。阶名、变化音名及其有关用语中原属可解和待解的 22 个因素中，曾有 16 个未知项。有关八度组位置的 4 个前、后缀用语中，有浍、反两个用语原属未知项。总之，曾侯乙钟、磬铭文初次出现时，它的全部名词术语之中，共有 54 个可解和待解的因素，其中却有 38 个未知项，数量占总数的三分之二以上。这些未知项又分属不同的类别，求解它们，不是单凭简单的逻辑推理就可以奏效的。它们好比是牵一发而动全身的、一种极为复杂的多元、高次、多方程的联立方程式。它的文字题就是长达 2800 多字的钟铭，其中任何一个未知因素的解释错误都将影响到全文的读通。何况钟铭本身还存在个别的误刻以及曾侯乙钟铭乐学理论中原有的不够严密等问题。

因此，钟铭的解读是一件需要文字学、乐律学、音乐史学多方面的工作者通力合作、切磋琢磨，经过长期钻研，才能够臻于完善的工作。这五种图表，只是作者粗浅探索的抛砖引玉之作。无论在术语含义的解释、音位的推断、初步整理出的若干规律，还是有关历史考证等问题上都还存在很多有待商榷之处，亟愿就教于读者，纠正纰漏，以期打开先秦音乐文化中这一所民族乐学殿堂的大门，而共享探索者的欣悦。

二、音域的太、正、少体系和阶名的管子法新音阶系列

曾侯乙钟铭用浍太、(正)、少、反等术语标志八度组的音城位置，而在运用这些术语时并未达到一丝不苟的精密程度。但由于这种八度组分类术语的存在，却明确地显示出了徵—羽—宫—商—角的阶名序列。

这是《管子·地员》生律法的序列。它在曾侯乙钟上，以无可否认的阶名明确地标记着，使我们得到了先秦乐学理论中存有这种音阶系列的确凿证据。

古老的七弦琴采用这种定弦法。后世人常常因之恍惚，不明白它的渊源所自，也弄不清一弦为宫、为徵的矛盾原因所在（七弦琴的最低弦，按调弦的序列是徵音，但名称上却说是"一弦为宫"）。因而产生了古琴在宫调问题上黄钟宫、仲吕宫的争执。

这个隐秘而又暧昧的问题，可以从曾侯乙钟田野号下层二、三组低音甬钟隧音的音阶中得到启发。

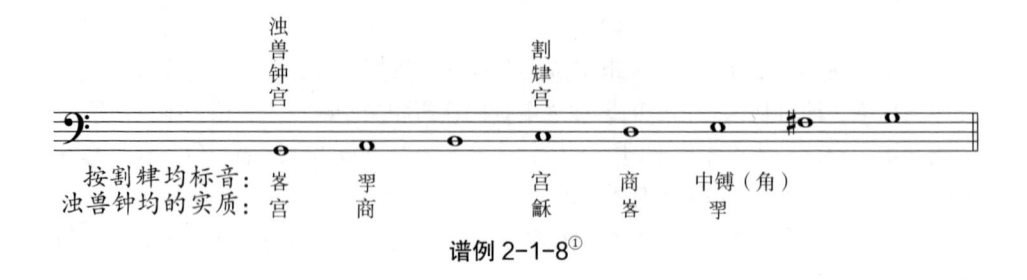

谱例 2-1-8[①]

按割肆均标音：　徵　羽　宫　商　中镈（角）
浊兽钟均的实质：宫　商　龢　徵　羽

这个七声新音阶是怎样产生的呢？

曾国的律制以割肆为主。它是按管子五音相生之法，从割肆起算，并按照相同的方法继续升到第七音而获得的新音阶。[②]为什么说它是浊兽钟宫七声新音阶，而不看作割肆宫的旧音阶徵调式呢？从表 2-1-4 "原设计音高总表"可以看出，中层三组最低音起是明确的割肆均"徵、羽、宫、商、角"为基础骨干的音阶；而下层二、三组从最低音（D）起，正是以浊兽钟均"徵、羽、宫、商、角"为基础骨干的音阶。曾侯乙钟的半音阶有"颠—曾"三度关系作为管子生律法的补充。下层二、三组这个浊兽钟均的音阶本来按割肆均生出的变化音已很完备，但却重复增设了一个田野号"下一·3""徵颠—徵曾"的大钟。[③]这只有一个理由可以说明：因为从浊兽均钟来看，它正是必须强调的"宫角—宫曾"，而不可忽视之故。最后一个证据是"鼽镈"一词的标音。"鼽镈"与钟制的关系尚待研讨，但"鼽"字可据扬雄《方言》释"鼻"作"始"。它正是浊兽钟均七声新音阶按管子生律法所得七声新音阶的本始之音——"素宫"[④]。

从七弦琴说，三弦为宫或一弦为宫的问题，实质上正相当于这里的割肆宫和浊

[①] 参见图 2-1-1；黄翔鹏《曾侯乙钟磬铭文乐学体系初探》，载中国艺术研究院音乐研究所编《黄翔鹏文存》（下卷），山东文艺出版社 2007 年版，第 295 页，原谱例 7。
[②] 计算方法不赘，详见《新石器和青铜时代的已知音响资料与我国音阶发展史问题》一文。1977年，曾侯乙钟尚未出土，当时只是根据山西侯马春秋钟推演《管子·地员》生律法与七声新音阶的关系，而做的一种推论。
[③] 注意：此钟的隧音—鼓旁音的分配在全套编钟之中是绝无仅有的一例，割肆均的"徵颠"，实际正是浊兽钟均的"宫角"，"宫角"在曾侯钟律中的重要性请参阅本文"三　变化音名的'颠—曾'体系"末段。
[④] 以浊兽钟律 G 音为空弦散音，按管子法，G 音名义上是徵，但却是浊兽钟均的"素宫"，亦即按浊兽钟律 C 音定弦的"索宫"。全文"素"同"索"。

兽钟宫的问题。谱例 2-1-9 将谱例 2-1-8 浊兽钟宫的"宫、商、龢、客、翠"降低五度，移位到割肆宫之中，就可以看出割肆宫的七声新音阶怎样产生。列出弦序，更可以看出它怎样和七弦琴"正调"定弦法相符合。

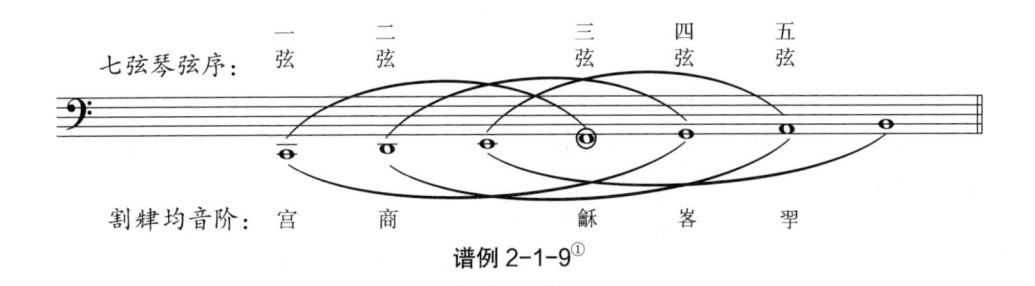

谱例 2-1-9[1]

可以看到，曾国的割肆宫新音阶，在生律的次序上采取管子的方法时，是以"龢"字为起点的。这就可以说明：曾侯乙钟铭对于五声以外的阶名，为什么唯独重视"翠曾"，而给了它一个独立存在的单音词"龢"字。也可以说明，在曾侯乙甬钟的高音部分，略去所有的变化音以后，为什么除了五声骨干之外，还单独保留着它的新音阶第四级的音响。

曾侯乙钟铭的乐学体系，在与音阶形式有关的生律法中，是《管子·地员》的体系，不是《吕氏春秋》所取的体系。它的音阶形式是新音阶的体系，不是旧音阶的体系。

三、变化音名的"颠一曾"体系

曾侯乙钟铭以徵、羽、宫、商的四"颠"、四"曾"为主来表达变化音名，它的律学根据应当是来源于上承商代的古代钟律。这一问题虽然不在本文的讨论范围之列，但却极有关联性。从乐学角度来考察它，这里只简略地介绍这一发展过程"如何"出现，而不去研究"为何"的问题。

先秦编钟每钟两音的奥秘，是 1977 年以来的最新发现，一系列的先秦乐律学问题，都是从此开始进行研究的。曾侯乙钟的研究工作也不例外。[2]

殷钟的隧音与鼓旁音已经分立，但其调律方法尚未表现为规范化的程式，西周中晚期的调律方法则如图 2-1-3 所示。

---

[1] 参见黄翔鹏《曾侯乙钟磬铭文乐学体系初探》，载中国艺术研究院音乐研究所编《黄翔鹏文存》（下卷），山东文艺出版社 2007 年版，第 296 页，原谱例 8。
[2] 详见本书有关我国音阶发展史问题一文，以下各例只是举其大要。所用图式见表 2-1-3 所附"示意图例"。

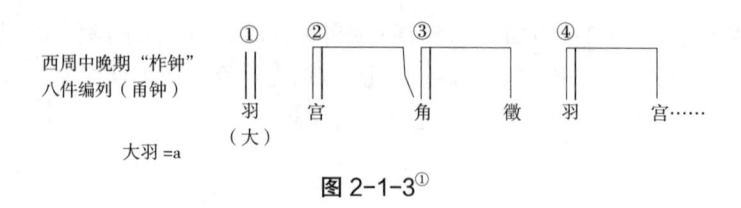

```
                    ①    ②    ③        ④
西周中晚期"柞钟"     |    | |  | |      | |
八件编列（甬钟）    羽   宫 角 徵 羽    宫……
                   （大）
       大羽 =a
```

图 2-1-3[①]

春秋后期的晋国侯马钟和河南淅川的"佣"钟，从西周钟的基础上逐渐发展到七声新音阶。它所继承的前代图式列在旧音阶的阶名上方，新增的图式列在其下，最下方附以新音阶的阶名，以资比照。

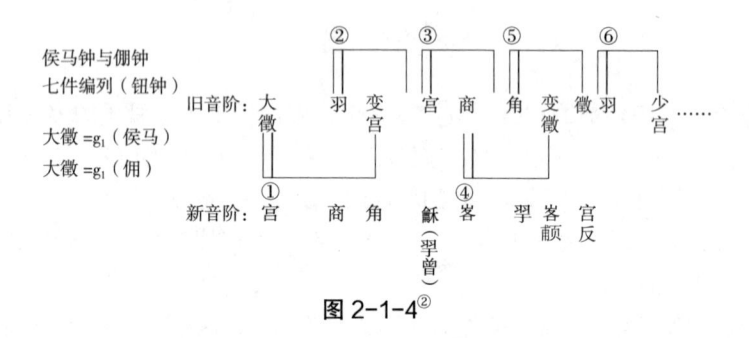

```
                       ②    ③       ⑤       ⑥
                       | |  | |     | |      | |
侯马钟与佣钟
七件编列（钮钟）  旧音阶：大  羽 变  宫 商  角 变  徵 羽 少
                        徵    宫              徵      宫……
   大徵 =g₁（侯马）
   大徵 =g₁（佣）           ①          ④
                 新音阶：宫 商 角  龢  岳  孚  岳 宫
                                 （孚曾） 顤       反
```

图 2-1-4[②]

从侯马钟的音高来看，这个七声新音阶恰好是曾侯乙钟低音大甬钟把七声全部铸为隧音的浊兽钟宫新音阶。

到春秋后期为止，在中原一带反映周文化的钟乐音阶之中，没有发现超出了七声范围的变化音体系。扩展了先商埙、磬、钟纯律大小三度音程的应用范围，把它们运用于变化音，并且构成"顤—曾"体系的，是楚地的"郘篙"钟[③]和更为完备的曾侯乙钟。

曾侯乙钟的十二音位系列，可以用田野号中层三组低起四钟，衔接中层二组低起五钟、列为图式（曾侯乙钟每钟两音顤、曾关系示意）。

[①] 参见黄翔鹏《曾侯乙钟磬铭文乐学体系初探》，载中国艺术研究院音乐研究所编《黄翔鹏文存》（下卷），山东文艺出版社 2007 年版，第 297 页，原谱例 9。

[②] 参见黄翔鹏《曾侯乙钟磬铭文乐学体系初探》，载中国艺术研究院音乐研究所编《黄翔鹏文存》（下卷），山东文艺出版社 2007 年版，第 297 页，原谱例 10。

[③] 参见黄翔鹏《"郘篙"钟每钟两音音名与阶名的乐律学分析》及其"附录""附记"，载中国艺术研究院音乐研究所编《黄翔鹏文存》（下卷），山东文艺出版社 2007 年版。

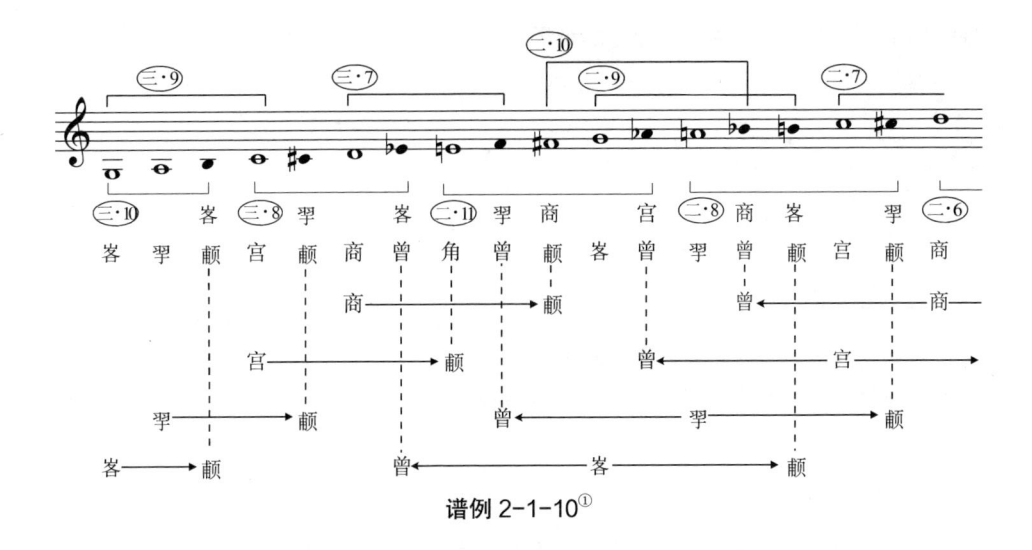

谱例 2-1-10[①]

"颤"字，可以解作面颊，成为钟律的术语，应当是来源于隧音居中，而鼓旁部被借喻为两颊的缘故。显然"颤"字是来源于钟上大三度的鼓旁音。钟铭行文常作"颤"，而标音字一般作"角"字，说明"颤"与"角"的音程意义可以互换，这也是"宫颤"相当于角音之故，写作角，从其易解了。

"曾"字可释作"增"，但它却不可仿照欧洲乐理的概念解释为阶名上方的增五度。它应当来源于生律法上的弦长之增加，增加的幅度在曾侯钟的体系中与"颤"相同，也以大三度音程为度，不过却是低音方向的下方大三度。从表 2-1-4 演奏中最常用的中层钟产生颤、曾三度的排列规律看来，上述判断应该是有理由的。所以羕曾是 $^\flat$E，而不是 $^\sharp$D；商曾是 $^\flat$B，而不是 $^\sharp$A；宫曾是 $^\flat$A，而不是 $^\sharp$G。羽曾为"穌"，越出了变化音的地位而成为七声或六声音阶中的正音；可见它正是羽音下方大三度的 F，而不是上方增五度的 $^\sharp$E。这一点也是曾侯乙钟律中存在三度音系的有力证明。曾侯乙钟在旋宫情况下，允许同音位的异律相代，构成了实践中的一种经验方法。但它究竟不是平均律，$^\sharp$G 和 $^\flat$A 之间的差别，在律学内容和乐学含义上都是不可混淆的。

这种"颤—曾"体系，客观上反映了我国民族音乐在律制上的特点。曾侯乙钟的半音系列中，羕角（颤）—B 偏低，而商曾—$^\flat$B 偏高。

羽曾有不作"穌"字的时候，作为变化音的羽曾—F 有时也偏高，而商角（颤）—$^\sharp$F 却偏低，这种情况，在曾侯钟的实际音响中有清楚的反映，在曾侯钟以前的其他编钟之中也有所反映；而曾侯乙钟铭，却能从律学与乐学的体系中说明这种

[①] 参见黄翔鹏《曾侯乙钟磬铭文乐学体系初探》，载中国艺术研究院音乐研究所编《黄翔鹏文存》（下卷），山东文艺出版社 2007 年版，第 298 页，原谱例 11。

现象出于纯律大三度作用于变化音的结果。①

谱例 2-1-11②

这一现象曾被解释为是受波斯、阿拉伯的影响，因而成为我国音乐史中的一种文化西来说的根据，就是值得研究的了。

曾侯钟铭的乐律学理论极为重视三度关系。表 2-1-2 中，相当于角音音位的名称特别多，可以看作这种实际情况的反映，曾侯钟律的一个重要方面是以三度关系为其枢纽的。

四、旋宫法的"右旋"——之调式体系和固定名标音体系③

我国古代的旋宫法，自先秦以来就存在着两种宫调称谓方式。见于《周礼》记载的是"圜钟④为宫，黄钟为角，太簇为徵……"这样的称谓方式；不见于先秦典籍，而在曾侯乙钟铭中出现的，如中层二组第 7 钟"兽钟之下角，穆钟之商，割肆之宫，浊新钟之终"是另一种称谓方式（见表 2-1-5）。

这两种称谓方式在逻辑关系上产生于不同的角度。前者重"调"，现在通行叫作"为调式"⑤；后者重"宫"，现在通行叫作"之调式"⑥。取周王室的律高黄钟 =a^1，曾国律高割肆 =c^2，列表可见它们的区别。

先秦的这两种宫调称谓方式，从唐代以后有了不同的名称（见表 2-1-6）。

---

① 纯律大三度的音分值小于平均律和三分损益律，因此，从 D 音得出下方 ♭B 音偏高，从 G 音得出上方 B 音却偏低。其他类推。
② 参见黄翔鹏《曾侯乙钟磬铭文乐学体系初探》，载中国艺术研究院音乐研究所编《黄翔鹏文存》（下卷），山东文艺出版社 2007 年版，第 299 页，原谱例 12。
③ 这一标题下的内容，凡已见拙作《旋宫古法中的随月用律问题和左旋、右旋》者，一律只做简述。本文避开这一问题的有关史料介绍和历史发展过程的论断，而只是详其有关乐学体系问题的内容。
④ 《周礼·春官·大司乐》注："圜钟，夹钟也。"
⑤ 日本学者林谦三创用的名词。在"左旋""右旋"古义久已湮没的情况下，已被我国有关研究著作采用。
⑥ 日本学者林谦三创用的名词。在"左旋""右旋"古义久已湮没的情况下，已被我国有关研究著作采用。

表 2-1-5　先秦两种宫调称谓方式举例①

先秦史料的出处	宫调名称	称谓方式及本均五音音位									
《周礼》（为调称谓）	圜钟宫					圜钟为宫	d音为商	e音为角		g音为徵	a音为羽
	黄钟角	f音为宫	g音为商	黄钟为角		c音为徵	d音为羽				
	太簇徵				太簇为徵		#c音为羽		e音为宫	#f音为商	#g音为角
周王室律名		倍夷则	倍南吕	倍无射	倍应钟	黄钟	太簇	夹钟	姑洗	仲吕	蕤宾	林钟	夷则	南吕	无射	应钟	半黄钟
音名		f^1	$^\#f^1$	g^1	$^\#g^1$	a^1	$^bb^1$	b^1	c^2	$^\#c^2$	d^2	$^\#d^2$	e^2	f^2	$^\#f^2$	g^2	$^\#g^2$	a^2
曾、楚律名		浊新钟	新钟	浊兽钟	兽钟	浊穆钟	穆钟	浊割肆	割肆	浊坪皇之反	妥宾	浊文王之反	篙音	浊新钟之反	嬴孨	浊兽钟之反	雎音	浊穆钟之反
《曾侯乙钟铭》（之调称谓）	兽钟角			#G均的宫音	#G均的商音	兽钟之角		#G均的穻音	#G均的孚音				
	穆钟商					♭B均的宫音	穆钟之商	♭B均的角音		♭B均的穻音	♭B均的孚音			

---

① 参见黄翔鹏《曾侯乙钟磬铭文乐学体系初探》，载中国艺术研究院音乐研究所编《黄翔鹏文存》（下卷），山东文艺出版社 2007 年版，第 300 页，原表五。

续表

先秦史料的出处	宫调名称	称谓方式及本均五音音位							
《曾侯乙钟铭》（之调称谓）	割肄宫				割肄之宫	C均的商音	C均的角音	C均的徵音	C均的羽音
	浊新钟终	F均的宫音	F均的宫音	F均的宫音	浊新钟之终	F调的羽音			

表 2-1-6[①]

《周礼·春官·大司乐》的称谓方式	某律（律名）为某调（调式名）	
《曾侯乙钟铭》的称谓方式		某均（律名）之某声（调式名或变化音名）
唐·《乐书要录》	逆旋	顺旋
《宋史·乐志》	左旋	右旋
[日]·林谦三《隋唐燕乐调研究》	为调式	之调式

借用（图 2-1-2）"七音轮"盘心的旋转方向，可以鉴别"左旋"（逆时针方向）、"右旋"（顺时针方向）的称谓方式和两种宫调名称的不同排列顺序。

左旋：以盘心各声轮流递换向左旋转来对准已定之律。每左旋一次，可得一调，相邻各调同位异声而宫均各不相同，所得宫调的顺序是：

C=宫〔C均〕，C=商〔$^\flat$B均〕，C=角〔$^\flat$A均〕，C=徵〔F均〕，C=羽〔$^\flat$E均〕；
$^\#$C=宫〔$^\#$C均〕，$^\#$C=商〔B均〕，$^\#$C=角〔A均〕，$^\#$C=徵〔$^\#$F均〕，$^\#$C=羽〔E均〕；
D=宫〔D均〕，D=商〔C均〕……

等号（=）读如"为"，左旋六十次才可以得到六十调。

右旋：每右旋一格，盘心不动即可得同宫均的所有各调，所得宫调顺序是：

[①] 参见黄翔鹏《曾侯乙钟磬铭文乐学体系初探》，载中国艺术研究院音乐研究所编《黄翔鹏文存》（下卷），山东文艺出版社 2007 年版，第 301 页，原表六。

C: 宫〔C=宫〕，C: 商〔D=商〕，C: 角〔E=角〕，C: 徵〔G=徵〕，C: 羽〔A=羽〕；

$^\#$C: 宫〔$^\#$C=宫〕，$^\#$C: 商〔$^\#$D=商〕，$^\#$C: 角〔$^\#$E=角〕，$^\#$C: 徵〔$^\#$G=徵〕，$^\#$C: 羽〔$^\#$A=羽〕；

D: 宫〔D=宫〕，D: 商〔E=商〕……

冒号（：）读如"之"，右旋十二次即可得六十调。

可以看出，曾侯乙钟铭的宫调系统在这两种称谓方式之中，属于右旋——之调式的体系。

也许可以认为，《周礼》的"左旋"方式也好，曾侯乙钟铭的"右旋"方式也好，只不过是产生宫调的顺序不同和名称的不同，而实质却没有差别。但是，从历史的发展过程来看，它们在实践中其实有体系上的界限。

"左旋"的方法出于古代宫廷雅乐中规定用"调"（调式）的、礼仪上的需要。从"左旋"各调的产生顺序，可以看出它的旋法烦琐。同主音的五调（或七调）不同宫均系统，而同一宫均的各调却被分散排列，因而忽略了宫位的重要意义。重视音乐实践而不重礼仪的曾国之乐，不采用这一体系，显然和全部乐器中不用枹敔是一样的。

唐代的宫廷雅乐用"逆旋"（左旋）而燕乐和民间音乐用"顺旋"（右旋）可以说明其中的道理。宋代乐官的管理工作严苛，雅乐和燕乐一度全用左旋；但是最后却明令废止左旋而统一采用了右旋。这是出于实践的选择，而原因却不尽在于左旋各调产生顺序的烦琐。

左旋方便还是右旋方便，这个问题是不可以绝对化的，恐怕应该具体分析，对不同民族的音乐在形态学上的差异进行历史的考察。

我国的民族音乐自古迄今，始终是多调式的传统。这个传统又是商、角、徵、羽各调统摄于"宫"的，重视"宫均"的传统，它和近代的欧洲音乐有显著的差别。

近代史上的欧洲音乐，多调式逐渐消失，归为大、小调体系；在同主音的大、小调中，宫均概念更降低到次要地位。近代欧洲音乐的宫调称谓实际上采用"左旋"体系，和这个基本情况密切相关。欧洲音乐合理地采用"左旋"，却并不能放之四海而皆准。

如果从这一点出发，在音乐创作活动中拒绝接受大、小调体系的经验，那就是荒谬的态度。但是，历史地分析研究我国传统音乐的本来面目，却是另一回事了。要从民族音乐的传统中探寻某些规律性的东西，那么曾侯乙钟铭的"右旋"方式，却是传统的、普遍性的、成体系的一种形态；而《周礼》的"左旋"方式，却是出于某种社会原因而采用的，应用也好，废止也好，都可出自偶然。

曾侯乙钟铭采用右旋——之调式称谓方法，不是技术上可此可彼的方式问题，而是民族音乐的体系问题。这可以在许多古老的传统乐种中进行考察，最显而易见的是我国民族音乐中极为强调宫均系统的"四宫传统"。

我国民族音乐遗产中，凡是可见的实例，都可说是极重宫均。表 2-1-7 的"姜白石常用四宫"，由于白石歌曲是文人的"自度曲"，在宫调的选择和判断问题上有作者本人的记载可证，可以明确地知道是"右旋——之调式"体系。表中各项自福建南乐以下虽然没有这种条件，也可以从现存乐谱、乐器演奏法和音乐的分析研究以及艺人口传心授的口头理论中得到相同体系的结论。其实，表中未曾开列的许多古老乐种或民间相传的乐器翻调技术中，几乎也是无例外地同样以宫均为纲，其中的多数也是同样把宫调系统牢固地建立在四宫传统之上。①

表 2-1-7　曾侯乙钟颤、曾核心音与民族音乐四宫传统调名比较表②

曾侯乙钟四颤四曾核心音（各均相对音程关系）		徵	羽	宫	商
姜白石常用四宫	旧音阶均名	夹钟（下）	仲吕（G）	夷则（♭B）	无射（C）
	合今调	C	D	F	G
福建南乐四宫	调名（宫）	五空四伬	倍思	四空	五空
	合今调	C	D	F	G
西安鼓乐四宫	调名（宫）	六调	五调	上调	伬调
	合今调	C	D	F	G
智化寺京音乐四宫（相对关系同唐宋间十七簧笙所奏四宫）	调名（宫）	背调	月调	皆止调	正调
	合今调	♭B	C	♭E	F
曲笛易奏四宫	调名（宫）	正工调	乙字调	尺字调	小工调
	合今调	G	A	C	D

---

① 这种四宫传统与乐器性能有关。由于曾侯乙墓匏笙残毁情况严重，排箫等管乐器的发音情况还有未弄清的问题，加上曾侯瑟的柱位不明，目前还不能直接从曾墓乐器的研究就四宫传统与先秦的关系得出明确结论。应当注意到：历代的民间乐种一般都不可能完全达到曾侯钟旋宫能力所及的范围，民间乐器的传统性能一般限于四宫。五弦琵琶采取特定的调弦法，笙簧发展出中管的制作和大、小哨并用的技法，才有可能越出四宫的限制。

② 参见黄翔鹏《曾侯乙钟磬铭文乐学体系初探》，载中国艺术研究院音乐研究所编《黄翔鹏文存》，山东文艺出版社 2007 年版，第 303 页，原表七。

续表

曾侯乙钟四颥四曾核心音（各均相对音程关系）		徵	羽	宫	商
四相琵琶仅奏四宫隋唐只用四相的琵琶（相对音位）"五四"前传统吕位的十品"或十二品"琵琶	华秋蘋《琵琶谱》（1818）调名（宫）	[$c^{尺调}$]	[D']	六调 F	正调 G
	杨荫浏《雅音集》（1923·1928）调名（宫）	正宫调	乙字调	尺字调	正调
	合今调	G	A	C	D

从"左旋""右旋"两种宫调体系，再进一步联系到读谱、记谱法的固定名和首调两种体系，还可以进一步考察曾侯乙钟铭和我国民族音乐传统的有关问题。

由于我国专业音乐教育中采用固定名读谱法是从欧洲学来的，因而产生一种误解，这种误解实际上是认为"左旋——为调式"体系和固定唱名法之间存在着必然联系。这并不是历史事实。远在欧洲的音乐基础理论教学活动中普遍采用固定名体系以前，晚至贝多芬的时代，欧洲音乐却是相当普遍地采用首调唱名，并且同时采用"左旋"宫调称谓的。相反的情况可以看到，曾侯乙钟采用固定名标音体系，同时又采用重视宫均的"右旋"体系，而两者之间却并无矛盾。事实上，这一点也早已为我国 2000 多年来的民族音乐传统所证明。

表 2-1-7 的姜白石常用四宫、福建南乐四宫和西安鼓乐四宫都是采用固定名记谱的。表中未列的乐种如潮州音乐、五台山寺庙音乐等，也都同样如此。迄今为止，我们在以上所列的这些古老乐种中，只知道智化寺京音乐四宫采用固定名记谱不是出于原有的传统而是晚至 19 世纪的改革。

从曾侯乙钟铭的固定名标音体系看，我国采用固定名的传统是极其古老的。宋以后的情况已经如前所述，针对这一问题来研究两汉和隋唐的音乐，是有待继续探索的课题。

曾侯乙钟铭宫调系统上的右旋体系和标音方法上的固定名体系，是我国乐学传统中渊源有自的重要遗产。它们和钟铭中的音域、音阶、阶名和变化音名的体系，具有同等的重要价值，同样都毫无愧色地反映出了先秦音乐文化曾达到的高度水平。

五、曾侯乙钟铭乐学理论的历史价值

在曾侯乙钟铭未曾出现,而我们还不知道先秦的乐学理论已经成体系地发展到如此高度的时候,可以说,没有可能对中国的传统乐学做出正确的评估。

甚至于在欧洲人已经整理、研究了乐音的相互关系,总结形成现代基本乐理的体系以后,我们也仍然不知道:自己的祖先远在先秦就已经有了自己民族的、成体系的乐学理论。

不能说一切都已经"古已有之"。曾侯乙钟铭本身也并不是完整的"乐书",它的乐学理论只不过是根据实践的需要,以编钟铭文的形式透露出来的、先秦乐律学的一部分知识材料。但是,它已经相当全面、相当系统地涉及乐学的许多领域。对乐学理论中必不可少的项目来说,它主要是在有关记谱法方面缺乏节奏、时值、拍子、速度等记载[1];而钟铭中采用的按割肄均(C)固定名标音的方法,实在可以说是已经具备了发展为记谱法的重要前提条件。曾侯乙钟铭中展现出的乐学体系,事实上已经包含了绝对音高与相对音高的概念,八度组与音域概念,相生、相应[2]的音程概念以及由此而生的阶名、变化音名和升降变化的概念,由非平均律制而出现的十二音位体系中又包括了近似现代"等音"的异律同位概念,更重要的还有与旋宫转调实践相联系的宫调概念以及由标音体现出的音列、音阶、调式规律等。所有这些方面都很有价值,大多是我们前所未知的先秦乐学新材料。

这些新材料对于解决传统乐律学的许多历史悬案具有重大价值;对于汉、唐以后的乐学,则可起到接上断线、揭示本源的作用;对于因失传而产生的种种误解、妄断,则有澄清混乱、还事物以本来面目的重要意义。

1. 中国乐律学史上的许多重大悬案,往往由于有关典籍多成书较晚(战国后期乃至汉代),它们的可信程度因此而产生问题,加上记载大多语焉不详,几乎都要引起国内外许多学者的争论。

其中的重大问题之一是十二律及其计算方法的产生年代问题。曾侯乙钟铭出现后,我们知道春秋战国间,相当于十二律各个音位的律名已经有了28个不同名称,

---

[1] 本来,像出土了音乐器物这样完整而罕见的大墓之中,是可以看到诸如帛书一类的乐谱的。遗憾的是,曾候乙墓的丝织品几乎无一存留。《礼记·投壶》曾记写过"鲁鼓""薛鼓"的节奏,《汉书·艺文志》中还有"河南周歌诗"与"周谣歌诗"的"声曲折"的著录。早可在先秦,晚不过西汉,我国应该已经有过一定形式的记谱法。

[2] 《乐纬·动声仪》:"音相生应,即为和。"上文的"相生"指曾侯乙钟用八度、五度、三度谐和音程调律的生律法;"相应"则指谐和共振作用,曾侯乙钟每钟两音、同体异音相谐主要是大、小三度音程的谐和关系。我国传统音乐并未形成像欧洲那样完整的和声体系,此处亦未将和声问题纳入曾侯乙钟乐学体系来作一个乐学项目,但先秦自西周以来确实已形成明确的谐和概念。有关这一问题,参见黄翔鹏《新石器和青铜时代的已知音响资料与我国音阶发展史问题》,载中国艺术研究院音乐研究所编《黄翔鹏文存》,山东文艺出版社2007年版,第181页。

还看到了曾侯钟生律法以《地员篇》记载的方法为主的证据，这个问题大体上已经清楚了。战国初期各个诸侯国的十二律名称已经如此不同，更可以说明周代的十二律应已经过漫长的发展过程，才有可能达到这一地步。

关于七声音阶的问题，由于过去所知的先秦史料中并未发现"变宫"一词，因而长期不得结论。曾侯乙钟铭出现后，不但使这一问题迎刃而解，而且还进一步提出了有关新音阶的证据[1]，证实新音阶在先秦的音乐实践中早有巩固的地位。曾侯乙钟铭中的一些有关音阶发展史的材料，也提供了新的研究课题。

由于汉以后一段时期的宫廷雅乐"唯用一宫"，曾经产生过隋唐时期才自外引进旋宫方法之说。曾侯乙钟铭和编钟音响的出现，彻底改变了有关问题的研究状况。证明旧有文献所载先秦旋宫问题的片段材料不但可信，而且当时在旋宫转调上的实际水平，已经超过了文献记载。

除了上述比较重大的问题以外，过去还曾存在过诸如阶名是否体现一定音高关系、十二音位各律（在曾侯乙钟上已采用阶名和变化音名来作固定名的标音）是否已经具有半音阶的意义等[2]疑难，不言而喻，现在也都可以得到肯定答案了。

2. 曾侯乙钟铭乐学体系的许多特点都可以追索到两汉以后，直至留存至今的传统音乐之中。

民族音乐中的固定名标音、记谱的传统，宫调系统中的右旋传统，大、正、少八度组的命名，高商曾和低商角的民间调律传统等，都可以通过曾侯钟的研究而在先秦找到源头。不但新音阶的问题已在钟铭的乐学体系中出现了丰富材料，后世清商音阶的形成，其实也已在钟铭的标音系统中初见端倪。[3]

钟铭的历史价值在这些方面，还将随着研究工作的深入而逐渐显现出它的博大精深。诸如前述的民间四宫传统问题，前人未曾确解的燕乐二十八调问题等，都有可能通过钟铭的研究而接上历史的断线。现在仍在争论的"楚商"调问题[4]，亦可据钟铭的研究和音乐实践中有关传统乐曲的研究，做进一步的探讨。

3. 钟铭乐学体系的揭露事实上有一个纠正前人误解或妄断问题的作用。历史上有些声名赫赫的经学大师，他们学识渊博，对于延续古代文化起过卓越的作用，但在某些时候也难免和贱工之学的音乐知识产生隔膜，阴阳五行、谶纬学说又混杂其间，因而在先秦、汉代典籍有关乐学问题的注解中真伪参半，留下了不少谬种流传的东西。在这种情况下，包括律制问题上的实践经验、旋宫转调的真义、新音阶的

---

[1] 最先提出这一问题的是杨荫浏先生（参见《信阳出土春秋编钟的音律》，《音乐研究》1959 年第 12 期）。
[2] 其中有些长期被武断的问题，曾由美籍华裔音乐家周文中在《中国的文献学与音乐》（美国《音乐季刊》1976 年 4 月号）一文中提出质疑。
[3] 见本文"附论"。
[4] 参见《释"楚商"》和吴钊《也谈"楚声"的调式问题》，《文艺研究》1980 年第 2 期。

实际存在，久已被许多谬见抹杀殆尽。

在先秦用于高、低半音之差的"清""浊"，到汉以后成了高、低八度的"半""倍"之差。把它当作历史上名称习惯的改变，问题还不大。但涉及科学原理和音位的本质差别时，无论是误传还是曲解，大到体制问题，小至一两个字的解释就都含糊不得了。

先秦的定律法，文献中并未明确是管律或弦律，后人武断为以管定律，久已被当作确定无疑的了。[1] 这个重大失误，已经贻害我国律学的发展达千年以上。曾侯乙钟铭出现以后，才有了先秦以弦定律的证据。[2]《淮南子·天文训》提出了"缪""和"两个阶名，被后人解释为"变徵""变宫"也已延续有一两千年，从曾侯乙钟铭看，这个问题也应重新研究了。因为问题涉及了音阶的实质以及新音阶和清商音阶的历史地位问题[3]，这已不是一个名称上张冠李戴的简单问题。

类似问题的清理工作，实在有赖于曾侯乙钟铭乐学理论的继续研究。这在我国民族音乐理论中，实在是一件需要澄清历史事实和恢复传统乐学本来面目的重大工作。

文物本身，往往就是不说话的史料。形制、纹饰、工艺，甚至配套情况，都能用无声的语言向我们讲述历史故事。曾侯乙钟却能超越这些能力，并且越过2400余年把音响再现给现代人听赏；还用2800多字的铭文反复告诉我们，古人怎样对乐音有组织的现象做了综合分析，通过理性的认识，总结了音乐实践经验。这些经验已经凝结成为理论体系的形式。它不只是古代音乐知识的一座宝库，而且通过这些知识财富，可以引导我们进一步解开传统乐学的许多未知奥秘。其中的精髓之处，有许多地方恐怕至今仍然被掩盖在历史的积沙之中，使我们一时还不能看得十分真切。这个宝藏中，还有许多潜在的、可能挖掘出许多有益于音乐文化建设的东西。曾侯乙钟铭乐学理论所达到的高度，已经使我们后人神游往古、心追方来，而向往着新音乐的更高创造。这一点，也正在激励着我们加紧清理千万年来负载着中华民族的、我们自己脚下的这一块基地。

附论 释"穆""龢"

宋代在安陆出土的楚王舍章钟"穆商商"的含义问题，历代是有人讨论的。根据"穆""缪"音同字通，第一个提出把"穆"字的音律含义和《淮南子·天文训》

---

[1] 近年来，从学术上明确提出这一问题，并且做了详细论证的是杨荫浏先生的《管律辨讹》(《文艺研究》1979年第4期) 一文。
[2] 参见《先秦音乐文化的光辉创造——曾侯乙墓的古乐器》一文。
[3] 见本文"附论"。

的"和、缪"二音联系起来讨论的人是近人杨树达(《积微居金文余说》卷一)。杨树达还据前人之说来解释"缪"字,因而认为楚王钟的"穆"字就是"变徵"。这在发论之初,还不失为一种有创见的探讨。但是,这是比曾侯乙钟出土早了几十年的事。曾侯乙钟出土以后,出现了前人未及见到的新材料,有关这个问题的讨论就应该全部改观了。

因为曾侯乙钟的宫音作 C 时,"龢"(和)音是比"角"高半音的 F,而不是比宫音低半音的"变宫"(B);"穆音"作为律名,位置在"闰"音($^\flat$B),而不是比徵音低半音的"变徵"($^\sharp$F)。①

那么,怎样看待《淮南子》的记载呢?《淮南子·天文训》正文有没有说过变宫为和、变徵为缪②这样的话呢?其实没有说。细看《淮南子》,其中除了把音律问题附会于时令节气,而有糟粕以外,在对待"和"与"缪"的乐学含义时,倒是比较老实的。

《淮南子·天文训》谈的并不是乐学问题。它不过是在以律配月的情况下,由十二律名及于音阶问题,提及"和""缪"两个阶名③,再进一步论及二十四节气而已。如果抽掉时令节气问题,那就弄不清"和""缪"的本义,而且势必要造成误解。大概西汉初期,人们还能知道先秦传下来的这两个音的确切位置,只是"天文训"的题旨其实不在阶名问题,因此不需详细说明。不料先秦乐学逐渐失传以后,下面两段话到了后人手里就生出许多麻烦。

"宫生徵,徵生商④,商生羽,羽生角,角生姑洗,姑洗生应钟,比于正音,故为和。"

"应钟生蕤宾,不比正音故为缪。"

旧注掐头去尾,单取应钟接上和字,单取蕤宾接上缪字,既不顾前文,也不顾后文,就断言:应钟 = 变宫 = "和",蕤宾 = 变徵 = "缪"。

始作俑者是东汉人高诱。高诱作注时,迟疑不决之处又由后人以讹传讹、引申解释,渐渐铸成铁案。其实,即使新材料不曾出现,这种论断本身也有不可克服的矛盾。

---

① 曾侯乙钟中层三组第 4 钟右鼓铭文:"割肆之龢,穆音之终坂。"意思是:割肆(C)的纯四度"龢"音(F),相当于"穆音"($^\flat$B)的五度音"终坂"(F)。
② 高诱作注,在"和"字之下解释:"应钟十月也,与正音比,故为和。"后来刘绩又进一步解释"缪"字:"应钟生蕤宾变徵间入正音角、羽之间,故曰:不比正音为缪。"其实后人已经发现这样讲不通了,但由于不得确证,历来还是沿用这两家之说。
③ 如前所述,缪(穆)在先秦还不是阶名,但在汉代却已借为阶名使用了。
④ 《淮南子》所传刻本一般误作"徵生宫、宫生商",已经前人校改,曾侯乙钟铭出现后可知楚文字的徵应当隶定为"嗇",后世的传抄本中宫、嗇是形近而易混的,如果初创本的错误的确出于这一原因,就可以知道西汉间楚文化中的乐律理论犹有传者。

第一点，从"角生姑洗"阶名与律名的相交、前后寻绎，可以明确原文中的"宫"音，根本不是黄钟。应钟因此不可能是变宫。前面列出的引文"宫生徵……比于正音故为和"这段话讲的其实是十二正律各自成均的最后一均——仲吕均旧音阶的七音。这中间，五声之名作为"正声"是用宫、商字来表达的，而变宫、变徵这"二变"却写作律名；很明显，这段话讲的不是黄钟宫，而是仲吕宫。

以黄钟为 C，仲吕均七音的相生次序[①]是：

```
（仲吕）   （黄钟）   （林钟）   （太簇）   （南吕）   姑洗      应钟
  F    →   C    →   G    →   D    →   A    →   E    →   B
  宫       徵       商       羽       角       变宫      变徵
```
图 2-1-5[②]

仲吕均的变宫怎么可能是应钟呢？旧注的作者不看前后文，只是根据汉代宫廷中后来唯用黄钟一宫（均）、虚悬五钟的习惯，误认应钟为变宫，并误认为是在十二正律之数的。从仲吕均的角度看，"应钟"既不是正律，"变宫"也不是"正声"，"比于正音，故为和"按照旧注的解释，左右都讲不通了。

读《淮南子》原文，再略略超前一点，更可以看出前面的引文讲的就是仲吕均。因为这段话虽然是另起一段论及"和""缪"两音，它却是承接前文而来的，前文说的是："黄钟位子，其数八十一，主十一月……"纵述十二月律，讲到"上生仲吕，仲吕之数六十、主四月。极不生"而止。仲吕极不生，十二个月逐月音之所比的十二个正律也就到此为止了。仲吕均七音当中除了作为宫音的仲吕一律而外，也就再没有正律了。

"比于正音"如果指的是正律，那么除了仲吕以外，就再无第二个可能："和"这个音就只能是仲吕均的宫音。换句话说，按照十二正律来排列音阶时，它在标准均即黄钟均之中，恰当宫音上方纯四度的位置。曾侯乙钟的首律是割肆，现代音名相当于 C，割肆均之"䥽"（和），正在宫音上方纯四度 F 的位置，是新音阶的第四级。《淮南子》取旧音阶立说，并不明确承认"和"音这一音级的地位，因而说得含糊，是可以理解的。

"比于正音"如果指的是"五正声"，那么除仲吕一律而外，"和"音就还有可能相当于黄、林、太、南四个变律之一，我们就只能从仲吕均的五正声来判定它的位置。但在曾侯乙钟出土以后这已不是难题，两相参照就可以做出同上抉择。总之，

[①] 按照图 2-1-5 把上举引文重读一遍，就可看出括号中的阶名、律名，虽然未见于文字，却是不言而喻的。

[②] 参见黄翔鹏《曾侯乙钟磬铭文乐学体系初探》，载中国艺术研究院音乐研究所编《黄翔鹏文存》（下卷），山东文艺出版社 2007 年版，第 310 页。

"正音"这个词，无论作正律还是正声解，把"和"的音阶位置解作变宫都是讲不通的。①作为新音阶的第四级解，既有曾侯乙钟铭为证，又在《淮南子》中可以讲通。

下面一段话"应钟生蕤宾，不比正音，故为缪"是过于简略了。但这里继"姑洗生应钟"而继续下生，是可做两种解释的，因为《淮南子》兼采十二正律的体系和正、变各律掺杂的六十音，继续下生就是进入黄钟均或变黄钟均。据此可以知道，缪音在黄钟均或变黄钟均是"不比正音"的，只是从这段话中仍然得不出"缪"音确切位置的结论。这个问题只有留待本文后半部和结论部分来解决。

旧注还有第二点不可克服的矛盾，从高诱作注开始就存在着"比于正音"和"不比正音"的矛盾。如果应钟"比于正音"，那么蕤宾为什么"不比正音"？如果变宫"比于正音"，那么变徵为什么"不比正音"？无怪乎高诱作注时，在"和"字下面还能含糊其词；而到了"缪"字下面却停了笔，注不下去了。后人不察，总以为前人的话定有根据，因而发展了谬误。

"和"到底是不是宫商阶名中的第四级？"缪"（穆）是阶名中的哪一级？需从《淮南子》前、后文中继续追寻。事实上，"天文训"紧接着有关"和""缪"这两段话，是点出了讨论"和""缪"问题的目的性的。目的是用这两个带有特点的阶名来比附节令："日冬至，音比林钟，浸以浊。日夏至，音比黄钟，浸以清。以十二律应二十四时之变。"

"二十四时"说的是节气。冬至相当十一月律。《月令》配属黄钟，《淮南子》在前文中说过"黄钟位子……主十一月律"，到这里又说"音比林钟"。夏至相当五月律，《月令》配属蕤宾，《淮南子》在前文中说"蕤宾……主五月"，到这里又说"音比黄钟"，怎样解释呢？

原因在于《淮南子》既采用《月令》的十二正律之说，又兼采六十律来附会节令。采取周而复始、顺逆相交的方法来调和十二月、二十四节气、六十甲子相应相配的种种矛盾。所以《淮南鸿烈集解》"附录"中说："此冬至，音比林钟，前音比黄

---

① 前文说过，"和""缪"的有关注解已有前人发觉过它们的矛盾。唐代人房玄龄等撰《晋书·律历志》时，为了遵照高诱的注解讲通"和""缪"的音阶位置，实际上已经修改了《淮南子》这一段引文。《晋书》"志第六，律历上"引用这段话时，已经写作："……中吕之数六十，极不生。以黄钟为宫，太簇为商，姑洗为角，林钟为徵，南吕为羽。宫生徵，徵生商，商生羽，羽生角，角生应钟，不比正音，故为和。"全文从省略号以前起的写法只是一种转述的口气，并未忠实引用原文。加上重点号的五句是《淮南子》原书所无，而《晋志》插进来用以解释下文"宫生徵，徵生商……"一段，把它们当作黄钟均来看。此外，还把"角生姑洗，姑洗生应钟"两句删并而成"角生应钟"，接着又把"比于正音"改成了"不比正音"。这样一种修改虽然可以讲通旧注，但却出现了新的矛盾，不仅加进了自己的话，而且破坏了《淮南子》用"比于正音，故为和""不比正音，故为缪"来附会文义的意图，把两个"故"字的用法置于悬空之地了。所以，《晋书·律历志》这段话，不可作为《淮南子》的忠实引文看待，而只可作为唐人对于《淮南子》这段话的一种解释。

钟；比林钟，即比黄钟也……"

在我们看来，这不过是谶纬神学、阴阳八卦一类的牵强附会的办法，无怪乎它说得隐晦难懂。本来，这也不需详论（《淮南子》，以音律配四时，十二月、二十四节气采取了多种配合方法，以便于前后左右都能自圆其说。大致上，从冬至到夏至按月令，则冬至音比黄钟，夏至音比蕤宾。按节令则有两种排列方法：一种是冬至配黄钟，小寒配应钟，"浸以浊"，倒着排到芒种配大吕，再回到夏至配黄钟，又用小暑配大吕，"浸以清"，顺着排到大雪配应钟；另一种是以冬至"音比林钟"，顺着排到芒种配蕤宾，却在夏至以黄钟代林钟继续顺排，从夏至"音比黄钟"又顺着排到大雪配应钟，再回到冬至时，又以林钟代替了黄钟往下排），我们需要了解的也并不在于《淮南子》以音律配节令的理论是否科学，而在于它以"和""缪"来比附节令是怎样相配的。

"天文训"在前半篇中围绕着北斗星斗柄的指向，以冬至、夏至为枢纽，反复地讲十二月律。尽管比什么律、应什么律，前后不大一致；尽管月律有月律的系统，而两分两至又另有节令的系统，但十一月律和冬至相配，五月律和夏至相配，却是明确的。[①]虽然冬至忽而音比黄钟、忽而音比林钟，但夏至律在冬至律的下方五度位置，也是明确的。[②]

"天文训"的后半篇，如本文开始时的三段引文，先从冬至十一月律开始，排比了十二月律，次及"和""缪"二音，再及冬至、夏至，它们之间的配合应当是：

"和"（在仲吕均"比于正音"）——冬至音比林钟（十一月黄钟律）；

"缪"（在变黄钟均"不比正音"）——夏至音比黄钟（五月蕤宾律）。

夏至律是冬至律的下五度，按曾侯钟来释"和""缪"可以讲得通。因为穆音 ^{b}B 正是割肆之龢F的下五度（变黄钟均虽然不是仲吕均的下五度关系，但"和""缪"二音在这两均中是否"比于正音"的地位恰正相反，这两均的关系也恰恰表现为变黄钟是仲吕的上五度关系，而体现为冬至、夏至的顺、逆相交）。相配得不合逻辑的地方在于五月蕤宾律和十一月黄钟律，无论怎样也构不成纯五度关系。

问题到了这一步，就要追究十一月黄钟律和五月蕤宾律在音乐实践中究竟是怎样体现的。不论月律的称呼多么不合音程逻辑，七弦琴的"正调"（可以看作仲吕均）和"蕤宾调"（可以看作无射均）恰恰正是纯五度关系，"蕤宾调"恰是"正调"的下五度。"和""缪"与冬至、夏至的配合关系就很清楚了。

---

① 《淮南子·天文训》："以五月夏至效东井舆鬼……以十一月冬至效斗牵牛……"

② 如前文所引："日冬至，音比林钟……日夏至，音比黄钟……"

表 2-1-8[①]

五度关系	曾侯乙钟铭中的有关阶名、律名	《淮南子》冬、夏两至	《淮南子》有关月律	七弦琴调弦法
徵	龢（和）F	冬至 音比林钟	十一月 "黄钟律"	"正调" 仲吕均F宫
宫	穆音 ♭B	夏至 音比黄钟	五月 "蕤宾律"	"蕤宾调" 无射均♭B宫

揭开种种神秘说法的面纱以后，"和""缪"这两个音在音律问题上的真面目，也就如表 2-1-8 一样简单。我们到这里为止，还只把表 2-1-8 当作对于《淮南子》的一种"解释"，而对于问题的解决，继续求诸论证。

七弦琴艺术在音乐实践领域中保存着许多古老传统。这些古老传统反映着历史的真实，远比后世传述的理论记载更有益于历史的考察。实践性的东西，总是比较单纯、明确，不那么容易被时尚熏染、被观点左右的。历史上的琴律理论，曾有一个讲究月律的时期。月律的理论对琴的艺术，也有如对于宋词艺术一样，是束缚不深的，但却留下遗迹可供考察。"正调""蕤宾调"调弦法和十一月律、五月律的关系就很值得玩味。"正调"似黄钟宫而非黄钟宫，它的宫弦有徵意，带有林钟的味道，实质是仲吕宫。这在正文中已经论及。"蕤宾调"的得名，虽深于琴者也未必了然，更需要借着相涉的问题给予研讨。这两种调弦法属于可能来源极古的、常用的琴调之列。它们是音乐实践中存在的活材料，通过调弦的实际情况和各种不同看法在名、实之间的异、同，总可以看到一些问题。

历来的琴家在琴调系统和调名上往往各有门户而立说分歧，但无论差异到了什么程度，还是有共同点的。就大体而论，一弦总算是律应黄钟，三弦总算是律应仲吕，或算作紧角而得的仲吕。这种调弦，即一般被认作"正调"的调弦法，被当作琴调各律之始，地位和十一月黄钟律相当。不过它的三弦既非姑洗为角，也不是蕤宾为变徵，就很值得探讨。笔者浅见，暗自以为它本来应有的专名是"仲吕为龢"，后世的乐学理论不承认新音阶，就弄得无以名之了。其实，无论是曾侯乙钟铭的明确肯定，还是《淮南子》站在旧音阶立场上来看待这个音，它都是个"和"字。由于它在后代受到名不正、言不顺的待遇，这才弄出了一弦为宫和三弦为宫的麻烦。

[①] 参见黄翔鹏《曾侯乙钟磬铭文乐学体系初探》，载中国艺术研究院音乐研究所编《黄翔鹏文存》（下卷），山东文艺出版社 2007 年版，第 313 页。

"正调"调弦法

	一弦	二弦	三弦	四弦	五弦	六弦	七弦
	黄	太	仲	林	南		

黄钟均阶名：　　　　宫　　商　　龢　　峇　　翠
（按曾侯钟镈律宫标音）

仲吕均阶名：　　　　徵　　羽　　宫　　商　　角

谱例 2-1-12[①]

前文说过，"比于正音"的"和"也就是比于仲吕均的宫音。这在"正调"的调弦法中更可以看清，以一弦（黄钟）为宫时，这个三弦的散音正是宫音上方纯四度的"和"。黄钟均当中实际存在这个"和"字，并且被"正调"的调弦法确定无疑地定了音，这在后世持旧音阶观点的琴家看来是一个不可调和的矛盾。因此，尽管一弦作为黄钟律来称呼它的音高，作为宫弦来称呼它的阶名，这在实践中仍被习惯保留着；但是，凡明确立论的琴家，自元代赵孟頫，至于清代的王坦、苏璟诸家，却没有人再承认"正调"就是"黄钟调"了。

"正调"三弦为"和"，在旧音阶仲吕均中"比于正音"，应冬至、十一月黄钟律，其间的关系如此。那么，夏至、五月蕤宾律与琴调的关系怎样呢？

《淮南子》所说的"日夏至，音比黄钟"，其实是变黄钟，也就是与前引文"不比正音，故为缪"有关的变黄钟均问题。有关文字中"日冬至，音比林钟"其实不在真正的林钟均，而在十一月月律黄钟；同样，这里的宫调名称问题也不在变黄钟，而在五月月律蕤宾。这却和七弦琴的"蕤宾调"调弦法有关。

早期的琴书刊本、明代的《杏庄太音补遗》在"蕤宾意考"中说："蕤宾者……宾位于午，五月也。一名金羽调。此调紧五各一徵。"蕤宾调的得名，除了月律的命名根据以外，从律学或乐学方面都找不出逻辑关系了。但是，这种调弦法倒确实和"缪"（穆）音有关。《淮南子》把夏至和"缪"音的出现联系起来，却是言之有物的。

"不比正音，故为缪"，在这里就是黄钟均（按《淮南子》理论则为变黄钟）宫音上方的小七度，紧五弦 ♭B 音。无论从正律还是正声说来，它也确实是"不比正音"的。穆、缪音同字通，它也确实正是曾侯钟律中比镈律高一个小七度的"穆音"。

如果还嫌证据不足，我们还可以从西汉人的著作中找到有关材料。这就是扬雄在《甘泉赋》中所写的："阴阳清浊，穆、羽相和兮，若䕫、牙之调琴。"这里分明就是"蕤宾调"调弦法，说的是穆音（缪）与羽音由于调弦而变更了阴、阳、清、

[①] 参见黄翔鹏《曾侯乙钟磬铭文乐学体系初探》，载中国艺术研究院音乐研究所编《黄翔鹏文存》（下卷），山东文艺出版社 2007 年版，第 314 页。

浊的位置。羽音（"正调"的五弦）变成了穆音。

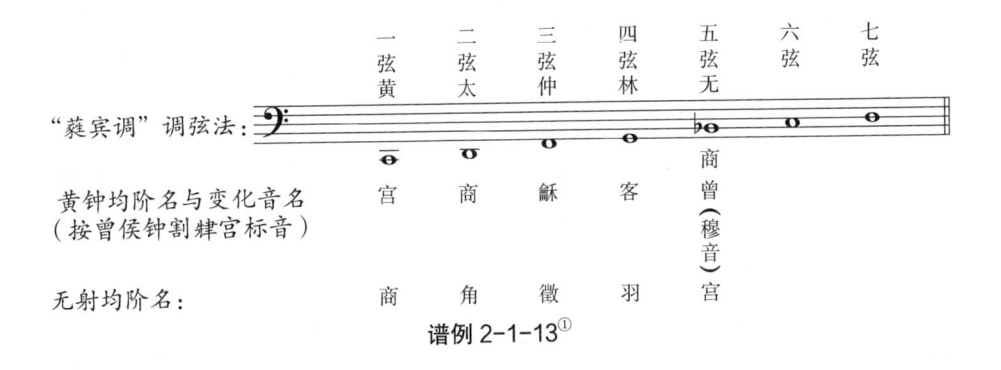

谱例 2-1-13[①]

《杏庄太音大全》"操缦引·序"所说的"和弦"就是调弦，说明"穆、羽相和"可作"相调"解。羽音与穆音相差半音，羽音南吕属阴，缪音无射属阳；缪音高于羽音半音为清，羽音低于缪音半音为浊。按照"紧五"的方法调弦，把羽音调高，使它由阴吕变为阳律，由浊变清，成为穆音，就形成"蕤宾调"的定弦。或者说，诗句指的是穆音和羽音两者阴、阳、清、浊的互换；那么就是兼指"正调"与"蕤宾调"两种调弦法了。也许这样更加贴切，因为扬雄用了若"夔、牙之调琴"这样郑重的说法，正好是指汉代乐律理论中可与冬至、夏至相比的两种最重要的调弦法。

《淮南子》所说的"和"是用来比附"冬至"的，属十一月律，七弦琴的"正调"调弦法和它有关。"正调"中的"和"音其实是仲吕均宫音，这一点《淮南子》在"宫生徵，徵生商……"一段话中实际已经明说是仲吕均，无论从包括仲吕宫音即"和"音F在内的仲吕均五正声来说，还从正律仲吕来说，它都是"比于正音，故为和"了。

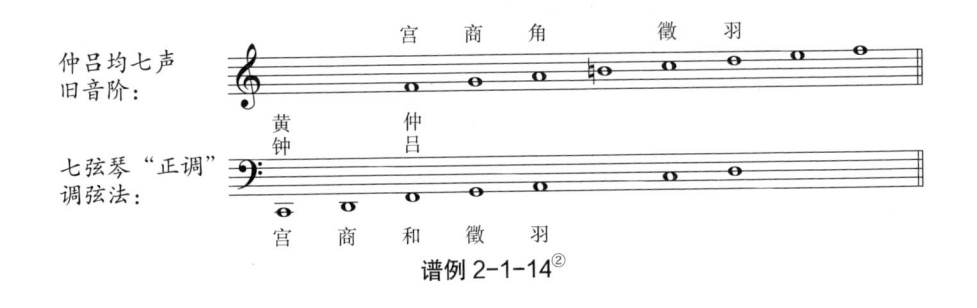

谱例 2-1-14[②]

[①] 黄翔鹏《曾侯乙钟磬铭文乐学体系初探》，载中国艺术研究院音乐研究所编《黄翔鹏文存》（下卷），山东文艺出版社2007年版，第315页。
[②] 参见黄翔鹏《曾侯乙钟磬铭文乐学体系初探》，载中国艺术研究院音乐研究所编《黄翔鹏文存》（下卷），山东文艺出版社2007年版，第316页。

《淮南子》所说的"缪"是用来比附"夏至"的，属五月律。七弦琴的"蕤宾调"调弦法和它有关。"蕤宾调"中的"穆"音其实是无射均宫音。这一点《淮南子》没有明说，只说了"不比正音，故为缪"。"正音"如果指正律，那么在六十律体系中，这个与"变黄钟"均①有关的"无射均"之本身已是变律成均，包括无射在内都已是"不比正音"的。"正音"如果指"正声"，那么无射均的旧音阶七声，除了无射、仲吕二律以外，其余五律全同黄钟均的"正声"了。仲吕 F，已经明确是"和"音，那么"不比正音故为缪"就只剩下一个可能，即无射 ♭B。前文遗留的问题到此已经完全解决。

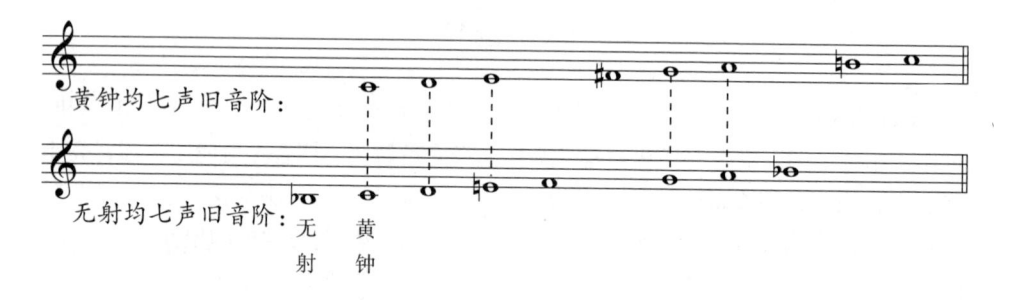

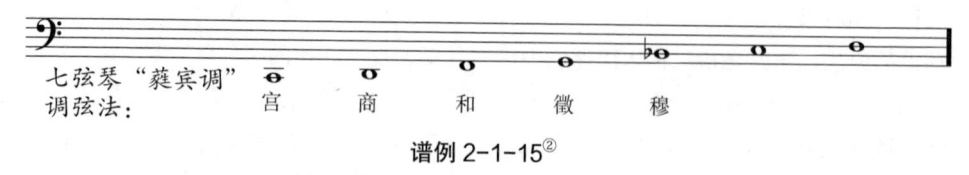

谱例 2-1-15②

《淮南子》"应钟生蕤宾，不比正音，故为缪"一句话，是过于简短了，它的难解之处在于：行文讲的是"变黄钟"均，联系的却是夏至五月蕤宾律，而乐律学上的真正含义却在无射均。读者如果同意这种解释还具有合理性的话，笔者也不得不请求谅解。因为已经迫使读者跟着这篇"附论"啃完了《淮南子》有关论述的"酸果子"。不过，这恐怕是中国传统乐律学中某些文献不可避免的情况。先秦乐律学理论在汉代以后被肢解、被湮没、被误传的情况，如"和""穆"之类，恐怕绝非个别一二例。我们在废墟中整理这一部分遗产，还期望能有助于阐述民族传统的若干规律而有利于新时代的音乐建设，就不能在这种种烦难面前停步不前了。

---

① 前文已经阐明，《淮南子》"应钟生蕤宾，不比正音，故为缪"是承接仲吕均继续下生而来的。所以它是"变黄钟"均。
② 参见黄翔鹏《曾侯乙钟磬铭文乐学体系初探》，载中国艺术研究院音乐研究所编《黄翔鹏文存》（下卷），山东文艺出版社 2007 年版，第 316 页。

第二节 评述与拓展

一、基本内容及意义

《曾侯乙钟磬铭文乐学体系初探》一文是黄翔鹏先生对于曾侯乙墓钟、磬铭文所体现的乐学意义的论述，于1981年发表于《音乐研究》。

全文共分为六个部分：

第一部分——供研究钟铭使用的图、表、工具五种。作者按照曾侯乙钟、磬铭文的特点，设置了五种不同功能的图表，从多个角度展示了曾侯乙钟、磬铭文的功能及意涵，为后续研究奠定了扎实的基础。表2-1-1"各诸侯国及周王室律名总表"是对铭文中所涉及的各国、各音位的律名的梳理，共梳理出律名28个；表2-1-2"阶名、变化音名及有关用语总表"梳理出阶名及变化音名38个，使读者对铭文所使用的音名有了初步的认识；表2-1-3"曾侯乙全部甬钟标音字原设计音高总表"，将全套甬钟的52个音名悉数列出，以掌握其音列设计的特点。经观察，发现曾侯乙墓甬钟音列符合西周以羽音开始、宫音结束的传统，且其音列有低音区密集、高音区疏阔的特点，并展现出了六声新音阶及商音的重要性，且其编列灵活，可进行多种变化；图2-1-1"曾侯乙钟铭八度组定位尺"，以28个律名为定尺，5个八度的音名为动尺，可直观地比较各律的宫调关系；图2-1-2"曾侯乙钟铭正、变条律十二音位体系七音轮"，将律名作为"底盘"，音名作为"盘心"，用于展示曾侯乙钟铭的宫调系统、检验解读钟铭时的音位判断。

第二部分——音域的太、正、少体系和阶名的管子法新音阶系列。通过探讨曾侯乙钟田野号下层二、三组的音阶结构和七弦琴调弦法，证实曾侯乙钟铭使用的是《管子·地员》的新音阶体系。

第三部分——变化音名的"颛—曾"体系。概述曾侯乙钟铭"'颛—曾'体系"的形成过程及三度关系的重要性。

第四部分——旋宫法的"右旋"——之调式体系和固定名标音体系。介绍我国古代"左旋""右旋"两种旋宫体系，曾侯乙钟铭采用的"右旋"系统及固定名标音体系贴合我国民族音乐中极为强调宫均系统的"四宫传统"，体现了我国先秦音乐文化的高度发展水平。

第五部分——曾侯乙钟铭乐学理论的历史价值。总结了曾侯乙钟铭对研究我国古代乐律问题的重大意义。

"附论 释'穆''龢'"。是作者对于学界热议一时的"穆""龢"问题的解释。作者对《淮南子·天文训》中的记载做了自己的解读，并以七弦琴调弦法为佐证，得出"和"为仲吕均宫音、"穆"为无射均宫音的结论,为这一问题的讨论开拓了新的思路。

评述: 曾侯乙墓编钟出土40年,其乐学内涵始终影响着音乐史学科的发展,具有无可比拟的重要性。1978年以来,有关曾侯乙墓编钟的研究层出不穷,成果丰富多样,而黄翔鹏的《曾侯乙钟磬铭文乐学体系初探》一文无疑是其中之重。

该文是对曾侯乙钟铭的系统梳理及其乐学体系的相关探讨。作者巧妙地运用了五种图表,从律名、阶名、八度组及旋宫方式等角度进行整理分析,系统地展示了曾侯乙钟铭的乐学内涵。其中述及音域的太、正、少体系,变化音名的"颉—曾"体系,之调式体系和固定标音名体系,是对于当代读者十分陌生而早在先秦时期已被成熟运用的乐学体系。这一乐学体系的揭示,极大地影响了当代音乐史学研究,也为先秦乐律研究奠定了坚实的基础。

二、作者与之相关的论著

1. 黄翔鹏:《两千四百年前的一座地下音乐宝库——曾侯乙大墓古乐器见闻》,《文艺研究》1979年第1期。

2. 黄翔鹏:《古代音乐光辉创造的见证——曾侯乙大墓古乐器见闻》,《人民音乐》1979年第4期。

3. 黄翔鹏:《释"楚商"——从曾侯钟的调式管窥楚文化问题》,《文艺研究》1979年第2期。

4. 黄翔鹏:《先秦音乐文化的光辉创造——曾侯乙墓的古乐器》,《文物》1979年第7期。

5. 黄翔鹏:《新石器和青铜时代的已知音响资料与我国音阶发展史问题》,载《音乐论丛》(第三辑),人民音乐出版社1980年版。

6. 黄翔鹏:《复制曾侯乙钟的调律问题刍议》,《江汉考古》1981年第S1期。

7. 黄翔鹏:《中国传统音调的数理逻辑关系问题》,《中国音乐学》1986年第3期。

8. 黄翔鹏:《均钟考——曾侯乙墓五弦器研究(上)》,《黄钟(武汉音乐学院学报)》1989年第1期。

9. 黄翔鹏:《均钟考——曾侯乙墓五弦器研究(下)》,《黄钟(武汉音乐学院学报)》1989年第2期。

三、其他作者与之类似的论著

1. 王湘:《曾侯乙编钟音律的探讨》,《音乐研究》1981年第1期。

2. 李纯一:《曾侯乙编钟磬铭文考索》,《音乐研究》1981年第1期。

3. 潘建明:《曾侯乙编钟音律研究》,《上海博物馆集刊》,上海古籍出版社1982

年版。

4. 曾宪通：《曾侯乙墓钟声铭文音阶名体系试释》，载《随县曾侯乙墓钟磬铭辞研究——香港中文大学中国文化研究所中国考古艺术研究中心专刊（四）》，香港中文大学出版社 1985 年版。

5. 蒋朗蟾：《曾侯乙墓古乐器研究》，《黄钟（武汉音乐学院学报）》1988 年第 4 期。

6. 崔宪：《曾侯乙编钟宫调关系浅析》，《黄钟（武汉音乐学院学报）》1988 年第 4 期。

7. 崔：《曾侯乙编钟钟铭校释及其律学研究》，人民音乐出版社 1997 年版。

8. 李玫：《曾侯乙编钟铭文中所体现的中国人早期律学实践》，《黄钟（武汉音乐学院学报）》2017 年第 1 期。

9. 孔义龙：《向真相致意——写在曾侯乙编钟音乐学研究第一个 40 年之后》，《人民音乐》2019 年第 10 期。

10. 王友华：《也谈曾侯乙编钟的生律法》，《音乐研究》2019 年第 2 期。

11. 宋克宾：《曾侯乙编钟铭文呈现先秦钟律的"六律"实践》，《星海音乐学院学报》2020 年第 4 期。

12. 宋克宾：《论曾侯乙甬钟乐律铭文中"宫调关系"的分类》，《中央音乐学院学报》2021 年第 1 期。

第二章　史前史—东周史

第一节　原文

王子初：《太古神游——音乐考古与史前史》

——《人民音乐》2017 年第 8 期

读中国音乐的史前史，无异于太古神游。中国音乐史学始终没有建立起可以看作"信史"的史前史。

传统中国历史的"信史"时段很晚，一般以西周共和（公元前 841）为界。今天考古学上的新石器时代，对应于中国自远古直至夏商的漫长时期，历史学家称之为"传说时代"。20 世纪 20 年代后期，对殷墟的发掘证明了商代的确切存在，使商代走出了"传说"的范畴。但迄今的夏代，仍难彻底揭去其"传说"的外衣，确定无疑地指出考古学上的"夏墟"所在。不乏有学者主张，河南偃师二里头遗址很可能就是传说中的夏墟，但毕竟还是缺少直接的证据，尤其是夏代文字的证据。中国历史的现状如此，中国音乐的史前史也难以挣脱这一认识上的桎梏。

中国历史上音乐的地位显赫，历代帝王功成必先作乐，无一例外。古代中国却并无系统的"音乐史"著作，《二十四史》，天道神祇、帝王将相，政治经济、武功文治之林占有一席之地的《乐志》《律志》，加上若干诸子杂集的相关内容，就成为中国传统"音乐史"的主体。有关夏代及史前音乐的记述，如《吕氏春秋》的"古乐""音初""侈乐""大乐""适音""音律"等篇章，为传统音乐史家屡屡引述的"史前史"主要内容。如关于"律"的起源：

> 昔黄帝令伶伦作为律。伶伦自大夏之西，乃之阮隃之阴，取竹于嶰谿之谷，以生空窍厚均者、断两节间、其长三寸九分而吹之，以为黄钟之宫，吹曰"舍少"。次制十二筒，以之阮隃之下，听凤皇之鸣以别十二律。其雄鸣为六，雌鸣亦六，以比黄钟之宫，适合。黄钟之宫皆可以生之，故曰黄钟之宫，律吕之本。黄帝又命伶伦与荣将铸十二钟，以和五音，以施《英韶》。[①]

[①]《吕氏春秋·仲夏纪·古乐》，载《诸子集成6》，上海书店 1976 年影印版，第 50—51 页。

又如乐器瑟的发明：

  昔古朱襄氏之治天下也，多风而阳气畜积，万物散解，果实不成。故士达作为五弦瑟，以来阴气，以定群生。①

还有乐曲的创作：

  昔葛天氏之乐，三人操牛尾，投足以歌八阕。一曰《载民》，二曰《玄鸟》，三曰《遂草木》，四曰《奋五谷》，五曰《敬天常》，六曰《建帝功》，七曰《依地德》，八曰《总禽兽之极》。②

  音乐史前史的一大命题，是人类音乐艺术的起源。无论是哲学家、美学家还是音乐史学家，总想弄清楚"音乐是怎样产生的"这一似乎永远也弄不清楚的难题。对于音乐史学家们来说，乐律的起源问题更让人手足无措。黄帝如何忽然有了创造乐律的欲望？伶伦创造乐律何以要去"大夏之西"？乐律，原本是人类对音乐中乐音系统的数理归纳，这与传说中的凤凰神鸟又有何干？再如"伶伦与荣将铸十二钟"，字里行间，不时透射出人为编造的蛛丝马迹。今日考古所见的金属乐器，最早为出土于山西襄汾陶寺遗址3296号墓的红铜铃，其后有河南偃师二里头遗址的3枚青铜铃。它们的时代已属龙山文化晚期，相当于传说中的夏代。在传说中五帝之首的黄帝时代，华夏民族远未发明金属冶铸。商代的乐钟编铙，均为三件成套，出土数十例无一例外；西周初年发明的甬钟，最初也是两三件成组，在西周中期以后才发展为8件组、16件套的规模；而且整个先秦时期，罕有十二件套编钟的情形出现。这类不经之说，诚如史学家顾颉刚所谓的"层累"而来。"层累"，是指中国传统的古史，是在代代相传的过程中层层堆积形成的。说得很形象，不过还不精确，这种代代相传，不仅有层累，还有传承者的筛选。那位伶伦与荣将一起"铸十二钟"，于传说貌合"层累"，于史实却是子虚乌有。《吕氏春秋》的这些记述，无可稽考的时代，扑朔迷离的人物，荒诞不经的事迹，实难以作为信史看待，数千年来却成为中国史前音乐历史主体的不二法则，仍在今天音乐院校的课堂上、教授们的讲坛上畅行无阻。

  "五四"以后，叶伯和等首开中国音乐史专著之先河。叶伯和的《中国音乐史》，将中国音乐史分为4个时代，其前两个时代分别为传说中的黄帝时代以前的"发明

---

① 《吕氏春秋·仲夏纪·古乐》，载《诸子集成6》，上海书店1976年影印版，第50—51页。
② 《吕氏春秋·仲夏纪·古乐》，载《诸子集成6》，上海书店1976年影印版，第50—51页。

时代",从黄帝时代到周代的"进化时代"。①其主要内容只能借助于这样的神话与传说。一方面,当时的史家的确还停留在这样的认识层面;另一方面,中国传统的治史方法,以"引经据典"为原则。有经可引,有典可稽,即可成史。借助古代的神话传说构建中国音乐的史前史,轻车熟路,是一条无须承担风险的捷径。对于遥远的蒙昧时代,在当时我们究竟知道多少?现代考古学在中国诞生未久,史料贫乏;文献经典的相关记述,几乎是"史料"的唯一来源。故19世纪以前,这样的神话传说始终是人们公认的中国音乐的"史前史"。其后的半个多世纪,我们的音乐史前史仍在拄着神话传说这根拐棍彳亍前行。

随着中国新石器时代考古学的勃兴,大量的音乐文物及相关考古资料面世,引起了一些独具慧眼的音乐史学家的关注。杨荫浏很早就认识到单纯依靠文献史料治史的局限,在其一生中始终不懈地关注音乐考古的新发现。1943年年底,他在重庆青木关国立音乐院完成了他一生中首部中国音乐通史著作《中国音乐史纲》(以下简称《史纲》)。②《史纲》实际上是以商周社会为背景的、所谓的"周前"开始的。书中"上古时期的乐器"及"周前的乐器"等篇章,他已经引用了当时一些考古发掘资料和研究成果,如唐兰的《古乐器小记》、中央研究院历史语言研究所1935年8月关于河南汲县山彪镇出土编钟的考证以及殷墟发掘资料等。③不过在描述史前社会乐音生活的面貌时,所谓"初民的乐舞",仅仅引用了《吕氏春秋·古乐篇》中的"葛天氏""阴康氏"和《礼记·郊特牲》中的"伊耆氏"等三则远古传说。④

新中国成立以后,他更多地关注到自《史纲》以后的音乐考古学发现和成果。如他在研究马王堆一号汉墓的瑟时,找出了墓葬刚被打开、尚未被扰动时的瑟的照片,仔细地研究了上面弦码摆放的规律,再根据照片上乐器和实物的比例,计算出瑟上原来瑟码的具体位置,又根据瑟和筝定弦的一般规律,判断出该瑟是按照五声音阶定弦的,从而揭示出瑟这种久已失传的古乐器以及相关汉代音乐本体方面的重要知识。

1981年出版的《中国古代音乐史稿》(以下简称《史稿》)是中国音乐史学上至今难以超越的巨著。⑤《史稿》专门设立了"远古"编,将对于史前社会乐音生活的

---

① 叶伯和《中国音乐史》1922年出版的上卷,由作者自己发行。20世纪80年代,其下卷被发现,并发表于《音乐探索》1988年第1期。
② 杨荫浏的这部《中国音乐史纲》,有1944年油印本、上海万叶书店1952年、1953年版本及2009年江苏文艺出版社《杨荫浏全集》本。
③ 参见中国艺术研究院音乐研究所编《杨荫浏全集》第1卷,凤凰出版传媒集团、江苏文艺出版社2009年版,第51、52、54、56、61页。
④ 参见中国艺术研究院音乐研究所编《杨荫浏全集》第1卷,凤凰出版传媒集团、江苏文艺出版社2009年版,第26、27页。
⑤ 参见杨荫浏《中国古代音乐史稿》,人民音乐出版社1981年版。

研究从《史纲》的"周前"概念中独立出来,并以"概况""音乐的起源""传说中的远古音乐""原始时代的乐器"为题进行了论述。一方面,杨荫浏先生关于史前时期的音乐视野开阔了许多,特别是在史料的运用上,向音乐考古方向进一步拓展,从而在史料的丰富性和准确性、实证性等方面就之前著《史纲》获得了无可怀疑的超越。另一方面,"远古编"仅在"原始时代的乐器"中就引述了如陕西长安县客省庄陶钟、甘肃临洮寺洼山铜铃、江苏吴县梅堰骨哨、山西万泉县荆村陶埙等考古发掘资料。其治史,传统文献史料占据着绝对地位,基本内容还是着重对文献的引用和解读,"引经据典"仍是他最根本的撰史方法。

音乐史学家李纯一早于20世纪50年代初就开始了音乐考古方面的工作。作者多年致力于上古(远古至汉)乐器的系统研究,1994年李纯一的《先秦音乐史》出版,其前身《中国古代音乐史稿·第一分册》发表于1957年,长期以来一直是中国音乐史学研究的主要参考书之一。1990年起,作者以写《中国上古出土乐器综论》一书时所获得的大量考古学方面的资料为基础,重新撰写本书,更名为《先秦音乐史》。[①]该书设立了首章"远古和夏代的音乐",在其中"远古至夏代的乐器"一节中,充实了大量的音乐考古史料。不过在此之外,作者则以"远古音乐神话传说"和"夏代的神话传说"为题,仍以《吕氏春秋·古乐》等文献,作为对远古及夏代社会音乐生活描述的主体内容。1996年,文物出版社正式出版了他的《中国上古出土乐器综论》[②],又是中国音乐考古学方面的一部学术巨著。书中不乏从音乐学角度提出的、不同于考古界陈说的新见,为中国音乐的史前史研究提供了全新的参考。

《史稿》之后的30余年间,杨荫浏出版的中国音乐通史类著作达数十部之多;其中或为教学之需,或为职称所累,不乏应景之作,学术上、理论上有较大开拓者寥寥,治史方法也未有根本的改变。但有一点倾向值得注意:一些目光敏锐的学者,越来越关注地下出土的新石器时代考古史料对中国音乐史前史研究的特殊意义。如音乐史学家刘再生近年研究成果丰硕,其著作广泛地采用最新的音乐考古学成果,值得关注。[③]

1978年湖北曾侯乙编钟的出土,不仅导致了人们对传统古代音乐史的重新认识,也带动史前音乐考古学研究的热潮获得空前的提升。河南舞阳贾湖遗址陆续发现的一批新石器时代早期的七音孔骨笛,更让学者们面对这样一些活生生的实证,无法视而不见。贾湖骨笛从根本上撼动了建筑在神话传说基础上的一部中国音乐史前史。

---

① 参见李纯一《先秦音乐史》,人民音乐出版社1994年版。
② 参见李纯一《中国上古出土乐器综论》,文物出版社1996年版。
③ 参见刘再生《中国古代音乐史简述》(修订版),人民音乐出版社2006年版;方建军《考古学中的音乐与音乐史中的考古——评刘再生著〈中国古代音乐史简述〉(修订版)》,《人民音乐》2014年第7期。

其中七音孔骨笛的年代是距今 8600—8200 年，大大超越了传说中的黄帝时代（一般认为距今四五千年）。上述黄帝命伶伦与荣将一起"铸十二钟"的事迹，更已是青铜时代后期的人的附会，距今不会超过 3000 年。在迄今为止发现的一切史前音乐文化的物证中，贾湖骨笛无论在年代及可靠性方面，还是在艺术成就方面，都是无与伦比的。中华民族的音乐文化在史前时期远远走在世界前列。

事实似乎更让人吃惊。2001 年至 2002 年，由中国科学院古脊椎动物与古人类研究所、龙骨坡巫山古人类研究所和重庆市奉节县文物管理所组建的洞穴考察队，对长江三峡奉节县云雾乡兴隆洞进行了考察和试掘，出土了距今约 14 万年之遥的石哨。这是迄今为止所发现的最为古远的旧石器时代音乐文物，它的发现，不仅是中华民族，也是整个人类音乐文明源头中一个耀眼的亮点。[①] 因它出土于长江三峡的奉节县，笔者命名为"奉节石哨"。

目前，中国音乐的史前史还滞留在零星的研究阶段，对整个新石器时代中国音乐发展的历史尚未建立起系统的认识。尽管如此，中国在这一时期的音乐考古较之此前的几乎空白，已经积累起可观的发掘资料，有了构建系统框架的基础。

在裴李岗文化中，除了河南舞阳贾湖遗址出土了一批七音孔骨笛之外，还可见到颇具特色的贾湖龟甲摇响器及河南汝州中山寨骨笛、长葛石固骨哨等。仰韶文化出土的音乐文物十分丰富，有摇响器、陶埙、陶角、陶铃等一大批，如陕西临潼姜寨摇响器和陶埙、华县井家堡陶角、郑州大河村陶铃等。大汶口文化出土的音乐文物也不少，仰韶文化中所见的音乐文物陶角和陶铃，这里也多有发现，如山东莒县陵阳河陶角、江苏邳县刘林陶铃等。另外还出现了富有特色的莒县陵阳河笛柄杯、山东泰安大汶口陶鼓等。在马家窑文化中，除了发现摇响器、陶鼓，还发现了一些图像类音乐文物，如著名的青海大通上孙家寨舞人彩陶盆、甘肃酒泉干骨崖舞蹈纹陶罐等，其中的陶腰鼓更是别具一格。

龙山文化遗址出土的音乐文物最为丰富。除了以上所及各类，还出土了丰富的特磬，发现了最早的金属乐器。山西襄汾陶寺 3296 号墓纯铜铃，为夏商青铜乐器的初萌至繁荣开了先河。二里头遗址与夏文化可能相关，所见青铜合金铸制的铜铃多枚，冶铸工艺出现了明显的提高。还见到了极为难得的木腔鼍鼓，如河南偃师二里头木鼓。二里头 3 号墓的石磬也表现出重要的进步。在河源及西北诸铜石并用时代文化及长江流域诸新石器时代文化中，各类音乐文物也琳琅满目，如青海省都兰诺木洪骨哨、骨笛，甘肃玉门火烧沟陶埙、青海大通上孙家寨铜铃、甘肃庄浪小河村

---

① 2003 年 4 月 1 日的《北京晚报》头版载记者孙海东的文章《奉节发现 14 万年前石哨》报道称，据中国艺术研究院音乐研究所研究员王子初介绍："三峡奉节石哨的发现，可能会把人类原始音乐活动的历史向前推至 14 万年以前。"同年 5 月 23 日《北京晨报》第九版相继报道："14 万年前石哨依然清晰——三峡发现最早乐器。"

陶鼓、青海乐都柳湾出土的齐家文化石磬等。

还有不能不提及的图像类音乐文物：新疆呼图壁康家石门子岩画、甘肃嘉峪关北黑山列舞岩画等，让人目不暇接。①

远古的这些音乐考古发掘和研究成果，从14万年前的奉节石哨、八九千年前的贾湖骨笛到新石器时代诸文化中丰富的音乐考古发现，已可粗略地勾勒出中国音乐史前史的基本框架。

远古的这些音乐考古发掘和研究成果是音乐考古学研究的主要对象，却不是唯一的对象。远古时期的音乐也并非如今天所谓的作为艺术的音乐，所以，出土有这些音乐文物的考古学文化本身也值得进行全面的关注。对先民的社会生活、生产力的提高、文化的发展、科学技术的进步应有全面观照，这对于认识当时的社会音乐生活至关重要，对于了解人类音乐文明的起源和发展至关重要。比如贾湖人制作出可以吹奏七声音阶的骨笛，无疑是人类音乐文明史上的伟大成果，但这一成果的出现并非偶然。从贾湖遗址的考古学研究，可以清晰地看到贾湖人的社会已经出现了丰富的文明迹象。如农牧业，贾湖遗址出土了距今9000年左右的人类栽培水稻的碳化标本，出现了世界上最早的家畜——猪和狗的驯养；手工业，在贾湖遗址发现了世界上最早的酿酒、制陶与纺织业的产生；原始文字，发现了世界上最早的文字雏形——贾湖契刻符号的发明应用；社会形态，发现了世界上最早的社会贫富分化现象及原始宗教巫术——身佩骨笛和龟甲响器的巫师的出现等，均显示出这是一个具有相当高度的人类文化积聚的社会，是中华早期文明的一个真实缩影。

进一步考察当代中国考古学有关华夏文明的探索，早已超越了传统"黄河文明"的单一认识。在长江流域以及广大的华南地区取得的丰硕成果，证明这里与"黄河文明"一样，同是中华文明的起源地。例如栽培稻及稻作文化的出现。江西省万年县大源乡仙人洞遗址和吊桶环遗址②、湖南零陵地区道县寿雁镇玉蟾岩，均发现了大量栽培稻标本，距今可达1.5万—2.2万年。东亚的两河——黄河、长江流域及其周边广大地区，可能是迄今所知人类最早的文明源头。具有高度发达音乐文明的贾湖文化，约在距今万年前后，已经孕育于亚洲东部的淮河流域，它正位于东亚的两河之间，是这个文明的核心地区之贾湖骨笛和贾湖人七声音阶观念的研究，具有最醒目的标志性意义！"音阶观念"较之人类的物质文明，问题是最抽象的，学术层次是最高的。它可能成为中华音乐文明乃至人类文明起源研究的突破口！可能改写音乐艺术的史前史，建起一座人类音乐文明史的丰碑！

但音乐文物自身不会说话，它需要靠音乐考古学家的研究、解读。对史前音乐文物的解读，还远没有充分展开，而且亟待深入、永无止境！

---

① 参见黄翔鹏、王子初主编的《中国音乐文物大系》相关各卷，大象出版社1996年起陆续出版。
② 《95全国考古新发现》《光明日报》1996年3月26日。

如贾湖骨笛的研究。1987年11月，中国艺术研究院音乐研究所音乐史学家黄翔鹏等人，对编号为M282：20号的骨笛进行了测音研究，并在《文物》杂志发表了迄今关于贾湖骨笛最权威的研究报告。报告称："我们的最后结论认为，这支骨笛的音阶结构至少是六声音阶，也有可能是七声齐备的、古老的下徵调音阶。"[①] 经黄翔鹏等人解读，表明中华民族的先祖早在距今8000多年前，已经发明并广泛使用着可以吹奏七声音阶的乐器！

　　又如奉节石哨。不过是一截残断的钟乳石，如果没有中国科学院地质学专家谭明博士精辟的逻辑推理，实在难以将经历14万年漫长岁月而被磨蚀得已毫无人类加工痕迹的这枚石核，与人类的智力活动扯上关系。谭明运用"差异风化"的原理，结合奉节石哨所处地层环境可能接触到的自然力，证明了它不可能不是经人类加工而成的一件发声器械！

　　不过同样如贾湖骨笛，自出土的30余年来，国际学界的反应并不强烈。其原因何在？我们的研究解读、我们的新闻报道，似乎是一帖没有标签的"药方"。国际学界冷眼以对，不失为一种理智的态度！贾湖骨笛重大的学术意义应该在于：贾湖人是否已经具备了"七声音阶"的观念？他们是在这种观念的驱使下，制作出了这些"可以吹奏"七声音阶的乐器吗？显然，以往的研究并未触及这个核心问题。黄翔鹏等人的研究结论仅来自其中的一支骨笛。面对今天已发现的40多支骨笛，还远远够不上一个全面、科学的结论，甚至一些重大的技术问题尚未论及。如贾湖骨笛的七孔加上筒音应该是"八孔"应"八声"？何以认定是"七孔""七声"？笔者借助肖兴华先生已测试的6支骨笛的数据[②]，发现骨笛的各音孔（包括筒音在内）实际发出的音列并不对应音阶的七声，而且均超越了八度音程，6支骨笛所发音列也各不相同。这种现象显然有悖于流传数千年的中国传统竹笛，而我们的研究者却并未提及。

　　一方面，人类如何在漫长的社会生活实践中，通过艰难的抽象思维"发明"或认知了音阶的概念？贾湖骨笛究竟在这个过程中保留下来了多少蛛丝马迹，达到了怎样的发展阶段？可否由之判定或否定，贾湖人已经有了音阶的观念，甚至已经建立了"七声音阶"概念？这对中华民族的音乐文明乃至人类文明的起源研究都有着莫大的意义！另一方面，尽管贾湖人的"七声音阶观念"还有待论证，但出土的骨笛是迄今考古所见人类最早的、可以吹奏七声音阶并有明确的七孔规范这一点，已经毋庸置疑，而且，在40多支七音孔制式的骨笛上，有关音阶中"七"的观念被反复强调，也已是不争的事实。它隐含着音乐中"七声音阶观念"这一人类重大抽象思维成果，已经诞生在距今万年前后的新石器时代初期的可能性。当年黄翔鹏等人

---

① 黄翔鹏：《舞阳贾湖骨笛的测音研究》，《文物》1989年第1期。
② 相关的测音数据均可参见肖兴华《骨笛研究》，载河南文物考古研究所编著《舞阳贾湖》（下卷），科学出版社1999年版，第999—1002页。

在对第二支骨笛进行吹奏时，出现了开裂的声音，研究因此戛然而止。显然，科学研究与文物保护之间产生了难以调和的矛盾，文物保护永远是第一位的。今天，科学技术的进步完全可以解决当年文物保护方面的难题。2012 年，《中国音乐学》发表了中国科学院大学方晓阳教授等人的论文《贾湖骨笛的精确复原研究》[1]，介绍了利用电子计算机 X 射线断层扫描技术——CT 技术对贾湖骨笛进行无损扫描，然后将扫描得到的二维图像进行三维重建，最后采用 3D 打印——紫外激光固化快速成形技术，首次制作出了迄今为止精度最高的贾湖骨笛复制品。[2] 有关骨笛的全面研究已成为可能！

笔者无意否定文献史料在治史中的重要作用，仅希望能对传统音乐史家屡屡引述的、作为"史前史"主要内容的文献，诸如《吕氏春秋》等，客观地指出其局限所在。必须强调的是，史学是一门实证性很强的科学，远古的神话传说肯定不能等同于历史。在人类还没有发明文字的时代，考古发掘出土的音乐文物是历史上人类社会乐音生活留下的物证，是研究音乐史前史唯一的直接史料。但神话传说被看作"历史的影子"，既是影子，也自有历史的轮廓。当我们掌握的史前音乐考古史料越来越丰富的时候，再度神游太古，也是重新发掘这些"影子"史料合理内核的时候。《吕氏春秋》等文献将被重新解读，发掘出其新的史前史料价值；而将它们生吞活剥，强行灌输给我们的子弟的时代应该结束了！

王子初：《遥望殷墟——音乐考古与商代史》

——《音乐研究》2018 年第 5 期

历史上的商代，是中国第一个可以纳入信史，却仍然是一个神话意味浓厚的朝代。《史记·殷本纪》载：有娀氏之女名简狄，吞玄鸟之卵而生契，契为商人供奉的始祖。所以，《诗经·玄鸟》曰："天命玄鸟，降而生商。"[3]《吕氏春秋·音初》论述音乐的发生，其中的"北音之始"实与商代有关：

> 有娀氏有二佚女，为之九成之台，饮食必以鼓。帝令燕往视之，鸣若谧隘。二女爱而争搏之，覆以玉筐。少选，发而视之，燕遗二卵。北飞，遂不反。二女作歌，一终曰："燕燕往飞！"实始作为北音。[4]

---

① 参见方晓阳、邵琦、夏季、王昌燧、潘伟斌、韩庆元《贾湖骨笛的精确复原研究》，《中国音乐学》2012 年第 2 期。
② 国家自然科学基金资助项目（批准号：10520403）。中国科学院大学的邵琦以此完成了他的硕士学位论文，获得好评。
③ 《毛诗正义·商颂·玄鸟》，载（清）阮元校刻《十三经注疏》，中华书局 1980 年影印版，第 622 页。
④ （秦）吕不韦：《吕氏春秋·季夏纪·音初》，载《诸子集成》，上海书店 1986 年影印版，第 59 页。

尽管这些文献记载一致，仍不过是神话传说，难为信史。

现代关于商代音乐史的研究，较之史前音乐史[1]已有所进步。历史文献中的神话传说，虽仍有采纳其中，已失去了作为"正史"叙述的地位。如李纯一先生的《先秦音乐史》，为一部以考古学史料为主构写的音乐史，在中国音乐史学的发展史上有着首创之功。其"商代音乐"章中，以"相传"的口吻，提及上述有娀氏之女简狄吞玄鸟之卵而生契的事迹，得到的是"因知玄鸟即商的图腾"这一较为合理的结论。作者浓墨重彩于这一章中的第三节"商代乐器"的叙述，运用了丰富的音乐考古发现及研究成果，对这一历史时期的音乐用器，首次做了全面、详尽的介绍与分析。而在其前两节中，仅论述了"商代乐舞"和"商代统治者的纵声色"，内容相对简略。对于商代的音乐史研究来说，整个商代社会音乐文化的分布格局、国家的音乐制度、社会音乐生活的主流形式和基本面貌，及其对社会生活各个层面的影响和作用，似难完全或缺。可以看出，作者虽不屑于以往单纯着眼于文献中相关音乐传说的做法，但要完全以考古实证来构筑相对完整的商代音乐史，史料不够丰富，条件尚待成熟。[2]

杨荫浏在其《中国音乐史纲》的"上古期的乐器"及"周前的乐器"等篇章已经引用了当时殷墟的一些发掘资料[3]，为殷商时期流行的乐器提供了具象的实证。不过在书中并没有设立关于商代社会音乐生活研究的独立章节，仅以"周前"一语以蔽之。在其后著《中国古代音乐史稿》中，"夏、商"已有条件作为专门章节列出，并从"概况""从残存的诗歌看当时人民的生活""奴隶主对音乐的利用""汉民族与四周民族的音乐文化交流""乐器和乐律"五个方面进行了论述。[4]但一如其前的"远古"章，有关商的内容仍是过于粗略，其史料的来源也不出先秦两汉文献，如《易经》《尚书》《史记》及诸子所载。《史稿》有关殷墟的音乐考古发掘资料的应用，重点仍在"乐器和乐律"一节。但有一点很值得关注，在该章的"奴隶主对音乐的利用"一节，除了通过殷商出土的甲骨文字资料对当时上层社会的祭祀用乐做了描述之外，还特别引述了1950年发掘的殷墟武官村大墓的资料，根据墓中出土乐器、3件小铜戈及24具女性骨架的现象，对商代社会贵族的音乐生活以及当时的音乐艺术发展水平、专业音乐家的出现等，做了有一定说服力的描述和推演。这与传统单纯引用文献史料所做的文学性描述相比，无疑是研究方法上的重要进步。只是晚年的荫浏先生这一闪光思想未及充分展开，中国古代音乐史治史理念的革命，时机尚待成熟。

---

[1] 参见王子初《太古神游——音乐考古与史前史》，《人民音乐》2017年第8期。
[2] 参见李纯一《先秦音乐史》，人民音乐出版社1994年版，第34—59页。
[3] 参见杨荫浏《中国音乐史纲》，载中国艺术研究院音乐研究所编《杨荫浏全集》（第1卷），凤凰出版传媒集团·江苏文艺出版社2009年版，第47—50、61页。
[4] 参见杨荫浏《中国古代音乐史稿》（上册），人民音乐出版1981年版，第15—26页。

一、考古所见商代音乐文化及其分布

从现今掌握的音乐考古资料，可以看到中国在商代的音乐文化主要集中分布在三大地区，即以今河南安阳为中心的中原及其周边地区，以湖南、江西赣鄱流域为中心的南方地区及以今四川广汉三星堆为中心的西南地区。中原地区有着明显的音乐文化上的强大优势，这与这里历来作为华夏民族政治、军事、文化上的中心息息相关。以赣鄱流域为核心的南方地区，似乎是当时一个经济、文化实力均较为强大的南方方国，文化上展示了与中原地区明显不同的风格，四川广汉一带的西南地区，其文化上与中原、南方相比，也有着鲜明的特色。

著名古史专家、考古学家徐旭生的《中国古史的传说时代》，是对中国上古史进行综合性研究的专著。他结合相关民间传说，从古代文献和考古发掘两方面入手，力图考证有文字记载历史之前的部落分布、彼此关系及社会发展水平等。其中，着重对于学界聚讼纷纭的中国古族三集团等问题进行剖析，提出了他的著名论断：古代中国部族的分野，大致可分为华夏、东夷与苗蛮三大集团。华夏集团地处黄河中游两岸中原地区，东夷部族地处山东、安徽境内及其东部沿海地区，苗蛮部族地处长江中游两岸的两湖及江西地区。三大部族不断接触，始而相斗，继而相安，血统与文化逐渐交互错杂，终于同化，形成一种融合而高层次的民族文化——华夏文化。证之考古学上仰韶、大汶口与屈家岭文化的分布、交流与融合的情况，大致是近似的。他的论述，为中国古史传说时代的研究创立了一个新体系。[①]

商朝自盘庚迁殷，社会的经济进一步发展。直至武丁即位以后，商人四处讨伐，征服了周围许多小国，扩大了领土，国力达到鼎盛时期。从今日音乐考古学研究的成果看，至少到了商代的后期，徐旭生提出的华夏与东夷两大集团，已有相当程度的融合。如山东青州苏埠屯的音乐考古发现，尤其是出土的乐器，很大程度上已与中原一般无二。青州苏埠屯8号商代大墓出土的3件编铙（见彩版，略）、1件特磬、8件铜铃，应是典型的中原音乐文化的产物。[②]特别是其中的编铙，无论其造型纹饰，还是其3件套的组合到其音乐音响性能，无一不与中原殷墟所出吻合。苏埠屯墓地发掘出的10余座商墓，以及相邻的东阿、长清、齐河、平阴等地发现的十四五余座商墓，考古界有"苏埠屯类型"之谓，其无论墓葬形制和风格，还是出土的器物及其组合，均鲜明地打上了中原的烙印。中原殷商文化的势力，已深入黄河下游的东夷人腹地。

殷商时期民族分布格局出现的改变，也表明了此时中国音乐文化的格局已经形成。其中，以河南安阳殷墟为核心的中原华夏民族，在大融合中获益颇多，越发强

---

① 参见徐旭生《中国古史的传说时代》（增订本），文物出版社1985年版。
② 参见周昌富、温增源主编《中国音乐文物大系·山东卷》，大象出版社2001年版，第21页。

大。这一支强势音乐文化的影响所及,在武丁以前,北面扩展到了易水,南面抵达淮河流域,西至太行、伏牛山脉,东至大海。武丁以后疆域更为扩大,东北波及辽河流域,南方直抵大江两岸(湖北黄陂盘龙城即为归附商朝的一个方国),西北越过太行山进入山西,成为古代东方最强大的奴隶制国家。所以,殷商音乐文化的强大影响,已不仅仅限于东夷了。当然,殷商王朝是一个由邑土国家逐步向领土国家过渡的早期国家,并非一个完全拥有四土之境的领土国家,更不是一个中央集权的奴隶制大帝国。商朝的周围或版图的缝隙间,还有许多部族和方国(即已归属的部落国家)。在今东北的有肃慎,在滦河下游的有孤竹,内蒙古东南部和山西境内有鬼方、方、土方,陕西北部有羌方、犬戎、熏育(荤粥),西部有周、氐,西南有巴、蜀,长江中游为濮、楚人,淮河流域为淮夷等。从今天音乐考古的角度看,这些方国或部族的音乐文化,均有着相对的独立性。位于赣鄱流域的杨越民族文化,位于四川广汉三星堆一带的古蜀国文化,应该都是这种性质的商文化,并在当时有着特殊的影响。

今江西、湖南赣鄱流域的杨越音乐文化,是当时与中原殷商并立的一支地方青铜音乐文化。一种被今人称为"大铙"的巨型青铜乐器可为其代表。这种乐器无论在形体造型还是音乐音响性能上,均与中原殷商的代表性青铜乐器3件套的"编铙",难以相提并论,鲜明的民族或地方文化特色跃然而出。三星堆一带的古蜀国文化的揭示,被称为20世纪人类伟大的考古发现之一。它昭示了长江流域与黄河流域一样,同属中华文明的母体,因有"长江文明之源"之誉。商朝的历史距今不过3600年左右,这对于中国作为文明古国的形象不甚相称。而一度名不见经传的三星堆,却将中国的文明推至4800年前。其与中原的殷商文化,无论在时代上、地理上,还是在文化的影响上,均存在着较为遥远的距离,其音乐文化上的个性也更为鲜明。

总之,从音乐考古的角度再来看商代音乐文化的分布,其地理格局已与以往传统文献记载所示大相径庭。商代考古学文化与其音乐文化上的分布格局,应该是基本一致的。以中原殷墟为核心的殷商文化、赣鄱流域的杨越文化及四川广汉三星堆一带的古蜀文化,应该是今日重建商代音乐的断代史必须要直面并认真研究的三大对象。

二、商代社会及音乐制度

今日所掌握的音乐考古资料,主要来源于殷商时期中上层贵族的墓葬及宫室遗址;所反映的历史信息,主要集中在殷商贵族的社会音乐生活上;所掌握的出土音乐文物,也主要集中在当时宫廷流行的乐器上。这与上述古代传承至今的文献记载有所吻合,但却不能等同!今日所获得的大量音乐考古资料,时间上主要集中在商代的中后期，即殷商时期。

遥望殷墟，我们看到了什么？

在殷墟著名的妇好墓中，可以看到各种乐器的分布格局，乐器的形象、构造和组合，能看到这些乐器的使用场合和社会功能。甚至还推演出其使用的形式和演奏的方法，体验到乐器的音乐与音响性能；可以身临其境，亲手触摸甚至当场击奏，聆听动人的音响；通过仪器设备，我们可以分析其材质的构成等一系列的技术和科学数据，如青铜编铙的合金配比、金相特色、铸造模式及相关的冶金工艺；音乐音响方面的频谱构成特点和振动模式等，不一而足。考古的实证，可以让人们跳出古文献中所记述的各种乐器的模糊描述，使人们获得对于古代社会音乐生活的更为真切的认知，其无穷魅力皆在于此！

可能音乐史学家更关注的，是有关商代社会音乐生活的主流形态。那么今日人们所面对的，已经不仅是一个妇好墓，还有从殷墟发掘出土的近20座贵族大墓甚至王墓，如殷墟王陵遗址的M1217、M1001、50WGKM1；殷墟西区遗址的M699、AGM765、M93、AGM1769、M701；大司空村遗址的M539、M991、M51、M663、M288；小屯遗址的小屯西地M1；郭家庄M160、M26及刘家庄和戚家庄遗址的墓葬等。这些墓葬的音乐考古资料，特别是其中未经盗扰、保存完好的墓葬，犹如一面面擦拭锃亮的镜子，映照着这些商代贵族生前的宫廷音乐生活真实情貌。商代的音乐考古资料，对于了解商人上层社会的音乐生活，已是相当的丰富！

"礼乐制度"作为一个历史概念，特指西周初年周公"制礼作乐"，推行的一整套国家礼仪规范及与其相配套的"乐悬"制度。礼乐制度明确了西周社会各级贵族的身份、地位、权力和等级，又借用了悬挂使用的大型乐器编钟和编磬构成的"乐悬"来体现它。3000年来，历代帝王"功成作乐"，无一不是推崇西周礼乐为建立新政权的"礼乐"规范。西周的礼乐制度并非凭空而来，而是有着对前代制度的批判和继承。正如春秋孔子之言："殷因于夏礼，所损益可知也；周因于殷礼，所损益可知也！"① 所谓"殷礼"，可解作为"殷商的礼乐制度"。"殷礼"是如何"因于夏礼"再"损益"而成的呢？迄今出土的商代礼乐器如编铙、石磬、鼍鼓、大铙、铎已达200余件。这些礼乐器就是商代政治制度的物化形式，它们从诸多方面折射出有关殷礼的可靠信息。诚如妇好墓及从殷墟发掘出土的大批贵族大墓甚至王墓的考古资料，出土乐器、乐人配置等较为完备的信息。在出土礼乐器的商代墓葬中，绝大多数仅见特磬或编铙，少数墓葬特磬和编铙或鼍鼓伴出，有的还伴出有陶埙的规范组合等。

分析西周礼乐制度的基本功能可以发现，自远古至殷商的音乐考古资料，表明了中国各个历史时期的社会上层，应该都有过类似的上下尊卑的礼仪规范及相应的

---

① 《论语注疏·为政》，载（清）阮元校刻《十三经注疏》，中华书局1980年影印版，第2463页。

用乐制度。上述孔子所言，描述的正是这样的一种现象。只是，历代礼乐在传承之间，并非照单全收，而是有所取舍的，即所谓"所损益可知也"！

以迄今考古所获资料，还难以确认考古学上的夏代遗址所在，也就难以确认夏代礼乐配置的真实情形。很可能山西襄汾陶寺遗址及河南偃师二里头遗址所反映出来的情形，如大中型墓葬中出土的乐器大型特磬与鼍鼓相配，就是夏礼乐器配置的代表性形式。认为属龙山文化晚期的山西襄汾陶寺遗址与传说中的夏墟不无关联的学者不在少数，显然，这应该是陶寺社会上层人物的特权与身份的象征，或可以看作孔子所谓的"夏礼"——夏代的"礼乐"！初见于陶寺遗址的铜铃，以红铜铸制，工艺上极为粗陋，还是孤例，一时还很难将其与礼乐联系在一起。但在偃师二里头遗址，有三座较为大型的墓葬：4号、11号和57号墓，均出土了铜铃。此时铜铃已经采用了青铜合金铸制，形制统一，造型规范，铸制工艺上出现了很大的提高，因铜铃的体量已有所放大，因之其音乐音响性能也大有进步。当然，在二里头的社会生活中，铜铃是否已被赋予了一定的"礼乐"含义，仍难以确认，但把它看作殷商礼乐的代表性乐器编铙的萌芽或前身，应该顺理成章。

处于中国青铜时代初始的二里头的铜铃，相比青铜文化繁荣时期的殷商的编铙，尚难相提并论。其间发展流程，尚待研究，但是以乐器编铙和石磬的组合，作为中原殷商文化的"殷礼"的代表性乐器，似乎已经没有多大疑问。

在商代，史前时期的特磬、鼍鼓依然沿用；史前打制而成的粗陋的特磬，逐渐为磨工精细、纹饰华美并造型别致的同类作品所取代；至殷商末期终于蜕变为成组成编、具备了一定旋律性能的编磬。入周后在周公制礼作乐时，入选周礼的"乐悬"之中。史前的鼓，由于其所用材料的材质局限，难以经历数千年岁月的沧桑而留存至今，今天的考古发掘中已难得一见。但也并非全无踪影，1935年，殷墟侯家庄西北冈王陵区1217号大墓出土一例蟒皮鼓（见彩版，略），虽然鼓体木质已朽尽，但土中尚留有残痕，由之可分辨桶状鼓身，横置于鼓架上，鼓身与鼓架均饰兽面纹，属殷墟前期的遗物。① 另外，发现于湖北崇阳的商代铜鼓和现存于日本京都泉屋博古馆的双鸟饕餮纹铜鼓，正是以铜为材质，模仿木腔皮面大鼓制作而成的一种"铜鼓"，惟妙惟肖。可以想见，大型鼓类乐器，这种声音洪大而威严、性能优良且材料廉价、制作相对简单的乐器，在殷礼中自然难以割舍，仍有应用。

三、殷商的乐器

通观商代的音乐考古发现，最为引人注目的，自然是青铜钟类乐器的流行。商代编铙、大铙以及镈等三种青铜乐器，是最早出现的青铜钟类乐器。

---

① 参见梁思永、高去寻《侯家庄第六本·1217号大墓》，台北历史语言研究所，1968年，第31页。

古代文献中，关于乐钟的传闻已可见于黄帝时代。《吕氏春秋·古乐》载："黄帝又命伶伦与荣将，铸十二钟，以和五音。"①按中国传说时代的帝王世系，炎、黄当早于尧、舜、禹，禹之后的启才进入夏代。上述考古资料表明，中国所见最早的金属乐器，为陶寺遗址和河南偃师二里头遗址出土的铜铃。远在黄帝时代，中国尚未进入青铜时代，何来伶伦与荣将造钟一说？又何来"铸十二钟"之说？可见黄帝时代的造钟传说为后人附会。黄帝之后的各个帝王，也多有造钟的功德。如《礼记正义·明堂位》有尧命共工垂作钟的说法。②《山海经》也说，炎帝之孙伯陵生鼓延，"鼓延是始为钟"③。而丰富的音乐考古学资料所描绘的，才是历史的真实，上述河南偃师二里头遗址出土的铜铃，是目前所见中国最早的青铜乐器，时代不晚于传说中的夏代（陶寺的红铜铃应更早些）；具有一定旋律功能的、真正的青铜乐钟编铙，出现于商代后期——殷商时期。中国南方赣鄱流域杨越人的大铙和镈，大致也在这一时期。

编铙、大铙和镈三种青铜乐器，为商代的礼仪重器。这些乐器分属于当时南北两个不同的音乐文化区。据统计，目前所见的商代礼乐器中，编铙109件、石磬63件、大铙51件、镈10件、鼍鼓2件④，资料相当丰富。从出土这些乐器的墓葬反映出来的社会信息判断，它们并不单纯被作为乐器使用，而是具有相当丰富的政治含义。

其中，中原殷商文化区流行较广的编铙，是商代标志性的礼乐重器。其一出土，便成为殷礼之中最为耀眼的角色。前述孔子所谓的"殷礼"，从其社会学意义上讲，是一种规定社会等级的政治制度。它首先与殷商社会的各级贵族个人相关。编铙的出土，主要见于贵族的墓葬，一般一墓仅为一套，如妇好墓等超过一套的较为少见。出土资料表明，编铙与使用者个人紧紧相随，说明这种乐器已经成为使用者的社会地位、身份和政治权利的象征。这就是"殷礼"的真正含义。前述有关殷商编铙的考古学统计和相关分析研究，充分说明编铙已成为中原殷商文化区及其周边方国贵族普遍使用的礼仪乐器。

大铙和镈，则主要是南方赣鄱流域杨越人使用的礼仪乐器；考古信息表明，大铙在这一文化区内流行十分广泛，出土标本数量极多；而镈的流行尚不普遍，时段也偏晚。而且，这些大铙大部分出土于山岭或丘陵冈阜，只有少数发现于江河或岸边，并且几乎都是单件出土，多数系农民在无意中发现，因而缺少系统的考古学资

---

① 《中国古代乐论选辑》，中央音乐学院中国音乐研究所，1962年，第100页。
② 参见《礼记正义·明堂位》，载（清）阮元校刻《十三经注疏》，中华书局1980年影印版，第1491页。
③ 袁珂校译：《山海经·海内经》，上海古籍出版社1985年版，第300页。
④ 参见王清雷《西周乐悬制度的音乐考古学研究》（修订版），载王明荪主编《古代历史文化研究丛刊》十编第四册，花木兰文化出版社2013年版，第177、182、185、188页。

料。但从已知的几件大铙出土时的地理情形来看，多数未见有明确的墓葬迹象，似与贵族个人的相关性尚不密切。故这种大铙很有可能主要是用来祭祀日月星辰、风雨雷虹等自然崇拜的礼器，其是否与中原的编铙一样，具有与社会成员个人的身份、地位和权力象征的普遍社会学意义，尚有待更多的资料论证。不过，江西新干大洋洲大墓的发掘，墓中出土了3件大铙、1件镈。它不仅解决了以往有关这两种青铜乐器的时代和族属，也为这两种乐器的"礼乐"意义提供了重要的佐证。显然，大铙和镈在大洋洲商墓中的发现，在一定程度上证明了它们与墓主身份的密切关系。镈在当时杨越民族中的使用尚不普遍，大洋洲墓葬的发现也仅为个案，有关其作为礼仪乐器的功能尚有待研究。杨越人是否沿用鼓？这一点应该是可以肯定的；只是因其材料的耐久性，迄今的考古发掘难有明确的发现。且当时未见杨越人使用石磬。

地处西南的另一个音乐文化区四川广汉三星堆一带，迄今考古发现的青铜乐器，唯有铜铃。铜铃之于三星堆古蜀文化，其与某种礼仪活动是否相关？这似乎没有什么疑义。资料表明，仅广汉三星堆的2号祭祀坑，同坑出土铜铃就达43件。[①] 出土时，一些铜铃挂在青铜树枝上，一些铜铃散在坑内。有的铜铃附有铜铃架。多数铜铃为简朴的直筒形，部分为制作精美、造型惟妙惟肖的鹰形、花蒂形等。三星堆遗址的1号坑年代相当于商代中期，2号坑相当于商代晚期。两坑明显采用了瘗埋燔燎祭礼，与商代甲骨卜辞所载"燎祭"基本一致。两个祭祀坑出土器物构成一幅祭礼图景，包含了原始艺术的主要形式，如道具、化装、舞蹈、音乐等。有鉴于这些铜铃迄今仅见于祭祀坑内，同样只能判定它们在当时祭祀礼仪中的功能，而与使用者个人并不存在特殊的关联，即三星堆的铜铃还不完全具备"殷礼"意义上的功能，其社会学意义似与赣鄱流域杨越人的大铙相近，与上述中原殷商文化区的编铙有着一定的区别。

殷商末期出现了编磬，但还仅是个案，远没有被当时社会广泛应用。

总之，较之史前，殷商时期出现了具备孔子所说的"殷礼"——殷商礼乐制度意义上的新型礼乐器，即中原的青铜编铙、南方的大铙、镈及西南的铜铃，是一个值得音乐史家关注的重要现象。青铜乐器的出现，成为殷商"礼乐制度"的特色。它们与沿用于史前时期的特磬、鼍鼓之属，在殷商社会的主流音乐生活之中，起着不可忽视的音乐和政治意义上的双重作用。中国青铜时代的"殷礼"南北分流、东西有别，中原、南方及西南似成音乐文化的三足鼎立，而中原地区的强势音乐文化明显占据着核心地位。

四、商代的音乐文献及学术定位

相对远古（史前）而言，商代毕竟要晚近一些，特别是商代后期已经出现了较为成熟的文字。有理由相信，今日还能一见的先秦文献，确实保留着一些来自商代，

---

① 参见严福昌、肖宗弟主编《中国音乐文物大系·四川卷》，大象出版社1996年版，第11页。

或与商代有关的音乐文字资料，当然这需要甄别和分析。在以往，这类甄别和分析，多侧重于文字内证的逻辑分析，更多的是历代研究者的主观认识。所以，一个问题，往往聚讼千年而不得其解，孰是孰非，难求其真。通观先秦文献，可能与商代音乐生活相关者，大致可以分为三个层次加以定位。

（一）难为信史的神话传说

从历史学的角度看，这类音乐神话与传说，难以信史看待。

前述《诗经·玄鸟》为商代历史的最早记述，所谓"天命玄鸟，降而生商，宅殷土芒芒。古帝命武汤，正域彼四方"①，内容显然是叙述商代的创世，带有神话及史诗的性质。关于商人的始祖契及其母有娀氏的传说，在屈原、吕不韦时代也仍有流传：《天问》有"简狄在台喾何宜？玄鸟致贻女何喜"？② 以及上引《吕氏春秋·音初》中的"北音之始"。此后的司马迁《史记·殷本纪》、王充《论衡》及刘向《列女传》均有记载。从《诗经》到《楚辞》，从中原抵江南，从商周跨两汉，流传广泛且绵延千年，故事的最初应有所本；只是在长期的流传之中，被传承者根据需要和想象层层加工，不断地神话化了，此即如顾颉刚"古史层累说"所言。顾颉刚理论的独创性，主要表现在它既是一种历史观，又是一种方法论体系。可以说明：为什么时代愈后，传说的古史期愈长，其中的人物愈放愈大？通过这些传说，即使不能知道某一件事的真实状况，至少可以知道那件事在传说中的最早面貌。当人们还没有掌握考古学方法之前，运用"古史层累说"理论研究远古历史，也是可以一用的工具。所谓"层累"就是"堆积"，有"只增不减"之嫌。其实，传承者在根据需要和想象加工历史传说时，应该是有所选择的。另外，即便是有了今日考古学的方法之后，要借《诗经·玄鸟》美丽故事背后的"历史影子"找到历史的真实，还是无能为力的。

（二）"半信半疑"的历史传闻

有些商代音乐的传说，如所谓《桑林》之乐，在历史上很有影响。

《桑林》又名《大濩》，为周代仍存的六大乐舞之一。相传商汤即位之初，王畿之内七年大旱，汤祷雨时欲自焚充任牺牲。就在巫祝点火之际，大雨骤至，万民欢呼。因作大乐颂扬商汤之德，名为《桑林》。一说汤灭夏，建立了商王朝，命相国伊尹作《大濩》，以歌颂其开国功勋。"桑林"本是一种国家级的重大祭祀活动，性质与祭"社"（土地神）同。时至公元前5世纪的墨子时代，"桑林"仍是万人瞩目的

---

① 《毛诗正义·商颂·玄鸟》，载（清）阮元校刻《十三经注疏》，中华书局1980年影印版，第622—623页。
② 北京市朝阳区双桥人民公社、北京第二外国语学院注释小组：《〈天问〉〈天对〉新注》，人民出版社1976年版，第87页。

祭祀活动。① 庄子描绘庖丁解牛时动作、节奏、音响的流畅，谓"莫不中音，合于《桑林》之舞"②。虽是间接描述，《桑林》之舞的节奏鲜明及音乐流畅跃然纸上。这样的史料，虽还难以与"信史"直接等同，但却可以看出其中包含着合理、真实成分，还可与出土的甲骨文字中相关描述进行参照：汤的后代占卜，问是否用濩来祭祀？③ 从而使这类传说性的文献具有了一定的史料价值。

（三）写实性较强的情景描绘

有关商代音乐，先秦另有一类写实的文献值得关注，其史料价值就更大一些。如《诗经·商颂》的首篇《那》。诗云：

猗与那与！置我鞉鼓。奏鼓简简，衎我烈祖。汤孙奏假，绥我思成。
鞉鼓渊渊，嘒嘒管声。既和且平，依我磬声。于赫汤孙！穆穆厥声。
庸鼓有斁，万舞有奕。我有嘉客，亦不夷怿。自古在昔，先民有作。
温恭朝夕，执事有恪，顾予烝尝，汤孙之将。④

诗文生动地描绘了当时以宏大的"万舞"纪念其先祖商汤的盛大场面。文中明确提及，主持这次祭祀礼仪的，是所谓"汤孙奏假（祭享）""于赫汤孙""汤孙之将（佑助）"的"汤孙"，商汤的子孙；这次祭祀的对象"烈祖"，自然就是商显赫的祖先汤。

《那》的大量细节描写，难以作假。如出现至少有五种乐器："置我鞉鼓""鞉鼓渊渊"的鞉鼓，"嘒嘒管声"的管，"依我磬声"的磬，"庸鼓有斁"的庸和鼓等，十分丰富。诗中对这些乐器的音乐效果，也不乏身临其境的描绘。如鞉鼓的"渊渊"、击鼓的"简简"、管声的"嘒嘒"、石磬音乐的"既和且平"以及"庸鼓有斁"——钟（庸）鼓和鸣的生动情貌。这些乐器，除了有些竹木类材质不易耐久者之外，半数以上都已从今天的音乐考古发现中得到证实，《商颂》内容相当程度的可靠性由此可以认定。张松如《商颂研究》也说《那》："细详诗义，似是一组祭歌的序曲，所谓《商颂》十二，以《那》为首。诗中设有专祀成汤的内容，却描述了商时祭祀的情形和场面，大约是祭祀包括成汤在内的烈祖时的迎神曲。"⑤ 虽说言语有些专业

---

① 参见《墨子闲诂·三辩》，载《诸子集成》，上海书店 1986 年影印版，第 23 页。
② （清）郭庆藩撰，王孝鱼点校：《庄子集释》，载《新编诸子集成》（第一辑），中华书局 1961 年版，第 118 页。
③ 参见郭沫若主编《甲骨文合集》第 12 册（五期帝乙、帝辛），中华书局 1983 年版，第 4443、4445、4464 页。
④ 《毛诗正义·商颂·那》，载（清）阮元校刻《十三经注疏》，中华书局 1980 年影印版，第 620—621 页。
⑤ 张松如、夏传才：《商颂研究·思无邪斋诗经论稿》，南开大学出版社 1995 年版，第 11 页。

隔膜，但认定为"商时祭祀的情形和场面"还是不错的。从音乐史研究的角度看，《那》比其他《诗经》作品具有更重要的意义。此诗不但本身就是配合乐舞的歌词，而且其诗文内容正是描绘了这些乐舞情景。特别值得注意，《那》还具体地叙述了祭祀乐舞的礼仪和程式：先是置奏鼗鼓。这种鼗鼓既需置奏，说明它并非后世手持的"拨浪鼓"，而是需置地架设来回转动演奏的大型鼗鼓。"鼗鼓渊渊"之后是"嘒嘒管声"，管乐器当含箫笛笙竽之属，为主要的旋律乐器。之后是玉磬彰彰，紧接着钟、鼓和鸣，颂歌齐唱，盛大的万舞徐徐拉开序幕，献给先祖以无上的尊崇。这应该就是《那》所描述的商人祭祖的真实场面。《诗经》大约成书于公元前6世纪中叶，但其中的《商颂》一般被看作传自殷商的祭祀乐歌，《那》更是直接描绘祭祀时的音乐舞蹈活动，具有很高的史料价值。

《那》诗中提及的万舞，也见于《邶风·简兮》《鲁颂·閟宫》等篇章。《简兮》篇生动地记述了"万舞"表演的盛况：

简兮简兮，方将万舞。日之方中，在前上处。
硕人俣俣，公庭万舞。有力如虎，执辔如组。
左手执龠，右手秉翟……①

诗章描写了宫廷中举行的大型乐舞。可贵的是，它明确交代了舞名"万舞"，时间为"日之方中"，地点在"公庭"，领舞者"硕人"的位置"在前上处"；其后写舞师武舞时的雄壮勇猛，突出他高大魁梧的身躯和表演驾驭执辔时的威武健美；接着描述舞师"左手执龠，右手秉翟"，即一手持奏乐器龠，一手舞动美丽的雉尾，舞姿雍容优雅……

《鲁颂·閟宫》也有"万舞洋洋，孝孙有庆"②的描述。这是至东周时期的鲁国尚在流行的万舞实况。东周的鲁，原为周初周公之子伯禽的封国。因周公辅佐幼年登基的成王姬诵（公元前1055—前1021）并在其成年后又还政于他，其后周公又东征叛乱，制礼作乐，大大加强了西周王朝的声威，故有伯禽的鲁国之封。特别是鲁国还因此获得享用与周天子同等礼乐的特权。至春秋之时，周室衰微至天子礼乐不存，而鲁国的礼乐尚完好无损。史册因有吴公子季札北上鲁国观乐之名篇。季札见舞《韶濩》者，就说："圣人之弘也，而犹有惭德，圣人之难也！"《韶濩》正是赞颂商汤的乐舞。见舞禹的《大夏》者，就说："美哉！勤而不德。非禹，其谁能修之！"见舞舜的《韶箾》者，就说："德至矣哉！大矣，如天之无不帱也，如地之无

---

① 《毛诗正义·邶风·简兮》，载（清）阮元校刻《十三经注疏》，中华书局1980年影印版，第308页。
② 《毛诗正义·邶风·简兮》，载（清）阮元校刻《十三经注疏》，中华书局1980年影印版，第615页。

不载也！虽甚盛德，其蔑以加于此矣。观止矣！若有他乐，吾不敢请已！"①不用说，在季札生活的春秋时代，他的论乐名篇，无意中透露出大量有关这些传说中古代帝王的乐舞的内容细节、表演场面的实景，无论如何这都不像是季札的杜撰，这些颂扬古帝们功德的、场面恢宏的祭祀大乐确实存在过。鲁之礼乐，也就是周天子之礼乐。人们不仅可以从季札的口中略窥这些史迹的存在；也从另一角度为《诗经·商颂》所描绘祭祀乐舞的内容、形式、人物、场景以至所用的各种乐器，为商代音乐史的研究，提供了很有价值的旁证。加之考古所见各种实证，可以进一步让人们跳出《诗经》中的文学性描写，获得对于古代社会音乐生活的更为真切的认知，可谓音乐考古之无穷魅力，皆在于此！

当然，考古学并非万能，也有着其自身的局限，毕竟考古发现本身存在着偶然性和不确定性：历史上与社会音乐生活相关的实物资料，能保存至今的不过是千不及一、万不及一！而又正好能被考古学家发现并发掘出土的，大概又是千不及一、万不及一！另外，从商代音乐考古发现的现状来说，大量的资料多集中在殷商时期。而关于商代前期的发掘资料，至今还是十分贫乏。目前相关商代音乐史的研究，应该基于这样的客观认识。

王子初：《巡礼周公——音乐考古与西周史》

——《中国音乐学》2019年第3期

西周初年，为了进一步稳固东方地区，周初的统治者周公旦在军事上借东征摧毁了殷商残余及其同盟淮夷的势力，继而在全国的要冲及新占领的东方地带，大封同姓、异姓和古帝王之后为诸侯，作为周的"藩屏"，形成中国历史上典型的"国野之制"。与国野之制互为表里的，是政治上的"礼乐制度"，以钟磬类大型编列乐器的配享为内容的"乐悬"制度，成为周代礼乐制度的重要组成部分。这在西周音乐史的研究中，是最值得关注的内容。

一、西周的音乐考古

关于周文化的探索，考古工作者在新中国成立前已经展开沣水沿岸的考古学调查及陕西、河南等地两周墓地的发掘，如陕西宝鸡斗鸡台墓地、河南浚（读若"埙"）县辛村墓地等；新中国成立后更是成果丰硕。如沣水西岸长安客省庄、张家坡、西王村的"丰邑"发掘，沣水东岸长安普渡村、斗门镇及汉代所挖的昆明池范围内的"镐京"的发现等，比比皆是。此外，在山西、河南、河北、辽宁、江苏、

---

① 《春秋左传正义·襄公二十九年》，载（清）阮元校刻《十三经注疏》，中华书局1980年影印版，第2006—2008页。

山东、安徽、浙江、湖北、甘肃等地，西周考古均取得了很大的收获。从这些考古发现来看，各地原有的土著文化与周文化结合以后，表现为既有与周文化的共同性，又有明显的地方特色。当然，最能体现周文化面貌的，还是沣水沿岸的京畿地区和周族的发祥地周原一带。这是西周王朝的政治中心，所以它具有周文化的典型性。近年西周考古的重大发现，如1993年十大考古发现之一的山西曲沃天马—曲村遗址及北赵晋侯墓地的发掘、2005年4月的陕西韩城梁带村芮国贵族墓的考古发掘等，对西周的音乐考古学研究起到了重要的推动和领域拓展的作用。

西周的音乐考古发现，主要集中在陕西、山西、河南和湖北等地。今以岐周、晋豫、江汉等三大区略述如下。

（一）岐周区

岐周区大致包括陕西一带西周时期较为重要的音乐考古遗址。主要有周原、宝鸡国墓地、长安普渡村遗址、韩城梁带村芮君墓地及宝鸡县上官村西周晚期遗址等。另外还有多处零星发现：陕西扶风黄堆4号墓、临潼南罗西周墓等。

1.周原遗址。周原，是周文化的发祥地和灭商之前的周人聚居地，其中心在今陕西省宝鸡市扶风、岐山一带。20世纪50年代后期起，中国科学院考古研究所等单位先后在此调查、试掘。1988年，在周原遗址的基础上建立了周原博物馆，馆内收藏周原遗址出土的公元前11世纪到前8世纪的卜骨和卜甲、大量青铜器以及珍贵音乐文物万余件。

在历史上，陕西扶风多次发现西周青铜器窖藏或间有重要文物出土。清光绪十六年（1890），法门寺任村发现了西周窖藏，出土克钟、克镈等青铜礼乐器。

1940年，同在扶风法门寺任村，出土了夷、厉王时期的梁其钟等重要音乐文物。今上海博物馆收集有3件，南京市博物馆、法国巴黎基美博物馆各1件。另外有虢叔旅钟，传清末出自陕西长安县河壖之中[①]（一说出自宝鸡虢川司），传世共有7器，完整的铭文达91字。

1960年，扶风县齐家村南发现39件铜器窖藏，其中的柞钟、中义钟、几父壶等28器均铸有铭文。1974年，扶风强家村发现师𠭯钟、即簋等7件器物。1976年12月，在扶风县原法门公社庄白村南发现窖藏，主要为西周微氏家族四代所铸的铜器。其中的音乐文物有青铜乐器钟及无铭甬钟21件，铜铃一组7件，均为西周中期器。

陕西眉县马家镇杨家村，属大周原的组成部分。早在1955年、1972年，这里就曾发现西周铜器窖藏，出土驹尊、方彝、编钟等珍贵文物。1985年8月26日，眉县马家镇杨家村发现西周青铜器窖藏，出土甬钟15件（其中5件已丢失）、编镈3

[①] 参见容庚《商周彝器通考》，上海人民出版社2008年版，第373页，图九四七；郭沫若《两周金文辞大系图录考释》，科学出版社1957年版，图214.215a/b；中国社会科学院考古研究所《殷周金文集成》（第一册），中华书局1984年版，第238—244页。

件。[①]据铭文，器主为"逨（一释作'徕'）"，可称为逨钟。

1973 年，陕西宝鸡县上官村出土编磬一批 10 余件。1980 年，陕西周原遗址召陈乙区西周建筑基址发掘出土西周中晚期编磬一批。[②]

1984 年，陕西长安张家坡 163 号墓出土编钟 3 件[③]，同出编磬残件多块，数量不明。根据编钟铭文可知其时代为西周中期的懿王之世。[④]推测该墓主人应为 M157 墓主第一代井（读若"邢"）叔的夫人。

2. 𢎛国墓地。西周𢎛国墓地主要分布在今陕西宝鸡市区的茹家庄、竹园沟、纸坊头等地。自 1974 年至 2003 年间，这里共发掘墓葬 29 座，出土文物 3000 余件。其中包含了西周早期极为珍贵的音乐文物编钟、铙等。

1975 年年初，发掘了茹家庄 1 号墓，男性墓主为𢎛伯𢾅，出土青铜器 42 件，包括编甬钟 3 件（BRM1 乙:28.29.30）及铜铎 1 件，时代可以定在西周早期的昭、穆之世。1980 年 5 月，考古工作者又在宝鸡市南郊竹园沟分别发掘了编号为 7 号和 13 号的西周墓葬。竹园沟 7 号墓时代应在西周早期的康、昭之世。墓主为𢎛伯各，出土西周编甬钟 3 件（BZM7:12.11.10）。竹园沟 13 号时代更早，为西周早期的成、康之世。[⑤]出土乐器有铜铙 1 件（BZM13:9）。墓主人也为𢎛国国君。这些遗物从各个侧面揭示出西周时期周文化同中原地区的商文化、西南地区早期巴蜀文化及西部甘青地区寺洼文化等的联系，展现出五彩缤纷的历史画卷。这个史料失载的小方国也因此为人们所关注，展示了它独特的文化和历史价值。

3. 长安普渡村遗址与长由墓。1954 年 10 月，陕西长安县滈河东岸的普渡村农民发现长由墓[⑥]，出土编甬钟 3 件。根据同墓出土的铜盉铭文可知，其时代为穆王后期，墓主长由为长国的后裔。长国与商关系密切，周灭商后臣服于周。[⑦]这里位于长安县斗门镇北约 1 千米的丰镐遗址范围内，曾多次发现西周墓葬，屡有重要文物出土。

4. 陕西韩城梁带村芮君墓地。2005 年 4 月，陕西省考古研究院对陕西韩城梁带村芮国贵族墓地进行了考古发掘，结束于 2007 年 1 月。这是一片西周晚期至春秋时期的芮国贵族的墓地，其中埋葬有数位芮国国君和夫人。M27 的墓主人应为芮国的君主芮公。该墓是中华人民共和国成立以来陕西发掘的未被盗掘而又规模最大的周

---

① 参见刘怀君《眉县出土一批西周窖藏青铜乐器》，《文博》1987 年第 2 期。
② 罗西章：《周原出土的西周石磬》，《考古与文物》1987 年第 6 期。
③ 参见中国社会科学院考古研究所沣西发掘队《长安张家坡西周井叔墓发掘简报》，《考古》1986 年第 1 期；中国社会科学院考古研究所《张家坡西周墓地》，中国大百科全书出版社 1999 年版，第 164—167 页。
④ 参见张长寿《论井叔铜器——1983—1986 年沣西发掘资料之二》，《文物》1990 年第 7 期。
⑤ 参见卢连成、胡智生《宝鸡𢎛国墓地》，文物出版社 1988 年版，第 49—50、414—415 页。
⑥ 参见何汉南《长安普渡村西周墓的发掘》，《考古学报》1957 年第 1 期。
⑦ 参见卢连成、胡智生《宝鸡𢎛国墓地》，文物出版社 1988 年版，第 517 页。

代墓葬。M27 出土的乐器共 28 件，包括：编钟一套 8 件，钟钩 7 件，编磬一套 10 件，镈于 1 件，钲 1 件，建鼓 1 件（残剩鼓棜）。梁带村 M28 出土乐器共 19 件，包括编钟一套 8 件，编磬一套 10 件。遗址的发掘被评为 2005 年十大考古发现之一。

另外还有陕西宝鸡县贾村遗址，出土过残编磬 10 余件，包括 1 件完整石磬和一些编磬碎块。

（二）晋豫区

晋豫区主要包括山西省南部、河南省西北部，这里发现了众多的西周音乐考古遗址。如晋南曲沃的晋侯墓地、山西闻喜上郭村西周墓；河南平顶山市的应国墓及河南三门峡的虢国墓地、河南洛阳东周王城遗址等。

1. 山西曲沃晋侯墓地。晋侯墓地位于天马—曲村遗址，发现于 1962 年。遗址位于山西省南部曲沃和翼城两县的交界处，是目前发现的全国最大的西周遗址。自 1979 年年初至 1994 年年底的 15 年间，北京大学历史系考古专业等单位，展开了 12 次大规模的考古发掘工作，发掘了近千座西周至战国时期的晋国中小型墓葬以及数万平方米居住区。大量珍贵遗物的出土以及丰富的文化遗存，为寻找晋国的始封地提供了重要资料。

晋侯墓地墓葬资料清晰，墓主身份明确。出土乐器的墓葬，有 M9、M33、M91、M1、M8、M64 与 M93 等，共出土乐器 129 件，包括甬钟 51 件，多为实用器。这些甬钟的出土，为西周甬钟的形制、音乐性能、礼乐功能等方面的研究提供了丰富的资料。多件甬钟铭文的内容保留了史籍无载的历史信息，成为西周史、西周历法、古代地理、古文字学等诸多学科研究的重要资料。出土的石磬多达 78 件，是已知成编石磬中时期较早、保存较好的实物，大大充实了西周时期的石磬资料。如 93 号墓所出石磬值得一提，其音高明确，展现了西周至两周相交之际音阶、音律发展演变的轨迹，为西周音乐历史的研究提供了重要实物资料。

2. 河南平顶山应国墓地。位于河南省平顶山市西部新华区（现为新城区）滍（读若"至"）阳镇（原薛庄乡）北滍村西的滍阳岭上，是两周时期应国的大型贵族墓葬区。从 1986 年至 1997 年，文物部门对这一地区进行了长达 11 年的考古发掘，共发掘墓葬 310 多座，其中发现了应国国君及夫人墓近 20 座，出土各类文物万余件。1986 年，平顶山滍阳第 95 号墓的发掘，出土编钟 7 件，是较为重要的西周应国的音乐考古发现，时代为西周晚期。1993 年，出土柞伯簋，其铭文记录了周康王在周都举行大射礼，并赏赐柞伯一套乐器柷见（通"楝"，一种小鼓，读若"引"；一说为"柷敔"）的事迹。铭文对研究西周时期贵族的音乐教育制度有重要意义。

3. 河南洛阳东周王城遗址。公元前 770 年，周平王东迁洛邑。至赧王，已达 500 余年之久。先后有 25 位君主在此执政。多年来，河南洛阳市文物工作队在洛阳市西工区一带进行了多次发掘，获得了丰富的音乐文物资料。属于西周时期的考古发掘，为1981年3月洛阳市文物工作队于洛阳市西工区中州路北侧的东王城遗址131号墓内发掘出土编钟16件。编钟出土时分两组，作曲尺形排列。一组9件，另一组7件，属战国时代。1982年，洛阳西工解放路北段西侧（即东周王城北中部）一座战国墓被发掘，其陪葬坑中出土编镈4件、钮钟18件、石编磬23件及青铜礼器100余件。另外，1986年，洛阳市考古工作者于洛阳西工航空工业部612研究所一座西周墓内，又发掘编钟4件。

（三）江汉区

近年长江中游的江汉地区多次发现西周时期的文化遗址，并均有重要音乐文物出土。主要有湖北随州叶家山遗址、湖北宜昌万福垴遗址等。

1. 湖北随州叶家山遗址。叶家山墓地是自1978年曾侯乙墓发掘后，又一和曾国或曾侯相关的考古发现。叶家山墓地比已知曾侯乙墓要早500余年，对研究西周早期的曾国历史具有重大意义，且在出土的青铜器上见有"曾侯"铭文，墓主应是曾侯乙的祖辈。其中的M111号墓规模最大，墓主可能为曾侯犺（一说"犺"，应隶定为"𢀜"，读若"立"）[①]）。墓中出土的编钟，包括1件镈和4件甬钟，为西周"双音钟"最早出现的可靠标本，极其重要。

2. 湖北宜昌万福垴遗址。万福垴遗址位于湖北宜昌市高新技术开发区。2012年6月，在当地的基建工程中发现编钟11件。一次性出土如此多的西周楚编钟，属首次。编钟为甬钟。其中1件钲部有铭文，为"楚季宝钟厥孙乃献于公公其万年受厥福"，编钟的时代为西周中晚期。

二、音乐考古的启示

中国的青铜乐钟自殷商以来就采取了独特的、腔体呈合瓦状的形制，这有可能是出于一钟两音的需要；但是在西周之前，当时人们是否已经有意识地设计和使用了合瓦形青铜乐钟的双音性能，尚缺乏确切的证据。西周的音乐考古发现，正在逐步揭开中国青铜乐钟的神秘面纱。

（一）先秦双音钟铸调技术的发明

1977年，音乐学家黄翔鹏首先发现了先秦青铜乐钟的"双音"奥秘。同时，有关西周编钟的音列中不用商声的现象，也为黄翔鹏所关注并撰文阐发。他在1977年9月所写的《新石器和青铜时代的已知音响资料与我国音阶发展史问题》一文中，较为详细地论述了上述发现和他在理论上的认识。[②]可惜在当时，中国青铜乐钟的"一

[①] 参见罗运环《叶家山曾侯名"犺"兼及亢字考论》，载湖北省博物馆、湖北省文物考古研究所《叶家山西周墓地国际学术研讨会会议论文》，2013年，第85页。

[②] 参见黄翔鹏《新石器和青铜时代的已知音响资料与我国音阶发展史问题》，《音乐论丛》1978年第1期、1980年第3期。

钟双音"现象的发现和把它看作中国古代一项重大科学成就的观点，受到了多方非难。翌年，一个戏剧性事件出现了：人们发现了曾侯乙编钟！有着三层八组的宏大规模、总数达65件的曾侯乙编钟，每钟的正、侧鼓部分别可击出相距大三度或小三度的二音。钟体及钟架和挂钟构件上刻有错金铭文3700余字，用来标明各钟所发的二音属于何律何调的律名和阶名，以及这些名称与楚、周、晋、齐、申等国各律（调）的对应关系。其与保存完好的编钟音响相互印证，以无可辩驳的事实，证明了先秦青铜乐钟的"一钟双音"这一伟大科学发明的存在！

西周甬钟，是"一钟双音"这一伟大发明的载体。它的出现，是西周音乐史上的重要事件，它是礼乐制度的产物。甬钟与商代南方大铙有着直接的关系。湖南、江西一带所出土的早期甬钟，是由本地的大铙直接发展演变而来的。类似晋侯稣Ⅰ式钟造型的商代大铙，在南方赣—鄱地区屡见不鲜。晋侯稣Ⅰ式钟已处于由商铙向甬钟转化的临界点上[①]；出现于西周早期康、昭、穆之世的国编钟[②]，已经从根本上完成了商代大铙向甬钟转变的革命。以编甬钟和编磬两种大型悬挂使用的编列乐器为主体的乐悬，约在西周初期初露端倪，延至西周的中期前后，才确立了基本完善的组合形式，形成与等级严明的礼制相应配套的器用制度。它与西周王朝对编钟上确立"羽、宫、角、徵"四声音列的"戒商"政策的时间应相去不远；乐悬中，编甬钟的地位较编磬更高一筹，其相关造型与音律方面的规制也更严密。故甬钟在中国的钟类乐器中，所达到的科学技术和文化成就最高。

（二）西周双音钟的确立

先秦双音钟的设计和铸调技术究竟确立于何时？这是中国音乐科技史上的大问题。其重要标志，即为乐钟的右鼓部凤鸟纹敲击点标记的出现。

从两套伯编钟及长由编钟[③]（时代为穆王后期）看，不用商声的四声音列用于正鼓音刚刚初露端倪，侧鼓音似乎还有游移。至河南平顶山魏庄编钟[④]才在正、侧鼓音上出现了明白无误的"羽、宫、角、徵"四声音列。一般认为魏庄编钟属西周中期早段。因此西周在编甬钟上实施戒用商音，似乎应在此时才完成；而西周编钟上"戒商"原则的确立，当在双音钟铸调技术的发明之后。果然，在2010年湖北的文物考古工作者发现了随州叶家山西周墓地M111编钟，这一认识又受到了挑战。

湖北随州叶家山西周墓地经过2013年的大规模发掘，取得了重大成果。这是曾侯乙500年前的祖先曾侯犺的墓葬，墓中出土了4件甬钟和1件镈。编钟保

---

① 参见王子初《晋侯苏钟的音乐学研究》，《文物》1998年第5期。
② 参见卢连成、胡智生《宝鸡㔶国墓地》，文物出版社1988年版。
③ 参见何汉南《长安普渡村西周墓的发掘》，《考古学报》1957年第1期。
④ 参见孙清远、廖佳行《河南平顶山发现西周甬钟》，《考古》1988年第5期。

存完好，仍可正常发音。值得关注的是，这 5 件钟已经是明白无误的双音钟，其正、侧鼓音皆可发小三度或大三度音程的双音。据测音为 E 宫，按自低向高音序列表如下。

表 2-2-1[①]

序号	编钟名称	双音音程	双音音高	双音阶名	备注
1	镈	小三度	B^3—D^4	徵—商曾	右侧鼓无标记
2	甬钟 M111:8	大三度	$^\#C^4$—F^4	羽—羽角	右侧鼓无标记
3	甬钟 M111:13	大三度	E^4—$^\#G^4$	宫—角	右侧鼓无标记
4	甬钟 M111:7	小三度	$^\#G^4$—B^4	角—徵	右鼓部有纹饰标记
5	甬钟 M111:11	小三度	$^\#C^5$—E^5	羽—宫	右鼓部有纹饰标记[②]

叶家山 M111 号墓葬的时代，应在西周昭王之世（公元前 995—前 977）。表 2-2-1 中的第 4、第 5 号二钟，侧鼓部已经明确标注敲击点标记。它清楚地说明，当时编钟的铸制者已经有目的地设计、铸造、调试并在实践中使用了乐钟的第二个基频——侧鼓音。双音钟铸调技术，至晚在此时已经毫无疑问地确立了！这套编钟对曾侯乙编钟及其未解之谜的后续研究，将产生重大影响！

三、音乐史中的西周音乐

中国古代音乐史研究，在西周这一阶段出现了重要进步。这一点，这里仍可以杨荫浏《中国古代音乐史稿》为例：由于史料的缺乏，杨在上一章将"夏、商"合二为一；更早的时代则以"远古"一言蔽之。随着现代音乐考古学资料的丰富，历史文献也逐渐增多，他终于设立了专门的断代章节"西周"！这是一个重要的标志。

杨荫浏将"西周"章的内容列为七个小节：（1）概况。对西周社会及相关乐音的概述。（2）大武。对周初歌颂武王伐纣功绩的乐舞《大武》的具体解析。（3）音乐的阶级化和等级化。实际说的是西周初期礼乐制度的推行。（4）音乐机构和音乐教育。介绍的内容主要为《周礼·大司乐》所载。（5）统治阶级利用民间音乐。对文献所载西周社会各层面乐音生活和作品的综述。（6）与国外音乐文化的交流。介绍《周礼》《穆天子传》的几则音乐传闻。（7）乐器和乐律。以历史文献为主要依据，简要介绍了"周代"（不单是西周）的乐器和乐律。乐器方面附录了一些出土文物的图片，乐律方面重点介绍了"十二律"。[③]

---

① 参见王子初《巡礼周公——音乐考古与西周史》，《中国音乐学》2019 年第 3 期。
② 参见方勤《叶家山 M111 号墓编钟初步研究》，《黄钟》（武汉音乐学院学报）2014 年第 1 期。
③ 参见杨荫浏《中国古代音乐史稿》（上册），人民音乐出版社 1981 年版，第 29—44 页。

可以看出，《史稿》的史料主要来源于《尚书》《诗经》《周礼》《礼记》等文献；而对大量西周音乐考古史料，尚未充分利用；仅在介绍乐器和乐律时，附录了少量出土乐器的图片。

与杨荫浏的《史稿》有所不同，作为音乐考古学家的李纯一，其《先秦音乐史》在前人研究的基础上，注意到了地下音乐文物的研究。其"西周音乐"一章中，分"制礼作乐""西周乐器"及"音乐思想"三节，做了集中的论述。在"制礼作乐"中，他指出："西周的全部乐制，因文献失载，今已难于考知其详。按理说，西周的礼乐制度在考古学方面应该有所反映。遗憾的是，科学发掘而保存完整并有礼乐器共存的墓葬资料，迄今所见不多，目前也很难从这方面说明更多的问题。"① 基于这一认识，在有关周初建立礼乐制度方面，没有做太多的展开，仅就陕西宝鸡弢国墓及河南陕县上村岭虢国太子墓等少量出土资料进行了阐述。同样在"音乐思想"一节中，作者重点论述了公元前8世纪周幽王的太史史伯的五行音乐观，其中在对"协风"做解释时，论及一例殷商甲骨文的考古史料，此外仍以文献资料的分析作为主要的研究手段。其多年的音乐考古学研究所获得的资料，集中应用于"西周乐器"一节。作者介绍了石磬、庸（按：指编铙）、镛（按：指大铙）、镈、甬钟、钮钟、铎及埙等乐器的考古发掘资料，特别对西周随同其制礼作乐应运而生的新型乐器甬钟，进行了较为周详的介绍。

纵观中国音乐史家们对西周史的研究，上述丰富而鲜活的考古学史料，其应有的作用大有发挥的空间。

西周音乐史上最大的事件，莫过于周公的"制礼作乐"！史传周公旦出于与商人之间难以调和的矛盾，废弃了殷商旧有礼制规范，包括与之相应的礼乐器用。如3件套的青铜编铙和特磬，可能还包括成组的陶埙及鼍鼓等类乐器，开始全面推行新的礼乐制度，这对于有效地巩固刚从殷商手中夺得的统治权，起到了重要的作用。作为这一制度的重要形式，"乐悬"的组建首当其冲。自此以后的3000年，"西周礼乐"成为中国历代帝王无不效仿的辉煌典范、治国方略的完美理想。从西周的礼乐制度中可以看出，周人已充分认识到音乐的社会功能。他们首先严格地规定了各级贵族的社会地位和相应的权益，还借用"乐"为"礼"之表，将他们的礼仪用乐制度化，由此赋予了"乐"重大政治意义。西周各级贵族在使用配享、列鼎之外，还在乐器、乐曲、舞队规格、用乐场合等方面，均做出了严格的规定。

文献史料是这样记载的。《史记·周本纪》："（周公）……作《周官》，兴正礼乐，度制于是改；而民和睦，《颂》声兴。"② 寥寥数语，内涵却十分丰富。

---

① 李纯一：《先秦音乐史》，人民音乐出版社1994年版，第61页。
② （西汉）司马迁：《史记·周本纪》，载韩兆琦《史记笺证》，江西人民出版社2004年版，第214页。

一是所谓"兴正礼乐，度制于是改"。《论语》中，孔子答子张问："殷因于夏礼，所损益可知也；周因于殷礼，所损益可知也。"①孔子的所谓"礼"，即指一个朝代或国家层面的礼乐制度。"殷礼"也就是商代的礼乐制度。商朝继承了夏朝的礼仪制度，其内容增删可知；周朝又继承了商朝的礼仪制度，所废益的内容也是可知的。故《史记》云"兴正礼乐"。兴，意为重建；正，意为修正；周公的制礼作乐，实质上是以修正殷礼为基础重建西周的礼乐制度。有鉴于殷商的文献资料匮乏，具体内容已难详究。从考古实物资料所获得的认识，可以推测殷商的乐器编铙、鼍鼓及石磬之属，应为殷礼之遗存。同样，西周的考古资料表明，周初，殷商流行多见的编铙突然消失，同类乐器甬钟的崭露头角，应该就是周礼"制度于是改"的重要内容之一。

二是"而民和睦"。周公"制礼作乐"的实质，是建立了严明的等级制度。各级贵族有法可依，有规可循，不留争议的余地，自然"和睦"。

三是"《颂》声兴"。《颂》，当指《诗》之《风》《雅》《颂》的《颂》。从《诗经》看，《颂》是宗庙祭祀的歌舞曲辞，内容多是歌颂祖先的功业的。《诗经》中保存下来的《颂》诗有40篇，包括《周颂》31篇，《鲁颂》4篇，《商颂》5篇。从时间上看，《周颂》大部分产生于在西周初期。可以推测，周公"制礼作乐"的另一项重要内容，是编订宗庙祭祀时使用的《颂》，包括诗章和音乐。所以"《颂》声兴"，应特指《周颂》的乐曲编配和乐器仪轨。作为国家最高层面的三大祭，对象为天、地与祖宗。周革殷命以后，天地还是原来的天地，祖宗则不是原来的祖宗了：周人的天下，不能再供奉商人的祖宗。故《史记·周本纪》只说"《颂》声兴"，实为周公兴正礼乐，只需兴正之《颂》声即可。

杨荫浏先生在其前著《中国音乐史纲》中，较为详细地论述了"周代的重要典礼"：有祭天地（郊社）、祭宗庙（尝禘）的大飨、燕礼等。资料主要来源于《周礼·大司乐》和《礼记》的《祭统》《明堂位》《仲尼燕居》《郊特牲》《王制》《乡饮酒义》，《仪礼》的《燕礼》《大射礼》《乡饮酒礼》等篇章；论及周代的"诗乐"及"楚声"，资料主要来源于《诗经》与《楚辞》；另外从《礼记·乐记》《国语》《战国策》及《诸子》等文献中，搜集了一些有关周代社会乐音生活的故事、传说、寓言、杂事等。②较之其后著《史稿》，内容要丰富得多。

这些典籍，多数被看作先秦文献。其实，对于它们，需从两个方面来加以认识。一是这些文献或其中的大量历史材料，确是经历了千百年流传下来的。对于传统先秦历史的研究，它们一度是历史学研究所依据的唯一史料来源。它们经过了汉人之

---

① 《论语注疏》卷二，载（清）阮元校刻《十三经注疏》，中华书局1980年影印版，第2463页。
② 参见杨荫浏《中国音乐史纲》，载中国艺术研究院音乐研究所编《杨荫浏全集》（第1卷），江苏文艺出版社2009年版，第31—46页。

手的整理，不可否认，其中还是保留了相当丰富的历史信息。二是同样不可否认，这些文献或其中的大量史料，毕竟经过了汉人之手，也确是掺杂了许多汉儒的臆想或推演，所以，就不能将它们与先秦史料直接画上等号。现代考古学通过科学发掘所获得的地下出土史料，就是甄别这些文献可信度的重要手段。

周代有些乐舞起源很早，如《大武》为武王克商所作，曾在武王凯旋告于周庙时表演。《大武》的歌辞，在《诗经》的《周颂》，如《武》《酌》《桓》《赉》等篇章中，还可找到其蛛丝马迹。《史稿》中，荫浏先生用了一节笔墨，对周乐《大武》做专门分析。[①]周人发祥于周原，周文化和商文化是并存的。但在早期，商人势力大，人口多，商文化是占有支配地位的强势文化，周人不可能不受到商人的影响。周人也始终保持了自己固有的民族特色，并在一定程度上，也接受了草原文化及西边羌人的影响。所以，灭商之前的周文化，已是一种很有包容性的文化混合体。代商以后，由于人口有限，要治理原商人势力所及、幅员辽阔的区域，周人建立了许多诸侯方国来藩卫中原的核心区。从考古学上看，今天北京附近的燕国就很有典型性：里面有商人文化的地盘，有周人文化的地盘，也有土著民族文化的地盘，三者共存。可见在周初，周人对于自己的宿敌商人，采取了一定程度的容忍、合作的态度；对于当地的土著，也实行了包容、共存的政策。毋庸讳言，周人的这种与其他部族的合作包容，当然是建立在强有力的政治和军事控制的基础上的。

历史上周公的制礼作乐，就是从根本上确立社会制度的重大举措。周礼即是体现等级制度的典章和仪轨，防止"僭越"行为的工具。它涉及面广，名目繁多，有吉礼、嘉礼、凶礼、宾礼、军礼等。它规定了贵族饮宴列鼎的数量和鼎内的肉食种类：王九鼎（牛、羊、乳猪、干鱼、干肉、牲肚、猪肉、鲜鱼、鲜肉干）、诸侯七鼎（牛、羊、乳猪、干鱼、干肉、牲肚、猪肉）、卿大夫五鼎（羊、乳猪、干鱼、干肉、牲肚）、士三鼎（乳猪、干鱼、干肉）；也规定了各级贵族可享用的乐舞数量。《论语》有载："孔子谓季氏，'八佾舞于庭，是可忍也，孰不可忍也'。"[②]佾即是奏乐舞蹈的行列，用以体现社会地位的乐舞等级、规格。一佾指一列八人，八佾八列六十四人。周礼规定，只有天子才能用八佾，诸侯用六佾，卿大夫用四佾，士用二佾。季氏是正卿，只能用四佾，他却用八佾。孔子对于这种僭越行为极为不满，因有此论。西周的乐悬制度与音乐紧密相关，《周礼》有"王宫悬，诸侯轩悬，卿大夫判悬，士特悬"[③]的记载。当然，今天从音乐考古学的角度考察这些制度在西周初是否已如此严密，恐又当别论了。

---

① 参见杨荫浏《中国古代音乐史稿》（上册），人民音乐出版社1981年版，第31—33页。
② 《论语·八佾篇》，载（清）阮元校刻《十三经注疏》，中华书局1980年影印版，第2465页。
③ 《周礼注疏·春官·小胥》，载（清）阮元校刻《十三经注疏》，中华书局1980年影印版，第795页。

四、周代乐悬之"发展"观

西周礼乐制度的研究，影响深远，在中国的历史上始终是重要的研究课题。自刘汉以往，每一个开国之君首要任务便是"功成作乐"，铸钟定律。今日"礼乐"成为一个泱泱上国所必备的精神素质，融入了中国人的血脉之中。春秋孔子有说："礼云礼云，玉帛云乎哉。乐云乐云，钟鼓云乎哉。"[①] 其用反问语气说明：礼，非仅指玉帛；乐，亦非为钟鼓。玉帛、钟鼓不是礼乐之本。礼乐的本义在于以国家根本制度规范社会，达到安上治民，移风易俗的目的。周王是最高的执法者，有权惩罚违背礼制的大小贵族。同时西周礼乐的"乐"扮演了重要角色，于西周社会备受重视，并设立专门的职官管理。西周金文称乐官为辅师（铸师）或师（见《辅师嫠簋》和《师嫠簋》铭文）。文献中多见乐官的名称大师、少师；对高水平的宫廷音乐家，在他们的名字前面常加上"师"字，如师旷、师涓、师襄、师文、师乙等。文献记载的周礼非常繁缛。如《周礼》载有吉、凶、军、宾、嘉五礼：吉礼指对先祖与各种神祇的祭祀；凶礼指丧葬，还包括对天灾人祸的哀吊；军礼指战争，以及田猎、筑城等动员大量人力的活动；宾礼指诸侯对王朝的朝见、诸侯间的聘问和会盟等；嘉礼指婚、冠、飨宴、庆贺、宾射等。所有礼制都和法律一样，体现出人们社会身份及贵贱等级的区分。

（一）乐悬的音乐考古

考古发掘出土的西周乐器，的确多与周初统治者推行礼乐制度的政治运动密切相关，编钟尤为典型。其一方面是作为当时社会政治制度的组成部分，统治者普遍推行，应用广泛，故地下蕴藏丰富；另一方面是这些礼乐器的材质——编钟为青铜，编磬为岩石，材料坚固，结构稳定，得以在地下保存数千年而留存至今；而相比其他一些竹木类材质的乐器，若不是在非常特殊的条件下（如地下的深埋、密封、饱水等），就不可能保存至今。今天有关乐悬的音乐考古学成果，对于西周初期制礼作乐这一段历史的研究，有着特殊意义。考古资料表明：周公推行的礼乐制度，并非如后儒所说一步到位，其有一个从周初的草创至逐步臻于完善的过程。经汉儒之手留存至今有关西周礼乐的先秦典籍，如"三《礼》"所载，描绘了西周各级贵族在使用的配享、列鼎、乐悬、乐曲、用乐场合、乐舞队列等方面严格而烦琐的规定，详尽备至，臻于完美。其中当然不乏真实的成分存在，但也不乏汉儒明显的杜撰，与历史的真实有着相当的距离。大量早期西周墓葬的发掘，所显示的礼仪面貌与汉儒的描述大相径庭。西周的礼乐制度，可谓中国历史上一座宏伟的人文大厦，非一朝一夕可以建成。汉儒所见，多为这座大厦轰然倒塌，又经秦火炙烤后的残垣断壁，离周公当年已近千年之遥；加之汉儒在推行儒术之中的种种臆想，构成了其后2000

---

① 《论语注疏·阳货》，载（清）阮元校刻《十三经注疏》，中华书局1980年影印版，第2525页。

余年来历代史家奉若经典的至宝！今日所谓"国学"的主流，实离当年周公及其后继者们推行的礼乐制度的真实面貌，已相去甚远。

近年，一些学者对此问题已有所关注。乐悬本身，是指钟磬类大型编悬打击乐器。其中的编钟为青铜铸制，铜在当时即称"金"，十分昂贵；且青铜乐钟的冶铸需要很高的技术。相比之下，石磬不仅材料廉价，制作工艺也简单得多。不言而喻，钟磬乐悬中，编钟完全占据着核心地位。故西周时期的编钟类乐器，成为乐悬制度的实际体现者。

晋侯稣编钟即是很好的例证。晋侯稣编钟全套两组16件，可分三式：Ⅰ式钟有旋而无斡，与中国南方的钟枚式大铙包括演奏方式几乎完全一致。其Ⅱ式钟2件，与Ⅰ式钟的钟体结构、纹饰几乎完全一致，不难看出，它是由Ⅰ式钟直接发展而来；但它增加了斡的设施，从而可以悬挂起来进行演奏。研究表明，其年代与強国编钟相当，属康王之世前后。而晋侯稣的Ⅲ式钟12件，统观已知与之形制相同或形近的西周编钟，已为西周中期以后的乐器。如西周恭王时期的应侯见工钟[1]，Ⅲ式钟的年代与之相当。16件晋侯稣编钟与音乐演奏方式有关的形制结构、调音锉磨手法和其留存至今的音响所体现出来的音列音阶，均清楚地表明其并非同一个时期的产品，应该是在西周初期至恭王世前后的百余年间增扩形成，生动地展示了西周甬钟演变成形的典型轨迹。[2] 晋侯稣编钟也正是西周礼乐制度初成、发展演变的背景写照。先秦典籍中所记载的情形——某一日，周公制礼作乐，于是一切都如《周礼》中记述的那样井然有序了，恐有偏颇。真正的事实应该是：从礼乐制度的萌芽孕育到略成雏形，从初步形成到发展、成熟，经历了漫长的过程。考古发掘出土的大量西周乐悬遗存，始终在顽强地发出这样的信息。

（二）"礼"与"乐"的博弈

学界探讨颇多的先秦"礼崩乐坏"问题，与西周礼乐制度的发展完善的过程，只是一个问题的两个面。当崛起的诸侯们处处打着为维护周王朝"礼乐"，"挟天子以令诸侯"的时候，正说明了周室衰微、礼崩乐坏的局面已经无可挽回。一方面，西周以来的乐悬制度，因音乐艺术规律自身的要求，始终处于不断的发展阶段；另一方面，一种政治上的"礼崩乐坏"趋势，也早在西周中晚期已经发动，并导致了国家激烈动荡，至平王东迁于洛邑，才暂趋平稳。其时所谓"周室衰微，诸侯强并弱，齐、楚、秦、晋始大，政由方伯"[3]。一些新兴诸侯无不大借周礼之名，却行僭越之实。以音乐而论，周代的乐悬，倒是由周初以祭祀的政治功能至上，逐渐转化为

---

[1] 参见韧松、樊维岳《记陕西蓝田县新出土的应侯钟》，《文物》1975年第10期；韧松《〈记陕西蓝田县新出土的应侯钟〉一文补正》，《文物》1977年第8期。

[2] 参见王子初《晋侯苏钟的音乐学研究》，《文物》1998年第5期。

[3] （西汉）司马迁：《史记·周本纪》，载韩兆琦《史记笺证》，江西人民出版社2004年版，第44页。

祭祖、娱人并重，艺术的功能获得提升；周初不用商声的陋规，已被抛至九霄云外。故有人谑称"礼崩乐盛"①，十分形象！春秋之初，旋律性能更佳的新型编钟钮钟崭露头角。钮钟一出马，不仅五音齐全，而且是七声俱备。自春秋直至战国，"礼崩乐坏"已成常态，而乐悬的音乐性能却日臻完备。

曾侯乙编钟出现了！这一人类青铜时代最伟大的作品，并非自天而降！在其成长过程中，每一次形态变化的背后，都蕴藏着丰富的"礼"和"乐"的博弈。大量中国音乐考古资料，已可勾勒出它从最原始的陶铃、铜铃，历经商周3件套的编铙、编甬钟，其后编镈、编钮钟的先后加入，经过了如春秋时期的新郑郑国祭祀遗址、郑公大墓、辉县琉璃阁墓出土初期的组合形态，最后，在跨越二层五组37件套的叶县许公墓编钟的百年之后，跃上曾侯乙墓编钟三层八组65件套的顶峰！诚如王友华的研究，他从先秦大型组合编钟研究的角度，描绘了一幅中国青铜时代兴盛一时、影响中国数千年的"礼乐"宏图！大型组合编钟从萌芽、诞生、成长、成熟、辉煌至衰落，贯穿于整个先秦乐钟演进过程中。先秦编钟不同编列的组合、不同钟型的组合、不同音列的组合，是大型组合编钟的重要特征，在其漫长的演进中，规模因时扩大，音列日益丰富。②

西周礼乐制度不仅具有时代性，还具有地域性、民族性。③"楚钟"这一特定对象，同样与传统的先秦文献中汉儒的理念不乏龃龉之处。当年王国维通过对楚公钟铭文的研究，借以探索历史上向来含糊不清的楚国中叶的历史，因而发表了《夜雨楚公钟跋》。以往的楚钟研究，多着眼于其躯壳和外观，如造型、纹饰和铭文等，而把乐钟作为乐器的音乐本质忽略了，这是时代的局限：现代音乐技术理论，当时还没有在中国系统地建立起来，而掌握一定音乐技术理论的音乐家，同样还没有进入考古领域。自北宋以来的金石学家赵明诚、薛尚功，到近代的王国维、郭沫若、陈梦家等一大批研究过古编钟的文史大家，均不是音乐学家。

长期以来被历史学、考古学界艳称的楚文化，"与当时中原华夏文化系统的诸国、东部近海地区的东夷族及其文化系统为鼎立的三大支柱之一"④。楚人尚钟，楚钟有着与中原各国列鼎相当的"国之重器""王权之象征"的政治意义！春秋末吴人入郢，其摧毁楚政权的重要标志就是"破九龙之钟"⑤！楚国位于南北经济、政治、文化交流的枢纽地带，楚钟自形成之始便深受中原钟的影响，也深深地影响着中原钟，在古代编钟的形成和发展中占有重要地位。诸如邵晓洁的《楚钟研究》指出，甬钟

---

① 李宏锋：《礼崩乐盛——以春秋战国为中心的礼乐关系研究》，文化艺术出版社2009年版。
② 参见王友华《先秦大型组合编钟研究》，博士学位论文，中国艺术研究院，2009年。
③ 参见邵晓洁《楚钟研究》，人民音乐出版社2010年版。
④ 石泉主编：《楚国历史文化辞典》，武汉大学出版社1996年版，第1页。
⑤ 《淮南子·泰族训》："阖伐楚，五战入郢，烧高府之粟，破九龙之钟。"载《诸子集成》(7)，上海书店1986年影印版，第361页。

为周人所创制，它贯穿了两周乐悬并规范始终，在周代礼乐制度的施行中具有突出的地位和意义。在其定型与完善过程中，楚人、楚地都起到了重要的媒介作用。自西周中晚期起，楚钟在基本形制、纹饰风格、组合、铭文以及音乐性能方面与中原编钟大体一致，仅早期楚甬钟的侧鼓部纹饰采用了与中原钟截然不同的动物纹内容。其中，第一阶段楚钟与同时期中原编钟具有相同的"宫—角—徵—羽"四声结构。进入春秋时期，由于钮钟的出现和成组编钟件数的增加，使得这一阶段的楚钟具备了更为良好的音乐性能，从理论上已可达到同均三宫。春秋中期，在"礼崩乐坏"的历史背景下，楚钟已不完全遵守中原周制，而开始形成和表达自己的民族及地域特点。春秋晚期的楚钟，体现了当时礼乐制度的衰变以及这种衰变在楚文化区域内的特点。战国时期，楚钟发生了较大变化。伴随着礼乐制度在当时社会历史背景下的不同状况，楚钟的纹饰内容与风格、楚钟在楚墓中的放置和楚钟的音乐本体性能等方面的变化过程，不仅展示了楚钟所蕴含礼乐意义和功能的时代性，更清晰地展示了其地域与民族特征，也体现了楚钟作为"礼"之表征意义逐步褪弱及其"乐"之本来意义逐步凸显的过程。显然，楚钟的发展与礼乐制度的兴衰贯穿始终。

甬钟、钮钟和镈，为西周礼乐制度"乐悬"中的三种乐钟。其中镈在历史上出现最早。新干大洋洲镈等早期标本的出土，表明镈与大铙一样，已为越人所创用。冯卓慧的研究认为，西周中期以后，镈的北上中原，当与上述礼乐制度的实施有关。[①] 镈被纳入西周礼乐制度的乐悬组合之中，随之其形制纹饰与音乐性能上一系列转变都与此相关。镈的分布不再仅限于湘赣与西周王畿一带，而是随着周代礼乐制度的推行播于天下。西周的甬钟，当为西周统治者吸收南方湘赣流域扬越人的大铙所创制的一种新型礼仪乐器。中原的镈，同样是周人采用了扬越人使用的礼仪乐器。甬钟与镈，"同途同归"。迄今所见最早的中原镈，为陕西眉县马家镇杨家村窖藏的虎脊镈与克镈。它标志着在西周中晚期，镈这种具有礼器性质的乐器，已被中原政权"收编"。其后镈的形制、纹饰、组合等方面可视的、以"礼"为核心的外在特征，都逐步随其以"乐"为内涵的音乐表现能力的提高而变化。在青铜乐钟走上了向大型组合化的历程中，镈扮演了不可忽略的重要角色。其时在今山东、山西、河南、江苏、安徽、河北等地，都有编镈的大量发现。特别是山东齐国故地与晋国、楚国等地，镈钟的使用尤为兴盛。在迄今为止共发现的237件春秋镈之中，绝大多数已为组合编钟的成员。由此确立起礼乐重器镈演变的谱系，实质上也是西周礼乐兴衰的一面镜子。

（三）编钟音律的发展历程

通过对编钟的音律研究，同样可以看到西周以来"礼乐"的发展历程。音乐考古学家黄翔鹏在其《均钟考》中，以其充实的材料依据和严密的逻辑，论证了曾侯

[①] 参见冯卓慧《商周镈研究》，博士学位论文，中国艺术研究院，2008年。

乙墓出土的所谓"五弦器",正是为铸造编钟时调制整套编钟音律体系的工具,它就是应用于周王宫廷的重要声学仪器——均钟。[①] 均钟上置有5根弦,每根弦在振动时产生的节点上所出之低频泛音,与曾钟音列的数理体系一一对应,多一不必,少一不足。孔义龙的《两周编钟音列研究》[②] 从音乐考古学的角度,聚焦于号为"绝学"的中国乐律学,在黄翔鹏对曾侯乙编钟音列来源的基础上,借两周礼乐重器编钟音律的来源和发展演变,从另一个方面阐释了西周礼乐制度的动态本质。他以大量音乐考古发掘资料的测音数据分析为依据,提出西周编钟的音列是以一弦等分时所产生的节点音为依据设置的,认为这一现象可追溯至晚商,而延续到春秋早期。两周之际,随钮钟出现了"一弦等分"取音的定音方法,运用于东周编钟的9件组设置模式中。其正鼓音列始终呈现着按"徵—羽—宫—商—角"排序的五音,它应是与曾侯乙墓所出均钟的弦序相一致的五声。与五声相对应的五弦音高,来自西周三种一弦等分取音法主要节点的综合。这一正鼓音列设置的改变,使编钟的旋律性能进一步加强。随着正鼓音列对变声的安排以及侧鼓音趋向规范,编钟音列逐步实现着旋宫转调的理想。古代编钟的钟、弦关系,自编钟出现之日起便密切相关。他为曾侯乙编钟音律来源于均钟,找到了历史的先绪。可以说,黄翔鹏的《均钟考》解决了曾侯乙编钟音律体系的由来和本源,孔义龙则进一步系统地找到了自晚商和西周以来整个中国青铜乐钟音律的由来本源,即其是弦长等分节点的取音理论。编钟的音律体系,包括其调律所用的均钟之具,均非某一日自天而降,而必然有其发展演变的过程。对于这个过程,孔义龙的研究做出了合理的阐释。

近年有关西周礼乐制度这一课题,仍为众多学者所关注。一些高校不约而同设立了"国学院",还有"礼乐馆""国乐馆"等名目。其相关论著成果,多出汉儒旧议。所谓"国学"者,几乎就是"经学"的代名词,所研究的方法、论点,无出乾嘉学者之右多少。在今日丰富的音乐考古发现面前,不乏不经推敲之论。

面对今日中华民族伟大复兴的历史重任,弘扬中华民族的优秀传统文化居于首位。优秀传统文化是中华民族历史的组成部分,传统就是历史!历史是一门实证的科学,考古学更是以实物证据为研究对象的科学。它们的立论前提都是"真实"。史料的真实,才能带来历史的真实!汉儒对于先秦礼乐认识的偏颇,虽说对于汉代来说却也不失为"真实"——反映的是汉人对先秦社会及制度的认识,但对于先秦的历史来说,则往往未必真实;同样,有清一代包括乾嘉学者在内,其先秦礼乐研究拘泥于汉儒旧说,这在反映清儒的观念方面是真实,也许反映汉儒的观念也可作为依据,但由此来诠释先秦礼乐,就有可能存在不小的谬误!上述基于音乐考古所论,有意无意描绘了有关西周礼乐制度的几个侧面,它们不约而同呈示了西周乐悬之礼

---

① 参见黄翔鹏《均钟考——曾侯乙五弦器研究》,《黄钟(武汉音乐学院学报)》1989年第1、2期。
② 参见孔义龙《两周编钟音列研究》,博士学位论文,中国艺术研究院,2005年。

与乐的消长,这是真实的历史。由此拓展的一片新的学术天地,体现了音乐考古学研究的隽永魅力!

五、周乐戒商的千古疑案

"周乐戒商"这一历史公案,是西周音乐史上的一个重大问题。大量出土的西周编钟,其实际音响反映出来的音列关系,已成为解决这一千古疑案的坚实依据。以下"西周编钟音列音阶一览表"清楚地表明:1."周乐戒商"确有其事:西周编钟确实不用商音。2.周乐戒商的商,并非千年讹传之"商调",而确确实实指的是"商声",是音阶中的商音级。[①]

表 2-2-2　西周编钟音列音阶一览表[②]

序号	编钟名称	正、侧鼓部由低到高的音位次序
1	伯各编钟	侧鼓音:"徵曾"—"宫曾"—角 正鼓音:宫—角—宫
2	伯编钟	侧鼓音:"徵曾"—"宫曾"—角 正鼓音:宫—角—宫
3	魏庄编钟	侧鼓音:徵—角—宫 正鼓音:角—宫—羽
4	长由编钟	侧鼓音:"徵曾"—"徵曾"—"徵曾" 正鼓音:宫—角—宫
5	扶风吊庄编钟	侧鼓音:"商"—"徵曾"—"商"—"商"—角 正鼓音:宫—宫—宫—角—宫
6	曲沃县曲村北赵九号墓晋侯编钟	侧鼓音:"徵曾"—徵—宫—角 正鼓音:宫—角—羽—宫
7	梁其钟	侧鼓音:/—"徵曾"—徵—(宫)—徵—(宫) 正鼓音:(羽)—宫—角—(羽)—角—(羽)
8	钟一—五—六式组	侧鼓音:"商曾"—徵—宫—角—徵—宫—(角)—(徵) 正鼓音:徵—角—羽—宫—角—羽—(角)—(羽)
9	钟二—四式组	侧鼓音:"宫?"—角—徵—宫—徵—宫—(宫) 正鼓音:羽—宫—角—羽—角—羽—角—(羽)
10	钟三—七式组	侧鼓音:"宫"—角—徵—宫—徵—宫—徵—宫 正鼓音:羽—宫—角—羽—角—羽—角—羽

[①] 参见王子初《周乐戒商考》,《中国历史文物》2008 年第 4 期。
[②] 参见王子初《巡礼周公——音乐考古与西周史》,《中国音乐学》2019 年第 3 期。

续表

序号	编钟名称	正、侧鼓部由低到高的音位次序
11	眉县杨家村编钟重排①一组	侧鼓音：?—角—徵—宫—（徵）—（宫）—徵—宫 正鼓音：羽—宫—角—羽—（角）—（羽）—角—羽
12	眉县杨家村编钟重排二组	侧鼓音：角—徵—宫—（徵）—（宫）—（徵）—宫 正鼓音：宫—角—羽—（角）—（羽）—（角）—羽
13	中义钟	侧鼓音：羽—宫—徵—宫—徵—宫—徵—宫 正鼓音：羽—宫—角—羽—角—羽—角—羽
14	柞钟	侧鼓音：羽—宫—徵—宫—徵—宫—徵—宫 正鼓音：羽—宫—角—羽—角—羽—角—羽
15	逆钟	侧鼓音：宫—"商"—徵—宫—（徵）—（宫）—（徵）—（宫） 正鼓音：羽—宫—角—羽—（角）—（羽）—（角）—（羽）
16	晋侯稣钟第一组	侧鼓音：（宫）—角—徵—宫—徵—宫—徵—宫 正鼓音：（羽）—宫—角—羽—角—羽—角—羽
17	晋侯稣钟第二组	侧鼓音：宫—角—徵—宫—徵—宫—徵—宫 正鼓音：羽—宫—角—羽—角—羽—角—羽

表 2-2-2 中，无论是西周早期的弭伯各钟、弭伯甾钟或魏庄钟，还是西周中期的曲沃县曲村九号墓晋侯钟、痶钟或眉县杨家村逨钟，尽管当时人们的数理认识不断深入以及编钟件数不断增加，但音列始终保持在"羽、宫、角、徵"四声上；西周晚期的中义钟、柞钟或晋侯稣钟上，情况同样如此。这四声音列在编钟正、侧鼓部设置的定式，体现的是青铜乐器历史发展过程中一种量变的积累。"羽、宫、角、徵"四声中商声的人为消失，是西周前期"周乐戒商"这一史实的充分证明。

一是有学者怀疑陕西长安马王村窖藏出土编钟，可能为"周乐戒商"之例外。其实马王村编钟形制过杂，10 件钟多至五式。若一式编钟按纹饰区别再分二式，实为六式。是否可以看作"一套"，大有可疑。编钟所出又为窖藏，看作"一套"，缺乏说服力，而相悖的证据倒不少。

二是编钟的时代差距太远。如一式的 4 件钟的造型纹饰，接近于宝鸡弭伯编钟，表明其时代较早，至晚也在西周早中期之时；三式钟 2 件，形制纹饰甚至接近于晋侯稣编钟的二式钟，其时代可能还要早一些，可以推到周初。而二式、四式和六式钟，相对要晚，均在西周中期或以后，尤其是四式钟。其编组也不类。可靠的西周编甬钟，早期 2—3 件成套，中晚期 8 件、16 件成套，已成定例，10 件成套较为罕见。将马王编钟看作 10 件套编钟，再做音律方面的"研究"，难以立论！

三是马王村编钟保存情况较差。编钟多数有较重的锈蚀，所做测音分析难以为

---

① 孔义龙：《两周编钟音列研究》，博士学位论文，中国艺术研究院，2005 年。

据。且多数钟铸造粗陋，内腔及于口内未见铸后的调音磨砺遗痕，说明这批编钟没有实用功能。先不论其是否为明器（一般西周编钟罕见明器），至少属未完成调音的钟坯，发音不足为凭。总之，周钟"戒商"，有多套可靠的出土编钟反复验证。马王编钟的测音音列明显有违西周编钟不用商音之戒，这不但不能作为西周编钟"戒商"之例外，反而应该看作这批编钟并非成套的证据。

从《乐记》所载"武音""武王之志"看，"戒商"应是西周武王时订立的制度，时间应在公元前1046—前1043年的4年之间，"戒商"政策的实施，时间也应相当。不过，历史上的"商声""商调"这一基于儒家音乐观的无谓之争，积年已久。有关西周戒用商声政策的具体情况，涉及面过广，还有进一步深究的必要。诸如西周编钟戒用商声的政策究竟始于何时？它适用于哪些音乐范围和场合？这一政策的制定，究竟出于何种考虑，与当时的社会有何关系？这些都是西周初期基本国策中涉及音乐的社会问题，于西周音乐史研究之中不应忽略。

（一）戒商的时间问题

所谓周乐，它包含了西周和东周（春秋战国）这两个历史时期的音乐。西周编钟不用商声的现象究竟始于何时？考古资料表明，西周礼乐制度中的乐悬制度，并非如文献所载，为武王克商（约公元前1046年）后不久，就在周公颁布了礼乐制度的同时得到完美的实施。西周早期的编钟资料，有山西曲沃县曲村镇北赵村西南天马—曲村遗址晋侯稣墓编钟和宝鸡市南郊竹园沟西周弦伯各编钟。弦伯各编钟仅为3件一套，其时代约相当于西周早期的康、昭之世，是目前所见出土年代最早的一组西周编钟。[①] 晋侯稣墓编钟最初仅为2件一套，时代也为西周初年。[②] 近年湖北随州叶家山曾侯犺墓出土了5件套钟镈，亦为周初昭王时期（公元前995—前977）。《周礼》所载"王宫悬，诸侯轩悬，卿大夫判悬，士特悬"[③] 云云，如此严整的乐悬制度，远非弦国的3件套、曾国的5件套编钟所能承担。大量戒用商声的、音列上较为成熟的四声编钟，其出现主要集中在西周的中期前后，与西周初的面貌迥然不同；即是说，武王作《大武》之乐时，或在《大武》等祭祀大乐上实施戒商政策时，周朝的乐悬制度尚不健全，戒用商声的规矩还难以依靠编钟来推行。推测《大武》之乐，真是运用了五音戒商的四声音阶来构成《大武》的曲调。《大武》的四声之乐，不应是当时音乐音阶的发展水平使然，亦非当时编钟的铸造水平使然，而完全是出于一种政治的需要（详后）。这种五音不全的四声音乐，毕竟严重地束缚了音乐表现力，违背了音乐艺术自身的规律，它不可能在全社会普遍推广，而只能用在有限的特殊

---

① 参见卢连成、胡智生《宝鸡弦国墓地》，文物出版社1988年版。
② 参见王子初《晋侯苏钟的音乐学研究》，《文物》1998年第5期；北京大学考古系、山西省考古研究所《天马—曲村遗址北赵村晋侯墓地第二次发掘》，《文物》1994年第1期。
③ 《周礼注疏·春官·小胥》，载（清）阮元校刻《十三经注疏》，中华书局1980年影印版，第795页。

场合。其后随着编钟乐悬的健全，《大武》戒商的规矩被逐步转移到乐悬的主体——编钟上来，编钟遂成为这种独特的四声音列的主要体现者。

西周编钟不用商声的现象消亡的时间，也不可回避。西周末，编钟的乐器功能（音乐性能）越来越受到重视，编钟直接用于娱乐性的音乐活动也越来越频繁，对乐器的旋律性能相应提出了较高的要求。此时，新型的钮钟应运而生。钮钟一出马，五音齐全，更是七声皆用。西周编钟不用商声的情形，最早为山西闻喜上郭村210号墓的编钟所打破。考古发现的东周编钮钟，不胜枚举，无一例外的是，在钮钟上再也见不到西周编钟那种不用商声、五音不全的情形了。这种情形，与前述《乐记》所载孔子与宾牟贾有关当时的《大武》乐"声淫及商，何也"的对话，完全吻合。至战国初期的曾侯乙编钟，其中音区已是十二律齐备达三个八度。一个不争的事实是：编钟"戒商"的政策，确曾出现于西周时期，并在当时得到了严格的执行。春秋以后，编钟"戒商"的政策也确实随着周王室权威的衰微和"礼崩乐坏"形势的加剧，逐渐废除直至消亡。

（二）戒商的实施范围

西周音乐，它可以包括西周时期的祭祀音乐，包括周王室及各级大小各族的宫廷音乐，还可以包括当时社会流行的其他各种形式的娱乐音乐。周乐戒用商声，不能说明西周时期所有形式的音乐都没有商声！究竟哪些音乐不用商声？这是另一个核心问题。

杨荫浏的研究认为："西周时期……民间音乐的发展，呈露出崭新的面貌。有了这基础，统治者才能组织起庞大的音乐机构，建立起中国历史上头一个比较明确的宫廷'雅乐'体系以及完整的音乐教育制度。"[1]

西周的"雅乐"，历来备受史学家关注。雅乐体系草创于周初，与礼乐制度并行。从《周礼·大司乐》等文献中，可以窥见周朝宫廷中的一些音乐内容。其一为"六乐"，有黄帝的《云门》、唐尧的《咸池》、虞舜的《大韶》、周武王的《大武》、商汤的《大濩》和夏禹的《大夏》组成，都是歌颂各个朝代贤明圣君的古典乐舞，具有史诗的性质。是"三大祭"所用的大型祭祀乐舞。

所谓的"三大祭"，是商周社会的祭祀巨典。其中的圜丘之祭，即《礼记》中所说的"郊"，这是国家祭天大典，所谓"祭帝于郊，所以定天位也"[2]。圜丘象征"天圆"，其中的方丘之祭，即先秦文献中所说的"土"或"社"，是封土祭地的大典；"三大祭"中的宗庙之祭，即先秦文献中所说的"禘"或"帝"，是祭祀祖先以配上帝的国家大典。《礼记·大传》云："礼不王不禘，王者禘其祖之所自出，以其祖

---

[1] 杨荫浏：《中国古代音乐史稿》（上册），人民音乐出版社1981年版，第88页。
[2] 《礼记正义·礼运第九》，载（清）阮元校刻《十三经注疏》，中华书局1980年影印版，第1425页。

配之。"[1] 这些乐舞本身有着极高的规格，使用上和表演上也有着严格的限制。从上文所引《乐记》记载孔子与宾牟贾议论周乐《大武》的内容来看，西周时期的《大武》正是不用商声的乐舞。而《周礼·大司乐》所载"三大祭"所用的大型祭祀乐舞，还有黄帝的《云门》、唐尧的《咸池》和虞舜的《大韶》，均只用宫、角、徵、羽四声，也缺商声。同属"六乐"的其他二部乐舞，即商汤的《大濩》和夏禹的《大夏》，是否也应该在戒用商声之列？

其二为六小舞。包括帗舞、羽舞、皇舞、旄舞、干舞和人舞。据《周礼·春官·乐师》，羽舞用于宗庙之祭，一说用于祭祀四方。皇舞为舞人手执五彩全羽的一种乐舞，用于求雨，一说用于祭祀四方。旄舞为舞人手执牦牛尾的一种乐舞。据《周礼·春官·乐师》，仅用于祭祀辟雍（西周的大学）。干舞为舞人手执盾牌的一种乐舞。干舞一称"兵舞"，显然是一种用于军事的乐舞，但也有说其用于祭祀山川。人舞为舞人挥动长袖的一种乐舞，用于祭祀星辰。一说也用于宗庙之祭。总之，六小舞也是用于祭祀的乐舞，但还没有直接的资料表明这六小舞的用乐是否戒用商声。还有一些巫术或宗教性的乐舞。如求雨时用的雩、驱疫时用的傩等，还有流行于广大民间的音乐"散乐"和周边民族的"四夷之乐"。其与政治无大关系，未必会有戒用商声的限制。

总之，西周初期实行戒用商声的政策，有其特定的范围和指向性，并不适用于当时所有形式和场合使用的音乐。根据上述西周时各种音乐社会功能的推测，戒用商声的政策仅适用于国家重大祭典所用的一些特定的经典乐舞，即当时的"六大舞"，所谓"六乐"。千百年来，历代名士鸿儒在"商声"和"商调"的无谓之争中，穿凿之词、附会之言比比皆是。试想，若无商声，又何来商调？再试想，仅有羽、宫、角、徵四声的西周编钟上，又如何能奏出"商调"来！天下本无事，腐儒自扰之。

（三）戒商探因

周初为什么要在音乐上"戒用商声"？历代文人无不热衷于对此问题的猜测。周初音乐"戒用商声"的原因，主要有木金相克之说、商主杀伐或靡靡之音说和商周对立的政治原因说。

1. 木金相克之说。《周礼·大司乐》所载三大祭的音乐戒商问题，郑玄的注解最早："此乐无商者，祭尚柔，商坚刚也。"[2] 后世纷纷扬扬，说法皆来源于此。唐贾公彦疏无端加上了"以商是西方金故"[3]一语，开了周乐戒商之五行说的先河。木金相克，是周乐戒商问题上后世流传最广的说法。至唐开元八年（720）九月，瀛州司

---

[1] 《礼记正义·大传》，载（清）阮元校刻《十三经注疏》，中华书局1980年影印版，第1506页。
[2] 《周礼注疏·大司乐》，载（清）阮元校刻《十三经注疏》，中华书局1980年影印版，第790页。
[3] 《周礼注疏·大司乐》，载（清）阮元校刻《十三经注疏》，中华书局1980年影印版，第790页。

法参军赵慎言将郑注和贾疏，加以淋漓的推演，所谓周为木德而唐为土德，可将周之戒商改为唐之戒角，三祭之乐可按《周礼·大司乐》所载加上商调而去角调云云。腐儒荒唐，跃然纸上。

2. 商主杀伐和靡靡之音说。宋朱熹解释《周礼》所载三大祭何以无商的原因："五音无一，则不成乐。非是无商音，只是无商调。先儒谓商调是杀声，鬼神畏商调。"[①]提出了商调是杀声的论点。朱熹未提"先儒"为何人。其说对后儒影响较大。清代学者，如方苞（1668—1749）即全从其说："朱子曰，五音无一，则不成乐。《周礼》祭祀非无商音，但无商调。先儒谓商调是杀声，鬼神畏商调。"[②]今人钱穆认为，前人所谓"周以木德王，不用商，避金克木"云云，自不足为据。钱穆进而提出："清商乃亡国之乐，靡靡之音，所谓濮上之声者是。所以《周官》三大祭不用商，正为其是濮上遗声也。"[③]钱穆从前人的商声（音阶中的一个音级）、商调（以商声为主音的一组乐音构成的音阶）之论，进一步推演到"靡靡之音"——某一种类型或风格的音乐，离题千里了。

3. 商周对立的政治原因说。"周承商制"时周人制定"戒商"政策的原因，主要还是政治因素使然，而非音乐技术因素。[④]清惠士奇："宫君商臣，以商为均，君臣易位，革命之象，故商不为均，非无商也，商不为均也。均一名调。"[⑤]说的也有这个意思在内。商周旧事，如文王被囚羑里，迫食亲子之肉云云，虽是传闻，记忆弥新。武王伐纣，灭商而建立周朝却是史实。商周的对立，是国与国、族与族之间基于根本利益的对立。周初在其祭祀大典的部分礼仪音乐中，确立戒商的原则，顺理成章。西周的戒商之乐，只是一种仪式性的、严重边缘化了的"音乐"，只能是一种政治考虑的结果。

六、结语

西周以来，作为国家的根本制度——礼乐制度的全面推行，使音乐在中国传统文化之中，占据着崇高的地位；于历代帝王将相，功成作乐是安邦定国的头等大事。一方面，音乐作为一种赏心悦目的艺术形式，广泛流行于社会；另一方面，音乐更成为政治制度的重要组成部分，被应用于国家层面的各种典礼仪轨。这也

---

① （宋）朱熹：《朱子语类》卷八十六《礼三·周礼》，载《文渊阁四库全书》电子版，上海人民出版社、迪志文化出版有限公司1999年版。
② （清）方苞：《周官集注·春官·宗伯第三》，载《文渊阁四库全书》电子版，上海人民出版社、迪志文化出版有限公司。
③ 钱穆：《周官著作时代考》，载《两汉经学今古文平议》，商务印书馆2001年版，第484—492页。
④ 参见王子初《周乐戒商考》，《中国历史文物》2008年第4期。
⑤ （清）惠士奇：《礼说卷七·春官二》，载《文渊阁四库全书》电子版，上海人民出版社、迪志文化出版有限公司。

是中华文化在与世界其他民族文化的比较之中，显露出来的独特现象。这一切，大成于西周。

西周之前的夏、商历朝，也有其夏礼和殷礼，何以于后世几无声息？唯独周礼，却深刻影响其后 3000 年而不衰？这应与西周较夏、商晚近，其大量信息通过文献传播于后世自当有关；更重要的是，西周礼乐建立于夏礼、殷礼之上，作为一种历经数代的治国之道，制度臻于完善，达到了一个历史时代——青铜时代的巅峰而为后世称颂；同时，中国社会于两周进入了一段生产力发展、思想繁荣的历史时期，诸子百家，学术争鸣。两周文化虽经秦火洗礼，仍有为秦汉所继者。统治中国整个封建社会的儒家思想体系，即来自春秋的孔子学说；孔子毕生推崇周礼，以克己复礼为己任。以西汉董仲舒倡导独尊儒术为起点，西周的全套礼乐制度，从此被抬举成为历代人们心目中的最高典范！

音乐本身不过是一种艺术形式，又何以能如此为国家政治制度所用？

《左传》云："国之大事，在祀与戎。"[1] "祀与戎"的原始语义，并非泛指祭祀与战争，而是指祀礼与军礼。[2] 祀的对象是天、地、人（人鬼、祖宗），是统治者建立与天地（自然界）和人世间（社会）准则和规范的头等大事；至于戎，正史引述《左传》此语，多指祀礼与军礼。如《隋书·源师传》云："师出而窃叹曰：'国家大事，在祀与戎。礼既废也，何能久乎？齐亡无日矣'。"[3] 又如《清史稿·礼志九》云："三曰军礼。国之大事，在祀与戎。周官制六军，司九伐，权属司马。而大军旅、大田役，其礼则宗伯掌之。是因治兵、振旅、茇舍、大阅之教，而寓蒐、苗、狝、狩之仪，以为社、礿、祊、烝之祭。"[4] 无论于祀于戎，音乐以其音响之长，营造了庄严、肃穆、宏伟乃至狞厉可怖的氛围，因之成为"礼"之重要组成部分。西周的乐悬，参与了整个礼乐制度确立、发展乃至衰落的全过程，时而与其同消共长，时而各取所需，直至"礼崩乐坏"而分道扬镳。其后历代开国君主功成作乐，代表之作就是铸钟造磬。一个朝代的金石之声，成为一个新朝代的国家礼制的确立、法制的推行、由大乱走向大治之象征。庄严、巍峨的钟磬乐悬，即为中国人礼乐思想的物化！礼仪之邦的自诩，长盛不衰！

西周时期的音乐考古发现丰富，重大成果令人瞩目。岐周、晋豫、江汉等三大区，为今日研究西周社会乐音生活的方方面面提供了翔实而丰富的实物资料；所蕴历史信息，为文献所不能替代；信息的可信度，较文献尤胜一筹。其为认识西

---

[1] 《春秋左传正义·成公十三年》，载（清）阮元校刻《十三经注疏》，中华书局 1980 年影印版，第 1911 页。
[2] 参见王学军、何威丽《"国之大事，在祀与戎"的原始语境及其意义变迁》，《古代文明》2012 年第 2 期。
[3] 《隋书》卷六十六《源师传》，乾隆御览本，第 13 页。
[4] 《清史稿·卷九十·礼志九》，中华书局 1977 年版，第 2657 页。

周礼乐制度的建立与发展，乐悬制度的逐步形成、健全，提供的是一个真实的写照。它表明，编钟、编磬作为西周乐悬的主体组成部分，也非在一朝一夕之间突然掉落人间；当手中的考古资料以及音乐考古学研究的成果越来越丰富的时候，我们巡礼周公，回首西周礼乐制度如何从草创一路走来，其真实面貌逐渐清晰——人们所见，非全如两汉以来2000余年间的传统认识，大相径庭者比比皆是！通观西周的礼乐制度，始终处于动态的平衡之中，每一次变化都是其进行的结构性调整；"乐"，对编钟的演进积极地推动；而"礼"，则扮演着束缚者的角色。在"礼"与"乐"的博弈之中，编钟的组合规模不断扩大。但是，只有"礼""乐"平衡被打破之时，编钟的发展方能获得新的生命力！从西周晚期起，礼乐制度开始了不可逆转的系统性衰落。直至公元前433年的曾侯乙时代，编钟仍因"礼"的象征身份而受到追捧，作为制度的"礼"却已近崩溃，"乐"的活力因束缚的解除而得以爆发，"礼"和"乐"共同塑造出了大型组合编钟的顶峰之作。中国古代音乐的高文化、高科技和高艺术的代表作——曾侯乙编钟横空出世，正是这一平衡被打破之时的产物。[①]

王子初：《曾楚论衡——音乐考古与东周史》

——载李幼平主编《寰宇鸣钟——"曾侯乙编钟出土40周年"纪念文集》，

武汉出版社 2018 年版

着眼于春秋战国时期的音乐断代史研究，让人们耳目一新。其中值得关注的，是随着秦的统一，秦的音乐文化似乎替代了周，完全覆盖了整个中华大地。这仅是表面现象，全源自汉儒之说。实际情形反映出来的却是汉儒的谬误迭出。秦的"焚书坑儒"对先秦各国文化，包括周文化的毁灭，确有显而易见的严重性，从而形成了中国音乐文化上秦汉之际的"断层"；而楚这个南部小国，自西周以往逐渐强盛，乃至进入战国，其音乐文化随着其政治、经济及军事上与周的强势博弈，已经渗透于中原，甚至统摄了整个南部中国。其对于春秋战国时期中国的影响之大，远在秦文化之上！曾侯乙墓，是中国乃至世界音乐考古学上的重大发现！其编钟乐悬及其上3755字的乐律学铭文，标志着人类在一个历史时期的音乐理论之巅峰。近年湖北随州叶家山、郭家庙以及文峰塔等曾国墓地的新发现，逐渐勾勒出了一个时间上跨越西周早期至战国中期700年，空间上以随州为中心、方圆约600平方千米的曾国文化圈；也勾勒出了一个高度发达的音乐文化发展历程及其与楚文化水乳交融式的不解之缘。

---

① 参见王友华《先秦大型组合编钟研究》，博士学位论文，中国艺术研究院，2009年。

司马迁有云:"故楚南公曰:'楚虽三户,亡秦必楚'也。"[①]尽管战国后期因楚国的政治失误,被秦夺得了统一天下的先机,不过秦政权在指鹿为马的荒唐之中,仅维持了短短的 15 年,旋为楚人项梁及其部下的刘邦、项羽颠覆了。楚人刘邦高唱着楚声《大风歌》,建立了强盛的大汉王朝 400 年基业!以此观之,对春秋战国时期楚国音乐文化的研究,意义当远不在周秦文化之下。

一、曾侯乙墓音乐考古的伟大成就

在曾侯乙死去 2400 年后,人们从他的墓葬中发掘出土的音乐文物,达 125 件。其中包含有钟、磬、鼓、瑟、琴、均钟、笙、排箫、篪等乐器。除土、木两类缺项外,已具"八音"中之金(编钟)、石(编磬)、革(建鼓等)、丝(琴、瑟等)、匏(笙)、竹(箫、篪)等"六音"。墓中出土的 65 件套编钟,更可为人类青铜时代最伟大的作品!它是中国古代音乐文明的智慧结晶。

(一)罕见的古乐器

曾侯乙墓中,首次发现了一些久已失传了的或形制最早的古乐器。有些乐器我们仅能从一些早期的文献,如《诗经》《楚辞》中略窥一二,有的连名称都湮没于历史长河之中。墓中出土的十弦琴、均钟、排箫和篪,即是这方面的生动实例,它们已失传了 2000 年左右。琴在西周已是十分流行,《诗经》即不乏"琴瑟友之"[②]之类辞句。曾侯乙墓发掘之前所见最早的琴,是出自长沙马王堆 3 号西汉墓的七弦琴。而曾侯乙墓所出的十弦琴,则与马王堆所出有很大的不同。它多出三根弦,涉及演奏手法、音乐风格、音阶韵律、琴的音响性能等一系列问题;但它们总体上都是一种"半箱式"的琴,属于一个系统的乐器。十弦琴对于研究古琴这种中国历史上特殊的文人乐器的发展演变,具有重要价值。

均钟,器身狭长如棒槌,岳山低矮,共鸣箱狭小。最初无人识得,名之为"五弦器"或"五弦琴"。后经音乐学家黄翔鹏研究,指出它就是《国语》中所载"度律均钟"[③]中的"均钟",是一种古代的正律器,也可以说是一件周代的律准,而并非一种用于实际演奏的乐器。[④]它身上多处彩绘 12 只一组的凤鸟,正是十二律的象征。其颈背所绘珥蛇乘龙怪人,应该就是《山海经》所载从天上把音乐取来人间的夏后开(启)。[⑤]琴面的黑漆素面部分,为取音之处,其正好占有效弦长的一半,以其五弦计,于所有节点处恰可获取曾侯乙编钟律学体系的全部音律。

排箫,在汉代石刻、魏晋造像甚至隋唐壁画中尚能一见,往后便难觅其踪了。

---

① (西汉)司马迁:《史记·项羽本纪》,中华书局 1959 年版,第 300 页。
② 《毛诗正义·关雎》,载(清)阮元校刻《十三经注疏》,中华书局 1980 年影印版,第 274 页。
③ (春秋)左丘明:《国语·周语下》,载《中国历史文化丛书》,华龄出版社 2002 年版,第 49 页。
④ 参见黄翔鹏《均钟考——曾侯乙墓五弦器研究》,《黄钟(武汉音乐学院学报)》1989 年第 1、2 期。
⑤ 参见冯光生《珍奇的"夏后开得乐图"》,《江汉考古》1983 年第 1 期。

曾侯乙墓出土的 2 件竹排箫实物，由 13 根参差不齐的小竹管并列缠缚而成，与河南淅川下寺春秋楚墓出土的 1 件石排箫形制完全相同，可见先秦的排箫确系如此。清儒根据古人"参差形如凤翼"等记载，制成长管在两边，短管居中间，状如蝴蝶的排箫，显然是臆想出来的假古董。

篪，实为横吹笛类单管乐器。《诗经·何人斯》有"仲氏吹篪"[①]之句，篪仅见于古书记载。《尔雅·释乐》郭璞注："篪，以竹为之，长尺四寸，围三寸。一孔上出……横吹之。"[②] 人们仅知它是一种似笛非笛的横吹竹管乐器。篪在曾侯乙墓中又与世人重逢。通过它的形制结构，可以了解到它独特的性能和演奏方法。

瑟这种久已失传的古乐器虽非首次发现，但墓中所出的瑟不仅年代较早，且数量达 12 件之多，大多保存完好，这在考古史上是空前的。这些瑟的尾端浮雕穿插交错的大蟒和两条相对的龙，周身髹深朱红色漆，首端和两侧的小方格底纹上绘有飞鸟图像。其造型、制作及彩绘的精美，是以往出土古瑟中罕见的。

中国最早的文献《尚书》中有"笙镛以间"[③]一说，意为笙和大钟的乐声此起彼伏、相互应答的生动情貌。曾侯乙墓中出土的 5 件笙，是其较早期的形态。可贵的是，墓中还保存了带有调节音高的点簧物的竹制簧片。其舌与框间的缝隙，连发丝都难以插入，合乎科学的发音原理。

曾侯乙墓中出土了 4 件木腔皮面鼓，即有柄小鼓、小扁鼓、悬鼓和建鼓。其中建鼓是首次发现的珍贵乐器。鼓面径达 0.8 米。用一根长木杆穿透鼓身，将其高高支于青铜座上。鼓座由数十条镶嵌无数绿松石的龙穿插盘绕而成，不愧为古代青铜冶铸史上的奇迹。

（二）青铜乐钟的巅峰之作

曾侯乙墓出土的钟、磬之类的大型编悬乐器，是这类文物中的巅峰之作，其规模之大，数量之多，音乐性能之优良，所体现的艺术、文化和科技水平之高，均达到了前所未有的程度。

在曾侯乙墓发掘以前，人们难以想象，先秦曾经产生过如曾侯乙编钟这样奇伟的青铜乐器。仅从其冶铸、工艺、结构设计等方面看，其已不失为一项空前巨大的科学成果。全套编钟由多达 65 件单体青铜乐钟组成，加上钟架和挂钟构件，总用铜量达 4421.48 千克。曾侯乙编钟钟架采用了三层八组的宏大构造，由长、短不同的两堵立面垂直相交，总长 748 厘米，高 265 厘米，自重 1665.58 千克。钟架上还承负着重达 2755.9 千克的钟体及挂钟构件，能历时 2400 年之久，依然伫立如故，其结构设计的合理性和科学性，令人叹为观止。整架编钟放置有序，条理分明，充分体现了

[①] 《毛诗正义·何人斯》，载（清）阮元校刻《十三经注疏》，中华书局 1980 年影印版，第 455 页中。
[②] 《尔雅·释乐》，载（清）阮元校刻《十三经注疏》，中华书局 1980 年影印版，第 2601 页下。
[③] 《尚书正义·益稷》，载（清）阮元校刻《十三经注疏》，中华书局 1980 年影印版，第 144 页。

当时乐师构思的巧妙和严谨,也给演奏者以适宜演奏的便利。编钟铸工考究,纹饰精细,且在墓坑积水中长期浸泡而毫无锈蚀,至今仍闪耀着青铜的光泽,这种罕见的抗锈蚀能力令人惊叹不已。它们与仪容端庄的青铜武士,及其托举的彩绘大梁浑然一体,蔚为一尊凝重秀美的巨型雕塑杰作。

(三)最进步的乐律学专著

曾侯乙编钟重大的历史和学术价值,更多地体现在上述 3755 字错金铭文中,其实为一部久已失传了的先秦乐律学史专著。钟铭的发现,导致人们对中国先秦乐律学水平认知的彻底改变。2000 年来经汉儒之手留存至今的"正统"音乐理论受到了挑战!

1. 一部中国的《乐理》。铭文所载颉曾十二律体系,完全是中国人自己发明的乐律体系,并且其无疑在春秋前后已产生。旧说中国音乐史上由三分损益法产生的十二律,是战国末年由古希腊传过来而稍稍汉化了的乐理,已不攻自破。钟铭关于某音在不同调中称谓的对应记叙,真实地反映了当时旋宫转调应用的实际情形,而后世已经全然不知。如曾侯乙编钟中层三组第 5 号钟背面左鼓部铭文:

应音之角,穆音之商,新钟之变徵,韦音之变羽。

意思是:应音①均的角,相当于穆音均的商。(楚律)新钟均的变徵,相当于曾、周国韦音均的变羽音。又如曾侯乙编钟中层三组第 5 号钟背面钲部铭文:

姑洗之羽,蕤宾之终。

意思是:姑洗均的羽音,相当于蕤宾均的终音②。

通过对钟铭的研究发现,现代欧洲体系乐理中的大、小、增、减等各种音程概念和八度音组概念,在曾侯乙编钟的标音铭文中应有尽有,而且完全是中华民族独有的表达方式。如钟铭中"变宫"一名的出现(下层二组 1 号钟正面钲部铭文),就弥补了先秦史料关于七声音阶的失载。在研究曾侯乙编钟乐律铭文的过程中,中国著名古文字学家裘锡圭先生从古文字学的角度入手,以阐明编钟铭文所蕴含的乐律学意义;而音乐学家黄翔鹏先生则主要从编钟的音乐、音响方面入手,解明编钟的乐律学内涵。裘先生提出的对铭文的解释,得到了黄先生乐律学依据的验证;黄先生由曾侯乙编钟乐律铭文总结出来的钟律音系网理论,也得到了裘先生对编钟铭文

---

① 应音(音高 ^{b}A)、穆音(音高 ^{b}B)为曾国系统的律名,新钟(音高 $^\#$F)为楚国系统的律名,韦音(音高 E)为曾、周国共用的律名。
② "终"音即徵音的高八度专名。

释文的支撑。如黄认为宫音上方的纯四度音应称为"和",恰与裘先生对编钟的中层三组 4 号钟的铭文释文"龢"为"此字从'音''龢'声,为表示阶名的专字"的理解完全一致。可谓合作默契,相得益彰。龢(和)字作为宫音上方纯四度音的单音节词的专名出现,也为杨荫浏所谓的"新音阶"(下徵音阶)早存在于先秦提供了确凿的证据。

2. 古十二律纠谬。由汉儒留存至今的那一套齐整划一的十二律和不乏种种误解的音阶名称,在现有的中国音乐史学界畅行无阻。《国语·周语》中最早完整地记载了中国古代十二律的律名,即黄钟、大吕、太簇、夹钟、姑洗、仲吕、蕤宾、林钟、夷则、南吕、无射、应钟。这些律名沿用后世,成为今天仅知的一套传统律名。曾侯乙钟磬铭文中出现的十二律及其异名达 28 个,其中见于旧传如《周礼》和《吕氏春秋》,音位与旧传相符的仅有 5 个,见于典籍但其相对音位并不相符的另有 3 个;其余的 20 个,均早遗失于历史的长河之中:不仅名称为今人所不识,其具体音位更已无人知晓。光是乐律学中最基本的音名、律名问题,就把汉儒的说法打得七零八落。十二半音的基本称谓系列之外,在同一音位里,往往还有 1—13 个异名,连同钟架、挂钟构件铭文(详后)中的阶名及其异名,共 66 个之多。如果不把来自变化音名的借用音阶名计算在内,钟磬乐律铭文中所涉及的阶名实有 16 个,其中有 9 个是新发现的。研究表明,总计钟磬铭文中的乐律用语 54 个,其中的三分之二即 36 个,是我们的最新发现! 钟磬乐律铭文中普遍运用的音高变化、音程变化和音域变化的专门术语,全取前缀、后缀的形式而与律名或阶名连用来表述。对这些,秦汉以后的乐律理论家所知已十不及一。

3. 钟律之谜和颉曾体系。中国历史上曾有"钟律"之名,但早已湮没在历史长河之中。曾侯乙钟铭的发现,使人们通过对钟铭解读并得到编钟音响的实证,在其失传 2000 余年之后,再次认识到这一极其繁复而又奇妙无比的音律系统。研究表明,当时的工匠在音乐声学和乐器制造方面已掌握了丰富的科学知识和高超的工艺技能。编钟双音钟构想的实施和应用,其学术背景正是在 2400 年前畅行于编钟乐悬制作的"钟律"——一种繁复的"不平均律"。因其同时包含了五度相生律和纯律的因素,曾一度被人们称为"复合律制",其原理解读如下。

编钟的核心阶名包含了 12 个半音的全部基本名称。这个基本的称谓体系,由五度相生律的徵、羽、宫、商构成基音列。其上方 386 音分的纯律大三度音"角"(颉)与这 4 个阶名结合,构成徵角、羽角、宫角、商角或徵颉、羽颉、宫颉、商颉。其下方 386 音分的纯律大三度音后缀"曾"字,构成徵曾、羽曾、宫曾、商曾。它们共同构成了"颉曾"十二律体系。这个称谓体系,即是音乐史学家黄翔鹏所著《曾侯乙钟磬铭文乐学体系初探》一文揭示的"颉(角)—曾"命名法所包含的律学体系。

| 基音列的上方纯律大三度 | 徵颉 | 羽颉 | 宫颉 | 商颉 |

| 基音列四声（核心阶名） | 徵 | 羽 | 宫 | 商 |

| 基音列的下方纯律大三度 | 徵曾 | 羽曾 | 宫曾 | 商曾 |

"颉曾"十二律体系来自琴学实践的弦律体系，其基础根本不是秦汉以来天下一统的"三分损益律"，也不是古希腊毕达哥拉斯"五度相生律"，而是中国先秦编钟所采用的独特律制，翔鹏先生认为，它就是"钟律"，"钟律就是琴律"。他把这一重要的研究成果，创制了一个专门的图表来表述，这就是为今学术界广为应用的"钟律音系网"。

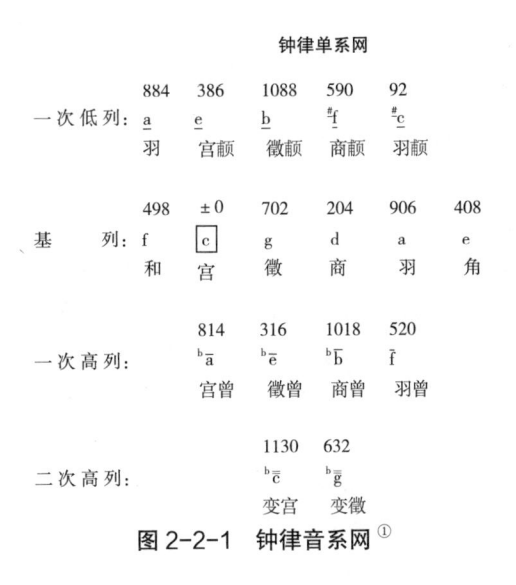

钟律单系网

	884	386	1088	590	92
一次低列：	a	e	b	#f	#c
	羽	宫颉	徵颉	商颉	羽颉

	498	±0	702	204	906	408
基　列：	f	c	g	d	a	e
	和	宫	徵	商	羽	角

	814	316	1018	520
一次高列：	♭a	♭e	♭b	♭f
	宫曾	徵曾	商曾	羽曾

	1130	632
二次高列：	♭c	♭g
	变宫	变徵

图 2-2-1　钟律音系网[①]

4.七声音阶及偏音的应用。中国人历来认为，西周以往的"雅乐"只用宫、商、角、徵、羽（用简谱表示即 1、2、3、5、6）五声音阶。历代儒家，尤其是宋代以来推行"复古"的文人儒士，更是变本加厉地推崇"五正声"；将五声之外的 4 个偏音——清角、变宫、变徵和闰（用简谱表示，即 4、7、#4、♭7），斥为非华夏正声的异端。现代文史大家郭沫若在论及《战国策》中荆轲易水别燕丹时，所唱"风萧萧

---

① 参见王子初《曾楚论衡——音乐考古与东周史》，载李幼平主编《寰宇钟鸣——"曾侯乙编钟出土40周年"纪念文集》，武汉出版社 2018 年版，原图 8。

兮易水寒，壮士一去兮不复还"用的是"变徵之声"①，大惑不解，因圆其说曰，变徵之声当为西方之传入，非华夏雅韵。原来荆轲先生一不留神唱的是外国音调。当然，沫若先生并非音乐家，这里不必苛求于他在中国乐律学方面的知识。然而对于荆轲所唱"变徵之声"为非华夏雅韵这一观点，中国音乐史学界也向无异议，应该是当时学界的共识。

对照曾侯乙编钟的铭文连同其音响的分析清楚地表明，编钟的基本音阶就是一个完完整整的姑洗韵七声音阶。其偏音清角和变宫二音赫然在目，其结构与今日通行于全世界的 C 大调音阶（用简谱表示即 1、2、3、4、5、6、7）完全一致。

5. 新音阶不新。著名音乐史学家杨荫浏在其《雅音集》中，将半音分别在第三、四和第七、八级之间的七声音阶定名为"新音阶"（即简谱 1、2、3、4、5、6、7）。因为根据典籍的记载，这是一种后世新出现的音阶。而人们把《吕氏春秋·音律》中所描述的声律次序构成的一种音阶，称为"古音阶"，即半音在第四、五级和第七、八级之间的七声音阶（即简谱 1、2、3、#4、5、6、7）。曾侯乙编钟铭文的确切记载，如给史学家们以凉水灌顶：无论古音阶还是新音阶，早已长期应用于先秦人的音乐生活中。所谓的"新音阶"，在曾侯乙编钟上已完全成为基准音阶，其余各国的不同音阶，反而需要用这个基准音阶来加以对照说明。可知"新音阶"不仅不新，可能比所谓的"古音阶"还要古老！

6. 今日通行世界的中央 C。全套编钟中作为标准音的宫音姑洗（编钟中层三组第 8 号钟背面钲部铭文，正鼓音），其音高，正对应于现代钢琴的"中央 C"，即今日通行于世界的十二音体系的标准，甚至姑洗律的绝对音高频率也为 256 赫兹，与小字一组的"中央 C"完全一致！这恐难用"巧合"解释。世界各古老的音乐文明千头万绪，却在最后"神使鬼差"地殊途同归——归于七声音阶，归于十二律体系，归于以 256 赫兹为标准的"中声"——"中央 C"，其背后应自有深刻的自然规律。

7. 先秦的多元乐律体系。钟铭表明，最晚到春秋前后，十二律在各国之间还不同程度地存在着各自的体系。曾侯乙钟铭中，标明了各钟的发音属于何律（调）的阶名，并清楚地表明了这些阶名与楚、周、晋、齐、申等国各律（调）的对应关系。很多现代乐理的内容，在曾侯乙编钟铭文中都有系统的标示。如曾侯乙编钟中层三组第 5 号钟背面正鼓部铭文：

（黄钟）之羽角，无射之徵曾。

---

① （汉）刘向集录，范祥雍笺证：《〈战国策〉笺证》，上海古籍出版社 2006 年版，第 1790 页。

意思是：（黄钟）均的羽角①音，相当于无射均的徵曾音。
又如曾侯乙编钟中层三组第 5 号钟背面右鼓部铭文：

姑洗之宫反。姑洗之在楚号为吕钟，其反为匞钟。

意思是：（这是）姑洗均的"宫反"音②。姑洗律（的音高）相当于楚国音律系统的"吕钟"律。它的高八度相当于楚国的"匞钟"律。
又如曾侯乙编钟中层二组第 11 号钟背面右鼓部铭文：

太簇之宫，其反在晋为槃钟。

意思是：太簇均的宫音，它的高八度在晋国称为"槃钟"。
再如曾侯乙编钟中层二组第 11 号钟背面左鼓部铭文：

穆音之宫，穆音之在楚为穆钟，其在周为刺音。

意思是：（这是）穆音均的宫音。穆音在楚国称为"穆钟"，在周国称为"刺音"。

4. 解开历史疑案的钥匙

钟铭关于某音在不同调中称谓的对应记叙，不仅真实地反映了当时旋宫转调应用的实际情形，还由此解决了一个历史悬案：宋代安陆出土的 2 件"楚王酓章钟"（或作"曾侯之钟"）的铭文解读。

其一为安陆小钟的铭文，有"卜𤰞反宫反"字样。历代不得确解；现在比照曾侯乙钟铭，顿时真相大白："卜"为"少"字的减笔之形，为𤰞音的前缀术语，意为该音的高八度；"𤰞"即音阶第六级的"羽"；"反"亦为当时的音乐术语，表示高八度的后缀专用词。如此这件铭文的含义一清二楚③："少羽反 宫反"的音程关系，即仅是"羽—宫"小三度关系。其"少"或"反"等高八度前、后缀，都是仅有相对意义的衍文④。

其二为安陆大钟铭文为"穆商商"。曾钟中层一组 1 号等钟铭文，记有当时楚

---

① "羽角"为七声音阶升高半音的第 1 级音。"徵曾"为徵音下方的大三度音，也即七声音阶降低半音的第 3 级音。
② "宫反"指"宫音之右"，即宫音略高。"反"意为高八度，用作阶名后缀。
③ 参见王子初《论宋代安陆出土"曾侯钟"之乐律标铭》，《音乐研究》2015 年第 3 期。
④ 参见王子初《论宋代安陆出土"曾侯钟"之乐律标铭》，《音乐研究》2015 年第 3 期。

国音律体系有"穆钟"一律；其音高，同据曾钟中层三组 2 号钟背面左鼓铭文："穆音之宫，穆音之在楚号为穆钟"有明确的对照，因知楚之穆钟就是曾国的穆音。研究表明，穆音的音高相当于今日国际标准音高的 $^{\flat}$B。如此，"穆商商"——这一曾让人们费尽心思的千古之迷豁然冰释：标铭之"穆"，为"穆钟（音）之徵"简省，相当于姑洗均的"羽曾"；其"商商"也非指"商调之商"[1]，而应即解作"商"。安陆大钟正、侧鼓部的音律关系应该为姑洗均的商—羽曾（即"和"，曾侯乙钟铭作"龢"），相当于现代国际音体系的 D—F。[2]

二、曾楚音乐的博弈

春秋战国，是一个百家争鸣、思想繁荣的历史时期。留存至今的相关社会乐音生活的文献资料，较之西周急剧地得到丰富。中国古代音乐史的研究，也体现出其进入了内容丰盈、体系初步确立的新阶段。春秋战国时期音乐考古学所提供的史料，显示了其非凡的学术魅力。人们目睹了曾侯乙编钟的奇姿雄貌，蓦然回首，却发现了在传统儒家音乐观桎梏 2000 余年的重压下的人们，对先秦社会音乐生活面貌的无知和误解。历经数代学者、花了大半个世纪建立起来的一部中国音乐史，的确面临着严峻的考验。曾侯乙编钟及其上 2800 余字的铭文，竟至彻底地颠覆了数代人建立起来的一部先秦乐律学史，导致对整部中国古代音乐史的重新认识！不过一次音乐考古的发现、一套音乐文物的出土，竟然会产生如此强烈的学术地震，"彻底颠覆"云云，是否危言耸听？

（一）曾楚文化的源与流

考古发现的楚国音乐史料，其音乐的艺术、理论建树与科技成就，确实已超越周秦文化。曾侯乙墓的发掘及曾侯乙编钟的出土，已是明证。曾是姬姓国，自周初即在江汉间立国，跨越西周早期至战国早期的曾侯乙，达 600 年。西周以往江汉多国林立。到春秋中期，江汉一带的姬姓诸国，先后为楚国所并吞。所谓"汉阳诸姬，楚实尽之"[3]。至战国初期，楚又先后吞并了越（吴）、徐、蔡、黄等国的大片领土，占据了江淮广大地区，其强大的势力达到了巅峰！曾国最初所代表的中原文化，在不断强势的楚文化长年的浸润和包围之中，渐渐变色；至战国早期，一个 600 年来代表中央政权管理江汉诸国，且在吴灭楚时救了楚王之命的曾国，也已沦为了楚之附庸，文化上大部分染上了楚的颜色。

---

[1] 黄翔鹏：《释楚商》，载中国艺术研究院音乐研究所编《黄翔鹏文存》上卷，山东文艺出版社 2007 年版，第 238 页。

[2] 黄翔鹏：《释楚商》，载中国艺术研究院音乐研究所编《黄翔鹏文存》上卷，山东文艺出版社 2007 年版，第 238 页。

[3] 《左传·僖公二十八年》，载（清）阮元校刻《十三经注疏》，中华书局 1980 年影印版，第 1825 页上。

曾侯乙墓内证据丰富。首先，据出土的竹简载，曾侯乙死后赗（读若"奉"）赠车马的，有王、太子、令尹、鲁（或作遽）旗公、旗城君、坪夜君、鄴君等。鲁旗公、旗城君，均为于史有证的楚国邑君；平夜、鄴亦为楚邑；王、太子、令尹无疑是指楚国的王、太子、令尹。一方面曾侯乙同楚国的王公贵族关系尚算密切，所以死后得到了他们的赗赠；另一方面，曾已沦为楚之属国也已经十分清楚。所以在墓中出土的简文中，采用了以臣属称呼楚王的方式。更值得注意的是，曾侯乙墓中置于钟架正中的镈钟，恰为楚王所赠。根据钟架铭文，这里原来挂的是一件甬钟大㡿，为了悬挂这件镈钟，挤掉了钟架短边下层外端一件最大的甬钟，未能下葬。对楚王赠品如此敬重，体现了曾、楚之间某种程度上的从属关系。当然，一国君主为另一国君主铸造宗彝，先秦仅此一例，说明两国关系非同寻常。[1]

其次，竹简所载曾侯乙葬仪中的御车者和赠马者中，楚国类型的曾国官衔比比皆是。如御车者有宫厩尹、宫厩令、审窨令、新官令、右令、差（左）令、邻连嚣（敖）等；赠马者中有左尹、右尹、大工尹、䴡尹、新赔（造）尹、大（太）宰、少师、左司马、右司马等。为曾侯葬仪御车者，应为曾侯属下官员。显然，曾国在当时已广泛采用了楚国官制，这足证楚在政治上对曾的影响。不仅曾、楚在政治上存在依附关系，从该墓出土的文物看，其所体现的文化特征也蒙上了浓重的楚文化色彩。如墓中9件束腰大平底鼎，这类鼎在春秋中期到战国晚期的楚墓中均有出土。如河南淅川下寺2号楚墓、长沙浏城桥1号楚墓、寿县朱家集楚幽王墓等。在前后300余年间，其口沿立耳外撇和束腰平底的基本模式无改，为典型楚器。礼器中以鼎为首，而周代用鼎之制，又以升鼎为核心。曾侯乙以楚式鼎来定名份，显为楚文化的深刻影响。楚器中盛行的相对横三角纹边饰、三分或四分式的圆涡纹和动物纹等，在该墓出土的青铜器上均有体现。曾侯乙墓中，陶器仅有1对大缶和1对小三足罐。陶缶原与成组的青铜礼器配套置于墓中室，当亦属礼仪重器。这类陶器亦屡见于楚墓之中，其压印圆圈纹在战国早、中期楚国陶器上极为流行。该墓以楚式陶缶为礼器，很能说明问题。该墓中大量铜器铭文和竹简文字资料，极为鲜明地显示出楚文化的深刻影响。从字体看，铜器铭文与楚王镈上的铭文风格基本一致；一些兵器上的鸟篆文字，亦是楚国常见的。大批简文的书写风格，与江陵、信阳等地出土的楚简几乎是同出一辙。这些材料充分说明，当时的曾国，已被打上了楚文化的烙印。[2]

不过，另一些材料也表明，曾侯乙墓还维持着一些中原形式。例如，战国时楚国大墓多有大型封土、多级台阶与长斜坡墓道；曾墓有无封土已无法判断，但无台阶和长斜坡墓道，则很清楚。非天子不准用墓道，正是中原地区大墓的明显特征。迄今已发掘的近4000座大小楚墓中，无一使用积石积炭的；而该墓墓坑中却用了大

---

[1] 参见王子初主编《中国音乐文物大系·湖北卷》，大象出版社1996年版，第238—244页。
[2] 参见王子初主编《中国音乐文物大系·湖北卷》，大象出版社1996年版，第238—244页。

石板和积炭，与河南汲县（今卫辉市）山彪镇等地战国大墓相同。可见这又是中原习俗。楚墓的随葬品，青铜礼器中常见敦、镶壶；漆木器中常见镇墓兽、虎座飞鸟；漆器图案常见二方或四方连续的菱形几何纹。乐器多有虎座鸟架鼓，兵器常见铜剑，高级贵族铜剑更多。这些可说是楚墓的基本器，虎座飞鸟和镇墓兽更为楚地独有，但在曾侯乙墓中均无发现。显然，在江汉立国的600余年间，它仍在顽强地维护着中原文化的某些习俗和姬姓曾国一点可怜的尊严！

楚，从周初的南蛮小国日渐强盛，至春秋晚期吞并吴、越之后，成为中国南方数一数二的大国，其势力占领了整个南部中国；并多次入侵中原，先后与晋、秦博弈，成为战国七雄之一。楚国有着强大的地域音乐文化，即便是在西周初期推行礼乐制度的进程中，也已经难以抹去楚文化的重要影响。如西周乐悬的主角甬钟，公认源自扬越人的大铙，却难以撇清与楚文化的关联；又如曾侯乙编钟的铭文，体现了中国先秦时期乃至整个人类在青铜时代音乐艺术和科技发展的最高水准；而其中不少于一半的内容，竟都属楚文化！曾侯乙编钟铭文中所载十二律名中，一半是楚律名！曾作为中原姬姓诸侯国的官制，也有半数成了楚制。在这一时期的音乐考古发现之中，无论其数量之多、工艺之精、艺术水平之高，还是理论建树之精深，楚皆非在煌煌中原的水平之下。

（二）曾侯墓地的新发现

有关曾国的来源和始封问题，在传世文献中鲜有记载。西周早期，曾、鄂应是同时并存于随州的两个古国。随着鄂被周消灭，姬姓曾国迅速扩展至汉北及河南新野一带，成为替代鄂国的汉东第一大国。曾侯墓地的新发现，也为曾国音乐历史的研究提供了全新资料。

1. 叶家山曾侯墓地。2010年，考古工作者发现了湖北随州叶家山西周墓地。发掘的65号大墓，从出土铜器铭文与伴出的铜钺、铜面具等重器分析，其墓主极有可能是曾侯谏。特别是2013年发现和发掘的M111，意义更为重大。墓中出土的青铜器铭文有"曾侯犺"（一说"犺"应隶定为"狘"，读若"立"[①]）字样，当为该墓的墓主，曾侯乙600多年前的祖先。墓葬的时代为周初的昭王时期（公元前995—前977）。墓中出土了4件甬钟和1件镈，为西周早期音乐考古的重大发现。

五钟的正、侧鼓音皆可发小三度或大三度音程的双音。据测音为E宫，按自低音向高音序排列分别为：

a. 镈 M111:5 小三度　B^3—D^4（徵—商曾）右侧鼓无标记
b. 甬钟 M111:8　　大三度　$^\#C^4$—F^4（羽—羽角）右侧鼓无标记
c. 甬钟 M111:13　　大三度　E^4—$^\#G^4$（宫—角）　右侧鼓无标记

[①] 参见罗运环《叶家山曾侯名"犺"兼及亢字考论》，载湖北省博物馆、湖北省文物考古研究所《叶家山西周墓地国际学术研讨会会议论文》，2013年。

d. 甬钟 M111:7　　　　小三度　$^{\#}G^4—B^4$（角—徵）　右鼓部有纹饰标记

　　e. 甬钟 M111:11　　　小三度　$^{\#}C^5—E^5$（羽—宫）　右鼓部有纹饰标记[①]

　　其中的 a、b、c 三钟侧鼓部（右侧鼓）不设敲击点标记，可证其音不在音律设计范围以内。五钟的正、侧鼓音构成了"徵—羽—宫—角—徵—羽—宫"音列，完全与周初乐钟不用商声的规矩相吻合[②]，是目前最早体现周初乐钟"戒商"规矩的重要标本。其中 d、e 二钟，侧鼓部已经明确标注敲击点标记，说明当时编钟的铸制者已经有目的地设计并使用了编钟上的侧鼓音。研究表明，叶家山 111 号墓葬的时代，应在西周昭王之世（公元前 995—前 977）。即是说，中国古代在音乐科技上的重大发明——双音钟的铸调技术，至晚在此时已经毫无疑问地确立了！不过，这 4 件甬钟已经体现了周初乐悬体系中确立的基本形制，而那件四虎镈 a，却是地地道道的南方舶来品！

　　2. 郭家庙曾侯墓地。湖北随州郭家庙墓地为两周之际早期曾国国君墓地，与叶家山西周早期曾侯墓地、文峰塔曾国墓地、擂鼓墩战国曾国墓群，共同构建了曾国考古学的年代序列。墓地距枣阳县城 15 千米，西距九连墩战国楚墓葬群 1.5 千米，面积达 120 万平方米。墓地分布在两个相对独立的山冈上，北岗为郭家庙墓区，南岗为曹门湾墓区。

　　郭家庙墓区处于著名的"随枣走廊"的入口处。随枣走廊是上古时期中原文化与南方文化的交通之地，也是南北金属货物交换的枢纽，因而也被称为"金道锡行"。2015 年 9 月开始，在郭家庙 3 个不同地点发掘清理墓葬 88 座、车马坑一座，出土各类质地文物 1100 余件。其中包括 30 号墓编钟一套 13 件，时代属春秋早期；编钟造型相同，大小有序，音高稳定，宫调明确，是一套完整的实用青铜乐器。其与目前所知春秋编钮钟 9 件成套不同，正鼓部的音高分别为徵（sol）—羽（la）—宫（do）—商（re）—角（mi）—羽（la）—宫（do）—商（re）—角（mi）—羽（la），其中"商"声两次出现，符合春秋初期钮钟一出现即打破西周编钟（甬钟）不用商声的惯例。特别是这 13 件套的编钟，其腔内均带挂铃舌，一摇晃自击而叮当作响，为名副其实的"铃钟"，极为罕见。

　　曹门湾墓区，2014 年 11 月至 2015 年 1 月进行了 1 号墓的抢救性发掘。根据出土铜器铭文判断，其国属应该为"曾"。M1 规模最大，墓主应该是春秋早期的一代曾侯，出土的音乐文物最具特色，主要有瑟、建鼓及钟磬簨虡等。包括保存完好、年代最早的彩漆木雕编钟、编磬底座、横梁、立柱（即簨虡）。横梁均为两端圆雕龙首，通体浮雕彩绘变形龙纹；立柱的结构模式和装饰题材与《周礼·考工记·梓人》的记载吻合，均为圆、浮雕相结合的龙凤合体的羽人形象；钟、磬、建鼓架的底座，

[①] 参见方勤《叶家山 M111 号墓编钟初步研究》，《黄钟（武汉音乐学院学报）》2014 年第 1 期。

[②] 参见王子初《周乐戒商考》，《中国历史文物》2008 年第 4 期。

为通体彩绘垂鳞纹圆雕凤鸟造型。其中一件瑟相比春秋中晚期的赵巷 4 号楚墓、曹家岗 5 号楚墓而言，应为瑟的更早期形态。瑟尾彩绘浮雕龙纹，3 个枘孔、17 个弦孔清晰可见，并发现瑟柱 6 个。出土两根木柱，当为建鼓的楹（即建鼓贯柱），高 3.31 米，彩绘蟠虺纹。瑟、建鼓以及钟、磬架是迄今发现最早的实物。这些珍贵的音乐文物，无不透射着楚文化的流光溢彩。

据曹门湾 86 号墓出土青铜壶铭文显示，墓主为曾国贵族"旁晨"。墓中出土了一件春秋早期的古琴，距今 2700 年左右，为目前所知最早的楚式"半箱"琴标本，其将中国有实物佐证的琴史再次提前了约 300 年。在以往的考古发掘中，琴、瑟同出的概率极小，故它也是迄今时代最早的琴、瑟组合，刷新了人们对这些古代弦乐器的认知。

曾国墓地的新发现，勾勒出曾国音乐文化的中原渊源和原始面貌，揭示了在跨越西周早期至战国中期 700 年间，以随州为中心、方圆约 600 平方千米的"曾国文化圈"逐渐融入楚文化的历史踪迹！

（三）繁花似锦的荆楚乐苑

商周之标，楚国开国君主熊绎之曾祖父鬻（读若"玉"）熊已居丹阳。后成王封其曾孙熊绎为子爵，楚始建国。楚国郢都地望，多有争议。湖北江陵的纪南城遗址及这里获得的大量考古发掘成果，与史书所载郢都地望基本吻合，可为江陵城及前身郢都定位的历史依据。

1. 湖北江陵、荆门、当阳、鄂州楚墓群。仅以纪南城为中心的春秋、战国时期的楚国墓葬群多达 7 个，墓葬封土堆直径规模超过 100 米的多达数百家；其中荆州龙山（今八岭山）国家重点文保单位就有大型楚墓（熊家冢类型的超级大墓）接近 500 冢。在迄今已发掘的 2000 余座楚墓中，出土的楚国音乐考古成果已如秋夜繁星。

如江陵天星观 1 号墓，当阳曹家岗 5 号墓及赵巷 4 号墓，荆门包山大冢，江陵雨台山楚墓，江陵望山、马山、拍马山楚墓群，鄂州百子畈及钢铁厂等墓葬，古楚的音乐考古发现层出不穷，乐器品种也琳琅满目：钟磬、笙竽、琴瑟、律管及各类漆木鼓等，十分丰富。① 鼓的种类尤多，虎座鸟架悬鼓是最典型的楚式鼓，具有极高的工艺和实用价值。《楚辞》"二八齐容，起郑舞些；竽瑟狂会，搷（读若"填"）鸣鼓些"的景象，随着大量楚墓乐器的面世，愈加真切。

仅"竽瑟狂会"的瑟，屡见存于楚古都纪南城附近，以江陵为中心及当阳、荆门一带的楚墓之中。如当阳曹家岗 5 号墓、赵巷 4 号墓出土的瑟为春秋时期的杰作，一度为楚瑟中年代最早、形制最大、制作最精、保存也较好的极少数标本之一。其中有的遍着彩绘，华丽绝伦；有的虽未着漆绘，却以其精巧的刻花纹饰，显示了古

---

① 参见王子初主编《中国音乐文物大系·湖北卷》，大象出版社 1996 年版。

楚制瑟工匠之高超技艺。《左传·成公九年》（公元前582）载，楚国琴师钟仪为郑国所俘，献给晋侯。晋侯命其弹琴，他以精湛的技艺演奏了楚国的音乐，竟使晋侯大为感动，认为他"乐操土风，不忘旧也"①，遂将他礼送回国，借结晋楚之好。动人的传说与精美的文物相得益彰，证实了《左传》记载的可信性。

2. 河南淅川下寺楚墓群。河南境内，也大量分布春秋中晚期的楚国贵族墓群。如位于河南省淅川县丹江口水库西岸的仓房镇下寺东沟村。1977年，因天旱致丹江口水库水位下降，一些青铜器暴露，墓葬由此被发现。文物考古队在这个墓群共发掘了墓葬25座。根据2号墓出土的平底鼎上面的铭文"王子午择其吉金"和"令尹子庚民之所敬"等字，专家判断墓主是楚共王和楚康王时期的令尹子庚之墓。出土随葬品6098件，其中包括王孙诰编钟等国家一级珍贵文物。王孙诰编钟全套数量达26件，最大钟通高120.4厘米。钟身呈合瓦状，是目前出土的春秋时期数量最多、规模最大、音域最广、保存情况及音色较好的一套青铜打击乐器。② 淅川下寺1号墓出土的"敬事天王"钟一套9件③；下寺10号墓出土了著名的蟠钟9件，蟠镈8件和编磬一套13件。④

淅川的和尚岭与徐家岭楚墓群，位于丹江口水库西岸的仓房镇。重要音乐考古发现有和尚岭2号墓出土的伽子受编钮钟一套9件，为近年来出土的一套组合完整、工艺精致的有铭青铜编钟。⑤ 徐家岭3号墓、10号墓各出土编镈一套8件。⑥ 另有两尊青铜兽座出土，兽身脊背正中铸一方座，器物通身饰龙纹、凤纹和云纹，满嵌绿松石。学术界有认为是悬鼓架，有认为是编磬架虡座⑦。

淅川楚墓群对研究楚都丹阳、楚国历史文化的发展、楚国与周边诸侯国的关系、当时的礼乐制度等方面，有着不可替代的研究价值。

3. 河南信阳长台关楚墓。1956年，河南省文物考古研究所发掘了信阳长台关1号墓，于墓葬前室出土木瑟2件，锦瑟1件（M1:127、159，M1:锦瑟），同出大鼓、小鼓、编钟等。从出土编钟上的铭文及其他遗物看，其时代当为战国早期。⑧ 编钟一组13件，保存良好。首钟有铭文"隹荆篙屈栾晋人，救戎与楚境"，因称"荆篙

---

① 《春秋左传正义·成公九年》，载（清）阮元校刻《十三经注疏》，中华书局1980年影印，第1906页。
② 参见赵世纲主编《中国音乐文物大系·河南卷》，大象出版社1996年版，第86页。
③ 参见赵世纲主编《中国音乐文物大系·河南卷》，大象出版社1996年版，第116—117页。
④ 参见赵世纲主编《中国音乐文物大系·河南卷》，大象出版社1996年版，第100—101页。
⑤ 参见赵世纲主编《中国音乐文物大系·河南卷》，大象出版社1996年版，第104—105页。
⑥ 参见赵世纲主编《中国音乐文物大系·河南卷》，大象出版社1996年版，第124页。
⑦ 赵世纲主编《中国音乐文物大系·河南卷》，大象出版社1996年版，第84、99页。
⑧ 参见袁荃猷主编《中国音乐文物大系·北京卷》，大象出版社1996年版，第68页；赵世纲主编《中国音乐文物大系·河南卷》，大象出版社1996年版，第131页。

编钟"①。编钟发音准确，音质优良，其音列已构成完整的七声音阶。用其演奏的乐曲《东方红》，随同中国第一颗人造卫星上天播向了太空。1958 年，河南省文物考古研究所发掘了信阳长台关小刘庄 2 号墓。该墓亦为木椁墓，属战国早期。2 号墓位于 1 号墓东 9.1 米处，出土木编钟 13 件、木编磬 18 件、木瑟 3 件、大鼓 2 件及瑟垫、瑟枘、鼓架、鼓杖、钟架、钟槌、磬架等。②

近年信阳文物部门又发掘了长台关（今称"楚城阳城"）9 号墓，出土编钟一套。编钟出土时保留了金光灿灿的青铜本色。编钟 2000 余年在地下，竟毫无氧化迹象，堪称奇迹！编钟音质极佳，音律准确，堪为楚钟之极品。

繁花似锦的荆楚乐苑，崭露出一朵最绚丽的奇葩——举世无双的曾侯乙墓音乐考古。它在整个春秋战国时期独步乐坛，其于秦汉一统及以后的中国，影响深远。先秦荆楚音乐文化，已深深融入中华民族的血脉之中！

（四）荆楚音乐文化的历史定位

不过，翻开现行的中国音乐史著，还难以找到历史上一度辉煌的荆楚音乐文化的踪迹。确实，历史还没有留给它应有的地位。

杨荫浏的巨著《中国古代音乐史稿》，在其"春秋战国"章中，内容涉及社会概况、民歌的收集及创作、《诗经》《楚辞》等作品的艺术性研究、社会乐音生活及音乐表演技术的发展、音乐文化的地区交流、统治阶级和音乐文化的关系、乐器和乐律、音乐思想及美学理论的发展八个方面；较之其前的史前、夏商及西周，他已构建起一部相当丰富的春秋战国音乐的断代史！李纯一的《先秦音乐史》，将这一历史时段分为春秋和战国两章分述。其"春秋"章的前两节"礼坏乐崩""乐官和乐工"研究了当时的社会音乐制度；后两节较为详细地论述了"春秋乐器"和"音乐思想"。其"战国"章的"民间音乐和歌唱艺术"节对当时社会的民间乐音生活进行了探讨；"雅乐的败落和统治阶级的纵乐"研究了社会音乐制度；后两节仍侧重于论述"乐器"和"音乐思想"。显而易见，两位史学大家在对这一时段的中国社会乐音生活的研究中，不约而同地关注到当时社会音乐制度和民间乐音生活的现状、乐器和乐律、音乐思想的发展和繁荣，成果卓著且各有千秋！杨荫浏的研究，更关注当时音乐文化的地区特色交流、美学理论的发展等方面；李纯一在对当时的乐器研究中，充分展示了他在音乐考古学研究方面的功力。不过，他们都还没有顾及先秦荆楚音乐文化的研究和论述，他们的音乐史，还仍是"中原音乐史"。有两点因素当与此相关。

有关此时段的音乐理论研究，可分为两个层次。一为着眼于人文社科层面的宏

---

① 参见河南省文物研究所《信阳楚墓》，文物出版社 1986 年版；黄翔鹏《"瞽篚"钟每钟两音音名与阶名的乐律学分析》，载《溯流探源——中国传统音乐研究》，人民音乐出版社 1993 年版，第 92—97 页。

② 参见赵世纲主编《中国音乐文物大系·河南卷》，大象出版社 1996 年版，第 65、127、135 页。

观研究，如音乐史学及史学史、音乐思想、音乐美学（哲学）等学术性理论研究；二为着眼于音乐本体的，如音乐表演、作曲、乐律学及现代的和声、曲式，乐器的音乐性能、发音原理及制作等技术性理论的研究。从这一角度看，杨、李二人的研究，均侧重于人文社科层面的宏观研究，对于音乐本体方面技术性理论的研究，主要集中在乐器的研究之中。他们的主体史料来源，仍有赖于中国传统的历史文献：其本质就是一部中原文献！其中所载的史料，就是中原史料；中国传统的治史方法，是"引经据典"；这样建立起来的历史，包括音乐史，只能是一部中原史。

同样，即传统文献中用文字记录下来的有关古代音乐的历史信息，其局限性显而易见。这是由音乐艺术的性质决定的。音乐是声音的艺术，又是时间的艺术。因是声音的艺术，它只能作用于人的听觉，是看不见、摸不着的；因是时间的艺术，它只能存在于声波运动的时段内；它是动态的，它本质上不可名状，既难以用文字来描述，也不能用图像来加以表述。所以，历史文献中用文字记载的音乐史料，都是对音乐的间接记录，其间充斥着大量的文学性描写，往往是一种音乐的意境而已。如果说，文献记录对人文社科层面的宏观信息，有着一定的现实意义的话，那么其对于音乐本体技术性理论的研究，就力不从心了。显然，中国历史上一度辉煌的荆楚音乐文化，其相关的历史信息，在传统的中原文献中是被基本排斥的。进入战国，楚国以其经济、军事及文化的强盛，跻身于中原"战国七雄"，致有少量文献如《楚辞》幸存，历史难灭其踪；今天，曾对中国音乐文化产生重大影响的荆楚音乐文化，人们只有在上述大量的音乐考古发现和研究中才能领略其当年风采了。

也正是有了今天音乐考古学研究的大量成果，人们已经开始关注并确立先秦楚文化孕育的音乐艺术和科技的伟大成就。

曾侯乙墓的出土乐器，尤其是编钟的出现，第一次从根本上撼动了有着显而易见局限的、以文献为主要史料基础的传统中国音乐史。曾侯乙编钟是自古至今所见科学、艺术和技术含量最高的乐器。曾侯乙编钟的出土，证实了中国青铜乐钟的双音铸调技术，这一伟大科学发明的存在填补了中国古代乐律理论的失载。如曾侯乙编钟这样举世罕见的伟大作品，当非来源于中原腹地；迄今中原地区的考古发掘，均未见曾侯乙编钟之先绪踪迹。倒是规模仅次于曾侯乙编钟，且比曾侯乙编钟早了近百年的河南叶县编钟，也出现在已成为楚国附庸的许灵公墓内。[①] 根据叶县编钟的音列及其编组的诸多特征，可证编钟的文化属性，依然是保留着一定的中原因素，但楚文化的因素已在一定程度上有所显现。其在文化上的多元统一，典型地反映了曾影响了这一时期中国历史进程中的中原与楚文化交汇重构的社会现实。[②] 其百余年之后的曾侯乙编钟，在楚国的地域、楚文化氛围之中横空出世，则是顺理成章！

---

① 参见王子初《河南叶县旧县四号春秋墓出土的两组编镈》，《文物》2007年第12期。
② 参见王子初、邵晓洁《叶县旧县4号墓编钟的音律分析》，《音乐研究》2008年第4期。

气势宏伟的曾侯乙编钟，是人类创造的最伟大的青铜艺术作品！"一钟二音"构想的实施和应用，是最伟大的音乐科技发明！"一钟二音"，即所谓的双基频编钟的冶铸和调律技术。音乐学家黄翔鹏在 1977 年考察西周钟时已有所发现，而曾侯乙编钟的出土，以其明确无误的标音铭文和音响，使得人们确认无误。随州叶家山西周曾侯墓地 111 号墓出土的 5 件编钟，已经是明白无误的双音钟。经过了西周、春秋到战国初期的发展，这一技术在曾侯乙编钟上已是炉火纯青。

"一钟二音"的科学发明，其重大的学术含义，绝不在已有的中国古代"四大发明"之下。相对来说，火药、指南针、造纸术和活字印刷术，其发明不是带有一定的偶然性，就是过多地依赖经验性和实用性，其高层次的理论性和学术性，远不如"一钟二音"的发明。

其一大学术背景是，乐钟之所以能够"一钟双音"，主要是由于钟体采用了合瓦形的结构，使得一件钟上能够同时存在两种不同的"基频"，两种振动模式相互交叉叠置，当激发其中一个振动模式时，另一个振动模式恰好被抑制；反之亦然。因此，分别敲击钟的正鼓部和侧鼓部，就可以发出两个不同的乐音。一件钟上的两个乐音大多呈三度关系，其中又以小三度居多。尤为重要的是，这些乐律理论，已被人用错金铭文刻在编钟上！显然"一钟二音"早已不是偶然现象，而是古代一项上升成为理论体系的辉煌的科学发明！

其另一大学术背景是，研究表明，当时的工匠在音乐声学和乐器制造方面已掌握了丰富的科学知识和高超的工艺技能。双音钟的调律技术也是这一重大发明的组成部分。曾国工匠有着高超的编钟调音技术。曾侯乙编钟的各钟均在铸后经过了磨砺加工，鼓部无纹处均有极细的横向擦痕，这种细腻的磨砺，不仅处理了钟体的铸后缺陷，使钟体更加美观，更多是为了钟的调音，磨砺使每个钟上的两个音，均达到准确的要求。它通过在振动节线处的锉磨，并调整钟腔内壁的厚度，可以分别调节这一钟上两音的频率，获得人们所需要的两个音的准确音高。随着编钟的发展，其调音部位的特征以及相应的调音手法都在不断变化和演进。遗留下来的锉磨痕迹表明，曾侯乙编钟的调音手法是最为科学的，体现了中国青铜时代乐钟制造的最高水准。从编钟的标音铭文以及实际的音频测量和试奏效果可知，曾侯乙编钟的音域为 C—d^4，达五个八度之广。基本为七声音阶，中部音区十二律齐备，可以旋宫转调，而且全套编钟的发音相当准确，可以演奏较复杂的古今中外乐曲。通观世界，音乐性能如此完备的青铜乐器，为古今所仅见。

双音钟构想的实施和应用，其第三大学术背景是，在 2400 年前的不平均律时代，运用钟律，在反复的旋宫转调中，会产生许多的变律，以至于在半音之中可能多至 5 个微分律。可以设想，在全套 65 件、130 个音的青铜铸制的编钟上，要设计并实施这样一套极其繁复的音律体系，需要何等高度的科学和技术水准！可是在

2400年以前，曾国的钟师工匠们做到了！这不仅是中国，而且是人类青铜时代的一个伟大的创举！

如此高度的音乐实践与理论成就，在周秦文化之中是找不到的！其对后世中国音乐文化之影响，同样不在周秦文化之下！时至中国音乐考古学发展的今天，撰写春秋战国的音乐史，缺失楚国的音乐文化，不符合历史事实；不研究楚国的音乐文化和其音乐艺术成就，也难以构成一部客观的、科学的东周音乐断代史！

第二节　评述与拓展

一、基本内容及意义

（一）《太古神游——音乐考古与史前史》

传统中国历史的"信史"时段，一般以西周共和（公元前841）为界，对于周代以前的时期，历史学家称之为"传说时代"。① 随着考古学的发展，已经可以证明商代的确切存在，而对于"夏墟"所在却难以确认。《太古神游——音乐考古与史前史》是王子初先生2017年发表在《人民音乐》上的文章。本文从文献中的史前史、音乐史学家们的探索以及考古出土的史前文物对中国史前音乐史进行探讨。文章共分为三个部分。

第一部分，这一部分主要论述中国历史上音乐地位显赫，而并无系统的"音乐史"，与史前音乐相关的资料多出于《二十四史》《吕氏春秋》等。然而其中的记述实际上与考古出土文物并不完全一致，指出文献著录的不确定以及无可稽考。

第二部分，这一部分主要记述"五四"以后的一些音乐学家在著录中国音乐史专著时采用的治史方法，从叶伯和的以"引经据典"为主要原则；到杨荫浏认识到文献史料的局限性，引用一定的考古发掘资料和研究成果；再到李纯一《先秦音乐史》中充实大量的音乐考古史料。

第三部分，这一部分主要介绍自1978年曾侯乙编钟出土以来，人们对于古代音乐史有了新的认识。大量出土的史前音乐实物，为中国史前音乐史的研究积累了可观的实证资料。并且介绍了音乐考古学与其他学科的交叉渗透，使得史前音乐史的研究得以蓬勃发展。

评述： 近年来，大量出土的史前音乐文物，使音乐学界对于史前史的研究得以深入进行。王子初先生的《太古神游——音乐考古与史前史》，通过例举"黄帝命伶伦作钟"等文献史料中相关的音乐记载，以其与出土的史前音乐文物进行对照，客

---

① 参见王子初《太古神游——音乐考古与史前史》，《人民音乐》2017年第8期。

观地指出文献著录的局限性。文章提出在文字尚未发明的时代，考古发掘出土的资料是研究史前音乐史的唯一直接史料，该文对于史前音乐史的研究具有较强的指导意义。作者呼吁，对于史前阶段的音乐史研究，要从考古发掘的文物出发，谨慎看待历史文献中记载的神话故事，发掘出文献中新的史前史料价值。

（二）《遥望殷墟——音乐考古与商代史》

历史上的商代，是中国第一个可以纳入信史，但神话意味浓厚的朝代。文献中关于商代音乐的记载仍多为神话传说，难为信史。现代关于商代音乐史的研究，较之史前史已有所进步。[①]《遥望殷墟——音乐考古与商代史》是王子初先生 2018 年发表在《音乐研究》上的文章。本文从商代音乐文化及其分布、社会及音乐制度、殷商乐器、音乐文献及学术地位进行探讨。文章共分为四个部分。

第一部分——考古所见商代音乐文化及其分布。这一部分，根据现今掌握的音乐考古资料，从音乐考古的角度，指出商代音乐文化地理格局的分布与以往传统文献记载大相径庭。主要分为以中原殷墟为核心的殷商文化、赣鄱流域的扬越文化及四川广汉三星堆的古蜀文化。

第二部分——商代社会及音乐制度。这一部分，以孔子之言"殷因于夏礼，所损益可知也；周因于殷礼，所损益可知也"[②]引出对于商代音乐制度的思考。提出以乐器编铙和石磬的组合，作为殷商文化"殷礼"的代表性乐器，似乎已经没有多大疑问。鼍鼓、特磬、铜铃等乐器也都有所沿用和发展。

第三部分——殷商的乐器。这一部分主要论述商代三大文化所出土的乐器及其所代表的的礼乐文化意义。明确较之史前，殷商时期出现了新型礼乐器，即中原的青铜编铙，南方的大铙、镈及西南的铜铃。并且表明商代时期三大文化看似三足鼎立，实则中原地区占据核心地位。

第四部分——商代的音乐文献及学术定位。这一部分，通过梳理先秦文献中与商代音乐生活相关的部分，以难为信史的神话传说、"半信半疑"的历史传闻、写实性较强的情景描绘三个层次加以详细论述。指出应该以文献与考古实证相互印证，跳出文献外获得对古代社会音乐生活的更为真切的认识。

评述：商代是我国历史上第一个可以纳入信史，却又充满神话意蕴的朝代，许多文献中关于商代音乐生活的记载仍为神话传说。王子初先生的《遥望殷墟——音乐考古与商代史》，根据目前掌握的音乐考古资料，将商代的音乐文化分为殷商文化、扬越文化和古蜀文化三大文化，而文献中多以殷商文化为主，对其他文化鲜有著录。因此，文章从音乐考古学的角度，指出文献记载与考古发掘存在差异。并且提及现今出土的音乐考古资料多以商代后期——殷商时期为主，关于商代前期的发

---

① 参见王子初《遥望殷墟——音乐考古与商代史》，《音乐研究》2018 年第 5 期。
② 《论语注疏·为政》，载（清）阮元校刻《十三经注疏》，中华书局 1980 年影印版，第 2463 页。

掘资料十分贫乏，指出目前应该客观地认识商代音乐史的研究，以文献与考古实证相互印证，跳出文献外获得对古代社会音乐生活更为真切的认识。

（三）《巡礼周公——音乐考古与西周史》

西周时期，以钟磬类大型编悬乐器为主的"乐悬"是周代礼乐制度的重要组成部分。《巡礼周公——音乐考古与西周史》是王子初先生2019年发表在《中国音乐学》上的文章。本文从西周三大地区音乐考古、双音钟技术的发明确立、音乐史中的西周音乐、周代乐悬的发展、周乐戒商的相关问题进行探讨，重新认识西周时期的音乐史。文章共分为五个部分。

第一部分——西周的音乐考古。这一部分，以岐周、晋豫、江汉三大区域的音乐考古发现为主，并对其中一些具有代表性的遗址、墓葬进行了基本的概述。

第二部分——音乐考古的启示。这一部分，主要探讨殷商时期就已经出现的合瓦形青铜乐钟，表明当时的人已经有意识地设计和使用了合瓦形青铜乐钟的双音性能。曾侯乙墓编钟的出土证明了"一钟双音"技术的发明，而2013年出土的叶家山墓编钟右鼓部凤鸟纹敲击点的出现标志着西周双音钟技术的确立。

第三部分——音乐史中的西周音乐。这一部分，主要以杨荫浏先生的《中国古代音乐史稿》以及李纯一先生的《先秦音乐史》中对于音乐考古资料的运用来指出，音乐考古史料对于中国音乐史学家们在西周史上的研究发挥的重大作用。

第四部分——周代乐悬之"发展"观。这一部分，主要包括乐悬的音乐考古、"礼"与"乐"的博弈、编钟音律的发展历程三个方面，反映出西周礼乐制度的几个侧面，其不约而同地展现了西周乐悬之礼与乐的消长。

第五部分——周乐戒商的千古疑案。"周乐戒商"是西周音乐史上的一个重大问题，大量出土的西周编钟的实际音响，已经明确西周编钟确实不用商音、其"戒商"指的是音阶中的商音级。这一部分重点讨论了戒商的时间问题、戒商的实施范围、戒商探因三个方面。

评述：西周时期出土了大量的音乐考古发现，为研究西周音乐社会生活提供了丰富可靠的实证。王子初先生的《巡礼周公——音乐考古与西周史》，梳理了西周时期岐周、晋豫和江汉三大地区的音乐考古发现，论证了西周双音钟技术的发明和确立，论述了音乐考古史料对于研究西周音乐史的重要性及乐悬制度的发展观，解答了周乐戒商的千古疑案，使得人们对于周公制礼作乐时期的音乐史有了重新认识，为后辈对于西周音乐史的研究搭建了珍贵的理论阶梯。

（四）《曾楚论衡——音乐考古与东周史》

春秋战国时期，楚国的音乐文化随着其政治、经济及军事发展已经渗透于中原，曾侯乙墓的出土，更是中国乃至世界音乐考古学上的重大发现。因此，对于春秋战国时期楚国音乐文化的研究，意义当远不在周秦文化之下。[①]《曾楚论衡——音乐考古与东周史》一文由王子初先生所作，收录在李幼平先生主编的《寰宇鸣钟——"曾侯乙编钟出土40周年"纪念文集》，2018年由武汉出版社出版。本文从曾侯乙墓音乐考古及曾楚音乐博弈两方面进行论述。文章共分为两个部分。

第一部分——曾侯乙墓音乐考古的伟大成就。这一部分主要论述了四个方面：1. 曾侯乙墓出土的罕见古乐器，如均钟、排箫、篪、瑟、笙等。2. 青铜乐钟的巅峰之作——曾侯乙墓编钟，其规模之大、数量之多、制作之精良达到了前所未有的程度。3. 最进步的乐律学专著，曾侯乙编钟上的3755个金铭文，实际上是一部失传已久的先秦乐律学史专著。4. 解开历史疑案的钥匙，曾侯乙编钟上的钟铭解决了宋代安陆出土的2件"楚王章钟"（或称"曾侯之钟"）的铭文解读。

第二部分——曾楚音乐的博弈。这一部分主要论述了四个方面：1. 曾楚文化的源与流，曾侯乙墓的发掘，证实曾楚文化的音乐艺术、科技等已经超越周秦文化。2. 曾侯墓地的新发现，如叶家山曾侯墓地和郭家庙曾侯墓地，这些新发现勾勒出曾国音乐文化的中原渊源和原始面貌。3. 繁花似锦的荆楚乐苑，楚地出土的大量音乐文物，表明先秦的荆楚音乐文化已经深深融入中华民族的血脉中。4. 荆楚音乐文化的历史定位，大量曾楚音乐文物的出土表明当时的人已经掌握了极高的音乐实践和理论技术，其成就不在周秦文化之下，因此在音乐考古学发展的今天，楚国音乐文化和成就是撰写春秋战国音乐史时不可缺少的重要历史。

评述：春秋战国时期，楚国音乐文化就已渗透于中原，而文献记载中却鲜有著录。随着具有鲜明楚国音乐文化特征的曾侯乙墓编钟的出土，使得先秦音乐史重新被改写。王子初先生的《曾楚论衡——音乐考古与东周史》论述了曾侯乙墓音乐考古所出土的罕见乐器，制作水平的高度发达，先进的乐律学体系等伟大成就。又讨论了曾楚音乐之间的博弈，提出楚文化对于曾国的影响深远。并且介绍了近年来越来越多的曾楚墓地、墓葬群的发现，表明楚文化的繁花似锦。而翻阅文献或是现行的音乐史著，却难以从中找到辉煌一时的荆楚音乐文化。由此，王子初先生提出，拥有高度的音乐实践与理论的荆楚音乐文化，对于后世中国音乐文化的影响不在周秦文化之下。缺失对楚国的音乐文化和艺术成就的研究，既不符合历史事实，也难以构成一部客观科学的东周音乐断代史。

二、作者与之相关的论著

1. 王子初：《略论中国音乐史的改写》，《音乐研究》2006年第3期。
2. 王子初：《周乐戒商考》，《中国历史文物》2008年第4期。

---

① 参见王子初《曾楚论衡——音乐考古与东周史》，载李幼平主编《寰宇钟鸣——"曾侯乙编钟出土40周年"纪念文集》，武汉出版社2018年版。

3. 王子初：《中国音乐考古的十大发现》，《星海音乐学院学报》2012 年第 2 期。

4. 王子初：《音乐考古拾意》，《大众考古》2014 年第 2 期。

5. 王子初：《论中国音乐史料系统的重构》，《星海音乐学院学报》2010 年第 4 期。

6. 王子初：《从滥觞到辉煌——音乐考古学在中国》，《音乐研究》2012 年第 5 期。

7. 王子初：《说有容易说无难——对舞阳出土骨笛的再认识》，《音乐研究》2014 年第 2 期。

三、其他作者与之类似的论著

1. 安家瑗：《中国早期的铜铃》，《中国历史博物馆馆刊》1987 年。

2. 袁宏平：《史前音乐起源之我见》，《音乐探索（四川音乐学院学报）》1988 年第 2 期。

3. 陈荃有：《从出土乐器探索商代音乐文化的交流、演变与发展》，《中国音乐学》1999 年第 4 期。

4. 黄厚明、陈云海：《中国史前音乐文化状况初探》，《中原文物》2002 年第 3 期。

5. 方建军：《中国史前音乐的仪式性因素》，《音乐研究》2004 年第 4 期。

6. 黄厚明：《中国史前音乐文化区及相关问题初论》，《华夏考古》2005 年第 2 期。

7. 幸晓峰、王其书：《三星堆成组铜铃音乐声学性能的初步探讨》，《中国音乐学》2006 年第 4 期。

8. 王秀萍：《殷墟出土商代音乐文物综论》，《殷都学刊》2009 年第 4 期。

9. 王秀萍：《乐器学视域下的考古出土商代乐器研究》，博士学位论文，南京艺术学院，2014 年。

10. 蔡杰：《二里头文化铜铃的类型与铸造分析》，《中原文物》2014 年第 4 期。

11. 张冲：《先秦时期陶铃和铜铃研究》，硕士学位论文，山东大学，2014 年。

12. 沈博、幸晓峰：《三星堆与金沙出土铜铃比较研究》，《音乐探索》2016 年第 1 期。

13. 王秀萍：《殷墟出土铜铃的"乐"用功能初探》，《南京艺术学院学报（音乐与表演）》2018 年第 1 期。

14. 王军：《史前音乐文明特征寻绎》，《中国音乐》2018 年第 6 期。

15. 邓玲玲：《二里头文化铃的性质刍议》，《中原文物》2019 年第 4 期。

16. 张仕男：《黄河中下游地区夏商铜铃研究》，《人文天下》2019 年第 4 期。

17. 赵楠：《从先秦时期出土乐器看中国传统音乐理念》，硕士学位论文，西北民族大学，2019 年。

第三章　晚商铜铃辨析

第一节　原文

冯光生：《晚商铜铃辨析》

——《中国音乐学》2018年第1期

铃与钟的源流关系，学界认识比较统一。铃与铙、铃与镈、铃与钮钟，虽然还不能直接接续起完整的演进环节，但是，它们间的源流关系，学者们都是基本肯定的。有意思的是，由铃至铙，由铃至镈，都发生在晚商时期；由铃到钮钟至迟在西周中期，甚至更早。① 然而，对于恰值由铃而钟重要转化期的晚商铃，大家却众说纷纭，分歧较大。各种说法择要如下。

1.非乐器说

杨荫浏：商朝文化遗址中出土过很多铜铃，但尚未确定其为乐器。如亚矢铃一般多认为是缀于旗上的铃，又如1953年的大司空村出土的许多铃，多是狗铃和马铃。②

李纯一：晚商铃出土很多，都是铜质，但没有一例能够确认是乐铃的，几乎全是车、马、狗、象等铃。③

安家瑗：商代晚期墓出土的铜铃大多附在狗架的颈骨旁或附近，没有狗架各墓出土的铜铃，有代表殉狗的意思。西周一些墓葬就有用车马器代表车马殉葬的情况。显然商代晚期的铜铃主要是作为狗身上的装饰品了。有学者把商代铜铃归为乐器，我认为这不够确切，应该说到商代晚期，铜铃开始向两个方向发展，一方面仍作为狗身上的装饰品，另一方面，经过改造演变为铙，成了一种乐器。至于铃本身作为乐器使用则是较晚的事情。④

---

① 参见冯光生《从曾国墓地编钟、编铃谈钮钟的起源》，《音乐研究》2016年第5期。
② 参见杨荫浏《中国古代音乐史稿》（上册），人民音乐出版社1980年版，第23页。
③ 参见李纯一《中国上古出土乐器综论》，文物出版社1996年版，第92页。
④ 参见安家瑗《中国早期的铜铃》，载《中国历史博物馆馆刊》（总第10期），文物出版社1987年版，第35页。

2. 与乐器相关说

陈中岚：铜铃作为礼器（乐器）使用的可能性不大，但究其根源和发声原理，不排除其作为乐器的可能性。①

王秀萍在"殷墟出土铜铃的乐用功能考辨"中通过对殷墟出土铜铃的出土地点、周边的伴出物以及其他相关因素的综合分析，力图论证铜铃在商代音乐实践领域的音乐实用性方面存在的可能性，并对其乐用功能进行了探讨和分析。②

3. 乐器说

《中国考古学·夏商卷》称："出土的商代乐器，就其品类而言有鼓、磬、铙、铃、镈、埙六种。"并且指出："铜铃在商代晚期有较普遍的发现。从安阳殷墟出土材料看，铃通常是吊在马或犬的颈下。而另一种似应由铜铃发展衍变而来的重要乐器铜镈，见于新干大洋洲。"③ 中国音乐考古的第一部重典《中国音乐文物大系》将铃作为"响器"，审慎地辑录了少量的单件铃和多件成批的铃。

由此种种，使得在迄今有关的考古发掘报告和专著、论文中，涉及晚商铃的名目则有狗铃、马铃、象铃、旗铃、车铃、棺铃、乐铃，其归类分别在青铜器中的杂器、饰品、车马器、乐器，等等。晚商铃功能的复杂性、多重性引起的认识的不确定性，是困扰乐钟演进史研究的一个重要问题。

我们有必要梳理学界对晚商铃的不同认识及其理由，根据考古材料进行具体辨析。

一、晚商铃不等于动物铃

晚商铃即动物铃，是一种先入为主的观点。这种观点，依据大量的犬、马颈下的铜铃确认犬、马之铃，并依此经验将形状类似、下葬环境不同的铃一律视作犬、马铃。

比如，殷墟武官大墓以南、北墓道殉犬、马，椁室两侧殉人。在两列陪葬人（西侧24人，东侧17人）中，W8是西侧最重要的陪葬人，有棺，并陪有"铜鼎一，铜觚二，铜爵二，铜戈一。爵均有铭。戈甚小，内上有鸟羽残痕，可能为'舞干羽'之戈，而非兵器。中部有玉'琴拨'形物一，玉鸟一，白石管一。南端有鸾刀一，犬铃三，马铃三，铜泡二十，铜镞二。此中随葬物类多，可能是这一边的班头"。从属于"班头"的铃，被径直认定为犬铃、马铃。另外，在该墓北墓道编号为N4的小坑里，葬有2人，一人佩戈，一人佩铃，被认为是护门者和饲养犬马者。④ 该墓共出

---

① 参见陈中岚《殷墟出土乐器研究》，硕士学位论文，陕西师范大学，2008年。
② 参见王秀萍《考古出土商代乐器研究》，苏州大学出版社2015年版，第248页。
③ 杨锡璋、高炜主编：《中国考古学·夏商卷》，中国社会科学出版社2003年版，第438—439页。
④ 参见郭宝钧《一九五〇年春殷墟发掘报告》，载中国科学院考古研究所编《中国考古学报》第5册第一、二合刊，中国科学院，1951年，第1—61页。

铜铃 19 个，分随陪葬人、马、犬。发掘报告依据以犬、马随出的铃为标准，将随人所出的铃，统归于犬铃和马铃。

犬佩铃即犬铃，马佩铃即马铃，人的配铃因为类似犬铃或马铃，便被认定为犬铃、马铃，并象征此人所拥的或养护的犬、马。"至于没有狗架的各墓而亦出铜铃者，或即代表有殉狗的意义。"[1] 前辈学者的这种见解，成为一种流行至今的解释。一种推论渐渐地成为一个约定俗成的定论：晚商铃即为犬、马之铃，亦即动物铃。

我们知道，墓葬中随葬狗牲是商文化中一种较为常见的葬俗，尤以晚商时期最为流行。据研究，殉狗"主要有守卫、驱邪、奠基和祭祀献享等功能。墓葬中的殉狗，除了具备守卫等功能外，还有可能作为墓主人的宠物而殉葬。商代殉狗的死殉、生殉方式及头向规律都是为了方便按照墓葬的规制进行殉埋而产生，殉狗随葬品的数量和种类跟墓葬规模和等级有着密切的联系"[2]。殉狗佩铃的情况，可以 1969—1977 年殷墟西区墓葬为例。西区墓葬 939 座殷墓中，"共有 339 座墓殉葬狗。狗埋在墓坑填土中，或埋在墓底腰坑中，还有少数埋在二层台上。有的墓腰坑和填土中都殉狗。不少殉狗的颈部系一铜铃。腰坑内殉狗的有 197 座墓，填土中殉狗的有 105 座墓，腰坑和填土都殉狗的有 91 座墓"。这些墓"总计殉狗 439 只"。全部西区殷墓中出土的铜铃总计 200 件。[3] 若仅依狗的数量和铃的数量做简单比对，忽略有的铜铃并非出自殉狗墓葬和有的铜铃与狗明显没有从属关系，亦可得知，大多数的殉葬狗并没有佩铃。换言之，并不是凡有殉狗都有铃，铃也并不是仅为殉狗而存在。

我们可以进一步了解晚商铃在有殉狗的墓葬中的大体状况。

（一）墓主人有佩铃，殉狗亦有配铃

殷墟西区 M613（殷墟二期），出土铜铃 2 件，1 件（M613：9）出自棺内头部的位置，另 1 件（M613：26）出自狗的颈部。人佩铃与狗佩铃出土位置的区分及其殉葬意图十分明显（图 2-3-1）。[4]

（二）墓主人有佩铃，殉狗未佩铃

河北藁城台西商代遗址 M102（相当于殷墟二期），出土铜铃 2 件，出自墓主棺内。"棺内人架两具，南北并列。北侧人架朱红色，系墓主人，仰身直肢，男性，年龄约 30—35 岁；南侧人架侧身屈肢，面向墓主人，下肢经捆绑，年约 30 岁，性别未鉴定。在人架头前二层台上放一陶罐，罐的两侧放水牛角一对和羊肩胛骨、猪的肢骨，象征着三牲。其余如雕花骨簪、铜觚、铜爵、铜铃、骨串饰等均分别发现于

---

[1] 马得志等：《一九五三年安阳大司空村发掘报告》，《考古学报》1955 年第 1 期。
[2] 刘丁辉：《商代殉狗习俗研究》，硕士学位论文，郑州大学，2011 年。
[3] 参见中国社会科学院考古研究所安阳工作队《1969—1977 年殷墟西区墓葬发掘报告》，《考古学报》1979 年第 1 期。
[4] 参见中国社会科学院考古研究所安阳工作队《1969—1977 年殷墟西区墓葬发掘报告》，《考古学报》1979 年第 1 期。

棺内殉葬人的头前、脚下和胸部，只有一件玉簪位在墓主人的胸前。"2 件铜铃位于主人及陪葬者 2 人腰部之间（图 2-3-1）。墓底正中腰坑内埋 1 狗，未佩铃。①

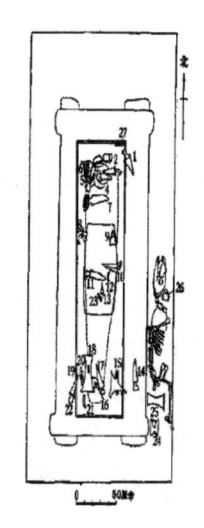

图 2-3-1　殷墟西区 M613 犬铃（26 号）、人佩铃（9 号）分布图②

图 2-3-2　河北藁城台西商代遗址 M102 铜铃（2、3 号）分布图③

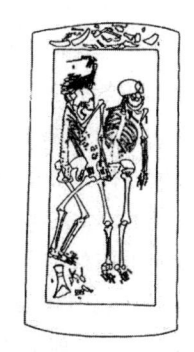

安阳大司空村东南 M663（殷墟二期），出土铜铃 3 件，2 件出自填土中，1 件在墓主人左肩侧。腰坑殉狗 1 只，未佩铃。④

安阳大司空村 TSKM034（殷墟二期），出土 2 件，"埋在红色颜料近人头骨地方"（该墓墓圹底面上铺有红色颜料），而该墓腰坑里的狗骨，并未佩铃。

安阳大司空村 TSKM050（殷墟三期），出土 2 件，"埋在红色颜料内，位置于向北的人头骨粉末地方"（该墓墓圹底面上铺有红色颜料），而该墓腰坑里的狗骨，并未佩铃。⑤

安阳殷墟郭家庄 M1（殷墟三期），出土铜铃 2 件，1 件在墓主腿西侧与铜戈 3 件、爵 1 件伴出；另 1 件出自墓室二层台上填土中。1 只殉狗葬在墓底中部腰坑，未

---

① 参见河北省文物研究所编《藁城台西商代遗址》，文物出版社 1985 年版，第 154 页。
② 摘自《考古学报》1979 年 1 期，图 38。
③ 摘自《藁城台西商代遗址》，图 94。
④ 参见中国社会科学院考古研究所安阳工作队《安阳大司空村东南的一座殷墓》，《考古》1988 年 10 期。
⑤ 参见高去寻遗稿，杜正胜、李永迪整理《大司空村第二次发掘报告（河南安阳殷代、东周墓地及遗址）》，台北"中央研究院"历史语言研究所，2008 年，第 82 页。

佩铃。[1]

安阳殷墟郭家庄东南 M41（殷墟四期），出土铜铃 1 件，在棺的东北角外一点。该墓腰坑殉狗 1 只，未佩铃。该墓的回填土中出磬 1 件。[2]

（三）出土铜铃多件，殉狗未佩铃

殷墟郭家庄东南 M5，为族长或高级贵族墓（殷墟二期）。该墓出土铃 3 件，见于椁内中部区域。殉狗 2 只（二层台 1 只、腰坑 1 只），未佩铃。墓内另出磬 1 件。[3]

安阳大司空村东南 M663，为同区域 70 多座墓中规模最大的一座墓（殷墟二期），出土铃 3 件，2 件出自填土中，1 件在墓主人左肩侧。该墓殉狗（1 只在腰坑），未佩铃。墓内同出铙 3 件。[4]

殷墟郭家庄商代墓葬 M160，为部族首领或上层人物墓（殷墟三期）。铜铃共 6 件，均出自椁室之内，其中 M160:230 与几件玉器同在主人棺内。该墓殉狗 3 只：1 只在填土中，1 只在椁室顶部，1 只在腰坑内人骨架之下，均未佩铃。[5]

安阳市孝民屯商代墓葬 M17，为一棺一椁墓（殷墟三期）。铜铃 2 件，1 件近墓主头部，1 件在墓室近南壁处。棺内出陶埙 2 件。墓底中部腰坑内未见殉狗。在填土中部（椁顶板之上）发现 1 具狗骨，未佩铃。[6]

殷墟刘家庄北 M1046，为高级贵族墓（殷墟四期），出土铜铃 19 件：10 件在椁室一角秩序摆放；6 件置于铜分裆圆鼎（M1046:27）内；3 件在填土中。该墓殉狗 1 只（在腰坑），未佩铃。[7]

安阳郭庄村北 86AQM6，是座贵族墓（殷墟四期），出土铜铃 5 件，集中放在北二层台偏东部（二套铜马器则在椁顶北部的两角）。该墓殉狗 2 只（填土中 1 只、腰坑内 1 只），均未佩铃。[8]

（四）出土铜铃多件，殉狗并未全部佩铃

安阳殷墟花园庄东地商代墓葬 M54，是保存完好的中型重要墓葬（殷墟二期），

---

[1] 参见中国社会科学院考古研究所编著《安阳殷墟郭家庄商代墓葬》，中国大百科全书出版社 1998 年版，第 9 页，图 6。
[2] 参见安阳市文物考古研究所《安阳殷墟徐家桥郭家庄商代墓葬》，科学出版社 2011 年版，第 20 页。
[3] 参见安阳市文物考古研究所《河南安阳市殷墟郭家庄东南五号商代墓葬》，《考古》2008 年第 8 期。
[4] 参见中国社会科学院考古研究所安阳工作队《安阳大司空村东南的一座殷墓》，《考古》1988 年第 10 期。
[5] 参见中国社会科学院考古研究所编著《安阳殷墟郭家庄商代墓葬》，中国大百科全书出版社 1998 年版，第 76、113 页，图 53、54。
[6] 参见殷墟孝民屯考古队《河南安阳市孝民屯商代墓葬 2003—2004 年发掘简报》，《考古》2007 年第 1 期。
[7] 参见中国社会科学院考古研究所安阳工作队《安阳殷墟刘家庄北 1046 号墓》，载《考古学集刊》第 15 集，文物出版社 2004 年版，第 377 页。
[8] 参见安阳市文物工作队《河南安阳郭庄村北发现一座殷墓》，《考古》1991 年第 10 期。

"长"姓墓主身份显赫,最终葬于宫殿宗庙区附近。该墓出土铜铃共23件,15件出于棺椁内,1件出于北二层台上,5件见于殉狗的颈下和近颈部,另2件报告未详。该墓殉人15人,殉狗15只。殉狗并未全部佩铃。[①]

(五)出土铜铃多件,部分与乐器放置在一起,殉狗未全部佩铃

殷墟大司空M303,是保存完好的规格较高的中等贵族墓葬(殷墟四期)。该墓出土铜铃13件。其放置分为三种:1. 2件与填土中2只殉狗相配而出,该墓殉狗3只,"XG2、XG3脖下挂铜铃1件",XG1未佩铃;2. 若干件棺铃(笔者注:报告未详件数),"棺木四周,均由数十件穿孔小蚌鱼、穿孔贝饰和1件铜铃组成的饰件";3. 随葬品放置区,有铜铙3件和铜铃4件(笔者注:当为9件),自北向南依次排列。[②] 该墓狗铃、棺铃、乐器铃同出。为此,发掘报告称该墓出土乐器16件,有铜铙和铜铃两种。

晚商铃与乐器同出的墓葬,并非个案。如上述安阳大司空村东南M663铜铃,同出铙3件;殷墟郭家庄东南M5铜铃,同出磬1件。安阳市孝民屯商代墓葬M17铜铃,同出陶埙2件,等等。但类似殷墟大司空M303铜铃与乐器呈紧密放置状态的情况还比较少见。

以上例证可见,晚商时期的墓葬内,在殉狗不佩铃和不完全佩铃的情况下,铃的另一种存在方式,往往是与人相配,且类似情况并不少见。就同墓内有铃有狗却并不为狗所配用而言,以铃象征殉狗的意义似有多余。就铜铃与人相配的事实存在而言,即便在没有狗架的各墓而亦出铜铃者,"或即代表有殉狗的意义"的观点似有片面之嫌。

由此,可以肯定地说:晚商存在人用佩铃,晚商铃并不等于动物铃。

二、部分晚商铃具有乐用功能

晚商存在的人用佩铃,功能何在?

晚商时期的人用佩铃并不是横空出世,而是源出有自。铃与人及其等级身份的关联,在青铜铃诞生的同时即已发生。

二里头文化的青铜铃,是目前所知最早的青铜铃,且为二里头文化青铜器中富有特色的一个器种。迄今所知的二里头文化青铜铃,计有7件,均见于贵族墓。铃均配玉舌,表面多以纺织品包裹,并与嵌绿松石铜牌饰或大型绿松石龙形器相伴,置于墓主人的胸部或腰部。这些铃表明墓主人具有特殊的身份,同时也暗示着铜铃

[①] 参见中国社会科学院考古研究所编著《安阳殷墟花园庄东地商代墓葬》,科学出版社2007年版,第170页。
[②] 参见中国社会科学院考古研究所安阳考古队《殷墟大司空M303发掘报告》,《考古学报》2008年第3期。

具有与祭祀礼仪相关的功能。考古学者认为"其有可能是某种宗教仪式的法器并兼有礼器的特征"①。人类学者从人文学的角度认为这些玉舌铜铃和同出的铜牌、玉刀等,很可能是巫或萨满的法器。②音乐学家则认为二里头文化的铜铃"不仅仅是一件乐器,还具有象征墓主特定身份和权力的关系,及礼器的作用"③。

二里头遗址发现有具备坛、墠特征的圆形建筑物和长方形半地穴式建筑物。"联系到这些建筑均在宗庙、宫殿附近,且往往与'朱砂墓'相关联,却绝少堆积着日常生活废弃物的同时期灰坑,故此很可能就是当时用于祭祀的坛、墠类建筑遗址","在举行祭祀或其他礼仪活动时,往往使用乐器。目前发现的二里头文化乐器有陶鼓模型、漆鼓、陶铃、铜铃、陶埙和石磬等"。④

人们从不同的视角和维度确认二里头文化的青铜铃是乐器,具有乐用功能。其7件标本分别见于二里头文化二期至四期,时间跨度200余年,可知当时用铃已成制度,并有传承。这种制度在偃师商城遗址二里冈文化墓葬中仍有踪迹。偃师商城遗址1988YS-Ⅳ-T6M1即为铜铃与绿松石牌饰共出,类似二里头遗址同类墓的组合。⑤

然而,"令人不解的是,目前相当于早商与中商铜铃极少见。而到晚商时期,铜铃则数量大增"⑥。而且,数量大增的晚商铃却不再具有早期铜铃的神圣,被普遍认为是犬、马之类的动物铃。铃在早商和中商时期的"消失"或少见,是否影响到晚商时期的用铃制度或者导致铃的功能彻底转化? 拨开"动物铃"以偏概全的影响,我们可以试从以下几类晚商人用铃(亦即非"动物铃")中认识其曾有的功能。

(一)广汉三星堆二号祭祀坑神树及铜铃

广汉三星堆二号祭祀坑,是大型宗庙里使用的成套神像像设、仪仗用器和祭祀用器,在宗庙被毁后,以"燎祭"仪式埋入土中的结果(相当于殷墟二期)。⑦大量的祭祀器具中包括铜树8件及其所挂铜铃43件。铜树并不是现实生活中存在的树木,而是安放在宗庙里与祭祀神灵的活动有关、具有特殊神性的神树,被疑为迎饯祭祀日神的神树"扶桑"和与祭祀月神有关的"若木"以及与祭祀木神有关的"句芒"。出土时,一些铜铃随铃挂架挂在青铜树枝上,一些铜铃散在坑内。树上的铃,以一件铃挂架中央悬挂一铃,几件挂饰悬挂在铃挂架圈的挂钮(或挂环)上。其他

---

① 中国社会科学院考古研究所编:《中国早期青铜文化:二里头文化专题研究》,科学出版社2008年版,第139页。
② 参见叶舒宪《中华文明探源的人类学视角——从二里头与三星堆铜铃铜牌的民族志解读为例》,《文艺研究》2009年第7期。
③ 李纯一:《中国上古出土乐器综论》,文物出版社1996年版,第89—92页。
④ 杨锡璋、高炜主编:《中国考古学·夏商卷》,中国社会科学出版社2003年版,第130页。
⑤ 参见中国社会科学院考古研究所编《偃师商城初探》第一卷上册,中国社会科学出版社2013年版,第374页。
⑥ 杨锡璋、高炜主编:《中国考古学·夏商卷》,中国社会科学出版社2003年版,第404页。
⑦ 参见四川省文物考古研究所编《三星堆祭祀坑》,文物出版社1999年版,第432、441页。

挂饰共 100 余件，分为圆形、龟背形、扇贝形、箕形响器。每个挂架上悬挂相同形制的挂饰，不同形制的挂饰并不掺杂配置。

43 件铜铃，分为九型，除 F（鹰形铃）、H（花瓣形铃）、I（喇叭形铃）三型外，大多数铃的主体部分与二里头文化铜铃相近。特别是顶及钮部，均为封顶，顶中央设长方形环钮，与二里头文化铜铃顶及钮的方位十分相似，与同期殷墟墓内大多数敞顶拱钮（近半圆形）的铃大相径庭。

三星堆二号祭祀坑铜铃是受二里头文化铜铃影响的产物。悬于神树之上的这些铜铃，虽然不像二里头文化铜铃那样随人佩挂在腰间，但它们同样是由人掌用，是人们用以祭祀的器具。三星堆二号祭祀坑铜铃与二里头文化铜铃的功能一脉相承。

二号祭祀坑内的 16 件铃挂架高 6.2—11.7 厘米。其在悬置铜铃及其他挂饰的同时，增加了铃在受力后摆动的灵活性和幅度。这样的设计，显然是为了使铃和其他挂饰更易晃动和晃动更长的时间，是出于对音响效果的追求（见彩二，略）。可以设想在当时大型的宗庙里，这些铜铃和挂饰在祭祀中的作用。它们绝不仅仅是神树上的视觉饰品，而是整个祭祀活动声场效应的重要组成部分。在乐、舞、诗一体的当时，产生如此声场效应的器具难道不是乐器？

（二）人佩铃和人用铃

本文第一部分列举的多件例证显示，在同墓殉狗不佩铃或殉多只狗未完全佩铃的情况下，却有铜铃依附人体，出自棺内人的头部、肩部、腰部和腿部。这些铜铃，大多数应属人所佩用的铃，即人佩铃。还有一些在墓内与乐器关系密切的铃，应属人用铃。

晚商时期的人佩铃或人用铃不像二里头文化铜铃那样鲜明地体现着主人的重要身份和乐用功能。晚商墓葬的随葬品较二里头时期丰富了许多。尤其是大、中型墓葬之内，各种礼器诸如鼎、簋、壶、觚、爵、斝、罍、尊、斗、彝、卣、觥、盂、斝等多达 10 多种。铃的地位和作用显然无法如二里头文化铜铃那样显赫和重要。特别是铙的出现，加之"动物铃"之说的影响，人们甚至无法确认铃在当时与人的关系。所以，有研究者认为：铜铃在二里头时期礼制作用达到了顶峰；随后，铜铃曾体现的神圣性由铙、镈、钟延续，演绎着作为礼器的使命。而"铜铃成为殉狗身上的装饰品，功用发生了极大的转变，与礼器的神圣性相去甚远"[①]。

在数以万计的晚商墓葬中，铃的出土数量大概仅有数百件。[②]去掉犬、马等动物铃，为人所佩用的铃更是稀少得弥足珍贵。1933 年至 1937 年，前中央研究院在安阳小屯村发掘了一片主要属于宫室庙坛性质的遗址。在乙组基址（被定为宫室建筑）残存的 11 座基址中，共发现 189 个祭祀坑。其中 7 号基址被

[①] 张冲：《先秦时期陶铃和铜铃研究》，硕士学位论文，山东大学，2014 年。

[②] 张冲不完全的统计为 400 余件，参见《先秦时期陶铃和铜铃研究》。

认为是一处重要的宫廷建筑。其南边11号基址的西边密集排列着一大片祭祀坑，是7号基址落成后杀祭的遗存。该区北、中、南三组中的中组发现祭祀坑80个，居中的五坑各埋一人，余75坑除一坑埋全躯一人外，全部是埋放身首分离的骨架，每坑2—13具不等。这组祭祀坑里，只有3坑随葬铜铃：M164（1件）、M162（3件）、M145（6件）。除M164外，铜铃是M162、M145仅有的殉葬品。80座坑共殉390余人中，"惟其中有戴铜铃者约9人"[①]。与此相类，"在侯家庄西北冈东区的人头坑中，每有十个人头十个铜铃的。有铜铃的人头坑数量较少，因此推知它们的阶级可能较高，也可以知道每人是一个铜铃"[②]。铜铃在当时虽不如大型礼器贵重，却仍然是稀有物品，其作为殉葬品下葬当没有随意性。

受材料所限，我们尚难以确认晚商人配铃的佩挂方式和使用场所。但殷墟高楼庄祭祀坑铜铃提供了一种线索和可能。殷墟高楼庄村北约105米的后冈南坡上发现了一个圆形祭祀坑（殷墟四期），殉人73人，出土1件铜铃，与45枚海贝串缀在一起，戴在编号为16的人骨架的左手腕上。铜铃（HGH10：9）形较小，扁桶形，口缘平齐，有顶盖环梁，顶内有穿舌的环形状鼻，铃舌已失，通高2.6厘米。[③] 这是一个祭祀者左手佩铃的形象。无独有偶，小屯中组M162所出的3个铜铃，除铃一（R1821）出于M162的墓形尚未找清的上层，下葬的位置不明之外，铃二（R1815）出土在第5具人骨的左下臂，舌为石质，在它的西边放置着。铃三（R1813）出土在第2具人骨的左臂旁。[④] 侯家庄西北冈东区的人头坑中，"铃的出土地都在人头坑中，而无人头的躯肢葬中则未出过铜铃，又可知铃是用于头上的"，石璋如先生曾推测小屯铜铃为三铃成一条"额带"，系于头上。而戴"额带"者的身份可以列为第二阶级。[⑤]

在这里，铃是祭祀者的佩饰，其与祭祀仪式的关系和作用自不便多言。小屯中组墓葬M162、M145中埋葬砍首俯葬者11人，所佩的铜铃自然也不是他们权位的象征。但包括这些铜铃在内的晚商时期人佩铃和人用铃及其使用者（有一部分是殉葬人）依然是其主人权位的象征。这些铃虽然不似同期的礼器那般直接体现着神圣性和重要性，但我们还不能由此完全排除其受二里头文化用铃传统的影响，不能排除

---

① 石璋如：《小屯第一本·遗址的发现与发掘丙编·殷墟墓葬之二，中组墓葬》，台北"中央研究院"历史语言研究所，1972年，第335页。中组墓葬共出土10件铜铃，涉及人数当为12人：M164（1人）、M162（6人）、M145（5人），此处可能统计有误。

② 石璋如：《小屯C区的墓葬群》，《"中央研究院"历史语言研究所集刊》第二十三本下册，1952年，第485页。

③ 参见中国社会科学院考古研究所《殷墟发掘报告1958—1961》，文物出版社1987年版，第272页。

④ 参见石璋如《小屯第一本·遗址的发现与发掘丙编·殷墟墓葬之二，中组墓葬》，台北"中央研究院"历史语言研究所，1972年，第70页。

⑤ 参见石璋如《小屯C区的墓葬群》，《"中央研究院"历史语言研究所集刊》第二十三本下册，1952年，第485页。

其在祭祀和礼仪中的存在和作用。小屯中组 M162:R1815 铃舌为石质,与同期骨质、铜质的铃舌相比,尤显特别,疑似二里头文化铜铃玉舌的余绪,值得注意。有学者认为殷墟高楼庄圆形祭祀坑 16 号殉葬人的铃"既是装饰铃,又是乐舞道具,又是乐铃"[①]。笔者同意这样的推测。

除人体直接佩戴的铜铃之外,殷墟大司空 M303 所出 13 件铜铃中,在随葬品放置区与 3 件铜铙相邻,自北向南依次排列的 9 件铜铃,当即人用铃。[②] 殷墟西区 M699 所出的 1 件铃,与 3 件铜铙同出北二层台上(该墓殉人未殉狗)[③];殷墟刘家庄北 M1046 所出 19 件铜铃中,10 件在椁室一角秩序摆放和 6 件置于铜分裆圆鼎(M1046:27)内的铜铃,亦可纳入人用铃来考察。[④]

人之佩铃自然是通过肢体动作而激发声响,但其意义和作用与犬、马铃随犬、马的运动而作响绝对不同。犬、马铃声只传递着犬、马的动态和位置,而人佩铃的声响则是人的情感及动态的表达。祭祀者佩戴于手臂或其他身体部位的铃,或是人们用其他方式摇响的铃,在那个充满祭祀活动的时代,都会发出注入情感的音响。将人佩铃和人用铃从犬、马铃中剥离开来之后,我们有理由相信,晚商铃中存在着一部分具有音乐功能的乐铃。

(三)礼器悬铃

晚商铃与礼器的关系,还可以从大量的悬铃礼器中得到间接的例证。从晚商开始,到西周,甚至于春秋时期,有一些青铜礼器的底部被悬置着一至两件铜铃。这些极具特色的悬铃礼器包括觚、罍、俎、簋、盘、豆、簠、彝等多种器形,共约 30 件。例如:中国国家博物馆藏夔纹簋、台北故宫博物院藏兽面纹悬铃觚、上海博物馆藏铃豆和山西保德林遮峪出土的铃豆、锦州博物馆藏双铃俎都是晚商时期的重要器具。故宫博物院藏龙纹簋和陕西宝鸡石鼓山 M4 出土的龙纹簋,则是商周之际的器具。湖北随州叶家山 M27 铜罍、叶家山 M107 "毕监" 簋、叶家山 M111 "南公" 簋,虽为西周早期之器,但其所悬铜铃仍为晚商风格(见彩二,略)。

这些悬铃铜器分布于山西(石楼、吕梁、保德、翼县、闻喜、曲沃)、陕西(宝鸡竹园沟、纸头坊、石鼓山)、湖北(随州叶家山、熊家湾、京山)、安徽(枞阳)、江苏(丹阳)、辽宁(义县)等地。有关悬铃铜器的研究主要在文化因素方面,专家们认为"铜铃以及带铃容器源自北方,商周铜铃主要作为车马器使用,而南方的带

---

① 王秀萍:《考古出土商代乐器研究》,苏州大学出版社 2015 年版,第 252 页。
② 发掘报告称与铙并置的铃为 4 件,据出土器物分布图,当为 9 件。参见中国社会科学院考古研究所安阳考古队《殷墟大司空 M303 发掘报告》,《考古学报》2008 年第 3 期。
③ 参见中国社会科学院考古研究所安阳工作队《1969—1977 年殷墟西区墓葬发掘报告》,《考古学报》1979 年 1 期。
④ 参见中国社会科学院考古研究所安阳工作队《安阳殷墟刘家庄北 M1046 号墓》,《考古学集刊》第 15 集,文物出版社 2004 年版,第 377 页。

铃作风则是受北方而来"。"悬铃铜器是北方草原民族文化与商周青铜文化相互影响、民族融合的产物。"① 以人形作为青铜器器足以及在器底悬挂小铜铃的造型在商周青铜器中较为少见。"两类铜器以西北一带发现居多，主要流行于商及西周时期，其使用者可能多为女性。"② 关于悬铃铜器的作用目前尚未有定论。

据考察，铜器装铃的工艺比较复杂，是由预制的环钮穿挂成品铃之后再装入铜器的模具里铸接一体。而成品铃亦是由预制的环钮穿挂起铃舌后再装入铃的模具与钮体铸接。如此重要的器具，如此复杂的工艺，显示这种设计一定不会只为偶发的情趣。这种稍有移动就会发出声响的有声礼器，一定会在重要的礼仪场所产生不同凡响的作用。而铃的声音，也因这样的活动而发挥出神圣、神秘而悦耳的作用。

上述晚商时期的铜铃，或悬于神树，或由人佩挂和使用，或悬于重要的礼器底部，它们的存在使晚商以铃象征犬、马的观点显得过于片面。它们的作用既有礼的价值，也有乐的含义。

三、晚商乐铃的剥离

将乐铃从晚商铃中剥离出来十分困难。长期以来，由于晚商铃的功能属性被单一化，许多报告凡铃便笼而统之地归入"杂器"，或定为犬、马用器和饰品；多批次发掘数百个墓葬的发掘报告呈现的相关信息仅为铃的总数、主要尺寸和样本的分型方式。晚商乐铃的剥离，有待在晚商铃信息资料被混同的情况下，从全面梳理中二次发现。相关的研究可在以下几个方面着力。

（一）出土位置——铃的从属关系

尚鬼嗜礼的殷人，相信灵魂不灭，所以他们"视死如生"，极其重视对死者的埋葬。殷商墓葬中对于随葬品的放置、殉人及人牲的放置、殉狗的放置都显出有计划的安排。铜铃虽小，对其的放置依然也不会随意。铜铃的出土位置是辨别其从属关系和功能属性的重要基础。本文的第一部分，正是依据所列铜铃的出土位置，排除了它们与犬、马的关系，确认了人配铃和人用铃的存在。

晚商铜铃的出土位置并不一致。在较早的殷墟墓葬发掘工作中，发掘者已经充分注意到了。"铜铃的位置颇不一致，在 22 座墓中，5 个被盗墓，铃系在扰土中拾得；其余 17 座墓，有 4 个在填土中，2 个在人架的头部附近，1 个在人架的脚下方，10 个于狗架的颈上或颈部旁侧。"③ 可惜，出土位置的差异并没有引起人们对铃的功能或属性差异的分析。不论出处，它们依然被统称为"狗铃"。

---

① 张昌平：《曾国青铜器研究》，文物出版社 2009 年版，第 180 页；孙明：《商周时期悬铃青铜礼器赏析》，《收藏家》2016 年 4 期。
② 朱华东：《人形器足与悬铃：以晋侯墓地出土青铜筒形器为缘起》，《文博》2011 年第 4 期。
③ 马得志等：《一九五三年安阳大司空村发掘报告》，《考古学报》1995 年第 1 期。

晚商铜铃在墓葬中的位置，一般为：

1. 填土中和腰坑里。在晚商墓葬的随葬狗牲葬俗里，填土中，特别是腰坑里往往正是殉狗埋葬的地方。在殷墟"西区墓地有 197 座墓葬的腰坑殉有一狗（有 454 座墓葬有腰坑），105 座墓葬填土中殉有狗，还有少数埋在二层台上或椁盖上，腰坑和填土中都殉有狗的有 91 座墓，如 M692 填土中殉狗 2 只，腰坑中殉狗 1 只。墓葬中殉狗的数量最多的有 4 只，如 M767 填土中殉狗 4 只"[1]。由此出土的铃，以狗铃居多。不过，在分析材料时应特别注重铃与狗骨架的关系，若处于狗的颈下或附近，定为狗铃无疑。

2. 墓室的四边。这里与墓的四角往往会放置兵器，寓意用其抵御地下的鬼魅、保护主人的安全。[2] 此处的铃，若依此寓意，为狗铃的可能性较大。

3. 二层台上。这里也是安排殉人和部分随葬品的位置，陶器和祭食之类往往亦在二层台上靠北面（墓主的头端）。如：安阳郭庄村北 86AQM6 铜铃 5 件集中放在北二层台偏东部[3]；殷墟西区 M699 铜铃与 3 件铜铙同出北二层台上。殷墟西区 M701，未殉狗，墓道北端和西二层台上殉人为 12 个未成年个体，3 位系杀殉，第 11 号殉人颈椎上放一牛头形铜面具。南二层台出 14 件铜铃（登记表中记有同出磬 1 件）。[4] 辨察此处的铃应注意其与殉人或随葬器具的关系。这里的铃是人佩铃或人用铃的可能性较大。

4. 棺、椁之间。这里靠墓主头端和近于头端的两侧，是安放重要礼器的位置，存于其间的铜铃应比较重要。如：殷墟刘家庄北 M1046 墓主头端经推测在东，其大型铜器集中在东端。该墓铜铃，有 10 件在椁室东南角秩序摆放，6 件置于位处东端的铜分裆圆鼎内[5]；殷墟大司空 M303，墓主头向北，在椁内棺外的北端是主要随葬品放置区，包括所有的青铜容礼器、大部分青铜兵器和大批陶器。该墓的 13 件铜铃中，有 9 件放置该区，与 3 件铜铙相邻，自北向南依次排列。[6] 类似被特别重视，且与礼器、乐器并存的铃，当属人用铃，亦即乐铃。

5. 棺内。这里通常是存放玉器和小件重要物品之处。如：殷墟西区 M613：9 出

---

[1] 李志鹏：《商文化墓葬中随葬的狗牲初步研究》，《中国社会科学院古代文明研究中心通讯》2010 年第 20 期。
[2] 参见胡进驻《殷墟晚商墓葬研究》，北京师范大学出版社 2010 年版，第 161 页。
[3] 参见安阳市文物工作队《河南安阳郭庄村北发现一座殷墓》，《考古》1991 年第 10 期。
[4] 参见中国社会科学院考古研究所安阳工作队《1969—1977 年殷墟西区墓葬发掘报告》，《考古学报》1979 年 1 期。
[5] 参见中国社会科学院考古研究所安阳工作队《安阳殷墟刘家庄北 M1046 号墓》，载《考古学集刊》第 15 集，文物出版社 2004 年版，第 377 页。
[6] 参见中国社会科学院考古研究所安阳考古队《殷墟大司空 M303 发掘报告》，《考古学报》2008 年 3 期。

自棺内头部①；河北藁城台西商代遗址 M102 铜铃 2 件，铜铃位于主人及陪葬者 2 人腰部之间②；小屯中组 M162：R1815 铃在第五具人骨的左下臂，M162：R1813 铃在第二具人骨的左臂旁③；殷墟小屯中组 M145 的 6 件铜铃在第五具人架的右肩下④；安阳殷墟郭家庄 M1 有 1 件铜铃在墓主腿西侧⑤；安阳大司空村东南 M663 中，1 件铃在墓主人左肩侧。⑥ 棺内的铜铃，在同墓殉狗有佩铃或殉狗无佩铃的情况下，应无以铃代狗的象征意义，当属人佩铃。在资料不多的情况下，上举各例铜铃以在人的左臂、左肩居多，是否为当时人们习惯性的佩挂方式，值得注意。

细察铜铃的出土位置，不仅可以辨别铃的属性，也有助于辨别铃与铃之间的关系。上述殷墟刘家庄北 M1046 铜铃、殷墟大司空 M303 铜铃的存放和排列形式，体现了它们的组合关系。殷墟小屯中组 M145 的铜铃排列有序，使得报告人不禁揣测起它们的分组（图 57，略）。

（二）形制——与乐钟相近的类型

由于功能的辨别尚在初始阶段，加之原始信息的不完整或不清晰，我们还难以从形制和纹饰上分辨出乐铃。或许，晚商的铜铃并没有严格的功能区分，同型同式的铃也可能有多重功能，同样的铃可以有不同的适用场合。不过，大致梳理晚商铃的形制特征和演变规律，依然会有助于我们选择研究的路径和方向。

就整体而言，晚商铃的形制区别主要在钮部、顶部、铣部和口部。各部位的主要区别是：

钮部：一类为小钮，钮体较小，近于半圆形或长方形，立于顶部中央；另一类为大钮，钮体较大，圆拱形，顺铃体两铣向上延伸为连续的曲线，亦称"拱形钮"或"桥形钮"，其变异在于钮根部稍稍内收，略小于腔顶的横径。

顶部：一类封顶（或称有顶），其差异在于顶中有孔，有的顶内设环（有称"鼻"）；一类透顶（或称无顶）。

铣部：即铃体的两侧。一类一侧有扉棱；一类两侧有扉棱；一类两侧无扉棱。

口部：一类为平口；一类为凹口。

---

① 参见中国社会科学院考古研究所安阳工作队《1969—1977 年殷墟西区墓葬发掘报告》，《考古学报》1979 年第 1 期，图三八。
② 参见河北省文物研究所编《藁城台西商代遗址》，文物出版社 1985 年版，第 154 页，图 94。
③ 参见石璋如《小屯第一本·遗址的发现与发掘丙编·殷墟墓葬之二，中组墓葬》，台北"中央研究院"历史语言研究所，1972 年，第 70 页。
④ 参见石璋如《小屯第一本·遗址的发现与发掘丙编·殷墟墓葬之二，中组墓葬》，台北"中央研究院"历史语言研究所，1972 年，第 335 页。中组墓葬共出土 10 件铜铃，涉及人数当为 12 人：M164（1 人）、M162（6 人）、M145（5 人），此处可能统计有误。
⑤ 参见中国社会科学院考古研究所编著《安阳殷墟郭家庄商代墓葬》，中国大百科全书出版社 1998 年版，第 9 页，图 6。
⑥ 参见中国社会科学院考古研究所安阳工作队《安阳大司空村东南的一座殷墓》，《考古》1988 年 10 期。

舌：一类为"棒槌"状；一类为"葫芦"形。另有石、铜、骨质材料之分，还有悬状伸出体外和敛于腔内之别。

铃体各部位的特征（略去口部、舌）交织起来，大致有：

1. 环钮封顶双扉型；
2. 环钮封顶无扉型；
3. 拱钮封顶单扉型；
4. 拱钮封顶双扉型；
5. 拱钮封顶无扉型；
6. 拱钮透顶单扉型；
7. 拱钮透顶双扉型；
8. 拱钮透顶无扉型；

上述各型在殷墟早期尚难寻觅，至殷墟二期却悉数出现（表 2-3-1）。

表 2-3-1　殷墟文化二期铜铃分型表[①]

环钮封顶双扉型	三星堆 K2②:115.01　　三星堆 K2③:220
环钮封顶无扉型	殷墟妇好墓标本 330　　三星堆 K2③:122　　大司空村 M312:01（时代）
拱钮封顶单扉型	殷墟妇好墓 736　　殷墟妇好墓 733
拱钮封顶双扉型	安阳大司空村东南 M663:31
拱钮封顶无扉型	殷墟妇好墓标本 729/2　　殷墟郭家庄东南 M5:13

[①] 参见冯光生《晚商铜铃辨析》，《中国音乐学》2018 年第 1 期，原表 1。

续表

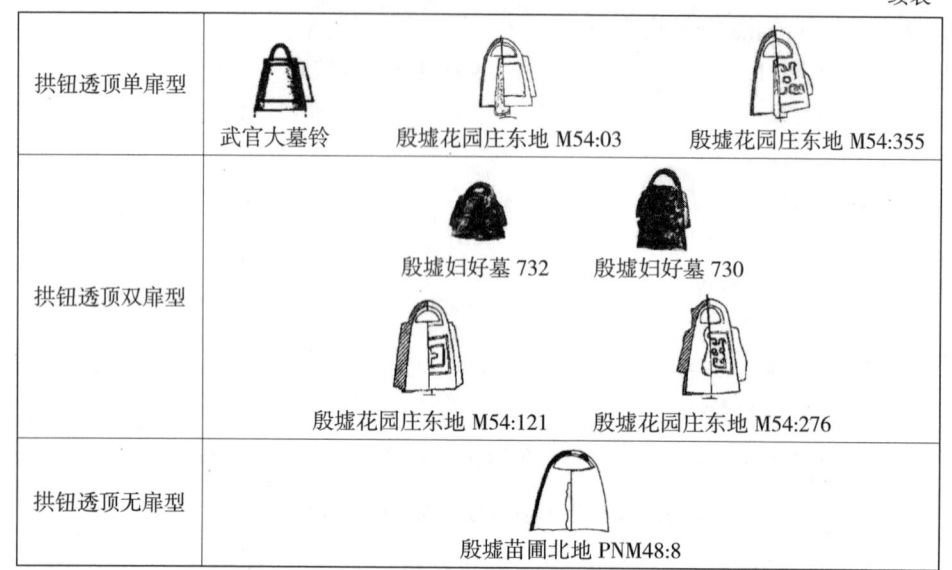

拱钮透顶单扉型	武官大墓铃	殷墟花园庄东地 M54:03	殷墟花园庄东地 M54:355
拱钮透顶双扉型	殷墟妇好墓 732　　殷墟妇好墓 730 殷墟花园庄东地 M54:121　　殷墟花园庄东地 M54:276		
拱钮透顶无扉型	殷墟苗圃北地 PNM48:8		

这 8 型晚商铃孰前孰后？通过殷墟二、三、四期资料可见端倪。

1969—1977 年在殷墟西区发掘的 939 座墓葬，分属殷墟二、三、四期。墓中共出土铜铃 200 件。其时代属二期的数量较少，随后逐渐增加。全部铜铃（依所发表的材料）均拱形钮，有的封顶，有的透顶。其依两侧有扉棱和两侧无扉棱分为二型，83 件为两侧有扉型，107 件为两侧无扉型。[1] 据墓葬登记表中可查的 175 件铃分析，两侧有扉型与两侧无扉型的件数分别是：二期，7:2；三期，32:7；四期，33:53。两者呈此消彼长的趋势（表 2-3-2）。有扉铃的颓势和无扉铃的兴势似显示前者是较早的型式，后者为后起更替的型式。

表 2-3-2　1969—1977 发掘的殷墟西区墓葬铜铃类型比较[2]

时期/型式	I（两侧有扉）	II（两侧无扉）	?（无法辨型）	小计
殷墟二期	7	2	3	12
殷墟三期	32	7	1	40
殷墟四期	33	53	8	94
殷墟?期	9	16	4	29
小计	81	78	16	175

---

[1] 参见中国社会科学院考古研究所安阳工作队《1969—1977 年殷墟西区墓葬发掘报告》，《考古学报》1979 年第 1 期。

[2] 参见冯光生《晚商铜铃辨析》，《中国音乐学》2018 年第 1 期，原表 2。

1982—1992年殷墟郭家庄发掘商代后期墓葬191座，其中35座墓中出土铜铃56件。据报告，这些铜铃均拱形钮（笔者注：有1件小型铃M53:7，顶有小环，属环钮封顶无扉型），按双侧有扉棱和双侧无扉棱分为二型。32件为双侧有扉型，21件为双侧无扉型（有3件因破碎严重未能分型）。有扉型铃在第二期、第三期、第四期都使用；无扉型铃大多属第四期（图4，略）。分析结果是："有扉棱的早于无扉棱的，体形大的又早于体形小的。"①

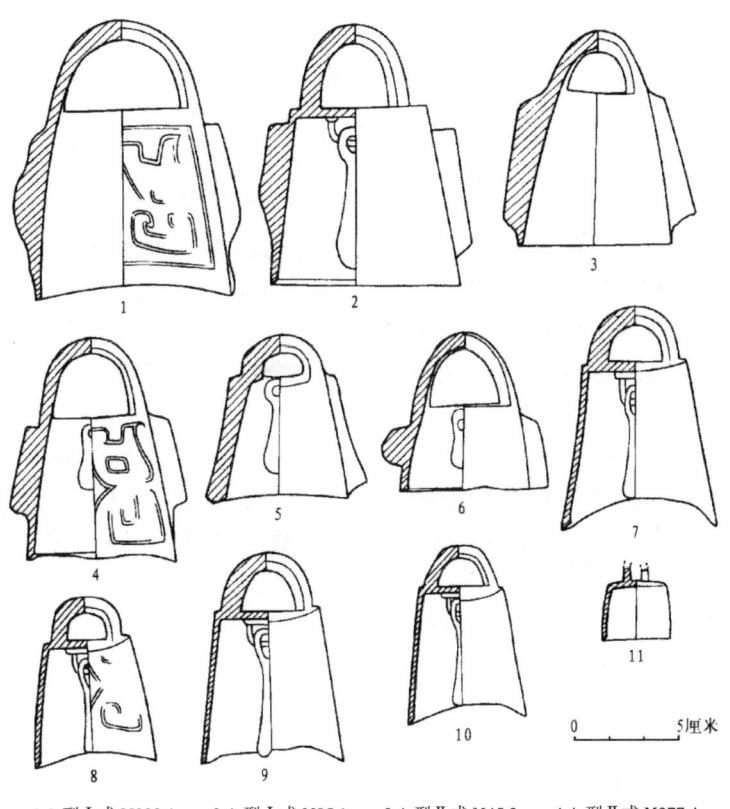

1.A型Ⅰ式M232:1　2.A型Ⅰ式M85:1　3.A型Ⅱ式M45:2　4.A型Ⅱ式M277:4
5.A型Ⅲ式M97:7　6.A型Ⅲ式M50:35　7.A型Ⅰ式M75:1　8.B型Ⅱ式M53:9
5.A型Ⅰ式M75:10　6.B型Ⅱ式M170:18　7.B型Ⅲ式M53:7

图2-3-3　郭家庄商代墓葬出土铜铃②

---

① 中国社会科学院考古研究所：《安阳殷墟郭家庄商代墓葬》，中国大百科全书出版社1998年版，第51页。
② 摘自《安阳殷墟郭家庄商代墓葬》，图39。

1983—1986 年安阳刘家庄发掘 170 余座殷代墓葬。有关其中 34 座墓的报告显示：6 座第二期墓无铃。第三、四期墓共出土 12 件铃，均拱形钮。6 座第三期墓仅出土 1 件铃（无扉型）；22 座第四期墓出土 11 件铃，9 件无扉型，2 件有扉型。[1] 第四期墓葬中无扉铃远多于有扉铃。

1984—1988 年安阳大司空村北地发掘殷代墓葬 78 座。其中 11 座墓中出土铜铃 13 件（报告续表中为 11 件），拱形钮。6 件有扉型铃，出自第二、四期墓；7 件无扉型铃（拱形钮稍有内收），出自第四期墓。"从与其共存的陶器分析，器形较大两侧有扉棱的要早于器形较小两侧无扉棱的铜铃。"[2]

1953—1954 年在安阳大司空村的三次发掘，共计殷代墓葬 166 座。其中有 22 座墓出土铃共 32 件。铃分 6 种型式：1. 拱钮封顶无扉型 10 件 + 环钮封顶无扉型 1 件（M312：01），计 11 件；2. 拱钮封顶单扉型 1 件；3. 拱钮封顶双扉型 3 件；4. 拱钮透顶双扉型 9 件；5. 拱钮透顶无扉型 3 件；6. 拱钮透顶双长扉型 4 件 + 拱钮封顶双长扉型 1 件（M44：01），计 5 件。"以上各铃，前 4 式有的相互同出一墓；而后 2 式又与第Ⅳ式同出。从铃的形体来看，后者桶扁，口部凹入，或许较前者略晚。尤其Ⅵ式中的 44：01 与 1954 年春在洛阳发掘的战国墓中出土的铜铃，大体相同。"[3] 此 6 型铃，前 3 式封顶，后 3 式透顶，由各型式的伴出情况分析，封顶的型式或许早于透顶的型式。

以上几批计 300 余件晚商铃显示：1. 拱形钮是这一时期铃钮的主流特征，见于二期的环钮后期较为少见；2. 铃体两侧要么双侧有扉棱，要么双侧无扉棱，见于二期的透顶单扉型在后期罕见；3. 有扉棱型早于无扉棱型；4. 封顶型早于透顶型；5. 环钮型早于拱钮型。

由此，见于殷墟二期的环钮型（环钮封顶双扉型、环钮封顶无扉型）、单扉型（拱钮透顶单扉型）是晚商铜铃 8 种型式中较早的型式。由此上溯，封顶、环钮、单扉恰恰是二里头文化、二里冈文化铜铃的形体特征。如二里头文化二期铜铃（VM22：11），"顶部较平，两侧下部外扩，口部较大，顶部有半圆形钮，器一侧有扉，器钮两侧各有一孔，用以系铃锤"（图 2-3-4）[4]。又如二里冈文化三期铜铃（1988YS-Ⅳ-T6M1：2），"桥形纽，纽上有长方形镂也，器身中部有二周阳纹，器身一侧有一条扉棱"（图 2-3-5）[5]。

---

[1] 参见安阳市文物工作队《1983—1986 年安阳刘家庄殷代墓葬发掘报告》，《华夏考古》1997 年第 2 期。
[2] 谷飞：《1984—1988 年安阳大司空村北地殷代墓葬发掘报告》，《考古学报》1994 年第 4 期。
[3] 马得志等：《一九五三年安阳大司空村发掘报告》，《考古学报》1955 年第 1 期。
[4] 中国社会科学院考古研究所：《偃师二里头》，中国大百科全书出版社 1999 年版，第 137 页。
[5] 中国社会科学院考古研究所：《偃师商城》第一卷下册，科学出版社 2013 年版，第 655 页。

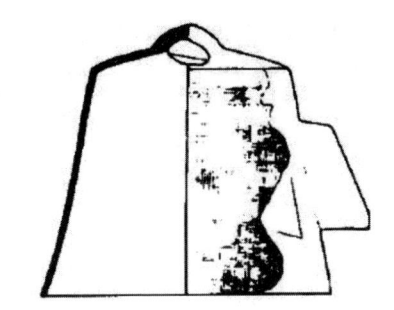

图 2-3-4　二里头文化二期铜铃 VM22:11[①]

图 2-3-5　二里冈文化三期铜铃 1988YS-Ⅳ-T6M1：2[②]

　　显然，殷墟文化二期铜铃几种较早的型式在继承二里头铃衣钵之时，发生了三类改变：1. 延续单扉，但透顶，钮作拱形。如：殷墟妇好墓标本 733、736，武官大墓"犬铃"，大司空村 M034：R1815，花园庄东地 M54：355、03 等；2. 保持封顶，环钮居中，但由单扉改为无扉。如：殷墟妇好墓标本 330、三星堆 K2 ③：122 等；3. 保持封顶，环钮居中，但由单扉改为双扉。如：三星堆 K2 ②：115—01、三星堆 K2 ③：220 等。这两类改变显示出早期铜铃曾由单扉分别向双扉、无扉两个类型演化的轨迹。其中，殷墟二期已完成演化的环钮封顶双扉型与乐钟的关系最为密切。此类型式的存在，在当时应导致了镈的出现。

　　江西新干大洋洲镈，是迄今所见最早的镈。其"平舞，中央有长方形孔与腔通，上立环钮。镈体立面呈梯形，截面椭圆，于平，内侧一周加厚……两栾各铸勾戟状

---

① 摘自《偃师二里头》，图 83。
② 摘自《偃师商城》第一卷，图 365：12。

高扉棱八个"[1]。李学勤较早曾指出新干大洋洲铜镈"比较接近铃的外廓"[2]。据上述排比，可知其比较接近的应是环钮封顶双扉型铜铃的外廓。其中，最为接近的当为广汉三星堆兽面铃（K2③：103—28），该器"正面呈梯形，横断面呈长椭圆形，顶上有半圆形钮，两侧有宽而薄的翼（笔者注：即扉）"[3]。两器相比，除扉棱的形式有别之外，形制近似，可体现出其间的承接、演化关系（图 2-3-6）。

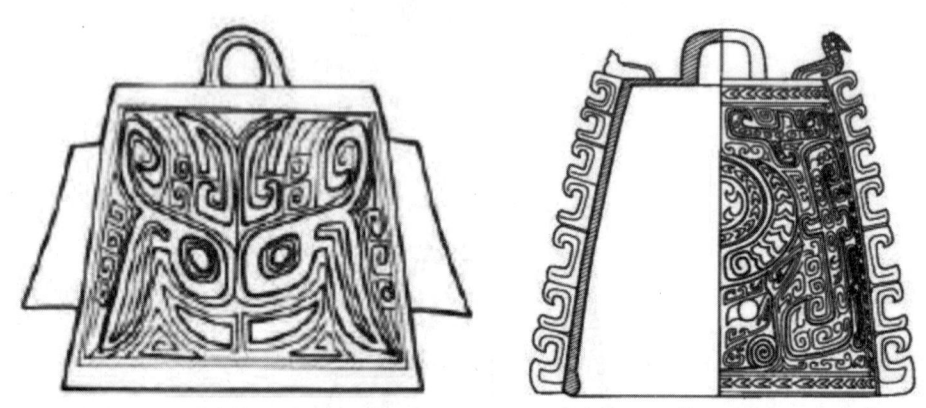

图 2-3-6 晚商铃与镈的形制特征：三星堆二号祭祀坑铜铃[4]；新干大洋洲镈[5]

与环钮封顶双扉型同时出现于殷墟二期（偏晚）的环钮封顶无扉型铜铃，在后期的发展比较缓慢，直到第四期才渐成风气。从形制和纹饰的关联程度来看，该型铃当是后来衍生出钮钟的雏型（表 2-3-3）。

表 2-3-3 晚商环钮封顶无扉型铃至早期钮钟演化示意[6]

殷墟二期	妇好墓标本 330 铃	殷墟四期	殷墟大司空 M303 52 铃

---

[1] 江西省文物考古研究所等：《新干商代大墓》，文物出版社 1997 年版，第 73 页。
[2] 李学勤：《新干大洋洲的若干问题》，《文物》1991 年第 10 期。
[3] 四川省文物考古研究所：《三星堆祭祀坑》，文物出版社 1999 年版，第 290 页。
[4] 三星堆二号祭祀坑铜铃 K2③：103—28，摘自《三星堆祭祀坑》，图一六二：1。
[5] 新干大洋洲镈 XDM：63，摘自《新干商代大墓》，图四三 A。
[6] 参见冯光生《晚商铜铃辨析》，《中国音乐学》2018 年第 1 期，原表 3。

西周早期	随州叶家山 M107 铃	西周中期	扶风庄白一号窖藏铃
两周之际	枣阳郭家庙 M30 钮钟	—	—

由此，我们可以比较清楚地知道，殷墟二期的 8 型铃中，环钮封顶双扉型、环钮封顶无扉型上承二里头文化、二里冈文化铜铃的主要特征，下启镈及钮钟的雏型，在乐铃至乐钟的演进链中居于重要的位置。这两种类型是否即晚商乐铃的主要型式，值得注意。

（三）激发方式——封顶无舌"铃"的启示

铃与钟的最本质区别在于前者有舌，并依靠舌在腔内摆动发声，而后者则另靠击奏工具由体表受击发声。然而，在晚商时期的考古资料中，还存在着一类无舌之"铃"。

例如：殷墟郭家庄 M45:2，拱钮透顶双扉型，"顶有一孔，无舌。通高 6.3 厘米，口长径 4.1 厘米"。殷墟郭家庄 M53:7，环钮封顶无扉型，小型铃。"顶有小环（笔者注：即环钮），已残。无舌，底边平。残高 2.1 厘米，口长径 2 厘米。"[1] 安阳殷墟花园庄东地商代墓葬 M54:121，拱钮透顶双扉型，"略残，形体最小，双侧扉棱，双重梯形凸弦纹内有'十'字形镂孔，未见铃舌。通高 4.8 厘米"[2]。

又如：广汉三星堆 2 号祭祀坑标本 K2③: 70—7，环钮封顶无扉型，"保存完好，无舌。环形钮，钮下方舞面上有对称两个圆形镂孔。铃呈扁圆体，喇叭口，兽头状。平舞，直铣，铣口略弧，微敞。足口中间呈兽头状。无扉"[3]。"顶上有一环

---

[1] 中国社会科学院考古研究所编著：《安阳殷墟郭家庄商代墓葬》，中国大百科全书出版社 1998 年版，第 51 页。

[2] 中国社会科学院考古研究所编著：《安阳殷墟花园庄东地商代墓葬》，科学出版社 2007 年版，第 170 页。

[3] 严福昌、尚宗弟主编：《中国音乐文物大系·四川卷》，大象出版社 1996 年版。

钮，钮下有二小圆孔，内顶无梁，小圆孔可能用来悬挂铃舌，铃舌无存……通高 7.6 厘米。"①

称其为铃，因其与同时的铃并二致。但没有铃舌，激发方式发生了变化，它们还是具有实际意义的铃吗？

晚商铃有三种悬舌方法，李纯一称为：钮悬、顶悬、顶内悬。②

"钮悬"法，即铃舌悬系于铃的钮部。该法用于拱钮透顶型铃。1953 年发掘的安阳大司空村殷墓中，其Ⅳ式铃"共 9 件。桶上无顶，梁较前者高大，两扉比Ⅲ式的略长，铃舌都是以绳缚系于梁上。164∶4 在梁（笔者注：即拱形钮，下同）上有细绳残迹，可能是系缚铃舌的"③。安阳殷墟后冈（1933 年大墓）殷墓的 2 件铜铃，拱钮透顶双扉型，亦为钮悬法，且提供了以革带系钮、以线绳系舌的详细资料。④

"顶悬"法，即铃舌悬系于铃的顶部。该法用于环钮封顶型和拱钮封顶型，其顶部中央有两个小孔，铃舌由此穿绳悬系。广汉三星堆 2 号祭祀坑标本 K2③∶70—7 即是此类悬法。"顶悬"法，是承自二里头文化铃、二里冈文化铃。

"顶内悬"法，即铃舌悬系于铃的顶内铸就的小环。该法用于封顶且中部无孔的几种类型。安阳大司空村东南 M663∶31，郭家庙 M53∶9、M75∶10、M170∶18，殷墟大司空 M303∶52 等即是此类悬法。

这三种悬法中，"顶内悬"最为牢固，并依顶内的小环铸牢了铃体与舌的关系，即便舌体脱落，也会凭顶内的小环足可证其是铃无疑。"钮悬"和"顶悬"因以线绳系舌，舌易脱落。不过，绝大多数铃在出土时虽线绳仅有残迹甚至没有，舌体依存并保持着与铃体的配套关系。无舌之铃，是脱舌之铃，还是原本就无舌，需要细究。比如，类似上述殷墟郭家庄 M53∶7，残高（含残钮高）2.1 厘米，封顶，顶内无法施舌，显然为无舌铃。它是否为最早的碰铃？或是靠成串间铃体发声的串铃？又比如，在依顶部小孔悬舌的铃中，有钮旁设对称双孔的，也有钮下仅一孔的，前者穿系绳索比较方便，后者势必还得借助它物方便结系。而这种顶中仅一孔的形式，与后期铃和钮钟顶部芯撑的位置相合，究竟是穿绳孔，还是芯撑的遗孔，还是两者兼顾？这也值得注意。若仅为芯撑的意义而存在，该无舌铃应该就是原始的钮钟了。当然，

---

① 四川省文物考古研究所：《三星堆祭祀坑》，文物出版社 1999 年版，第 293 页。
② 参见李纯一《先秦音乐史》（修订版），人民音乐出版社 2005 年版，第 53 页。
③ 中国社会科学院考古研究所编著：《殷墟发掘报告 1958—1961》，文物出版社 1987 年版，第 248 页。
④ 两铃"顶有系（笔者注：亦指拱形钮）……呈半圆形而连于铃顶。两侧有翅，翅脚更向外出，腹部两面均饰阳文兽面，顶的中间是缺的，故上下相通。在一个铃的系上，附有残革带，可推知革带为系铃用的，或者系于狗颈上。这革带由外面看，好像是由四个窄条合成的，但由断面看则为一个整的宽带，当为随着系的曲度，自行缩皱而成现存的状态。另在系的一侧有线的遗存，这线由两股合成一粗一细，由外形看仿佛是麻质，其下当连铃舌……这个发现可以证明殷代铃的装置，是联舌用线，系铃用革带的"。石璋如：《河南安阳后冈的殷墓》，《历史语言研究所集刊》第十三本，中华书局 1948 年版，第 34 页。

解此疑点，还需大量资料和细致的考察。

晚商无舌铃的资料较少，且记述并不详细。在有些未称"无舌"的封顶铃的资料中，我们也难以判断其是否有舌或有悬舌装置。而舌的存在与否，可能会产生摇击、碰击、敲击或者复合型击奏的不同，这些不同的行为会直接与奏击的意涵相关。关注铃舌的有无，也是剥离晚商乐铃的一个线索。

要剥离和确认晚商乐铃，还有大量的工作。比如建立可以确认的狗铃、马铃、象铃、棺铃、旗铃、车铃为标准器，进行比对；从素面铃、有纹铃（回形纹、兽面纹）的装饰方面寻找规律；从铸造工艺上弄清环钮—拱钮—环钮，封顶—透顶—封顶，单扉—双扉—无扉的变化缘由和形体由体大—体小—体大的变化规律，等等。当然，也还存在着晚商铃究竟是专用、兼用还是通用的功能认定或排除的问题。不过，这一切不确定因素，都不成为障碍探寻的理由。总之，我们需要耐心前行，去接触它的真实面目。

本文在以上粗浅的分析中，得到以下认识：铃之为乐的传统自二里头文化开始不曾中断，晚商存在着为人相佩或由人执用的铃；这些铃当有直接或简接的乐用功能；我们可以通过对晚商铜铃的重新梳理及新材料的出现，逐步辨别出曾经的晚商乐铃，并建立起由铃而钟演化衍生的更加充实、具体的谱系，廓清编钟之源。当然，这需要一个较长的过程，本文仅提出了一个值得重视的理由和参考路径。

第二节　评述与拓展

一、基本内容及意义

《晚商铜铃辨析》一文是冯光生先生于2018年发表在《中国音乐学》上的文章。晚商铃的源流关系在学界众说纷纭，这一时期是晚商铃由铃到钟的重要转化期，本文以各家观点为基础，根据学界对晚商铃的非乐器说、与乐器相关说、乐器说三种主要的说法，对晚商铃进行梳理和辨析。由于晚商铃功能的复杂性、多重性所引起的认识的不确定性，是困惑乐钟演进史的一个重要问题，因此作者提出了对于晚商铃认识的三个思考，共分三个部分论述。

第一部分——晚商铃不等于动物铃。学界先入为主的观念是，晚商铃即动物铃。而作者运用大量晚商铃的出土数据进行分析比较，获得五种在有殉狗的墓葬中晚商铃的分布情况。1.墓主人有佩铃，殉狗亦有佩铃；2.墓主人有佩铃，殉狗未佩铃；3.出土铜铃多件，殉狗未佩铃；4.出土铜铃多件，殉狗并未全部佩铃；5.出土铜铃多件，部分与乐器放置在一起。由此可知，铃并不全作为代替殉狗的存在，由此得出观点：晚商存在人用佩铃，晚商铃并不等于动物铃。

第二部分——部分晚商铃具有乐用功能。作者以目前所知最早的二里头文化的青铜铃，"不仅仅是一件乐器，还具有象征墓主特定身份和权力的关系，及礼器的作用"①，提出对于"数量大增的晚商铃却不再具有早期铜铃的神圣，被普遍认为是犬、马之类的动物铃"②的质疑。因此，作者从悬于广汉三星堆二号祭祀坑神树铜铃、由人佩挂和使用铜铃、悬于重要的礼器底部的铜铃三方面进行探讨，指出部分晚商铃的作用既有礼的价值，也有乐的含义。

第三部分——晚商乐铃的剥离。由于晚商铃功能属性被单一化，使得铃的分类模糊，要想实现晚商乐铃的剥离，作者在全面梳理晚商铃的信息后，提出了以下三方面的辨别方式。1. 出土位置——铃的从属关系，作者列出晚商铃在墓葬中主要分布在填土和腰坑里、墓室的四边、二层台上、棺椁之间、棺内。根据铜铃的出土位置，既可以辨别铃的属性，也有助于辨别铃与铃的关系。2. 形制——与乐钟相近的类型，作者根据目前所知的晚商铃的形制信息，将其划分为 8 种类型。通过梳理晚商铃的形制特征和演变规律，指出环钮封顶双扉型、环钮封顶无扉型上承二里头文化、二里冈文化铜铃的主要特征，下启镈及钮钟的雏型，在乐铃至乐钟的演进链中居于重要的位置。3. 激发方式——封顶无舌"铃"的启示，由于晚商考古资料中存在着一类无舌之"铃"，作者运用李纯一先生关于晚商铃的三种悬舌方法——钮悬、顶悬、顶内悬③，分别进行概念的阐释和案例说明，引出对于铃舌有无的关注是剥离晚商乐铃的一个线索的观点。

评述：《晚商铜铃辨析》一文立意明确，观点清晰。冯光生先生细致入微地对大量的晚商铜铃的资料进行梳理辨析，廓清晚商铜铃上承下启的演变历程，为音乐考古学中晚商乐铃的研究发展提供了新的研究路径。本文是冯光生先生在《从曾国墓地编钟、编铃谈钮钟的起源》一文后对于铜铃的进一步研究，其结论对于晚商铜铃研究有着重要的启示作用，展现了编钟起源的更为具体细致的衍生路径，也为后人的一系列相关研究提供了坚实可靠的理论依据。

二、作者与之相关的论著

1. 冯光生：《从曾国墓地编钟、编铃谈钮钟的起源》，《音乐研究》2016 年第 5 期。

三、其他作者与之类似的论著

1. 安家瑗：《中国早期的铜铃》，《中国历史博物馆馆刊》（总第 10 期），文物出

---

① 李纯一：《中国上古出土乐器综论》，文物出版社 1996 年版，第 89—92 页。
② 冯光生：《晚商铜铃辨析》，《中国音乐学》2018 年第 1 期。
③ 参见李纯一《先秦音乐史》（修订版），人民音乐出版社 2005 年版，第 53 页。

版社 1987 年版。

2. 幸晓峰、王其书：《三星堆成组铜铃音乐声学性能的初步探讨》，《中国音乐学》2006 年第 4 期。

3. 陈中岚：《殷墟出土乐器研究》，硕士学位论文，陕西师范大学，2008 年。

4. 蔡杰：《二里头文化铜铃的类型与铸造分析》，《中原文物》2014 年第 4 期。

5. 张冲：《先秦时期陶铃和铜铃研究》，硕士学位论文，山东大学，2014 年。

6. 王秀萍：《乐器学视域下的考古出土商代乐器研究》，博士学位论文，南京艺术学院，2014 年。

7. 沈博、幸晓峰：《三星堆与金沙出土铜铃比较研究》，《音乐探索》2016 年第 1 期。

8. 王秀萍：《殷墟出土铜铃的"乐"用功能初探》，《南京艺术学院学报（音乐与表演）》2018 年第 1 期。

9. 邓玲玲：《二里头文化铃的性质刍议》，《中原文物》2019 年第 4 期。

10. 张仕男：《黄河中下游地区夏商铜铃研究》，《人文天下》2019 年第 4 期。

第四章　石峁初音——音乐学、考古学与语言学结出的奇葩

第一节　原文

罗艺峰：《石峁初音——音乐学、考古学与语言学结出的奇葩（上）》

——《中国音乐》2020 年第 3 期

　　本文题目暗示了来自音乐学、考古学、语言学三个方向的缘聚，所论口簧、骨簧、口弦、口弦琴、舌头琴等，名称虽异，实指一物。23 年前的 1997 年，我发表了关于口簧（口弦）名称的历史语言学研究成果，认为：从历史语言学比较上说，口簧极可能产生于母系的新石器氏族社会，其发明者是生活在中国西北、操极古汉藏语系语言的人群[1]；而陕北石峁遗址考古与此有关的重大发现是 20 多片口簧，4000 年前的新石器时代晚期的中国北方，已经有了这种史前乐器，证明了我的推测，其分布地包括了陕、甘、宁、青及内蒙古南部的大黄河河套地区[2]；而 2019 年世界著名的《自然》杂志发表了中国学者金力院士团队最新的研究成果《语言谱系证据支持汉藏语系在新石器时代晚期起源于中国北方》[3]，从语言人类学得出的这一结论，与我所考察的口簧名称其最古者，是来自汉藏语系语言最古老的安多藏语的基本拟测恰相符合，时间在汉藏语言尚未分化的时期；而汉藏先民对口簧这件乐器的称谓后来发生了种种变异，但仍然符合汉藏语言的基本规律，也符合今天汉藏语系民族，尤其是藏缅语族迁徙和分布的基本面貌。语言的历史变迁与人类的迁徙，语言的分布与口簧乐器的分布，有高度重合的历史现象，这一认识，对于我们思考石峁口簧的

---

[1] 参见罗艺峰《口弦源流的历史语言学研究》，《中国音乐学》1997 年第 2 期。
[2] 参见陕西省考古研究院等单位编纂《发现石峁古城》，文物出版社 2016 年版。这些口簧经过测年分析，其年代在公元前 2000 年前后的龙山时代晚期。参见孙周勇《陕西神木石峁遗址出土口簧研究》，《文物》2020 年第 1 期。
[3] 英国《自然》杂志，第 569 卷，2019 年 5 月 2 日，第 112—125 页。M.Zhang, S.Yan and W.Pan, et.al.,"Phylogenetic Evidence for Sino-Tibetan Origin in Northern China in the Late Neolithic", *Nature*, Vol.569, 2019, pp.112—115. 引用汉语文字由本文作者的研究生张悦同学翻译。

音乐学意义，有重要价值。

一、了解石峁及其所出口簧

被称为"石破天惊"的石峁遗址究竟有何重要性，对认识中华文明起源的价值是什么，对我们今天了解和认识中国音乐史的史前史有何意义，其艺术学、音乐学价值是什么，这些问题值得我们思考和研究。

（一）考古学发现

陕北石峁遗址是新石器时代龙山文化晚期已知的中国北方最大石城，遗址面积超 400 万平方米，由外城、内城和皇城台以及周边星罗棋布的居住聚落构成，地处毛乌素沙漠南缘、黄河支流秃尾河畔的一处黄土山峁，在今天的神木市南、榆林市北，是黄河河套地区最大、最具考古学价值和文化价值的史前遗址。

按照国际学术界对"文明"（civilization）的定义，石峁是成熟的史前文明，包括了复杂的城市建筑、宫殿、房屋、道路、手工作坊、祭祀遗址、骨占、人殉、壁画，出土了玉器、陶器、石器、陶哨、陶球、骨针、鳄鱼骨板、织物遗痕、骨质口簧、石刻人像、玉雕人头像等大量文物，是中国北方早期国家的雏形，其上限在 4300 年前，存在了数百年之久。

石峁先民以农、牧业为主，有自己的物质文化和精神文化，包括了原始宗教、艺术。考古学者断定，创造石峁文化的是根植于河套地区仰韶文化晚期以来久居于此的土著人群，属于龙山文化的石峁文化可以说是大河套地区社会的政治、经济、文化及宗教中心，也是不同于仰韶时代的维护社会新秩序的礼制与宗教中心[1]，甚至有学者认为石峁古城是黄帝部族居邑或黄帝的都城昆仑城[2]，虽然有不同意见，但仍不失为一种重要观点。

（二）艺术史研究

与中国史前艺术史有关的，是对石峁壁画的初步研究和骨质口簧的发现。[3] 石峁

---

[1] 参见陕西省考古研究院等编纂《发现石峁古城》，文物出版社 2016 年版。石峁居民的食物主要是谷子、糜子；织物材料主要是苎麻类植物；人牲多为年轻女性。

[2] 参见沈长云《石峁古城是黄帝部族居邑》，《光明日报》2013 年 3 月 25 日；王红旗《神木石峁古城遗址当即黄帝都城昆仑》，《百色学院学报》2014 年第 5 期。

[3] 目前，涉及美术史研究的主要论文有：王秀娥《石峁玉人头雕像的巫术意义》，《文博》1993 年玉器研究专刊；杨伯达《"一目国"玉人面考——兼论石峁玉器与贝加尔湖周边玉资源的关系》，《考古与文物》2004 年第 2 期；叶舒宪《从石峁建筑用玉新发现看夏代的瑶台玉门神话——大传统新知识重解小传统》，《百色学院学报》2013 年第 4 期；叶舒宪《玉文化先统一中国说：石峁玉器新发现及其文明史意义》，《民族艺术》2013 年第 4 期；叶舒宪《特洛伊的黄金与石峁的玉器——〈伊利亚特〉与〈穆天子传〉的历史信息》，《中国比较文学》2014 年第 3 期；高功《石峁玉石雕人头像》，《收藏界》2013 年第 8 期；邵安定等《陕西神木县石峁遗址出土壁画制作材料及工艺研究》，《考古》2015 年第 6 期；等等。

壁画的发现，证明早在龙山文化晚期的石峁，已经有了先民审美文化的产生，石峁壁画是迄今为止中国境内出土数量最多的史前壁画，为研究中国壁画发展史、早期壁画的艺术特征和制作工艺提供了极为重要的实物资料。在如此发达的物质文化和精神文化的条件下，音乐能够缺席吗？考古学没有让我们失望：

石峁玉璇玑的发现，可能与原始天文学有关，或许也与上古中国乐律学有联系①；石峁玉管、骨哨、陶哨的发现，证明那个时期人们的生活需要发出有意义的声音；石峁鳄鱼骨板的发现，甚至使一向严谨的考古学家联系到代表了墓主身份的鼍鼓②。

石峁口簧发现于皇城台东护墙北段（獾子畔地点）上部的"弃置堆积"内，与龙山文化时代晚期的大量陶器、石器、骨器等共存。这些口簧用牛肋骨磨制成型，制作规整，呈窄条状，中间有细薄舌片，一般长8—9厘米，宽逾1厘米，厚仅0.1厘米，初步统计不少于20件，与其共存的还有骨制管哨、陶制球哨。

石峁发现的史前乐器口簧已引起考古学界、音乐学界的重视③，目前的研究成果，一是发表于《文物》2020年第1期，由石峁考古队队长、陕西省考古研究院研究员孙周勇所撰写的论文《陕西神木石峁遗址出土口簧研究》，此文为考古学界第一篇公开发表的石峁口簧研究论文。二是2020年1月出版的中国音乐史家吴钊所著《中国音乐史·图典版》，书中有对石峁骨簧（口簧）的报道和初步研究，这是音乐学界第一次将石峁口簧纳入中国上古音乐史。④ 三是音乐考古学家方建军教授发表于《音乐研究》2020年第1期的《石峁骨簧的音乐历史意义》一文。⑤ 关于口簧，还可以参读中国社会科学院范子烨研究员的系列论文。本文所论，与以上研究成果的学术旨趣

---

① 参见陕西省考古研究院等编纂《发现石峁古城》，文物出版社2016年版，第107—110页，第260—273页。已发现壁画残块300多块，部分壁画还附着在墙体上，以白灰为底，有先期阴刻勾勒起稿线，以红、黄、黑、绿颜色绘出几何图案。

② 参见陕西省考古研究院等编纂《发现石峁古城》，文物出版社2016年版，第209页。鳄鱼骨板发现于后阳湾2012F2:1，呈方片状，边长约2厘米，是河套地区首次发现。参见孙周勇、邵晶、邵安定《陕西神木县石峁遗址后阳湾、呼家洼地点试掘简报》，《考古》2015年第5期。

③ 2019年8月23日第5版《中国文物报》刊载了考古学家、石峁考古队队长孙周勇等文章《石峁遗址2018年考古纪事》，报道了石峁口簧的发现及其形态描述。2019年9月20—22日，在神木召开了"石峁皇城台考古新发现暨口簧国际研讨会"，中国社会科学院、中国艺术研究院、西安音乐学院、天津音乐学院、浙江音乐学院、沈阳音乐学院的音乐学家以及若干中外各族民间口簧演奏家参加了会议，相关专家讨论了与石峁口簧有关的学术问题。

④ 该文为国家社科基金重大项目"石峁遗址考古发掘与研究"（项目编号：17zZDA217）、国家自然科学基金面上项目《河套地区5—4ka的气候变化与人类适应研究》（项目编号：41571190）阶段性成果之一。承孙周勇研究员美意，其论文发表前本文作者即得以读到并在本文中参阅和引用，特表达谢意。

⑤ 参见吴钊《中国音乐史·图典版》，重庆出版集团·重庆出版社2020年版，第36—37页。值得注意的是，作者联系山西陶寺遗址出土口簧等音乐器物和《诗经》中的史料，认为"陕西神木石峁骨簧本身虽然无法直接反映其使用习俗，但郊野祭台的存在，似乎说明当时应已有了与后来秦国大体相似的郊野祭祀与使用习俗"。

不同，故发表于此。

如此，我们有理由认为，考古学家认为石峁是一处"新石器晚期礼制与宗教中心"的观点，可以联系艺术史，当然也可以联系中国音乐史的史前史来思考，对于本文最重要的问题是：这些骨质口簧的主人是谁？是谁发明的？

二、口簧的分型与民族音乐

中国上古汉族文化对这种乐器固有的称谓是"簧"，按其制作材料可称"骨簧""竹簧""木簧"，因以人类口腔谐振动，所以也称"口簧"，现代乐器学和民族音乐学界习惯将这种乐器称为"口弦""口弦琴"，本文涉及的其他论著以"口弦""舌头琴"为名的，则一仍其故。

本文希望立足于历史语言学的口簧名称考察，同时联系考古学和语言人类学的研究成果，拟测石峁口簧的可能主人，当然也期待由此推导出生活在新石器时代晚期的石峁人可能是操极古汉藏语系语言的人群。正如金力院士团队发表在《自然》杂志上的文章中所说："史前人类的知识建立在三个学科基础上：考古学、遗传学和语言学。遗传学和语言学的相似之处反映了历史人口活动的基本过程。由于语言承载着文化信息，语言的进化提供了对史前人类文化的洞察。"假如我们在这个知识体系里加入音乐学学科会怎样？音乐学对研究史前人类活动有可能提供某些有价值的意见吗？

（一）口簧的分型与传播问题

口簧是一种极为古老、分布十分广泛、至今仍在广泛使用的原始乐器，一般乐器分类学上归于"体鸣乐器"（Idiophone，Hornbostel-Sachs，1914）。它是用竹、木、骨、牙、贝壳、金属等材料作为弹性物质，在上面挖出或嵌贴上可振动簧舌，用指弹或线抻方式策动使簧舌振动发声、利用口腔作共鸣器的一种乐器。石峁口簧是在骨片上刻出振动骨质簧舌发声，考古发现这些口簧有用线抻动过的拉痕，表明这些史前乐器可能是实用器。根据考古报告，石峁口簧的一般形制如图（图2-4-1、2-4-2）[①]。

图2-4-1 石峁遗址出土，獾子畔1段④：1[②]

[①] 参见孙周勇《陕西神木石峁遗址出土口簧研究》，《文物》2020年第1期。
[②] 参见罗艺峰《石峁初音——音乐学、考古学与语言学结出的奇葩（上）》，《中国音乐》2020年第3期，原图1。

图 2-4-2　石峁遗址出土，獾子畔 3 段④：1①

石峁骨质口簧极薄，厚仅 1—2 毫米，呈窄条状，中间有细薄发音簧舌，一般长 8—9 厘米，宽逾 1 厘米。这在 4000 年前是怎么做到的？我们从石峁出土的大量骨针可知，极细极尖的骨针证明石峁人有发达的手工工艺，考古发现了手工作坊、苎麻类织物，也高度可信地告诉我们，石峁口簧完全可以通过磨制、剔刻等方法，被成批制造出来。

在我的考察中，全世界的口簧可以大略分为两大类型，即南方型和北方型，石峁口簧则处于地理上的中间地带。本文指出这一点并非偶然，因为石峁遗址正是处于汉藏语系与阿尔泰语系、农耕文明与游牧文明的交错线上，我们可不可以拟测，处在这一文明交错线上的石峁口簧，往北影响了蒙古草原上阿尔泰语系各族，进而传播到欧洲；往南影响到亚洲汉藏语系尤其是藏缅语各族，进而传播到东南亚及以远地区？随着考古学的发现和人类体质遗传学（DNA）对人类迁徙路线的研究和语言演化谱系表型的研究，该拟测或许能够成立。

显然，骨簧、竹木簧的制作材质，比金属簧材质要容易获得，也肯定起源更早。我们不难发现，今天中国南方许多藏缅语系民族②的口簧，多用竹、木材质，其形制与石峁口簧的框体形制有继承性，虽然可能材质不同，形制也或有不同程度的变异，但发声原理、操作技术、乐器形态是高度一致的。某些情况下也可能出现金属口簧，如彝族有三簧，甚至四簧、五簧金属口簧，景颇族也有金属口簧，但这已经是很晚时代才出现的情况，可能是文化交流的结果。在使用南方型口簧的民族中还包括了属于南亚语系孟高棉语族的佤族、属于汉藏语系壮侗语族的傣族、苗瑶语族的苗族，以及说汉语方言和本民族语言的回族等。值得注意的是，南方型口簧也与东南亚及东南亚以远地区的口簧关系密切，也影响到南岛语系民族，这与汉藏语系民族数千年来的南下迁徙历史有关。③

---

① 参见罗艺峰《石峁初音——音乐学、考古学与语言学结出的奇葩（上）》，《中国音乐》2020 年第 3 期，原图 2。
② 中国汉藏语系藏缅语族包括了藏族、门巴族、珞巴族、羌族、彝族、白族、哈尼族、傈僳族、拉祜族、纳西族、景颇族、普米族、怒族、独龙族、土家族、基诺族、阿昌族等。汉藏语系民族中，藏缅语族使用口簧最为突出，与极古时代的北方汉藏人群，尤其是氐羌系民族关系十分密切，故不特别列出其他语族。
③ 参见罗艺峰、钟瑜《音乐人类学的大视野》，上海音乐出版社 2002 年版。

而中国北方各民族，主要是阿尔泰语系各族的口簧，也存在比较复杂的样态。①一种是与石峁口簧基本一致的形态，如蒙古国学者策·图尔巴特院士报道的草原游牧文化中出现的骨质"舌头琴"，其中一种大小、厚薄和发音原理与石峁骨质口簧完全一致。②他还报道了另外一种特别的现象，其一是蒙古草原上出土有竹质口簧，其二是虽然不是竹质，却也称为竹簧。③该文认为，骨质口簧（舌头琴）起源于亚洲，后流传于欧亚大陆，是游牧文化产物的观点却是值得注意的。该文作者指出：草原上的舌头琴最早的形态是竹子或骨头制作的单薄片乐器，现代蒙古族人仍有用羊骨、驼骨制作舌头琴的传统。但这些发现都大大晚于石峁遗址出土的口簧。

图 2-4-3 是他的文章中的绘图，图中所绘骨质口簧，显然有比较发达的形态，比石峁骨质口簧更为进步，当然也更晚。本文特别采摘于此，以做比较。

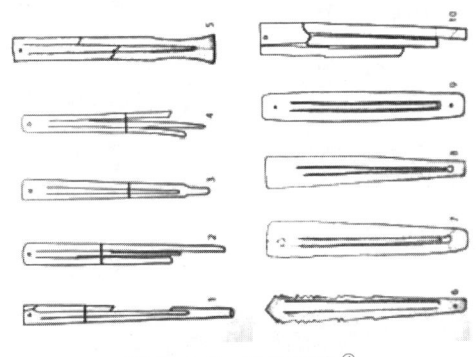

图 2-4-3　骨质口簧④

---

① 中国阿尔泰语系民族有突厥语族的维吾尔族、哈萨克族、柯尔克孜族、乌孜别克族、塔塔尔族、撒拉族、裕固族；有蒙古语族的蒙古族、达斡尔族、东乡族、土族、保安族；有满—通古斯语族的满族、锡伯族、赫哲族、鄂温克族、鄂伦春族等。另外，东北亚的雅库特人、图瓦人也是突厥语人群。
② 参见策·图尔巴特著，乌日古木勒译，范子烨校《考古发现的舌头琴与欧亚大陆东部的古代游牧文化》，《铜仁学院学报》2018 年第 8 期。匈奴后期的蒙古、中国北方、图瓦、密努斯盆地、内蒙古、东北亚等地墓葬，发现了 10 个舌头琴，即骨簧，最早的位于内蒙古东部满洲里南部的夏家店上层文化时期，其年代大致在公元前 11 世纪到前 7 世纪，该乐器长 9.8 厘米，宽 1.6 厘米，头部有小孔。在距离北京市区不远的延庆玉皇庙遗址的竹质舌头琴，都是从男性墓中出土，时代约在公元前 7 世纪到前 6 世纪。内蒙古克什克腾龙头山遗址发现了一个骨质舌头琴。蒙古国莫林陶录盖遗址也发现了骨质舌头琴，长 12.5 厘米，宽 1.4 厘米，头部有小孔。其他发现骨质舌头琴的还有图瓦时期的匈奴艾密日立克遗址、俄罗斯的萨合尔遗址、乌拉尔山脉附近卡玛河遗址等。文中所谓"舌头琴"曾被误解为"骨头工具""纺织机的梭子"，或是女性用的"发卡"。
③ 气象学家指出仰韶文化和龙山文化时代黄河流城气候温润，至周初还有竹子生存。参见竺可桢《天道与人文》，北京出版社 2005 年版。在笔者的考察中，今天在与内蒙古南缘连接的青海、甘肃、宁夏、陕西也还都有竹子生存，一些地方还流行竹质口弦。
④ 参见罗艺峰《石峁初音——音乐学、考古学与语言学结出的奇葩（上）》，《中国音乐》2020 年第 3 期，原图 3。

另一种是亚欧草原上大量存在的金属材质的口簧，虽然发声原理与一般口簧无异，但声音差别较大，其形制与中国内陆南方藏缅语系各族的口簧不一样，当然也与石峁骨簧差异甚大，中国古代文献如北宋陈旸《乐书》、清代《皇朝礼器图式》等记载的"雅簧""铁簧"，也即我所谓北方型口簧。[1] 同时，中国北方阿尔泰语系各族的口簧，还与欧洲出现的口簧有形制上的紧密联系，值得研究者注意，正如蒙古学者策·图尔巴特所说，口簧（舌头琴）是中亚和中国北方游牧文化中广泛流传的乐器，也是研究亚欧大草原古代游牧民乐器的起源和发展的重要资料。中国考古学家所发现和研究的中国境内口簧[2]，其形制与策·图尔巴特所报道的情况可资比较（图2-4-4）。

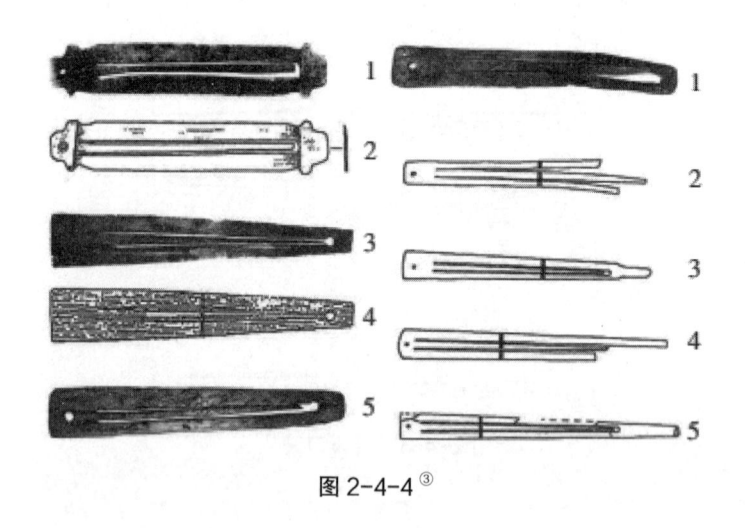

图 2-4-4[3]

左：1—2：陶寺遗址骨簧，3—4：夏家店遗址骨簧，5：龙头山遗址骨簧；
右：1：水泉遗址骨簧，2—5：玉皇庙墓地竹口簧

在笔者的研究中，现代各型口簧今以图示之[4]（图 2-4-5、2-4-6）。

---

[1] 参见（北宋）陈旸《乐书》，张国强点校，中州古籍出版社 2019 年版，第 656 页；（清）允禄、蒋溥等奉敕初纂，福隆安、王际华等奉敕补纂《皇朝礼器图式》，吉林出版集团 2005 年版。
[2] 参见（北宋）陈旸《乐书》，张国强点校，中州古籍出版社 2019 年版，第 656 页；（清）允禄、蒋溥等奉敕初纂，福隆安、王际华等奉敕补纂《皇朝礼器图式》，吉林出版集团 2005 年版。
[3] 参见罗艺峰《石峁初音——音乐学、考古学与语言学结出的奇葩（上）》，《中国音乐》2020 年第 3 期，原图 4。
[4] 图示由本文作者所绘，见注。

1. 南方型

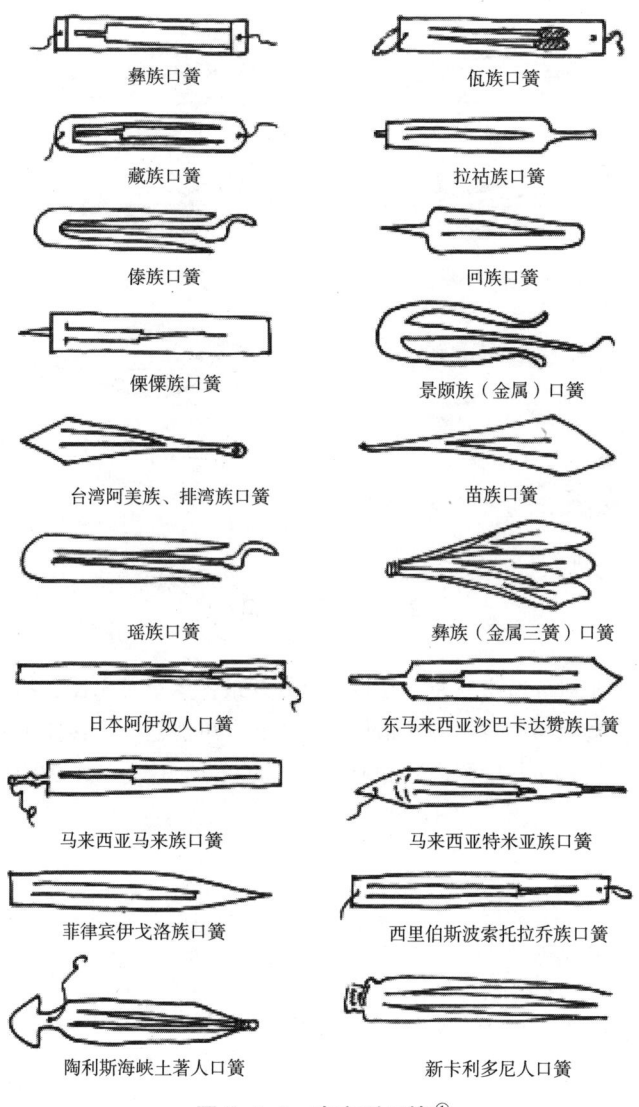

彝族口簧　　　　　　　佤族口簧

藏族口簧　　　　　　　拉祜族口簧

傣族口簧　　　　　　　回族口簧

傈僳族口簧　　　　　　景颇族（金属）口簧

台湾阿美族、排湾族口簧　　苗族口簧

瑶族口簧　　　　　　　彝族（金属三簧）口簧

日本阿伊奴人口簧　　　东马来西亚沙巴卡达赞族口簧

马来西亚马来族口簧　　马来西亚特米亚族口簧

菲律宾伊戈洛族口簧　　西里伯斯波索托拉乔族口簧

陶利斯海峡土著人口簧　新卡利多尼人口簧

图 2-4-5　南方型口簧 [①]

[①] 参见罗艺峰《石峁初音——音乐学、考古学与语言学结出的奇葩（上）》,《中国音乐》2020 年第 3 期，原图 5。

2. 北方型

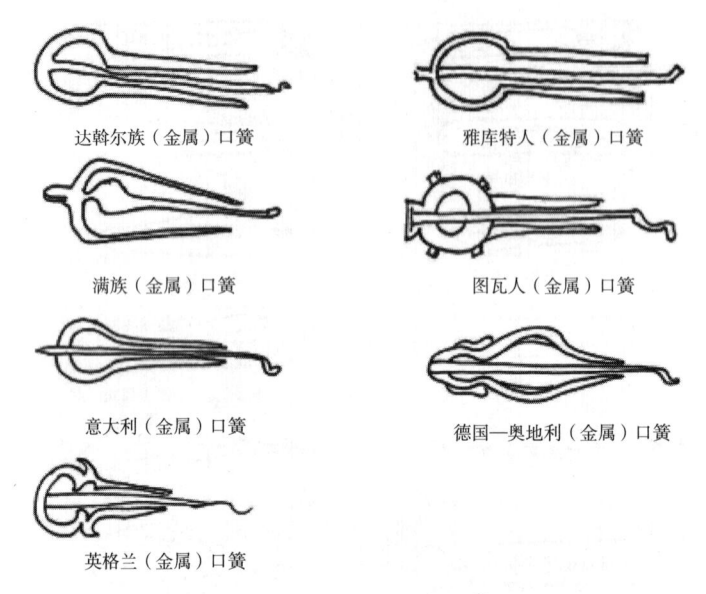

达斡尔族（金属）口簧　　　雅库特人（金属）口簧

满族（金属）口簧　　　图瓦人（金属）口簧

意大利（金属）口簧　　　德国—奥地利（金属）口簧

英格兰（金属）口簧

图 2-4-6　北方型口簧①

陕北神木石峁遗址所出口簧，是目前已知的最古老口簧乐器实物，处于亚欧大草原边缘、农耕文明与游牧文明交错地带的石峁，可能是一个传播中心，考古学提供的材料也证明了石峁与中国内陆和亚欧草原的联系，这是一个极为值得注意的历史现象。②

---

① 参见罗艺峰《石峁初音——音乐学、考古学与语言学结出的奇葩（上）》，《中国音乐》2020 年第 3 期，原图 6。
② 与本文研究主旨有关，这里特别强调和引证由石峁南向的影响。《陕西神木县石峁遗址后阳湾、呼家洼地点试掘简报》一文指出，后阳湾地点发现的鳄鱼骨板与山西陶寺遗址、清凉寺遗址出土的鳄鱼骨板可以联系起来思考，鳄鱼骨板应与鼍鼓相关，一定程度上反映了石峁遗址的聚落等级，本文认为正是这一现象反映了石峁文化南向的传播，参见《考古》2015 年第 5 期。这一南向传播，还反映在其他研究者的认识中，如徐峰的《石峁与陶寺考古发现的初步比较》，也认为石峁遗址与晋南陶寺遗址有较为密切的联系，参见《文博》2014 年第 1 期。戴向明的《陶寺、石峁与二里头——中原及北方早期国家的形成》，认为陶寺早、中期文化面貌的巨变都应受到北方及其他外来文化的强烈影响，而石峁正是在陶寺的北方，参见许宏主编《夏商都邑与文化》（一），中国社会科学出版社 2014 年版。吴钊先生所著《追寻逝去的音乐踪迹：图说中国音乐史》也指出：礼乐制度的建立应是进入文明期的标志，可以追溯到山西襄汾陶寺遗址鼓磬乐队的建立，这里的鼓，也正是鳄鱼皮的鼍鼓。陶寺龙山文化的绝对年代为公元前 2300 年至前 1900 年之间，而石峁遗址的绝对年代上限正是公元前 2300 年。

（二）口簧与民族传统音乐

音乐学家们注意到，口簧不仅历史悠久、十分古老、分布广泛，还与今天各民族传统音乐有密切关系。

中国学者研究的结论是：无论什么样的形制，口簧的发音原理基本上是一样的，即策动簧舌发出一个基音，以变化口腔和喉舌改变这个人身上的"可变振动器"的体积和形状，从而分解和抽取基音的谐波序列中的某些低次谐音进而构成旋律。[1] 并且"世界各民族的单簧口弦，在相同发音原理的基础上，分解出的谐音，都包含着纯律因素"。例如中国凉山彝族的单簧口弦，多用3、4、5、6和6、8、9、10、12次谐音；中国锡伯族多用8、9、10、12次谐音；中国台湾泰雅族用9、10、12、16次谐音；日本阿伊奴人用3、4、5、6次谐音；中亚的吉尔吉斯人用8、9、10、11、12次谐音；西伯利亚叶尼塞河上游的图瓦人用6、7、8、9、10、12次谐音。[2] 将基音假设为大字组C，从下面的谐波音序图上可以获取各族口簧实际所用的音列（谱例2-4-1）。

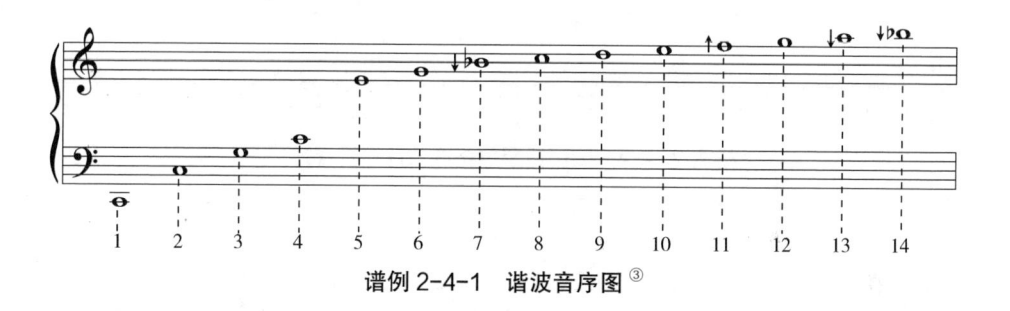

谱例 2-4-1　谐波音序图 [3]

我们把以上认识简化为如下谱例（谱例2-4-2）：可知日本的阿伊奴族人（Ainu）、中国台湾的泰雅族人（Ataiyal）、中国南方的彝族人（Ldo）、东马来西亚沙巴州的卡达赞/杜宋族人（Kadazan/Dusun）所用的音列。

---

[1] 参见（北宋）陈旸《乐书》引唐《乐图》："以线为首尾，直一线，一首贯其纽，一手鼓其线，横于口中，嘘吸成音，直野人之所乐耳。"此为口弦演奏法之一种的线抻法。
[2] 参见曾遂今《口弦的科学价值》，《音乐研究》1987年第1期。
[3] 参见罗艺峰《石峁初音——音乐学、考古学与语言学结出的奇葩（上）》，《中国音乐》2020年第3期，原谱例1。

谱例 2-4-2　不同民族所用音列简化谱[1]

从实际发音来看，也反映了口簧与各民族传统音乐的联系。如谱例 2-4-3—谱例 2-4-7：

谱例 2-4-3　云南楚雄彝族三片口簧音列[2]

谱例 2-4-4　云南西盟拉祜族三片口簧音列[3]

谱例 2-4-5　云南澜沧拉祜族三片口簧音列[4]

---

[1] 参见罗艺峰《石峁初音——音乐学、考古学与语言学结出的奇葩（上）》，《中国音乐》2020 年第 3 期，原谱例 2。
[2] 参见罗艺峰《石峁初音——音乐学、考古学与语言学结出的奇葩（上）》，《中国音乐》2020 年第 3 期，原谱例 3。
[3] 参见罗艺峰《石峁初音——音乐学、考古学与语言学结出的奇葩（上）》，《中国音乐》2020 年第 3 期，原谱例 4。
[4] 参见罗艺峰《石峁初音——音乐学、考古学与语言学结出的奇葩（上）》，《中国音乐》2020 年第 3 期，原谱例 5。

谱例 2-4-6　四川凉山彝族四片口簧音列[①]

谱例 2-4-7　云南大姚彝族五片口簧音列[②]

根据中国学者的研究，口簧的律制（temperament）是建立在簧片的谐波与腔共振基础上的，单簧口簧（如中国凉山地方彝族）的音列，就是包含有纯律大三度（386cent）、纯律小三度（316cent），以及大全音（203cent）、小全音（182cent）的纯律（Pure Temperament）。而双簧口簧则接近五度相生律（Approximation Pythagoras Temperament），三簧口簧是五度相生律（Pythagoras Temperamnent）。[③]

口簧作为乐器，为什么会如此稳定地遗存到今天？其音乐为什么会影响到使用口簧的民族传统音乐？[④] 一个可能的拟测是：除了制作材料容易获得、制作工艺不甚复杂、操弄使用方便等外，还有一个与音响物理学、美学有关的因素，即口簧在最接近人类头颅的口腔边发声——腔振动，其声音振动传入大脑，音乐与人类身体发生了声音共振，声音振动流经人类身体，音乐与物理现实发生了关联，音乐不仅在身体外部，也在身体内部，进而产生印象强烈的审美愉悦并影响到人类关于音乐的认知，从而成为十分古老而牢固的民族音乐文化的人类身体内部的声音记忆。我认为，口簧作为乐器的这一特点，是其他人类创造的乐器所不能比拟的。

附言：在本文撰写过程中，多次与对口簧深有研究、田野考察经历丰富的中国社会科学院范子烨研究员交流，对笔者多有启发，特此感谢！

---

① 参见罗艺峰《石峁初音——音乐学、考古学与语言学结出的奇葩（上）》，《中国音乐》2020 年第 3 期，原谱例 6。
② 参见罗艺峰《石峁初音——音乐学、考古学与语言学结出的奇葩（上）》，《中国音乐》2020 年第 3 期，原谱例 7。
③ 参见曾遂今《凉山彝族口弦的律学研究》，《中国音乐学》1986 年第 2 期。
④ 参见杜亚雄编著《中国各少数民族民间音乐概述》，人民音乐出版社 1993 年版；袁炳昌、冯光钰主编《中国少数民族音乐史》，中央民族大学出版社 1998 年版。周勤如博士最近发表在《中央音乐学院学报》上的关于西北民歌研究的系列论文，对于思考口弦与民族传统音乐的关系有重要参考价值。

罗艺峰：《石峁初音——音乐学、考古学与语言学结出的奇葩（下）》

——《中国音乐》2020 年第 4 期

三、口簧名称的语言学

口簧极古，当然其名称也极为悠久。我们不知道石峁人说什么样的话，但我们知道石峁人一定有语言，为什么？因为要组织、协调众多人员来完成古城的建造，要完成大量物质生产和工艺活动，要举行大型祭祀和原始宗教仪式，要进行艺术性质的活动，没有语言是不可想象的。

口簧名称的语言学问题，只能是跨学科的研究课题。没有考古学，我们就没有石峁口簧这个研究对象；没有音乐学，我们就不能了解口簧的音乐功能与性质；没有语言学，我们就难以去思考口簧的传播及其名称的历史演化，进而拟测石峁人说什么话及其语言系属的问题。语言谱系学研究语言的演化表型现象，强调"研究语言的起源与分化对理解人类的历史和文化至关重要"[①]，而这正是本文立论的理论基础之一。

23 年前，我曾指出："乐器名称的民族语言可能是一种极为古老而又稳定的文化要素，它的内涵，可能暗示了使用这一乐器的民族的迁移方向和路线，证明在音乐文化的层面上所见的族源关系。"[②] 比如，西伯利亚突厥人把舌头琴（口簧）称为"Komuz"或"Kumuz"，这与蒙古语的"höömii"和"hömhii"属于同一个词根的词，就是"咬下唇"的意思，是古代突厥语系的蒙古词，与"höömi"即"喉咙"这个词有关，其词根是"höm"，引申为用口弹奏、用喉咙歌唱[③]，其含义即与口唇、下颚有关，正与乐器学上所谓"Jaws' harp"（"颚琴"或"口琴"）相类，jaw 也可译为"下颚""咽喉"或"口"，不过有人翻译为"犹太竖琴"（Jews' harp），却是错的，一个字母之误（"a"误为"e"），惜乎失之千里。

长期生活在中国北方亚欧大草原上的阿尔泰语系民族，其口簧名称与此多有关联。如，哈萨克族："哈木斯斯尔奈依"（Hamusisternaiyi）；柯尔克孜族："奥孜考姆兹"（Aozikaomuzi）；维吾尔族："埃额兹考姆兹"（aiezikaomuzi）；塔塔尔族："科比斯"（Kobis）；满—通古斯语族的雅库特人："柯木斯"（Khomcs）；索约特人："克木斯"（Komus）等。这里的口簧名称与古老的突厥语对口簧的称呼"Komuz"有密切

---

① 金力等：《语言谱系证据支持汉藏语系在新石器时代晚期起源于中国北方》，《自然》（*Nature*）第 569 卷。
② 罗艺峰：《口弦源流的历史语言学研究》，《中国音乐学》1997 年第 2 期。
③ 参见策·图尔巴特等《考古发现的舌头琴与欧亚大陆东部的古代游牧文化》，《铜仁学院学报》2018 年第 8 期。

关系，印欧语系伊朗语族的塔吉克族的口簧名称为"库波兹"（Kubozi），也与突厥语的"konuz"一致，反映出传播影响的情况。十分值得注意的是，雅库特人口簧名称"Khomos"存在双辅音现象，也就是说，突厥语的"ku"，可能原先读"khu"存在"k""h"可以互转的情况，即蒙古语的"ho"可以读"ko"或"kö"，所以，哈萨克族的"hamusisiernaiyi"，其实就是突厥语的"komuz"[①]。在历史上，中国北方民族语言中往往存在双辅音，后来丢掉了其中一个，甚至受到少数民族语言影响的古汉语，也存在双辅音现象，西汉时王昭君的"浑不似"，即"hùnbs"，也有译为"火不思"的，后来更讹为"浑拨四"，今天西安近郊农村还有一种农民自制的弹拨乐器叫作"琥珀"，其地方汉语音读近似"Khubo"，其实是缺乏尾音的汉语双声词。[②] 这些乐器名称正是北方草原上的弹拨乐器"库布兹"（khùbz），"库"读音为"浑"[③]，"hù"可能原先读"khù"。[④]

阿尔泰语系诸民族的口簧读音，其起源极古，反映了民族迁徙和融合的现象，历史上中国北方草原上有许多民族在这里生息，不论是体质的往复血缘融合还是语言的往复融合，都非常复杂。在本文看来，因为石峁人很可能向南发展，与石峁口簧更有关系的是亚洲大陆上的汉藏语系民族；与本文相映成趣的是，考古学家孙周勇更强调石峁口簧在4000年前从中国北方向欧亚草原的北向扩散传播[⑤]，其实，一南一北两个方向的传播，更证明了"石峁遗址所在的中国北方河套地区是世界口簧的祖源地"的观点。本文则企图联系汉藏语系语言起源问题来讨论石峁口簧的可能创造者，从另一领域来介入石峁口簧的起源和传播问题。

（一）各民族语言口簧名称

本文拟测，最古老的口簧名称是来自汉藏语系语言，且在极古时代的中国北方形成。而其名称演化则主要是在汉藏语系藏缅语族中。其他语言口簧名称不排除受到汉藏语言影响的可能。

---

① 参见麻赫默德·喀什噶里《突厥语大词典》"Kobuz"（"库布兹"）条，民族出版社2002年版。此意又得到新疆艺术研究所艾迪雅·买买提博士和内蒙古艺术学院杨玉成博士的指点，特表谢意。
② 参见冯文慈《中外音乐交流史》，湖南教育出版社1998年版，第152页。
③ （元）陶宗仪的《辍耕录·乐曲》："达达乐器，如筝、秦琵琶、胡琴、浑不似之类，所弹之曲，与汉人曲调不同。"（明）蒋一葵的《长安客话·浑不似》："浑不似制如琵琶，直颈无品，有小槽，圆腹如半瓶榼，以皮为面，四弦皮绗同一孤柱。相传王昭君琵琶坏，使胡人重造，造而其形小。昭君笑曰：'浑不似。'遂以名。"（清）洪昇的《长生殿·合围》："番姬弹琵琶、浑不是，众打太平鼓板。"（清）俞正燮的《癸巳存稿·火不思》："俞玉吾《席上腐谈》云：浑拨四形较琵琶小，胡人改造琵琶，昭君笑曰：'浑不似'也。"
④ 参见中国艺术研究院音乐研究所、《中国音乐词典》编辑部编《中国音乐词典》，人民音乐出版社1984年版，第207页。柯尔克孜族的弹拨乐器"考姆兹"、哈萨克族弹拨乐器"柯布孜"均属同类情况。柯尔克孜族和哈萨克族都是阿尔泰语系民族。
⑤ 参见孙周勇《陕西神木石峁遗址出土口簧研究》，《文物》2020年第1期。

1. 中国汉藏语系藏缅语族

藏族：坚、嘉、高　　　　　Gian, Gao, Kuo
珞巴族：贡贡　　　　　　　Gonggong
　　　　　　　　　　　　　Koŋkoŋ
彝族：共岗　　　　　　　　Gonggang
　　　和贺　　　　　　　　Hehe
　　　麻刚禾贺　　　　　　Maganghehe
纳西族：控孔　　　　　　　Kongkong
　　　　可谷　　　　　　　Kegu
摩梭人：古谷　　　　　　　Gugu
怒族：坎坎　　　　　　　　KwuoKwuo
独龙族：岗　　　　　　　　Gang

2. 汉藏语系汉语族

回族：口口　　　　　　　　KouKou
　　　口儿　　　　　　　　Kouer
汉族：簧簧　　　　　　　　Huanghuang
　　　嚎儿嚎儿　　　　　　Haorhaor

3. 南岛语系印度尼西亚语族

台湾布农人：禾禾　　　　　Honhon
　　　　　　洪贺　　　　　Hoŋho
　　　　　　洪号　　　　　Hoŋhao
　　　　　　岗岗　　　　　Ko'ŋKo'ŋ
　　　　　　岗库岗库　　　K'oŋkuK'oŋku
台湾阿美人：口口　　　　　Korkor
　　　　　　科科　　　　　Kotkot
巴厘岛人：根贡　　　　　　Genggong
　　　　　贡贡　　　　　　Gonggong①

4. 南亚语系马六甲语族

马来西亚土著民族：
塞芒族：根贡　　　　　　　Genggong
觉何族：根贡　　　　　　　Genggong
特米亚族：根贡　　　　　　Genggong

---

① 至2019年夏季笔者考察印度尼西亚巴厘岛和爪哇岛时，这个乐器的民间名称还被称为"gonggong"即"贡贡"，保留了极古的读音，反映了口簧的传播。

这些口簧名称，既有本语族内部的不同或相近、相同的样态，反映出可能同源的关系，也有跨语系、语族的现象，反映出影响和交流的情况。此处尝试联系"声""韵""调"的分析，结合汉藏语系语言的基本规律来拟测什么名称最古的可能答案，而不涉及其他语言。这里涉及的口簧名称是民族语言名称的拟音表型。

（二）声、韵、调的分析

1.声

首先，汉藏语系语言里，存在声母"G-K-H"互转的突出现象，这是一条重要规律。我们不难观察到"G-K"互转的现象，藏语的口簧名称"Gian""Gao""Kuo"，发生了"G"和"K"的声母互转现象；独龙族的"Gang"，也可以读作"Kang"或"Koη"或藏语的"Kuo"；珞巴族的口簧名称"Gonggong"和"KoηKoη"，也是"G"和"K"的互转；纳西族的"Kegu"，也当然就可以读如摩梭人的读音"Gugu"；怒族的"KwuoKwuo"，也与"Gonggong"和"KoηKoη"可通，甚或可以与说回族的"KouKou"（口口）读音相通。另一个重要规律是声母"G-K"和"H"也可以互转，如彝族的"Hehe"与纳西语"Gugu""Kegu"，中古或上古时期的安多藏语"gonggong"以及藏南的珞巴语"KoηKoη"也是可以相通的。[①]"G-H"可以互转这一现象，正如同古汉语中的"蒿"可读"高"，汉晋时代这个字读 gaul，即所谓"从草高声"（《说文》），用来表示"草之高者"（陆佃《诗疏》），到唐代却读"*hau"，今天我也读"蒿"（hāo）。这就反映了真实的古汉语音韵演变有"G-H"互转的现象存在。

其次，在汉藏语系语言中，存在"k-g-h"三个声母的清浊配对现象，有发音愈靠后愈古老的规律。上文藏缅语各族口簧名称的读音，除怒族的"kwuokwuo"带有"kw"这样的复辅音声母外，其他均含有"k""g""h"这几个单辅音声母，"k"是清塞音，不送气，"g"是浊纯塞音（不带鼻冠音），"k-g"正是清浊配对，符合藏缅语特征，且都在舌根部位发声。而"h"则是清擦音，送气，但没有浊音配对，这也符合本语族特点，发声部位在喉。"k""g""h"三个声母它们的位置均靠口腔后部，而这正是安多藏语发音愈靠后部愈古老的规律。

再次，从清浊配对和转化的现象可知，藏缅语族中有许多口簧名称是同源词，使用浊声母"g"的口簧名称反映了最古老的语言规律。羌语和嘉戎语保留古藏语、羌语原始面貌最多，且都含有"k""g"两个单辅音，又可对应、互转、浊声清化，与藏、普米语、景颇语、彝语有许多同源词，其意义是显而易见的。[②] 我们可以从以下语言规律里获得对口簧名称研究有意义的认识。

[①] 藏语有三大方言语，即卫藏方言（拉萨话）、康巴方言（德格话、昌多话）、安多方言（甘、青方言），其中安多藏语无声调，为最古藏语，有重要研究价值和文化史意义。

[②] 参见孙宏开《羌语支属问题初探》，载《民族语文研究文集》，青海民族出版社 1982 年版。

清浊声母对应。如：绿春哈尼语"gu˧"，在碧约哈尼语中读"ku˧"，意思是"缝"；浊声清化。如：哈尼语"ga˧"，拉祜语读"ka"，意思是"听见"；浊音对应浊音、清音对应清音。如：彝语"gu˧"，哈尼语"ry˧"，傈僳语"ku˧"，纳西语"gu˧"，藏语"dgu"，羌语"xgue˧"，意思是"九"，等等。语言学家指出，这种对应绝非偶然，而是历史上的"g"浊音声母词演化为"k"清音声母词的遗迹，故使用浊声母"g"为声母的口簧名称安多藏语的"Gongong"可能更为古老[①]，这对于本文关于口簧起源的拟测有重要意义。

另外，彝语支语言和藏缅语族其他语言有共同来源，其声母清浊状况可能反映了上古语言未分化前原始母语中"k-g"可以互转的状况。（1）本语族同源词中"k-g"对应。[②] 如：白语"ko"、撒尼语"ga˧"、纳西语"go˧"、哈尼语"ga˧"、藏语"ka"，意思是"爱"；（2）白语中的浊音清化"g-k"对应。如：大理话"ga˧"、剑川话"ka˧"，意思是"说"；（3）白语中的汉语借词"g-k"对应。如：汉语"gan"、白语"ka˧"，意思是"甘"；（4）与藏语十分接近的门巴语方言中也有"k-g"对应的现象。如：文浪话"gor"、麻玛话"kor"，意思是"石头"；（5）基诺语中汉语借词读音"g-k"对应。[③] 如：汉语"gāo"、基诺语"ku˧"，意思是"高"，等等。至此，对于本语族里诸语言的口簧名称的清—浊，即"k-g"对应关系已多有举例，这一类例子还有不少，兹不再赘。不过，我们可以肯定藏缅语言中存在清—浊互转或浊音清化的事实，所以，结论必然是：

口簧名称："gonggong"可以读作"kongkong""koŋkoŋ"或"kwuokwuo"。[④] "kegu"也可以读作"gugu"。单音节的口簧名称如"gao""gang""gian"，以及部分音节相同的口弦名称"zhanggong""maga""maguo""mongguo"等，就可以与"kuo"（藏）、"koukou"（回）、"kouer"（回）、"gai"、"koubagong"、"shih-kao"（黎）相通，由此证明这些词有同源关系。

藏缅语族群语言，与古汉语是同源共祖的。我们以下集中讨论汉语中的情况。迄今所见到的介绍各民族口簧的文献，往往把它的读音对译成如下汉文：

honhon、hoŋho、hoŋhao、Koŋkoŋ（布农人）

---

① 参见马学良、戴庆厦《彝族支语音比较研究》，载《民族语文研究文集》，青海民族出版社1982年版。
② 参见赵衍荪《白语的系属问题》，载《民族语文研究文集》，青海民族出版社1982年版。
③ 参见盖兴之《基诺语简志》，民族出版社1986年版。
④ 参见［意］图奇、［西德］海西希《西藏和蒙古的宗教》，耿升译，天津古籍出版社1989年版，第6页。"浊塞辅音"（g、j、d、bz）处于同一个词（也就是一个音节）的开头处时，原则上应读作清辅音（k、c、t、p、ts），但其音调要低一些。如"gan"，读作"kang"。这也从语言学上证明，本文所论为确凿事实。"贡贡"（gonggong）可以读作"口口"（koukou）或"岗岗"（ganggang）。图奇和海西希引用的是1966年荷兰莱顿大学《东方学丛刊》第一编中伯戴克（L.Petech）的原则。

禾禾　　洪贺　　洪号　　岗岗

hehe、magang、hehe（彝族）

和贺　麻岗　　禾贺

kongkong、kegu、gugu、kwuokwuo（纳西族）

控孔　　可谷　古谷　坎坎

Gang（独龙族）　　maguo（傈僳族）

岗　　马戈

Gonggang（珞巴族）　　gonggong（藏族）①

共 岗　　贡 贡

gian、gao、kuo、K'oŋk'oŋ（藏族）

坚　嘉　高　空空（孔孔）

koukou、kouer（回族）

口口　　口儿

以上汉字字音今古音韵对照如下（古音以《切韵》为准）②，并把同组字排在一起，便于比较：

```
 ┌今音┐ ┌汉字┐ ┌────古音韵────┐
```

hé　　　禾、和：合口平声戈韵匣纽，户歌切。

hè　　　何：　　合口平声歌韵匣纽，胡歌切。③

hè　　　贺：　　合口去声歌韵匣纽，胡个切。④

huò　　　和：　　合口去声过韵匣纽，胡卧切。

huáng　黄（簧）：合口平声唐韵匣纽，胡光切。

hóng　　洪：　　合口平声东韵匣纽，户公切。

kě　　　可：　　合口上声歌韵匣纽，枯我切。

kòng　　空：　　合口去声东韵匣纽，苦红切。

kǒng　　孔：　　合口上声董韵匣纽，康懂切。

kòng　　控：　　合口去声送韵匣纽，苦贡切。

---

① 参见李卉《台湾及东亚各地土著口弦之比较研究》，台湾"中央"研究院民族学研究所图书馆抽印本。引刘咸（1940）："每天我在楼上写作时，索郎仁清的七岁幼女荣中，时常上楼，倚在扶梯脚边弹'贡贡'，洋洋的音调，有点象琵琶……'贡贡'是西戎小儿女们必有的乐器……'贡贡'是青海西戎形声的名称，实际上是一个竹制口弦。"青海西戎，就是今天称为藏族的安多藏区土著人民。

② 参见丁树声《今古字音对照手册》，中华书局1981年版。

③ 参见李方桂《上古音研究》，商务印书馆1980年版。中古以后，辅音韵尾"r"失落，实际成为"ga"，可参考哈尼语"maga"和其他一些带"ga"音节的口簧名称。中古以前，何、贺读音为"gar"和"garh"。

④ 参见李方桂《上古音研究》，商务印书馆1980年版。

今音	汉字	古音韵
kǒu	口：	合口上声厚韵溪纽，苦后切。
gē	戈：	合口平声戈韵见纽，古禾切。
gāng	岗：	合口平声康韵见纽，古郎切。
gòng	贡：	合口去声送韵见纽，古送切。
gǔ	谷：	合口入声屋韵见纽，古禄切。
gǔ	古：	合口去声姥韵见纽，公户切。
jiān	坚：	合口平声先韵见纽，古贤切。
jiā	嘉：	合口平声麻韵见纽，胡光切。
gāo	高：	合口平声豪韵见纽，胡光切。
gòng	共：	合口去声用韵见纽，苦红切。

以上字音可依古汉语音韵指出如下特点：

这些字多在喉位发音，匣纽字在深喉，见纽字、溪纽字在浅喉，古汉语深喉字比浅喉字古老，故匣纽字"贡贡"一定比溪纽字"口口"早，其他见纽字、溪纽字同理。上古发音部位相同的塞音可以互谐，是古汉语的一条规律[①]，故匣纽字可以互谐通转，因此，禾、何、和、贺、黄、簧、洪等作为乐器名称读音的记写汉字，在音、韵上是同源、同一的。同理，这些溪纽字、见纽字，在音、韵上也是同源、同一的，读音通假是为必然。

2. 韵

在藏缅语族各语言中，一个非常显著的特征就是：声多则韵少，声少则韵多。[②]

藏文单元音韵母有 5 个：*i、*e、*a、*u、*o。复元音韵母有 3 个：*iu、*eu、*au。辅音韵尾有九个：*-b、*-d、*-g、*-r、*-l、*-s、*-m、*-n、*-ŋ。由 5 个单元音韵母与 9 个辅音韵尾结合成 45 个带辅音韵尾的韵母，由 5 个单元音韵母与 7 个复辅音韵尾结合成 35 个带复辅音的韵尾。这其中，安多方言没有复元音韵母，也没有鼻元音，元音不分长短，它带辅音韵尾的韵母比其他方言稳定，并且辅音韵尾最多（即，-p、-l [~-t]、-k、-r、-m、-n、-ŋ）。安多方言另一特征是只有"e、a、u、o" 4 个元音能与辅音韵尾结合。在本章特别关注的是青海省藏区，农业地区只有"-k、-r、-ŋ"或再加一个"-n"作为辅音韵尾，有 33 个带辅音韵尾的韵母，口簧名称藏语韵母"-an、-oŋ"即在其中。而上述所有这些特征证明，安多藏语是保留古代面貌最多的藏语方言。之所以从藏语韵母开始进行探讨，是因为藏缅语系各族（包括说汉语和汉藏双语的人群——回族/穆斯林）的口簧名称韵母的变化和对应，符合古藏语（9 世纪）的韵母对应规律，从而标示出它们共同的语源。藏族口

[①] 参见李方桂《上古音研究》，商务印书馆 2015 年版。
[②] 参见瞿霭堂《藏语韵母研究》，青海民族出版社 1991 年版。

簧名称"gao""kuo"同韵，而声母"k-g"已证明可以互谐，故"gao"就是"kuo"，殆无疑义。在康巴方言中，"o"对应"oη"或"η"，所以"gao""kuo"必然可以与"Koηkoη"同韵，因为在康方言和安多方言中，"o-u"可以对应互谐，故可知，单音节口簧名称"gao""kuo"与双音节词"koηkoη"同源。

根据藏语韵母规律，"-n"和"-η"为互补鼻音韵尾，并且前元音"i""e"只与"-n"结合，后元音"a""o""u"只与"-η"结合，所以"-an"韵实际上是"oη"或"aη"韵，故"gian"就是"Koη"或"KóηKóη"，它的声母无须再证对应关系，而其韵尾"aη-oη"也与"a-o-u"对应，这样一来，"Koη"也可以是"ko-go-ku-gu"，对照纳西族口簧音读"kegu"和"gugu"，参考安多方言马蹄寺话"u"可以是"e"，则可断定，"kegu"也就是"gugu"，而它们也定与"ko-go"或"koηkoη"同源。彝族口弦音读"Hehe"，其声母"h"上文已证明可通谐"g-k"等声母，而按藏语韵，"e"对应"o-u"，则"hehe"也可以是"gugu"或"kegu"了。回族之"koukou"，照理也可以与"koηkoη""gugu""kegu""hehe"压韵互谐、对应通转了。另外，"or"韵则又可对应"o-ε"或"-i-u-ə"，则甘肃地方称口簧为"Haorhaor"，其韵尾按藏语韵可以对应"o-ε"，故也可以通转谐韵于以上各韵了。"Haorhaor"（嚎儿嚎儿）的语源不正暗示了其与藏语的联系吗？按古汉语音韵学，"koukou""hehe"与古"簧"字读音相谐，或竟可读若"gar"，即中古时代"何""禾""和"。民俗学资料显示的，甘肃地方叫口簧这件乐器为"簧簧"（Haorhaor、嚎儿嚎儿），则"hehe"也就是"贺""何""禾""和"或"簧簧"。①

3.调

藏缅语族语言中，最古老的形态是无调的语言，如藏语安多方言，音节也十分简单。普米语只有两个声调，独龙语有三个声调，而且许多语言用声调区别词义的词只占全部词汇的极小比例。本语族口簧名称音读，只有单音节词、双音节词，并且大多无声调变化，显示了它们的古老面貌②；可以相信，那些带声调的口簧名称，必晚于无声调者。值得注意的是，珞巴语没有声调，其口簧名称音读与安多藏语相同，按汉藏语系语言规律，"Gonggong"最为古老，后来演化为"KoηKoη"、纳西族的"Kongkong"、怒族的"KwuoKwuo"、古汉语的"簧簧"（huanghuang）、今天民间汉语的"嚎儿嚎儿"（haorhaor），展现出"G—K—H"语音演化历史，毫无疑问，这些名称之间必有深远联系。

---

① 参见牛龙菲《古乐发隐》，甘肃人民出版社1985年版，第296页。"今甘肃省通渭一带地方，至今仍有鼓动之簧的遗存。通渭老乡，将这种乐器叫作'嚎儿嚎儿'（读做haorhaor）。此，当是'簧'字的一音之转。""彝语将'簧'——口弦称作'洪洪'，也就是'簧'字的一音之转。"而洪洪、嚎儿嚎儿，正与前文所证之禾、贺、和等字谐韵对应。牛龙菲（陇菲）在本文作者发表口簧名称的历史语言学研究之前就已指出这些现象，有很高的历史语言学价值。

② 参见王远新《中国民族语言学史》，中央民族学院出版社1993年版，第51—54页。

四、汉藏语言表型与口簧的起源与分布

金力院士团队关于汉藏语系语言起源和分化问题的研究报告[①]，有两个最为主要的要素：时间与空间，即汉藏语言的起源和分化、地理分布与扩张问题，同时也讨论了分化扩张的动力。对于本文的意义在于：这两个要素正与口簧起源时间和空间分布有深刻联系；其扩张动力带来人口的流动与今天可以观察到的口簧分布有关。

汉藏语系语言起源的主要假说有两种：一是南方起源说，二是北方起源说。与本文的拟测有关，北方起源假说认为汉藏语系最初的扩张是在距今 6000—4000 年中国北方的黄河流域，这种扩张与新石器时代晚期的仰韶文化或马家窑文化的发展有关，比石峁遗址要早，但本文认为，这里显然有时间上的连续性和空间上的重合性存在。根据金力团队的报告，汉藏语系语言起源之地，正是在甘、宁、青、陕北、内蒙古南部的大河套地区，"黄河上中游地区的人说的是汉藏语系的原始语言，他们被分为两组，在距今 6000—4000 年前的时间里，有一群人向西迁移到了西藏，向南迁移到了缅甸（成为说藏缅语的现代人口的主要祖先），而另一个族群（说汉语的祖先）向东和向南迁移，最终成为汉人"。大多数历史语言学家倾向于这一假设，认为汉藏语系的发展与新石器时代的仰韶文化（距今 7000—5000 年）或马家窑文化（距今 5500—4000 年）的发展有一定的关系。该项研究对汉藏语系的 109 种语言的 949 个词根意义进行贝叶斯系统分析法测算[②]，估计汉藏语言的分化时间为距今 7800—4200 年，平均为距今 5900 年，这与石峁口簧的确定考古学年代——距今 4300 年，以及石峁口簧的地理分布区域的关联，可能是巧合吗？

在语言传播区域和传播动力方面，该报告认为，汉藏语的传播可能与农业的发展和人口的快速增长有关。谷物农业的传播主要发生在距今 5000 年之后，从现在的中国北方（特别是黄河流域）的西南部，沿着青藏高原的边缘向南传播。一系列考古证据——如建筑形式、陶器的图案和形状，也显示出沿着藏彝民族走廊向南连续不断地扩散到川西和滇西省份，该报告所附图表清晰地表明了这一认识。这种分散到时间上可以追溯到仰韶文化、马家窑文化和齐家文化（一种新石器时代到青铜时代的文化，在距今 4300—3500 年的历史上继承了马家窑文化）。不难发现，这一时

[①] 英国《自然》杂志，第 569 卷，2019 年 5 月 2 日，pp.112-125。Phylogenetic evidence for Sino-Tibetan origin in northern China in the Late Neolithic Menghan Zhang 1, 2, 8 Shi Yan 3, 4, 8, Wuyun Pan 5, 6 & Li Jin 1, 3, 7.

[②] 译者注：属于进化生物学的贝叶斯方法（Bayesian analysis），是基于贝叶斯定理而发展起来用于系统地阐述和解决统计问题的方法。一个完全的贝叶斯分析包括数据分析、概率模型的构造、先验信息和效应函数的假设以及最后的决策。贝叶斯推断的基本方法是将关于未知参数的先验信息与样本信息综合，再根据贝叶斯定理，得出后验信息，然后根据后验信息去推断未知参数。这些方法包含了灵活的进化模型，是推断全球语言谱系进化速度和变化模式的有力工具。

间要素正是在石峁口簧发生和活跃年代前后,而其分布则也正是沿着今天的纵向河谷地带,所谓藏彝民族走廊向南扩散,带来了这一广大地区的口簧及其演化形态在今天的遗存。在古代,乐器和音乐的传播,完全是随人而扩散,因此该报告还涉及了体质人类学的遗传染色体(y)研究,这与石峁考古报告所认为的,创造石峁文化的是根植于河套地区仰韶文化晚期以来久居于此的土著人群的认识,也是可以相互印证的。方言地理学的研究,同样给予了我们类似的认识,中国语言地图的形成,与人口流动有十分密切的关系。[①] 金力团队报告指出,在黄河流域,考古遗址数量的迅速增加和持续的森林砍伐表明了人口增长的速度,从大约距今6000年开始到距今5000—4500年加剧,这个时间轴与他们的研究中对汉藏语和藏缅语差异的时间估计一致。

按前文关于口簧名称的历史语言学研究获得的认识,联系汉藏语系语言的一般规律,我们拟测安多藏语—珞巴语的口簧名称"Gonggong"为最古,可能在汉藏语系语言尚未分化的时期就已形成。而其后随着人群的移动,由纵向河谷地带——藏彝民族走廊向南传播,伴随着语言的演化出现了口簧名称的同步演化和传播。根据金力团队的报告,汉藏语系之间的大量语言接触可能发生在这些语言多样化的早期阶段,并可能持续到今天进而发生南中国广大地区各民族口簧名称的相互影响;汉藏语系各成员语言之间的关系,以及它们与阿尔泰语系、南亚语系、苗瑶语系、壮侗语系和南岛语系等邻近语系的相互作用,可能导致口簧名称在亚洲大陆各民族和南岛语系各民族间的同源和演化形态,这也可以解释为什么前文所列台湾的高山族和东南亚南岛语民族存在着与汉藏语族口簧名称相同的问题。

金力团队报告指出:"研究语言的起源与分化对理解人类的历史和文化至关重要。"对于音乐史当然也是如此,中国音乐史上留下了许多古老的语言痕迹,值得我们去探讨。

就本文讨论的对象而言,语言的历史变迁与人类的迁徙,语言的分布与口簧乐器的分布,有着高度重合的历史现象,这个认识在目前的知识水平上是可以成立的。但笔者希望有新的音乐学、考古学和语言学、人类学的成果继续就此问题展开研讨,笔者并不希望自己的认识是结论性的,而是开放的,发展的。

第二节　评述与拓展

一、基本内容及意义

《石峁初音——音乐学、考古学与语言学结出的奇葩》(以下简称《石峁初音》)

---

① 参见周振鹤《中国的方言为何如此复杂?》,《地图》2009年第5期。

为罗艺峰所作,并发表于《中国音乐》2020年第3、4期。该文从音乐学、考古学、语言学等多学科视角出发,体现了跨学科研究的开阔性。本文分为四个部分。

第一部分——了解石峁及其所出口簧。从考古学与艺术史学的角度对石峁骨簧的概况、意义及研究现状做了综述,以便读者最快了解研究背景。

第二部分——口簧的分型与民族音乐。作者通过观察南、北方现代各型口簧的材质及形制特征,认为处于地理上中间地带的石峁是古代口簧的传播中心,而石峁口簧是已知最古老的口簧乐器实物。口簧不仅历史悠久,还与当代民族传统音乐有密切关系:多数口簧的音列与纯律、五度相生律接近。作者认为,腔振动是口簧得以稳定遗存的重要原因——通过与身体共振形成人类身体内部的声音记忆。

第三部分——口簧名称的语言学问题。作者联系语言学问题探讨石峁口簧名称的起源及传播问题,认为汉藏语系民族与石峁骨簧关系更为密切,因此探讨汉藏语系民族问题有助于了解石峁骨簧的可能创造者。通过对各族口簧名称及声、韵、调的分析,得出安多藏语—珞巴语的口簧名称最古的结论。

第四部分——汉藏语言表型与口簧的起源与分布。联系金力团队对于汉藏语系语言起源与分化的研究,探讨石峁骨簧的流变,认为其与汉藏语言的分化有相当密切的联系。

评述:石峁骨簧的发现拓展了口簧研究的年代下限,对音乐史研究具有重要意义。自2016年石峁骨簧出土以来,相关的研究日益丰富,但主要是从音乐学、历史学等角度进行探讨。罗艺峰的《石峁初音》另辟蹊径,从语言学的角度证实了口簧名称源于汉藏语系,其传播符合汉藏语系语言的分化,从跨学科的角度探讨了口簧的起源与传播问题,为后续研究提供了新的思路。

罗艺峰先生曾于1997年发表了《口弦源流的历史语言学研究》一文,其中对于口簧的创造者提出了合理的推测,本文是对上述推测的印证。作者这两篇"遥相呼应"的文章,体现了其思维的开阔性及逻辑的缜密性,对音乐考古学研究具有启迪性的意义。

二、作者与之相关的论著

罗艺峰:《口弦源流的历史语言学研究》,《中国音乐学》1997年第2期。

三、其他作者与之类似的论著

1. 范子烨、苗艳:《人类初音与民族风采:说口弦琴》,《中国艺术时空》2017年第3期。

2. 范子烨:《〈诗经〉之"簧"考辨——揭开〈小雅〉"巧舌如簧"之谜》,《甘肃社会科学》2017年第2期。

3. 范子烨:《诗之声与乐之心——对〈诗经〉"鼓簧诗"的还原阐释》,《文学评论》2017 年第 4 期。

4. 金立等：《语言谱系证据支持汉藏语系在新石器时代晚期起源于中国北方》，《自然》（Nature）第 569 卷。

5. 孙周勇：《陕西神木石峁遗址出土口簧研究》，《文物》2020 年第 1 期。

6. 方建军：《石峁骨簧的音乐历史意义》，《音乐研究》2020 年第 1 期。

四、拓展

1. 罗艺峰：《空间考古学视角下的中国传统音乐文化》，《中国音乐学》1995 年第 3 期。

2. 方建军：《论叶家山曾国编钟及有关问题》，《中国音乐学》2015 年第 1 期。

3. 方建军：《楚王酓章钟"商商穆"试解》，《黄钟（武汉音乐学院学报）》2015 年第 1 期。

4. 王子初：《论宋代安陆出土"曾侯钟"之乐律标铭》，《音乐研究》2015 年第 3 期。

5. 王子初：《近年来我国吴越音乐考古资源的调查与研究》，《艺术百家》2015 年第 1 期。

6. 邹衡、谭维四主编：《曾侯乙编钟》，金城出版社、西苑出版社 2015 年版。

7. 方建军：《〈保训〉与"中"的音乐思想本源》，《中国音乐学》2016 年第 1 期。

8. Jianjun Fang, "Two Ocarinas from the Western Zhou, China, ca. 1046–922 BCE.", in *Orient-Archaologie*, Band 37, Berlin: DIA, 2016, pp.127–132.

9. 冯光生：《从曾国墓地编钟、编铃谈钮钟的起源》，《音乐研究》2016 年第 5 期。

10. 王子初：《江苏盱眙大云山一号墓出土仿玉玻璃编磬的复原研究》，《艺术百家》2016 年第 2 期。

11. 冯光生：《引路人——怀念恩师黄翔鹏先生及其对中国音乐考古学的贡献》，《交响（西安音乐学院学报）》2017 年第 2 期。

12. 冯光生：《随州叶家山西周早期青铜钟初识》，《音乐与社会》第一辑，长江出版传媒、湖北人民出版社 2017 年版，第 50—58 页。

13. 方建军：《音乐考古学与古代音乐遗迹研究》，《中国音乐》2017 年第 3 期。

14. 王子初：《刘非墓编钟与先秦双音技术的失传》，《中央音乐学院学报》2017 年第 3 期。

15. 王子初：《西汉三王墓编钟的音律分析（上）》，《中国音乐》2017 年第 1 期。

16. 王子初：《西汉三王墓编钟的音律分析（下）》，《中国音乐》2017 年第 2 期。

17. 王子初：《略论西汉刘非墓出土的仿玉玻璃编磬》，《中国音乐学》2017 年第

4 期。

18. 冯光生：《乐文同则上下和矣》，《人民日报》2018 年 8 月 22 日。

19. 冯光生：《曾侯乙编钟与周代礼乐——纪念曾侯乙编钟出土四十周年》，载《文化发展论丛》，社会科学文献出版社 2018 年版。

20. 方建军：《论音乐考古学文化》，《中国音乐学》2018 年第 2 期。

21. 王子初：《论音乐考古学研究中类型学方法的应用》，《黄钟（武汉音乐学院学报）》2018 年第 3 期。

22. 王子初：《汉初的礼乐重建与叔孙通》，《中国音乐》2018 年第 2 期。

23. 王子初：《江苏盱眙大云山 1 号墓出土西汉编钟的复制研究》，《艺术百家》2018 年第 1 期。

24. 冯光生：《音乐牵手考古　擦出了绚烂的火花——庆祝新中国成立 70 周年》，《音乐周报》2019 年 10 月 13 日。

25. 王子初：《音乐考古学研究中的音乐学分析——以江都王刘非墓仿玉玻璃编磬的复原研究为例》，《中国音乐》2019 年第 5 期。

26. 王子初：《数与量的升华——写在〈两周越地青铜编钟研究〉出版之时》，《中国音乐》2019 年第 4 期。

27. 王子初：《叶公好龙，许公宝钟——读陈艳的〈春秋许公墓青铜编钟研究〉》，《人民音乐》2019 年第 8 期。

28. 王子初：《驱散历史的"断层"迷雾——朱国伟和他的〈周汉音乐转型实证解析〉》，《音乐艺术（上海音乐学院学报）》2019 年第 3 期。

29. 王子初：《走进真实的高句丽——读王希丹的〈集安高句丽墓壁画的音乐考古学研究〉》，《黄钟（武汉音乐学院学报）》2019 年第 2 期。

30. 冯光生：《初遇曾侯乙编钟》，《我与曾侯乙编钟——纪念曾侯乙钟出土四十周年征文集》，长江出版传媒、湖北美术出版社 2019 年版。

31. 方建军：《音乐考古学研究》，中央音乐学院出版社 2019 年版。

32. Jianjun Fang, "Instruments from Tomb M27 of the Rui State in Late Western Zhou China", in *Orient-Archaologie*, Band 40, Berlin:DIA, 2019, pp.39-49.

33. 方建军：《音乐考古学通论》，人民音乐出版社 2020 年版。

34. 王子初：《曾侯乙墓编钟的音乐考古》，《音乐研究》2021 年第 1 期。

35. 方建军：《考古发现与中国古代礼乐文化》，《音乐研究》2021 年第 1 期。

第三篇

学科理论探究与学科研究方法

第一章　江苏盱眙大云山一号墓出土仿玉玻璃编磬的复原研究

第一节　原文

王子初：《江苏盱眙大云山一号墓出土仿玉玻璃编磬的复原研究》

——《艺术百家》2016 年第 2 期

2009 年，江苏盱眙大云山 1 号汉墓（江都易王刘非墓）出土了一套仿玉玻璃编磬，为中国音乐及科技考古上的空前大发现。这套编磬，正为历来古书，如《尚书·益稷》等所载，却始终未谋玉面的"鸣球"、玉磬之器，且为正式的考古发掘中首次出土的实物标本，弥足珍贵。从破碎编磬的断面考察其材质，呈半透明状、淡绿色或略带淡蓝色，与人们一般称为"青（白）玉"的材料吻合，完全可以与天然青玉媲美。经过南京博物院—中国人民大学东亚音乐考古研究所"江苏盱眙大云山 1 号汉墓出土乐器的音乐考古学研究"课题组对这些磬块的一系列化学、物理的检测分析，确知其材质，为通过人造而得的一种玻璃材料，一种完全不同于西方的、中国特有的高铅钡硅酸盐玻璃。全套编磬由 22 件以上的单体磬块组成。最大的一件通长 69 厘米，重 11.3 千克。汉初出现如此巨幅的玻璃制品，为当时世界仅见。

这套编磬在地下经历了 2000 多年的岁月沧桑，腐蚀严重，且残破不堪。对其一度辉煌的历史原貌的探究，备受考古界、科学界关注。对于音乐考古学家来说，则更是怀有莫大的兴趣，等待一探究竟。在编磬完成了初步的修复工作之后，全套磬块的无数残片与碎屑被一一归位，规整为 22 件基本完整的个体。为课题组在原有的基础上，再立"盱眙大云山 1 号汉墓出土玻璃编磬研究"项目提供了良好的基础。项目课题组对这套仿玉玻璃编磬展开了全面深入的研究。其中，"西汉仿玉玻璃编磬的复原"作为此项研究的主体内容，被提上了议事日程。

一、编磬簨虡的复制

盱眙大云山 1 号汉墓出土仿玉玻璃编磬的复原，当然也包括与编磬同时出土的簨虡（磬架）的复制与复原。

编磬篾虡的基本结构、造型工艺和保存情况，与同墓出土的编钟篾虡基本相同：篾虡用青铜制作虡柱及兽形虡底座支撑木质彩绘横梁。横梁上安插有青铜透雕饰件，饰件上嵌有3块针刻精致的云气纹图案的银璧。编磬篾虡上的青铜透雕饰件本身极薄，在出土时也已经碎裂成300余块残片。故编磬篾虡复制的难点也主要集中在十分脆弱的透雕花纹饰件上。

编磬篾虡的复制，也委托武汉精密铸造厂承担。工作可分为两部分：一为篾虡的青铜构件的复制，包括兽形虡座、立柱及透雕花纹饰件（下可称"花片"）；二为出土时已经残腐殆尽的木质彩绘横梁的复原。

（一）铜构件的复制

篾虡的青铜构件的复制，其主要流程为翻模—浇铸。

1. 翻模

武汉精密厂的工程技术人员，借用编钟篾虡翻模的经验，一方面采取合理分段翻模、再连接成型的方法，以克服翻模时可能出现的文保事故；另一方面采取在氧化层剥落的最薄处安放垫片，以复原出土时镂空篾虡花纹的厚度。由于方法得当，篾虡上青铜透雕镂空花纹的翻模工作顺利完成。

图 3-1-1　编磬兽形虡座翻模　　图 3-1-2　编磬兽形虡座翻模

图 3-1-3　编磬兽形虡座翻模·涂胶　图 3-1-4　编磬兽形虡座翻模·揭模

图 3-1-5　编磬兽形虡座的硅胶模　　图 3-1-6　翻制编磬兽形虡座蜡模[1]

2. 浇铸

编磬簨虡金属部件的复制，包括蜡模的翻制和修剔，制壳、脱蜡，熔炼和浇铸，最后复制簨虡的外观，如横梁的复原，金属部件包括青铜透雕饰件的做色、贴金箔等，与同出编钟的簨虡大同，可以参考。

图 3-1-7　编磬兽形虡座蜡模的修饰　　图 3-1-8　编磬兽形虡座蜡模

图 3-1-9　贴金箔后的编磬青铜架饰[2]

---

[1] 参见王子初《江苏盱眙大云山一号墓出土仿玉玻璃编磬的复原研究》，《艺术百家》2016 年第 2 期，原图标注为图 1-6。
[2] 参见王子初《江苏盱眙大云山一号墓出土仿玉玻璃编磬的复原研究》，《艺术百家》2016 年第 2 期，原图标注为图 7-9。

唯贴银箔的工艺是为编磬兽形虡座设计的。考察表明，出土的编磬兽形虡座满身的纹饰是采用了错银工艺完成的。虽然这种错银工艺在今天也不是过于复杂的工艺，但由于出土原件毕竟年代久远，一些错银纹饰因残蚀而漫漶不清，复制编磬怪兽的外观、色泽及作旧均有一定的困难。经厂方与课题组研究，决定采用模刻贴银的办法处理。在具体方法上采取如下步骤：

（1）翻制石膏怪兽模；
（2）按照出土怪兽错银的纹饰阴刻出深度为0.2毫米的浮雕纹饰，通体贴银箔；
（3）打磨表层非阴刻处，显露出铜质；
（4）封闭阴刻纹饰，对显露出铜质的非阴刻面进行着色、做旧处理。

图3-1-10　贴银箔纹饰后的编磬青铜虡座[①]

（二）横梁的复原

在编磬簨虡的复制中，横梁的复原制作也是一大难点。编钟横梁是木质结构，出土时基本全部朽烂，无从修复成型。但南京博物院考古队在发掘中，充分利用现代的各种方法和手段，保存了较为完整的第一手数据资料，为横梁的复原提供了可靠的依据。在为同出编钟横梁复原的同时，成功地恢复了编磬横梁的原始面貌：彩绘以黑漆为地，上用朱红绘以绚丽缥缈的云气纹，与复原的编钟簨虡横梁异曲同工。

图3-1-11　复原的编磬横梁[②]

[①] 参见王子初《江苏盱眙大云山一号墓出土仿玉玻璃编磬的复原研究》，《艺术百家》2016年第2期，原图标注为图10。
[②] 参见王子初《江苏盱眙大云山一号墓出土仿玉玻璃编磬的复原研究》，《艺术百家》2016年第2期，原图标注为图11。

二、编磬的材质与配方

盱眙仿玉玻璃编磬出土以后,大云山汉墓音乐考古学研究课题组委托中国社会科学院考古研究所李存信先生,将取样送往北京北达燕园微构分析测试中心,进行了化学成分的分析,得出了编磬的表层及心材主要成分为白铅矿的结论。晶体属三方晶系的碳酸盐矿物。晶体呈板柱状,常形成假六方对称的三连晶;集合体呈致密块状、钟乳状、皮壳状或土状。白色、灰色或微带各种浅色,玻璃至金刚光泽,断口呈油脂光泽。解理中等。摩斯硬度 3—3.5,性脆,比重 6.4—6.6,在阴极射线下发浅蓝绿色荧光。遇盐酸起泡。自然界的白铅矿是方铅矿氧化成铅矾($PbSO_4$)后,再由铅矾受含碳酸水溶液作用而形成的次生产物,见于铅锌矿床氧化带,常可作为找矿标志。另外,编磬的心材中含有少量的白云石及微量的微斜长石。

2012 年 1 月,课题组又专门邀请国土资源部南京矿产资源监督检测中心专家汪建明先生亲赴盱眙大云山考古工作队,对出土的玻璃编磬进行了现场考察。就是在这一次考察中,汪先生有了惊人的发现。他在编磬的材质中看到了大量气泡和人为搅动的痕迹,从而确认了这些编磬的所谓"玉料"材质,实际上是一种人造的材料,即玻璃。

汉代玻璃的制作水平已相当成熟,盱眙大云山玻璃编磬正是这一时期的产物。不过以往的考古资料表明,当时玻璃技术限于制作小件饰品为主,如项链串珠及耳坠之类,所见较大型的玻璃制品为"玉"璧。大云山汉墓音乐考古课题组查阅了以往的音乐考古资料,发现山东即墨古城出土的半截战国琉璃磬(青岛市博物馆藏 00034 号)。这应该是目前所见除大云山玻璃编磬之外的最大玻璃制品了。当时的玻璃冶炼技术掌握在皇室贵族们的手中,秘不外传,民间很难得到。因而人们不仅把琉璃用作玉的代用品,甚至看成与天然玉一样珍贵。大云山玻璃编磬即便是在当时,也是价值连城的宝器。

经南京博物院—中国人民大学大云山汉墓音乐考古学研究课题组的委托,汪建明先生主持了对盱眙玻璃编磬展开的全面取样分析研究。进行了 X 射线粉晶衍射物相分析;等离子质谱主要元素和微量元素分析;X 射线荧光能谱硅、铅等元素分析等。对盱眙玻璃编磬其他项目也作了深入分析,工作主要包括:这种玻璃材料的折射率、密度、硬度测量;体视显微镜微形貌分析;偏光显微镜微形貌分析;Micro—imageAnalysis & Process 材料图像分析气泡含量;中红外光谱分析;近红外光谱分析;扫描电子显微镜微形貌分析以及激光拉曼光谱分析等。

通过以上的分析研究,课题组基本上掌握了大云山玻璃编磬材质的物理与化学特性。这对这套编磬的复原制作来说,是一个十分重要的先决条件。

（一）古配方的成分推定与原料烧制的初步试验

要复原全套编磬，首先要通过试验，制作出这种编磬的玻璃材质。而要烧制出这种玻璃材质，必须要研究出它的真实成分；即首要解决的问题是，盱眙大云山玻璃编磬的"玉料"配方是什么。

可以肯定地说，今日电子仪器分析出来的一长列各种成分和微量元素数据表，并不能等同于当时的配方表。列表中绝大部分是含量在1%以下的微量元素，应该是原料中带进来的杂质。掌握了大云山出土编磬的玻璃材质的化学成分，就有可能通过试验和分析，在这些化学成分中，找到哪些元素是当时配方中的主要组成部分，而哪些元素仅是原料中的杂质。

在课题组负责人王子初教授的指导下，上海嘉定著名的台湾玻璃企业——上海琉园水晶制品有限公司，进行了长达三年的试验研究和编磬复原烧制实验。根据大云山1号汉墓编磬的检测报告，琉园公司自行研究出了这套仿玉玻璃编磬的古配方，烧制出与出土原件在质地、色泽和成分上相当近似的玻璃原料；再用这些原料全面进行出土仿玉编磬的复原工程。琉园厂的这一工程，三年中历经三次工艺上的重大转折；具体的烧制试验次数达到108次。艰辛的努力及高昂的人力、物力和财力的付出，上海琉园水晶制品有限公司终于成功地复原出质地、颜色、成分上均接近原件的产品；最终制作出来的复原件，不仅具有不亚于天然玉石之绚丽外观，更具有十分美好的音乐音响性能，是一种非常优良的乐器材料。琉园复原古编磬的面世，标志着江苏盱眙大云山1号墓出土乐器的音乐考古学研究获得了巨大的成功！

课题组的专家和琉园水晶制品有限公司的工程师们，通过大量的研究工作，初步确定了大云山编磬玻璃材质主要成分的基本配方，应该为二氧化硅48%、氧化铅34%、氧化钡15%。根据这一确定的配方，自2012年5月起至2012年8月，课题组、清华大学美术学院玻璃工艺系与琉园公司合作开展了第一阶段的试验。琉园公司以陈康良为首的工程技术人员，根据出土古磬成分检测报告进行调配，为了还原古磬颜色，进行了多次的反复试验。依据初步获得的研究结果，进行了充分的反复调配，并制成琉璃模型磬；但是模型磬在色泽上还不稳定，有时出现的颜色差异较大，没有做到与出土原件一致。试验中，往往照顾到了颜色的接近，却在三大成分的配比上又出现了较大的偏差，尤其是氧化铅和氧化钡出现了明显的偏高现象。

分析这一阶段试验未能达到满意效果的主要原因，在于琉园厂在依据南京博物院提供的出土原磬检测报告的化学成分数据，在进行模拟的调配中，由于所用原料的来源、批次不同，对原料中杂质等微量元素尚未很好地把握；加上这种高铅钡配方的玻璃溶液具有超强的腐蚀性，无论是耐高温的陶瓷坩埚还是石膏模具，都可以被它轻易溶蚀。唯有铂金制成的坩埚才能抵挡它的腐蚀性。而一个小小的铂金坩埚价值高达几千万元人民币。据说国内仅属于军工科研机构的上海光学机械研究所才拥有一个50千克的铂金小坩埚。本课题组及上海琉园厂自然不具备这样的条件。故在实际的试验操作中难题层出不穷，给琉园的工程技术人员提出了前所未有的挑战，技术上也提出了极高的要求。许多耐高温的陶瓷坩埚仅用一次，就完全烧穿了。大量昂贵的玻璃玉料因坩埚被溶蚀而受到了污染，只能白白废弃。琉园厂经过了32次配方试验，由于各种不确定因素以及烧制温度等问题，导致实验成品的颜色甚至基本的化学成分仍不稳定，难以与出土原件相同。

尽管这一阶段的试验未能达到满意效果，但为下一阶段的试验留下了宝贵的数据资料和经验。2012年6月，琉园厂还是克服了种种困难，选择试验中较好的材料，烧制成了两块玻璃样磬，于2012年7月送至北京，请课题组专家进行鉴定并提出改进意见，以便作为下一阶段试验工作的参考。

图3-1-12　2012年6月30日试样1号　　图3-1-13　2012年6月30日试样2号[①]

表3-1-1　盱眙出土仿玉玻璃编磬的化学成分分析表

出土磬编号		SiO_2	PbO	BaO	Na_2O	AL_2O_3	CaO	MgO	FeO	Σ
09XDM1：3918-9	1	53.18	30.66	12.54	2.86			0.75		99.99
	2	53.3	30.67	13.05	2.97					99.99
	3	53.07	32.14	11.83	2.97					100.01
09XDM1：3918-10	1	41.5	36.86	15.36	4.08		0.42	1.07	0.71	100
	2	42.36	37.04	14.62	3.63	0.69		0.86	0.8	100
	3	42.87	37.19	15.18	3.93				0.82	99.99
09XDM1：3918-11	1	47.18	34.01	15.05	2.8			0.96		100
	2	47.88	33.69	16.34	2.08					99.99
	3	48.22	34.01	14.87	2.08			0.81	99.99	
平均（9）		47.73	34.03	14.32	3.04	0.08	0.05	0.49	0.26	100

[①] 参见王子初《江苏盱眙大云山一号墓出土仿玉玻璃编磬的复原研究》，《艺术百家》2016年第2期，原图标注为图12、图13。

表 3-1-2 第一阶段磬模型颜色对照表

出土原件色样	第一阶段试验品色样	测试坩埚次数	测试结果
		32 次	颜色不符

表 3-1-3 第一阶段试验品磬配方表[①]

测试配方元素	SiO_2	PbO	BaO	Na_2O	AL_2O_3	CaO	MgO	FeO	其他	Σ
成分配比（%）	39.2	26.2	22.4	2	2.7	0.08	/	/	7.42	100

2012 年 7 月 14 日，课题组部分成员于北京天通苑王子初先生寓所召开会议。会上，清华大学美术学院玻璃实验室关东海主任就台湾琉园公司试制的盱眙大云山 1 号汉墓编磬 2 件发表意见，认为台湾琉园试制的这种材料适合制作编磬，声音较好，色泽基本接近出土原件的特点，可以宣布盱眙大云山 1 号汉墓编磬的初步试验取得了阶段性的成功。

王子初先生认为耳测编磬音乐性能，其中 1 号磬声音很佳，余音较长，音高清晰稳定，适合用来制作乐器编磬。这一试样解除了课题组原来最担心的、仿玉编磬音乐性能不佳的问题。1 号磬发音清脆，音乐音响性能甚至超过了古来普遍应用的石灰石质的编磬。一般来说，由于天然玉料质地致密或硬度太高，其材质固然贵重，音质却并不很好。虽然古文献中多有"玉磬"之说，但实践中很难看到真用玉料来制作的编磬。考古发现也表明，先秦以来出土的大量编磬几乎都是石灰石质的，因为石灰石材质的音乐音响性能远优于一般所说的天然玉。清代乾隆时期曾根据古书中先秦雅乐有"玉磬"之说，在宫廷中搞复古，制作了一些真正的和田玉磬。不过这些乐器实际上也仅作祭祀时的礼仪摆设，并不能真正用于音乐的演奏。这也是"玉磬"在历史上屡见其名而难见其实的原因。琉园厂的初步试验结果表明，1 号磬除了在色泽质感方面尚有不尽如人意之处外，其优良的音乐音响性能出乎人们的意

[①] 参见王子初《江苏盱眙大云山一号墓出土仿玉玻璃编磬的复原研究》，《艺术百家》2016 年第 2 期，原表标注为表 1-3。

料，很值得庆贺。琉园厂的实验工作应该说取得了初步的成功。另一块2号磬因制作工艺问题，结构不均匀，有明显裂隙，发音不佳，要找出原因。

北京世纪坛公园世界艺术馆冯光生先生指出，目测以上试制出来的两件实验成品，其色泽、质地实际上与出土原件大致相仿。耳测其发音性能表明，可能因烧制工艺上存在的细微差异，造成了发音性能上的天壤之别。虽然以上1号、2号磬配方成分相同，工艺流程上也没有多大差别，但由于实验操作中一些细微之差异，也会对磬体发音性能造成根本性的影响。2号磬发音短促，声音喑哑的现象，有可能是因其工艺不同造成了磬体材质内部的结构不同，导致声音传导阻滞所致。

王子初也认为，2号磬块发音何以喑哑若此，很可能问题还是出在材料炼制中的烧结温度上。仔细观察2号磬的材质，分析其中还存有细小的粉料颗粒，似乎尚处于未完全烧熔的状态。而在1号磬上，看不出这种现象。琉园厂可回去仔细分析，查找原因。尤其是玉料烧结的温度掌控、冷却的延时等方面，要加以密切注意，以避免在以后的生产过程中出现这样的情况，从而造成重大损失。编磬是乐器，乐器是人类为音乐活动的需要创造使用的发声器械。乐器的造型和色泽只是其外观，发音性能才是其生命。这也是乐器的制作与一般器皿最大的不同之处，乐器在制作上的要求要高得多。

专家组提出了今后工作的方向。

1. 要求琉园厂做好实验过程中资料数据的整理保存工作（包括保留好图片和视频），以及在试验过程中发现的问题和解决的方法；记录好有关的设想和感想，对试验过程和实验结果的分析等。

2. 测试琉园厂试制的2件盱眙大云山1号汉墓编磬的物理性能（密度、硬度、质地、色泽、声音传导与声速等）和音乐性能，获得数据，以供出土实物的比较研究和进一步实验使用。

3. 今后按原件形制数据复制的全套玉编磬，均须测音获得音高、音列和音域、音阶的参考资料，并作为全套编磬的器用性质研究的依据。

4. 课题组委托中国艺术研究院音乐研究所冯卓慧副研究员对上述样磬进行声学分析并提出正式报告。课题组以此为参照，进一步参考其他汉墓编磬的音乐音响依据，设计出复原编磬的音高、音域、音列和音阶。

2012年11月2日，冯卓慧先生提出了《大云山汉墓复制编磬声学测量报告》，对两件大云山汉墓出土编磬的复制试验品进行了音高、发音延时的声学测量和频谱分析。冯卓慧的《大云山汉墓复制编磬声学测量报告》表明，在两件样磬中，1号磬基频突出，音高感清晰，声音性能优秀，具有应用于音乐演奏的良好特性。2号磬的发音短促，声音喑哑。也就是说，因为磬体自身密度与整体性等原因，造成了发音的缺陷。2号磬难以满足实际演奏的需要。

（二）大云山编磬玉料的继续试验

为了在基本符合配方的前提下，进一步提高大云山编磬玉料的色泽与质地的保真度，自 2012 年 9 月至 2013 年 5 月，琉园厂又用了将近一年时间，继续进行了大云山仿玉编磬材料的第二阶段试验和研究。王子初教授带领陈康良等琉园公司的技术人员，前往大云山考古发掘工地，实地考察出土的古磬。并在征得南京博物院考古发掘队同意后，从无法拼对的编磬碎片中，根据色泽找出一小块有代表性的样品，带回琉园厂。将此取样进行了打磨抛光，以显现真实且稳定的色泽，用作与烧制出来的产品材料直接比对和调整配方及工艺流程时的参考。

在此期间，清华大学美术学院关东海教授也参与了古磬的研究，并对编磬的材质和颜色提出诸多指导性建议。

在试验的第二阶段中，琉园厂技术人员在考察了出土原磬的品相后，将这一阶段的工作方向调整为颜色优先考虑。他们研究了原来用过的所有配方，不断调整方案，经过 28 次配方烧制试验，基本达到了复原品颜色与原件统一的效果；不过却在玉料的化学成分上与大云山出土仿玉编磬原件产生了较大的差距。

表 3-1-4　第二阶段试验品磬的颜色对照表

原始色样	第二阶段试验品色样	测试坩埚次数	测试结果
		28 次	颜色相符，成分不符

表 3-1-5　第二阶段试验品磬配方表[①]

测试配方元素	SiO_2	PbO	BaO	Na_2O	AL_2O_3	CaO	MgO	FeO	其他	Σ
成分配比（%）	40.5	32.4	15.5	3.1	0.38	—	—	0.2	7.92	100

---

① 参见王子初《江苏盱眙大云山一号墓出土仿玉玻璃编磬的复原研究》，《艺术百家》2016 年第 2 期，原表标注为表 4、表 5。

课题组负责人王子初先生提出:"本科研项目研制的玻璃玉料,其化学成分必须要做到与出土原件基本一致,这是我们这次'文物复原'的原则,不能改变!琉园方面还需要对仿玉材料继续研究,务求材料中的二氧化硅、氧化铅和氧化钡三大元素与出土原件基本相符,误差率力求控制在3%以内!琉园厂的工作任重道远,还需继续试验。"

为了更好地完成仿玉编磬的试验任务,应王子初教授的建议,2013年6月27日,课题组部分专家与琉园公司领导和工程技术人员,在上海嘉定琉园水晶制品有限责任公司召开了一次重要会议。会上王子初教授指出,琉园厂自参与大云山出土编磬的复制研究工作以来,一年多来做了大量的工作,投入了大量的人力物力,光试料就已经烧了几十炉。在取得前面试料基本成功的基础上,近期又精益求精,做了进一步研究,试烧了几个样料,这次再请专家来研究鉴定,同时交流盱眙玻璃编磬复制中的一些技术问题,确定编磬复制工作的基本原则,以便确定下一步工作方案。

国土资源部南京矿产资源监督检测中心高级工程师汪建明先生的发言中,提到了试料的乳浊问题。他认为古人可能是借用玻璃内密集的微气泡获得玻璃的乳浊效果,这是一种物理的方法,而不是采用含铝的粉料制作乳浊效果。后者含有化学的元素。目前的试料采用了乳浊剂,与古人的方法性质完全不同。

琉园厂总经理张子贤先生就试料烧制过程中的"澄清"工艺及玻璃料放在模具中"粉烧"成型工艺进行了详细的阐述。

清华大学美术学院玻璃工艺系关东海主任专门研究了玻璃制品在粉烧过程中,粉料熔化下塌形成搅动的纹理的问题。

琉园厂沈永杉经理提请专家,可否在复原大云山仿玉编磬的色泽、发音、配方、工艺、造型等方面,提供一个在实际操作中优先遵循的原则。对此,课题组负责人王子初教授做了具体的解答。

这次要制作的大云山复原编磬实际上分两部分。

一部分(2套)为展览用磬。展览用磬要求尽可能体现出土编磬原件的基本特征,如色泽、造型、质地、成分(配方)和发音等,其中色泽和造型主要是外观。这比较好理解。实际上现在的试料在色泽上已经与原件高度接近,几乎可以说是"一般无二"了。造型,通过出土编磬原件的修复、三维扫描及数据修正、3D制模,也恢复了每一件编磬的基本造型。质地,编磬的"乳浊"问题即与质地密切相关,用玻璃内存气泡形成的乳浊效果,与采用乳浊剂而出现的乳浊效果,也会在质地上体现出不同。质地也与下面的玻璃成分(原料配方)密切相关。这还需要进一步探讨。复制大云山玻璃编磬,其成分(配方)的主要依据,是出土编磬取样的化验和测定数据。复制编磬在原则上允许有一定的误差,但应该基本相符,不能偏离太远。

最后是编磬的音律问题。复制编磬的发音要求，原则是"任其自然"。所谓的"任其自然"，是指确定了以上编磬的色泽、造型、质地、成分（配方）以后，做出来的编磬是什么声音（主要指音高）就是什么声音。但是，编磬的发音不能因烧造工艺问题（如熔炼不透、内存沙粒、断层间隔等）而出现闷哑甚至不能出声的现象。因为前期的试验样品已可以证明，根据以上配方制作出来的编磬材料，只要玻璃内部结构没有什么问题，就可以发出较好的声音。编磬不能出声，应该视为制作时的质量问题。

另一部分（2套）为演奏用磬（调音磬）。复原的演奏用磬，要求在基本体现编磬原件主要特征的基础上，适当加以优化改良，目的是使其具备更为良好的音乐及音响性能，符合现代乐器的要求，适合较为正规的现代音乐表演场合演奏。对于项目委托方南京博物院来说，主要用于在文物展示中与观众互动、交流之用。所以这部分编磬首先要达到的条件是发音，即音色优美，音律准确。其他色泽、造型、质地、成分（配方）等，必要时可加以适当修正和变通，总体上达到与出土原件基本相近即可。编磬涉及的音律问题，即乐器的调音，由王子初教授组织专家前来解决，琉园厂方面可以不管。

这次会议过后，琉园厂的研究工作进入了一个新的阶段。

（三）材料试验的基本成功

2013年6月至2013年11月，为琉园厂仿玉玻璃编磬材料试验的第三阶段，也是取得基本成功的阶段。根据前一阶段的研究成果，琉园厂又多次调整配方进行试验。在寻找盱眙大云山玻璃编磬配方的工作中，琉园厂终于烧制出了与出土编磬材质在质地、色泽以及化学成分上均较为相似的玻璃材料，研究工作取得了巨大成功。

表 3-1-6　第三阶段试验品磬的颜色对照表

原始色样	第三阶段试验品色样	测试坩埚次数	测试结果
		26次	颜色、成分及声音均基本相符。后因原料异动，导致产品失声

表 3-1-7　第三阶段试验品磬配方表[①]

测试配方元素	SiO_2	PbO	BaO	Na_2O	AL_2O_3	CaO	MgO	FeO	其他	Σ
成分配比（%）	42.57	28.31	17.08	2.14	1.28	—	—	0.15	8.47	100

---

① 参见王子初《江苏盱眙大云山一号墓出土仿玉玻璃编磬的复原研究》，《艺术百家》2016年第2期，原表标注为表6、表7。

在这一阶段中，琉园厂又进行了大大小小的 26 次配方调整试验。于 2013 年 8 月初，烧制出较为成功的玉料。在以下图片中，中心 1 块不规则状的材料，即为大云山江都王刘非墓出土的仿玉玻璃编磬的取样，其周围的 5 块为近几次试烧出来的新材料。凭肉眼看，其相互间的色泽已经达到完全一致。

图 3-1-14　试样 1，2013 年 8 月 6 日　　图 3-1-15　试样 2，2013 年 8 月 6 日[①]

不过，2013 年 6 月 27 日，在上海嘉定琉园水晶制品有限责任公司召开的会议上，国土资源部南京矿产资源监督检测中心高级工程师汪建明先生指出的试料乳浊问题，即古人借助玻璃内密集的微气泡获得乳浊效果，方法是一种物理的方法；而目前琉园厂采用的方法是加入含铝粉料取得乳浊效果。后者含有化学的元素，与古人的方法性质不同。课题组负责人王子初考虑到，要弄清古人的这种具体工艺流程本身又是一个较大的科研课题，而且科研的后果是难以预料的。一方面，本课题的范围、时限已难以包容科研课题做更多的扩展；另一方面，本课题的经费已不能承担，尤其是作为商业运行的琉园厂，也难以过多地投入这些完全是非生产性的财力、人力以及生产设备的长期占用。经与课题委托方南京博物院专家协商决定，本课题中有关西汉仿玉高铅玻璃材料的试验，暂时到此为止。委托方希望课题组注意保存并总结好相关的研究数据和烧制资料。盱眙出土仿玉玻璃编磬材质制造中的"乳浊"效果的工艺研究，今后有机会可另立项目加以专门研究。2013 年 8 月初烧制出的较为成功的玉料，与大云山江都王刘非墓出土的仿玉玻璃编磬的取样，相互间的色泽已经非常接近，可以用于本课题中刘非墓出土仿玉编磬的复原制作。

琉园厂用这些新材料烧制出了第二批样磬 2 件。考察发现，这些样磬不仅色泽、质地与大云山出土原件基本一致，而且编磬的发音清脆悦耳，音乐音响性能均十分优良，与第一批样磬中的 1 号磬完全一致。

2013 年 8 月 7 日下午，王子初先生及琉园厂张子贤副总经理、陈康良主管，在上海嘉定琉园水晶工艺有限公司又召开了一次工作会议。

---

① 参见王子初《江苏盱眙大云山一号墓出土仿玉玻璃编磬的复原研究》，《艺术百家》2016 年第期，原图标注为图 17、图 18。

会上，张子贤副总经理介绍了这次烧成的玉料配方中的三大主体成分，即硅、铅和钡，与出土原件材质的分析基本相符。新料中按出土编磬材料的分析成分进行配方，配方中改用了硫酸钡。课题组王子初教授考察了新料，认为无论从成分配方、质地还是色泽等方面，新料均已与出土编磬的材质相当接近，肉眼几乎难以分辨。确认这次烧成的玉料及其配方，可为复制江苏盱眙大云山出土玉编磬所用，同意琉园厂进行第一批磬块的批量生产，并请琉园厂相关人员探讨玉编磬复制的工艺流程，尽可能找出一个科学、合理、经济的最佳方案，请清华大学美术学院关东海先生审核。同时要求琉园厂方面要保存好迄今为止全部试验的数据、配方及试验的设计、流程和结果的资料，包括文字、图片、数字资料，以便日后撰写研究报告时采用。

课题组同意与南京博物院方面沟通，促成张子贤副总经理提出的琉园厂样品陈列室也能保存一套复原玉编磬的要求。

会后，王子初复测了清华关东海教授根据南京博物院提供的3D数据雕刻的编磬模型，确认这批工程塑料的磬模形制与出土原编磬基本相符。少数编磬的部分数据有一些出入，应与以下三个因素相关：一是规范（修改）3D原型数据时造成的变化；二是因预留的收缩率而做的补偿；三是为成品的最后加工（打磨、抛光）预留的余量。并请琉园厂在据以生产时掌握如下原则：可以此编磬模型作为翻模制作的基础，另以盱眙出土的编磬原件修复以后的实测数据为标准适当加以修正，形制误差应控制在3%以内。

在科研工作中，许多情况下结果往往难以预料。琉园厂根据以上试验成功的玉料，很快完成了第一批4套、88件仿玉编磬的成品生产。但是，当王子初先生专程前去检验这些外观漂亮的复原编磬时，却发现这一大批编磬竟然都不能发音，都是哑磬。王先生认为，编磬是一种乐器，乐器最起码的要求是能发声。出土的大云山仿玉玻璃编磬中，有两件保存较好的标本，的确均可以发出比较优美的声音；同时在琉园厂以前试验出来的样品中，同样成分的材料的确也做到了音响品质较好的效果。所以，无论是古人还是今人，今天做到编磬的音质优美应该没有问题！王先生要求琉园厂务必从中找出技术原因，尽快解决问题。

后经过琉园厂技术人员的反复分析和实验，最终通过烧制出的这批琉璃磬出现的瓷化现象，发现了问题所在。原来，由于编磬原材料的原产地矿区异动，导致这批原料的微量元素出现变化。原料特性的改变致使磬料产生了瓷化，导致了编磬成品声音喑哑，音响性能不佳。尽管工程人员使用了相同的技术条件、材料成分和工艺流程，生产出来的产品却与试验时样品的性能大相径庭。这的确是一种意外。问题找到了，王先生和琉园厂的研究团队决定以此作为新的起点，重新调整原料与配方，继续试验。

（四）历史性的转折——磬声悦耳

2013年12月至2014年6月，复原仿玉玻璃编磬的试验进入了第四阶段。琉园厂总结经验和教训，重新采购了符合特性要求的原料。另外，在团队重新调整配方期间，南京博物院考古研究所李则斌副所长提出调配思路，根据他"复制古磬应遵循声音为主，其次颜色，再是成分"的指示，琉园厂再一次投入了试验工作。

表3-1-8　第四阶段试验品磬的颜色对照表[①]

原始色样	第四阶段试验品色样	测试坩埚次数	测试结果
		22次	声音、颜色、成分均相符

在这一阶段，琉园厂在保证主要成分与古磬一致的前提下，对其他可变因素进行了控制，前后又经过了22次试验。功夫不负有心人，琉园厂的努力最终得到了丰厚的回报。这次试验出来的材料成品，在质地、颜色、成分上均达到了与出土古磬非常相似的效果，尤其是在编磬的发音效果上，其音乐音响性能达到了十分优良的水准。至此，编磬的复原工作取得了可喜可贺的成功。2013年10月18日，经王子初先生与清华大学美术学院关东海先生协商、南京博物院考古研究所李则斌先生方面进一步确认，课题组正式给琉园厂陈康良主管下达同意进行全面批量生产的文件。文件重点指出：

1.这次试验成功的材料，已与出土原件在质地、色泽及主要成分方面相当接近，同意以此材料用于编磬的量产。

2.清华大学美术学院方面雕刻的编磬模型基本可用，其中少数磬块与根据出土原件修复后的实测数据误差较大者，可以适当加以修正，误差控制在5毫米以内为好。

3.南京博物院方面对于试验材料中使用乳浊剂的工艺，明确表示这次工程中不做强求，可在今后专门的科研项目中进一步探索。

2014年6月至2015年5月，琉园厂开始复原盱眙大云山仿玉玻璃编磬的量产，经过近一年的紧张工作，琉园厂最终完成了全部盱眙复原编磬的生产任务。这些成品的每一件，都达到了外观晶莹剔透的美丽，色泽、质地的逼真，形制数据的基本精确。至此，盱眙大云山出土编磬的复原工作，经过了出土原件的化学成分的研究分析，古代玻璃配方的研究和烧制试验，再到仿玉玻璃编磬成品的试样和批量生产

[①] 参见王子初《江苏盱眙大云山一号墓出土仿玉玻璃编磬的复原研究》，《艺术百家》2016年第2期，原表标注为表8。

等四个阶段，包括了三次大方向调整、108次的烧制试验之后，最终取得了研究工作的胜利。

对于盱眙大云山出土编磬复原的成功，课题组首先认识到，这是建立在以下几点古人不可能拥有的条件之上的。

1. 今日寻取各种实验用原材料的便利。
2. 对实验材质化学分析的精密，对材料配方准确性的控制。
3. 现代烧制工具的先进，电炉温度可严格设定。
4. 后期加工所用的各种刀具、磨具及其他机械设备的科学、快捷。

除此之外，课题组还认识到，以上实验是建立在古人已经提供的配方基础（化学成分的化验结果）之上的，且用了长达3年的时间、经历了100多次的失败才取得目前的成果。可以推想，古人在当时创制这套编磬时，所花的人力、物力、精力、财力，有可能更在我们之上，应该是十分巨大的。在我们感叹西汉江都王当年这种超越时代的奢侈时，更为先人的这种智慧、毅力和追求所折服。大云山编磬所显示出的西汉琉璃工艺足以让现代人震惊。

三、复原仿玉玻璃编磬的设计与制作

对大量出土的先秦编磬进行研究，人们时时会感叹其形制的合理和科学。比如磬背倨句的"一矩有半"，磬体为躬背长条五边形整体造型和"股二鼓三"的基本比例、磬底的弧曲上凹等，无论从其音乐性能的最佳、使用的方便还是悬挂的稳定、造型的匀称美观等角度分析，几乎都达到了这种石制乐器的完美境界。对于其中的任何一点改动都是困难的。江苏盱眙大云山仿玉玻璃编磬在中国磬类乐器的发展史上，有着特殊的意义。在盱眙大云山出土的编磬中，多数磬块造型规范，整体呈带倨句的五边形，鼓部修长，股部宽短，大致接近于"鼓三股二"之比。2013年6月，当琉园厂仿玉玻璃编磬材料的试验进入第三阶段、材料试验取得基本成功以后，课题组的专家即已开始考虑全套大云山玻璃编磬的复原工作。首先必须确定的是，大云山出土仿玉编磬，其一套究竟应该是由多少块磬组成。

（一）复原编磬的编列研究

从出土的情况来看，大云山玻璃编磬"全套"似为22件。但是其中的所谓第22号磬，实际上仅是一些几乎溶蚀殆尽的残片，因其中一个残片尚带有一个完整的锯孔，故专家分析，这些残片至少包含一个独立的磬块个体，也有可能还不止。所以全部大云山玻璃编磬可能为22件以上。如果完全参照出土原件的情形，当然应当至少复原22件。但是，根据出土编磬原件的形制分析，发现这套编磬的形制并不统一，有些磬块的造型之间相距甚远。特别是磬09XDM：3918—1，即第1号磬的造型短宽、轻薄，与其余各磬明显不成比例。

图 3-1-16　09XDM: 3918—1①

除了 1 号磬之外，还有第 22 号磬，从其残片能取到的可靠数据、磬块的厚度分析，应该也与 1 号磬一致；这二磬与其余 20 件磬块的基本造型完全不符。同时，这两件磬块出土时在墓葬中的位置，分别位于磬架的两端之外，与其余 20 件编磬的距离较远。由此推测，它们不应该属于这一套编磬的序列之中。所以，课题组专家在设计复原玻璃编磬的编列时，将其确定为 20 件一套，删除了出土原件中的第 1 号与第 22 号磬。

图 3-1-17　09XDM: 3918—2　　　图 3-1-18　09XDM: 3918—11②

这一设计理念，也参考了山东章丘洛庄汉墓出土的编磬。洛庄出土的 6 套、总共 107 件的编磬，是目前所有出土西汉编磬最重要、最可靠的参照。其 6 套中的 4 套为 20 件套编磬。可以证明，西汉早期诸王所用编磬的基本规范，应以 20 件为 1 套、每套 2 组、每组 10 件为常规。盱眙玉编磬以此为参照，是较为合理的；纳入调音的盱眙仿玉编磬亦当以此为例，是符合西汉早期藩王所飨礼乐器规制的。

另外，盱眙出土的这 20 件编磬的造型虽然大致相近，但其中还是有少数磬块，如磬 09XDM: 3918—2 的磬体显得过于短宽厚实；与磬 09XDM: 3918—11 的修长明显不类。根据一般的经验，完全按照其原样复原出来的编磬，可以肯定其音律不能构成正常的音阶序列。如果上述设想不幸被证实，这样的编磬用作殉葬没有问题，但没法用来演奏音乐（在后来琉园公司的大云山玻璃编磬的复原实践中，这一点得

---

① 参见王子初《江苏盱眙大云山一号墓出土仿玉玻璃编磬的复原研究》，《艺术百家》2016 年第 2 期，原图标注为图 20。
② 参见王子初《江苏盱眙大云山一号墓出土仿玉玻璃编磬的复原研究》，《艺术百家》2016 年第 2 期，原图标注为图 21、图 22。

到了反复证明）。为了计划中建造的大云山博物馆展陈的需要，让观众能进一步感受 2000 年前江都王玉编磬的优美音色，可以考虑对完全按出土原形复原的编磬适当作一些改良，目的是使其合律，可以和复原的盱眙编钟同台合奏。项目委托方南京博物院希望部分复原仿玉玻璃编磬可应用于音乐实践，用于与观众的互动。故课题组决定将需要复原的 4 套编磬分为两部分。其中的 2 套以忠实于"出土原形"为原则。在具体操作上，可用出土原件直接进行三维扫描、电脑建模，再用石膏或硅橡胶翻模烧铸，可达到较为严格的复制效果。这 2 套编磬以下可简称"原形磬"。原形磬专门用于在一些展览场合配合出土原件进行展陈，给观众以出土文物当年辉煌的真实面貌。同时也可应用于音乐考古学的实验研究，探讨已经失音了的大云山出土玻璃编磬音律问题。而另外的 2 套，可在"出土原形"的基础上稍作优化改良，即让其在不违背历史条件下具备现代乐器的音乐音响性能，以下可简称"调音磬"。调音磬可以用作各种场合的实际音乐演奏，也可以陈列在展厅提供给观众进行互动操作，以深化博物馆教育、娱乐的功能。

调音磬的具体制作方案：在出土编磬原件中，大部分磬块的造型比较匀称、合理并较适合发音，仅有少数的磬块可能过于厚短。可以出土原件的五边形为基础，仅对磬块的造型，主要是对其厚度适当加以修改，达到使编磬合律的要求。当然，在编磬调音中，对音调不准的个别磬块，不得已时也可适当对其五边形造型做有限的修磨。但对多数磬块来说，其五边形的原形尽量保留，不做改动。

（二）出土编磬的乐器定性

根据出土编磬的三维扫描所得的形制数据，应用与刘非墓出土的仿玉玻璃编磬色泽、质地、化学成分及音乐音响性能相近的高铅玻璃玉料，全面复制（复原）全套编磬，再测定复制的每一件磬块的音高，分析各磬之间的音程，由此推测出土编磬原件的基本音列关系，确定全套编磬的音域范围。这实际上也是对江都王墓出土的仿玉玻璃编磬的定性研究：这套历史上规模空前的古代玻璃制品、精美绝伦的乐器玉编磬，究竟是仅用于给江都王刘非殉葬的明器，还是当时一种可以实际演奏音乐的实用乐器，抑或两种因素兼而有之？这样的古玻璃制成的乐器，其音乐音响性能究竟如何？可以应用于如今天乐坛那样绚丽纷繁的音乐场合、人们日常的音乐生活吗？

要得到这些问题的答案，依靠那一堆残破不堪的出土原件来解答，自然是不可能的。它们绝大部分不仅已经破碎，而且由于深埋地下 2000 余年，在地下水的长期浸渍之下，发生了严重的腐蚀与风化。覆盖了一层厚厚的质地相对疏松的物质，有的厚度达 1 厘米以上。显然，指望出土原件提供编磬的音乐音响性能的信息，已经是完全不可能的。

所以，上述所说，用质地、性能相近的高铅玻璃玉料复制（复原）全套编磬，由此推测出土编磬原件大致的音列关系及全套编磬的音域范围，这在目前应该是唯一可行的方法。好在上海嘉定琉园水晶制品有限公司经过了 108 次试验，终于基本得到了与江都王刘非墓出土编磬性能相近的高铅玻璃玉料，并全面成功地复制了（复原）全套编磬，而且多达 5 套、100 件以上。让我们有条件、有把握地对江都王刘非墓出土编磬的音乐音响性能提出一些认识。表 3-1-10 即是琉园制成的 5 套复原仿玉玻璃编磬的实测音高数据。

这实质上是一种实验考古方法的尝试，应该有其现实的参考意义。

首先，通过下表可以清晰地看到，相近的材料、基本一致的造型制成的磬块，其发音的高低也是相近的。其中个别的磬块误差可能大一些，其涉及的原因较为复杂，推测主要与磬块玻璃材料内部熔化的结构与均匀度关系较大。但"相近"还是主要的特性。就是说，用实验考古方法制成的复原编磬的音高具有明显的参考意义，尤其是各磬块之间相对的音高关系，是有较大参考价值的。同时，用 5 套编磬的实验，也可以看作同一实验做了 5 次，其结果应该具有一定的可信度。

表 3-1-9　复原盱眙大云山 1 号墓编磬测音、调音数据记录表[①]

序号	编号	通长（修复后）	通高（修复后）	频率	测音	明音标准及明音量	固定唱名
1	F 原形—21	69.0	34.5	509.95	B4+47	B4	si
	F1—21			502.00	B4+28	−28	
	F2—21			525.79	C5+8	−108	
	F3—21			539.69	C5−47	−53	
	F4—21			516.81	C5−22	−78	
2	F 原形—20	64.0	23.4	555.64	^{A}C5−4	C5	do
	F1—20			538.38	D^{5}−12	−188	
	F2—20			525.79	C5+8	−8	
	F3—20			579.04	D5−25	−175	
	F4—20			587.89	D5+1	−201	
3	F 原形—11	60.1	22.4	621.39	$^{\#}$D5−11	D5	re
	F1—11			763.11	G5−47	−453	
	F2—11			732.15	$^{\#}$F5−19	−381	
	F3—11			732.18	$^{\#}$F5−19	−381	
	F4—11			733.50	$^{\#}$F5−16	−384	

[①] 参见王子初《江苏盱眙大云山一号墓出土仿玉玻璃编磬的复原研究》，《艺术百家》2016 年第 2 期，原表标注为表 10。

续表

序号	编号	通长（修复后）	通高（修复后）	频率	测音	明音标准及明音量	固定唱名
4	F原形—19	59.0	22.0	714.19	F5+30	E5mi	
	F1—19			619.87	#D5−7	+107	
	F2—19			686.01	F5−32	−68	
	F3—19			641.12	E5−49	+49	
	F4—19			713.71	F5+37	−137	
5	F原形—18	54.8	19.9	763.98	#F5+47	F5	fa
	F1—18			747.70	#F5+17	−117	
	F2—18			816.75	#G5−30	−217	
	F3—18			777.52	G5−15	−185	
	F4—18			742.92	#F5+6	−106	
6	F原形—10	53.5	20.1	781.93	G5−13	#F5	#fa
	F1—10			826.39	#G5−9	−191	
	F2—10			847.02	#G5+33	−233	
	F3—10			841.17	#G5+21	−221	
	F4—10						
7	F原形—09	50.4	18.0	933.24	#A5−7	G5	sol
	F1—09			978.26	B5−17	−383	
	F2—09			996.44	B5+15	−415	
	F3—09			958.26	#A5+47	−347	
	F4—09			1042.61	C6−7	−493	
8	F原形—17	48.9	18.4	1062.54	C6+18	A5	la
	F1—17			1012.11	B5+42	−242	
	F2—17			1076.71	C6+49	−349	
	F3—17			1089.63	#C6−31	−369	
	F4—17			1147.45	D6−41	−459	
9	F原形—08	44.8	16.6	1089.89	#C6−38	♭B5bsi	
	F1—08			1152.07	D6−34	−366	
	F2—08			1106.07	#C6−5	−295	
	F3—08			1150.53	D6−36	−364	
	F4—08			1172.43	D6−4	−396	

续表

序号	编号	通长（修复后）	通高（修复后）	频率	测音	明音标准及明音量	固定唱名
10	F原形—16	42.4	16.6	1290.76	E6-45	B5si	
	F1—16			1290.09	E6-38	-462	
	F2—16			1251.39	#D6+9	-409	
	F3—16			1340.52	E6+28	-528	
	F4—16			1350.78	E6+41	-541	
11	F原形—07	40.5	15.0	1313.55	E6-15	C6do	
	F1—07			1316.69	E6-3	-397	
	F2—07			1349.49	E6+40	-440	
	F3—07			1362.84	F6-43	-457	
	F4—07			1359.06	F6-48	-452	
12	F原形—15	38.5	15.4	1655.01	#G6-15	D6	re
	F1—15			1537.03	G6-35	-465	
	F2—15			1525.89	G6-48	-452	
	F3—15			1504.72	#F6+28	-428	
	F4—15						
13	F原形—06	35.1	13.0	1719.99	A6-48	E6	mi
	F1—06			1739.50	A6-21	-479	
	F2—06			1677.00	#G6+16	-416	
	F3—06			1722.76	#A6-38	-452	
	F4—06			1833.13	#A6-30	-470	
14	F原形—05	31.2	12.6	1949.46	B6-31	F6	fa
	F1—05			2045.82	C7-40	-660	
	F2—05			2008.88	B6+28	-628	
	F3—05			2009.93	B6+29	-629	
	F4—05			1972.63	B6-3	-597	
15	F原形—14	34.3	13.8	2098.85	C7-4	#F6	#fa
	F1—14			2196.57	#C7-17	-683	
	F2—14			2175.01	#C7-34	-666	
	F3—14			2084.62	C7-7	-693	
	F4—14			2086.16	C7-6	-694	

续表

序号	编号	通长（修复后）	通高（修复后）	频率	测音	明音标准及明音量	固定唱名
16	F 原形—13	24.4	10.1	2608.05	E7−27	G6	sol
	F1—13			2799.59	F7+3	−1003	
	F2—13			2623.94	E7−9	−891	
	F3—13			2652.39	E7+10	−910	
	F4—13			2575.62	E7−41	−859	
17	F 原形—04	26.3	11.0	2625.56	E7−16	A6	la
	F1—04			2616.60	E7−14	−686	
	F2—04			2829.56	F7+22	−822	
	F3—04			2646.48	E7+6	−706	
	F4—04			2639.72	E7+1	−701	
18	F 原形—03	26.9	10.9	3044.69	#F7+41	bB6	bsi
	F1—03			3141.01	G7+2	−902	
	F2—03			2928.99	#F7−19	−781	
	F3—03			2928.83	#F7−19	−781	
	F4—03			3132.38	G7−2	−898	
19	F 原形—12	22.3	09.5	3278.50	#G7−31	B6	si
	F1—12			3601.87	A7+39	−1039	
	F2—12			3287.67	#G7−19	−981	
	F3—12			3359.73	#G7+19	−1019	
	F4—12			3493.54	A7−14	−986	
20	F 原形—02	19.7	08.2	4309.87	C8+42	C7	do
	F1—02			4288.78	C8+41	−1241	
	F2—02			4247.65	C8+25	−1225	
	F3—02			4267.87	C8+33	−1233	
	F4—02			4534.91	#C8+38	−1338	

从表 3-1-10 中看，全套 20 件编磬的音域大致是从 C5（F2－21）到 #C8（F4－02），跨度达三个八度有余。可知，全套 20 件编磬的音列关系并非按音阶的关系编列。这与山东洛庄汉墓出土的 6 套编磬的音阶结构均不相符，也与至今所见大量先秦出土编磬标本皆不相符。从技术上进一步分析，全套 20 件编磬，若按古今常见

乐器所用的音阶编排，音域仅为两个八度有余即可。由此基本可以推测，盱眙江都王刘非墓出土的仿玉玻璃编磬为非音阶排列的音列结构，本身不适用于实际音乐的演奏。

还有一个值得注意的重要旁证。出土编磬原件中的一些磬块，特别是2号、3号、4号磬，造型过于厚实，其与相邻磬块在形制比例上过于悬殊，也难以构成音阶序列关系。这一点，在后来其中两套"调音磬"的实际调音过程中，也充分地得以证实：这3块磬块通过调磨将其音高纳入音阶之中后，其厚度被磨去了一半还多。可见，在出土的大云山仿玉编磬中，至少这一部分的磬块可以肯定是不符合常规音阶的。

那么是否可以由此确定，大云山出土的仿玉编磬是专用于给江都王殉葬的明器呢？恐怕也不能。

首先，这套编磬用料珍贵。实验证明，这种基本成分为二氧化硅、氧化铅、氧化钡的玻璃材料，的确是一种音响性能、音乐性能俱佳的乐器材料。这种"玉"的代用品，在今天不过是较为廉价的玻璃之一种，但是在西汉，的确与玉一样珍贵。当时琉璃制作技术虽已相当成熟，却为皇室贵族所垄断。迄今所见汉墓中的所谓料器，都是王侯贵族秘而不宣的玻璃珍品，绝无"明器"一说。所以，大云山出土的仿玉编磬虽然音律无序、音阶不整，但其材料珍贵，质地厚重，造型规范统一，它应该是一套按实用乐器的规格来制作的珍品。之所以其音律乖错，应该是没有完成最后的调音工序所致。编磬自古以来最合适，也是最常规的用料是石灰石，若是制作明器，完全可以用廉价之极的石灰岩来制作；而江都王墓之中却用比石灰岩珍贵不知多少倍的"玉"来制作简陋的明器，这无论如何是说不过去的。

其次，出土编磬原件与实验所制的复原编磬均表明，江都王墓出土的这种仿玉玻璃编磬，客观上的确是一种音乐音响性能极佳的制作乐器编磬的材料。江都王刘非葬礼的主持者采用这种"玉料"来制作编磬，恰恰是用对了这种材料在音乐音响方面的特性。这应该不会是偶然的。显然当时的人已经了解了这种材料的音响特性，甚至在这些大贵族生活之中，已经拿它来制作乐器编磬，并无疑义。

再次，从出土的这套仿玉玻璃编磬来看，不仅材料珍贵，而且用料充实，制作规范，工艺也说得上较为精致，丝毫看不到一般明器粗陋、苟简的痕迹。

最后，值得一提的是，如以发音最低的第21号磬为基准，可以看出整套编磬的音都有偏高的倾向。这很可能是为后一道工序——调音留的余量。上文已提及，以减薄磬体厚度的方法，逐渐降低磬块的音高，最终达到其设计音高，无论在先秦编钟还是在编磬上，均是最合理、规范的调音方法。尤其是在编钟的调音上，更是唯一的方法；而于编磬，虽然也可以通过打磨磬体的两端来提高磬块的频率，但这是以牺牲磬体五边形形制规范为代价的做法，一般也不宜多用。上文提到，部分磬块的五边形形制虽然还比较规整，但其厚度则明显不类。如第 2 号、第 3 号、第 4 号磬等，明显呈现出了这种"磬坯"的面貌。

所以，大云山江都王墓出土的仿玉玻璃编磬，其设计理念一定不是明器，只能是无比珍贵的实用器。

既然如此，那么为什么它没有按照常规的乐器编磬进行调律呢？这确是值得研究的问题。而且，这在当时一定是有原因的。很遗憾，今天的人们已经难以知晓江都王刘非去世时的真实场景。比较简单的推测，很有可能是因为时间的仓促：当年江都王刘非的国相为董仲舒，就是那位历史上曾向汉武帝提出"罢黜百家，独尊儒术"根本国策的大儒。刘非公元前 154 年时 15 岁，平吴后的第二年（前 153），改封为江都王。《汉书·景十三王传》载"（刘非）二十七年薨，子建嗣"。由此推算刘非死时应在 42 岁上下，正当壮年。他的死应该多是意外，较为仓促。大儒董仲舒要效仿尧舜，采用"玉磬"给他殉葬（这很可能是董仲舒的主意）；而今天的实验也证明，这种仿玉玻璃编磬的制作是相当困难的。虽然玉磬最终做出来了，精心调音却已经没有了时间。好在是给去世的江都王所用，有没有音律也就无所谓了。

如此分析，推测大云山江都王墓出土的仿玉玻璃编磬，应该是一套最终没有完成调音的"实用"乐器，也就顺理成章了。

四、编磬烧铸流程

课题组复原大云山仿玉玻璃编磬的计划，首先获得了委托方南京博物院的支持，同时也得到了合作方清华大学美术学院和上海琉园水晶制品有限公司的通力合作。全套玻璃编磬的复原工作顺利地展开了。

（一）制模

在制作复原编磬的工艺流程上，课题组曾考虑过以下方案。

方案一：修复出土原件，基本恢复磬块的原形。用出土编磬作全面的三维扫描，采集数据。根据采集的数据，利用电脑技术合成全套 20 余件编磬的完整模型。用 3D 打印（或电脑雕刻）的方法直接得到全套编磬的工程塑料阳模。再用阳模翻制耐高温石膏阴模，用以烧制编磬复原件。

方案二：修复出土原件，基本恢复器物原形。采用工程石膏或硅橡胶直接翻制出土原件的阴模。动用出土原件翻模时，为保护文物，可将出土原件用塑料薄膜完全包裹，以避免与工程石膏或硅橡胶直接接触。再用所得阴模翻制工程所需的阳模。根据原件修正阳模，再用阳模翻制工程阴模，用以浇制复原件。

无论采用以上方案一还是方案二，目的都是要得到烧制编磬工程所需要的阳模。

方案二应用出土原件翻模，毕竟要直接动用珍贵文物。尤其是出土原件表面的风化腐蚀层过于疏松，即便不动它，它尚在不断自然脱落。为了使文物得到更好的保护，课题组还是决定采用方案一。

南京博物院考古研究所李则斌副所长为盱眙大云山1号墓考古发掘的主持人，他直接安排南京博物院的阎龙先生对出土的全套仿玉玻璃编磬完成了三维扫描，并将所得的全部电子数据发到课题组负责人王子初处。王子初委托清华大学美术学院玻璃工艺系的关东海先生制作工程塑料质的磬模（阳模）。因当时3D打印的费用异常昂贵，高达数十万元，课题组的经费无法支持。故关先生采用了价廉物美的电子雕刻技术，仅用了不到一万元，高质量地制成了全套编磬的22件工程塑料磬模，巧妙地解决了课题组的难题。

工程塑料磬模是阳模，它的形制与出土原件并不完全相同。这是因为：

其一，大云山仿玉编磬出土时已经残破不堪，而且伴有严重的风化腐蚀。对出土原件进行三维扫描所获得的数据，反映的就是这种真实、原始的"形象"。我们的"复原"，当然不是要"复"这种残缺不全的"原"，而是要"复"当年，即它在2000年前被制作出来时完好无损的"原"。所以，这些三维数据经由专家借助计算机软件进行了专门处理，使得残缺不全的磬块原始数据得到了系统化，在电脑中重新建成造型光洁平直的新模，最大限度地恢复了它们当年全新时候的基本面貌。当然，毕竟经历了2000多年的岁月沧桑，一定的误差是必然存在的。特别是对一些残损较多的磬块来说，相对误差会大一些。

其二，工程塑料磬模与出土原件相比，要比出土原件厚许多。原因是编磬的成型，是用已经炼就的仿玉玻璃块料（或粉料）放在石膏阴模中烧制而成的。仿玉玻璃块料（或粉料）放入石膏阴模中烧制熔化之前，中间存在大量间隙。玻璃料随着熔化渐渐下塌时，这种间隙慢慢消失。所以工程塑料磬模在用它翻制耐高温石膏阴模之前，已被加上了玻璃玉料在高温烧熔下塌厚度的提前量。

另外，玻璃熔化以后是一种十分黏稠的胶体，原料中存在的一些气泡，在玻璃胶体中不容易完全排除。作为一种精美的玻璃工艺品，就像翡翠玉石，一个小小的气泡与一粒沙子一样，都是不容许存在的瑕疵。不过，在熔化的玻璃中，气泡大多会向上漂浮。就是说，这些气泡瑕疵往往会集中在烧制成的玻璃产品的表面。于是人们在产品的上层预留了一些厚度，发现出现气泡瑕疵，可以利用机械手段把上层削去或磨去，从而为玻璃产品的晶莹无瑕增加了一道保护屏障。即是说，工程塑料磬模的厚度，由此又要加上一层。有了这些造型与原件基本一致，但有所加厚的阳模以后，工厂可以用以翻制烧制编磬所需的耐高温石膏阴模。从以上的分析可知，石膏阴模的内容深度，已经包含了玻璃块料（或粉料）在高温中熔化下塌以及为防止出现气泡瑕疵的厚度提前量。但在用阴模烧制出第一件产品后，仍需仔细测量产品与最终要完成的产品造型之间的误差，计算出玻璃玉料的热膨胀系数等可变因素，再反复修整耐高温石膏阴模后，方可正式进入批量生产的环节。

（二）填料烧结及后期加工

在翻制并几经调试而成的石膏阴模中，填入适量预先试验烧制成功的玻璃玉料，再放入电炉中进行烧结成型，待其慢慢冷却之后，打碎石膏阴模，就可以得到铸成的磬块毛坯。之所以说是毛坯，是因为刚出炉的磬块与存在于电脑中设定的磬块形制还有着很大的差别，后续需要通过多道工序来进行加工。

玻璃玉料在放入电炉中进行烧结成型的过程中，严格控制适宜的炉温及玉料烧熔的时间，是需要准确把握的首要条件。前面提到，这种高铅的玻璃玉料，熔化后具有极强的腐蚀性。一般情况下，烧结的炉温不能超过960摄氏度，一旦炉温过高，玻璃胶液会把石膏模具腐蚀掉，玻璃和石膏熔为一体，致使产品完全报废。即便是炉温能很好地保持在可控的范围以内，烧出来的产品与其所接触的石膏模具也会有粘连。脱模出来的产品即磬坯，凡与石膏阴模接触的表面都要进行铲除清理。同时坯件上部可能有气泡或杂质瑕疵的层面，通过切割或研磨加以去除。产品经过初步清理以后，还需测听每一块磬坯的发音性能，剔除有明显瑕疵者、声音喑哑者。待全部合格后可以进一步精细打磨，使之形制尺寸完全合乎要求，最后通过喷砂、酸洗、修整、修磨与抛光等各道工序，使产品成为晶莹剔透的"玉质"工艺精品，入库等待鉴定、验收。上文所说的专用于博物馆展厅陈列的"原形磬"，至此可以算完成了。而上文所说的可用于博物馆观众互动、演奏音乐的"调音磬"，则还有一道调校音律的工序。

大量出土的古代文物表明，从发现最早的特磬算起，磬这种乐器，中国人已经使用了约5000年。成组的编磬作为一种性能优良的旋律乐器，出现于殷商晚期。迄今也已有4000年左右的历史。人们在应用这种乐器的实践中，积累了丰富的经验和知识。在这种乐器的制作调音方面，也留下了许多值得借鉴的方法和诀窍。

1. 编磬调音的历史渊源

从大量出土的文物实证上，可以发现古人调试编磬的音调时，主要采用了磨砺的方法。这种磨砺，主要集中在磬块的两面和磬底。先秦文献《周礼·考工记》中有关于这种乐器制作方面的记载，其中"刮摩"篇中的"磬氏为磬"是石磬制作和调音的专门篇章。"磬氏为磬"是这样记载的："磬氏为磬。倨句一矩有半，其博为一，股为二，鼓为三。三分其股博，去一以为鼓博；三分其鼓博，以其一为之厚。已上则摩其旁；已下则摩其耑。""磬氏为磬"不仅规定了磬各部位的比例，还总结出了石磬的调音方法，即要使磬音降低，可以"摩其旁"——打磨磬的两面，使磬体变薄。要使磬音提高，可以打磨两博"摩其耑"（即两端），使磬长度缩短。原来，聪明的古代磬师已经发现，决定磬块音高的不外乎如下因素：一是磬块的厚度，磬块越厚则音越高，反之则音越低；二是磬块的长短，即磬块越短则音越高，反之则音越低。石磬调音的方法就是：磬块的音偏高，可以磨砺其两旁，使磬块变薄，音高就可以略降；考古实践中也发现,许多出土编磬在"摩其旁"的同时,也可以磨砺其磬底,使磬块变窄。从磬块的比例上来看,磬块变窄,就是变"长"了,音也就低下来了。若是磬块的音偏低了,就只能磨砺其两端,以改变磬块的长度来提高音调。

拟调音的几套复原盱眙仿玉编磬目前仅初步磨制成型,最好待其继续完成后续加工程序,如喷砂、酸洗、修整等之后,再进入调音程序。抛光工序可放至最后,否则,在调音工作完成后再做喷砂、酸洗、修整,还要重新检测磬块的音高变化,做音高上的调整。

根据以上复原仿玉编磬的测音结果,确定以下复原演奏用盱眙玉编磬调音方案。

2. "调音磬"的音律设计

复原演奏用盱眙玉编磬的调音方案中,首要的工作为音律设计,即先确立拟调音的编磬的音律规范。这是对上面所说的"调音磬"而言,至于上面所说的"原形磬",就不存在音律问题了。但是,调音磬的音律首先应考虑到,它必须符合当时的社会条件,既不能超越历史的局限,也需要尽可能在原形磬的音律基础上来进行,以尽可能减少调音磬的调音锉磨的工作量。同时还要尽可能较好地满足委托单位南京博物院"方便用于一般场合的音乐演奏,适合于普通观众互动的需要"的要求。故调音磬的音律设计,如下原则需要关注。

(1)上文对出土编磬音律做出的定性判断,复原编磬的音律设计就有了一个可依托的基础。由于出土的原件编磬并没有完成调音,那么通过复原出来的仿玉编磬,其音律音阶就可以在此复原编磬测音的基础上来重新设计了。需要注意的是,要考虑这一设计尽量做到实用些。如音律的设计离复原编磬的测音结果不要太远,以尽可能减少调音的锉磨量,可收到事半功倍的效果;这样,编磬的外形也会更接近于出土原件。又如为使复原的编磬可以与同出刘非墓编钟(复原件)音律一致,可以在一起合奏,尽量参考编钟的音律设计。即纳入现代国际通行的音律体系,并至少在调高上也保持一致。

(2)调音磬的音律设计,也必须适当参考同时期保存较好、音律较为可靠的出土标本,以使完成的调音磬符合于西汉社会现实,也更能增加学术含量。如山东济南章丘洛庄汉墓出土编磬,其音律即可用作借鉴。洛庄汉墓出土的六套编磬中,有四套为20件套,其音阶结构也呈现了一定的规范性,可以为复原盱眙玉编磬的音律探讨提供重要的推断依据。根据郑中等人的研究成果[①],洛庄编磬的音阶组合如表3-1-11。

---

① 参见郑中、方建军《洛庄汉墓14号陪葬坑编钟、编磬测音报告》,《中央音乐学院学报》2007年第3期;方建军、郑中《洛庄汉墓14号陪葬坑编磬的组合、编次和音阶》,《中国音乐学》2007年第4期。

表 3-1-10　洛庄汉墓出土六套编磬的调高及音阶结构[1]

套别	左组 10 件音阶结构	右组 10 件音阶结构
第一套	宫—商—变徵—徵—宫—变徵—口—口—徵—宫（G宫）	商—徵—羽—宫—商—徵—↓羽—宫—商—↑徵（A宫）
第四套	宫—商—变徵—徵—宫—变徵—徵—宫—羽—商（#G宫）	商—口—羽—宫—↓商—徵—羽—商—清角（#A宫）
第二套	宫—商—变徵—徵—宫—变徵—徵—宫—徵—羽（B宫）	商—徵—↓羽—宫—商—徵—↑羽—宫—商—徵（#C宫）
第三套	宫—商—变徵—徵—宫—变徵—徵—宫—徵—宫（B宫）	商—徵—羽—宫—商—徵—羽—宫—商—徵（#C宫）
第五套	角—徵—羽—变宫—宫—角—变徵—羽—变宫—宫—角—羽—宫（B宫）	
第六套	变宫—宫—商—徵—羽—角—羽（以C为宫）	角—徵—↓羽—角—变宫—宫—徵（以C为宫）

洛庄汉墓的六套编磬中，所用到的宫调有 G 宫、#G 宫、B 宫、A 宫、#A 宫和 C 宫、#C 宫。特别是其第六套编磬，其左右两组均用 C 宫。从表 3-1-11 中还可以看出洛庄汉墓编磬的音阶，尤其是比较完全的前四套编磬，有着十分明确的规律性。虽然调性有所不同，但是其左组 10 件编磬的音阶结构，均采用"宫—商—变徵—徵—宫—变徵—徵—宫—……"模式，仅末尾两声略有不同。而其右组 10 件编磬的音阶结构，均采用"商—徵—羽—宫—商—徵—羽—宫—商—徵"模式，仅第四套的尾声清角略有不同（亦疑为徵音所讹）。它们都不是完全的七声音阶。何以如此，应与其当时所采用的曲调相关。大云山刘非墓出土的仿玉玻璃编磬的音律，很有可能与此相仿。

不过，为了满足今日博物馆中与观众互动的需要，满足社会乐音生活的习惯和要求，也为了便于社会一般非专业人士上手，方便这种古乐器与当代各种乐器和音乐形式融合乃至与国际接轨，故课题组研究确定，盱眙复原玉编磬的调性可与编钟一致，采用 C 宫，其音阶则采用完整的七声音阶。又根据全套编磬为 20 件，设为两组、两个八度完整的 C 宫七声音阶仅需 15 磬，还有 5 磬富余；故又在两个八度的 C 宫七声音阶内，再加入变徵与闰两声，构成"同均三宫"。这样，就能十分方便顺畅地转用上下属关系调，即全套编磬可以完整地演奏 C 宫、G 宫和 F 宫三调。最后还富余一声，正好留给首磬——第 21 号磬。其前的 20 号磬的自然音高接近于 c^2—d^2，

---

[1] 参见王子初《江苏盱眙大云山一号墓出土仿玉玻璃编磬的复原研究》，《艺术百家》2016 年第 2 期，原表标注为表 11。

根据钟磬调音"调低不调高"的原则，下调为宫音十分合适；其后的各磬依次按音阶对号入座。首磬第 21 号磬形制最大，通长 69.1 厘米，重达 11.3 千克，调音研磨最为艰难。其音高接近于 b^1—c^2，向下就近调为变宫。这样，其调音磨工量也不致太大。

（3）由以上的综合分析，最终确定以下"复原盱眙玉编磬的调音音律表"。

表 3-1-11　复原盱眙玉编磬的调音音律表①

序号	1	2	3	4	5	6	7	8	9	10
磬号	21	20	11	19	18	10	9	17	8	16
音名 b^1	c^2	d^2	e^2	f^2	$^\#f^2$	g^2	a^2	$^bb^2$	b^2	
阶名	si	do	re	mi	fa	$^\#$fa	sol	la	^{b}si	si
序号	11	12	13	14	15	16	17	18	19	20
磬号	7	15	6	5	14	13	4	3	12	2
音名	c^3	d^3	e^3	f^3	$^\#f^3$	g^3	a^3	$^bb^3$	b^3	c^4
阶名	do	re	mi	fa	$^\#$fa	sol	la	^{b}si	si	do

3. 调音的形制规范

作为博物馆中的陈列内容之一，复原仿玉玻璃编磬的功能虽然与正式展出的出土文物有本质的区别，但是为了能更直观地给观众一个出土西汉编磬形象的真实历史风貌，在编磬调音中也确立了这样的一个原则，即一般情况下不改变磬块的五边形基本形制，使其尽可能与大云山出土仿玉编磬基本保持一致。所以，复原编磬的调音中必需的磨工，尽量局限在磬体的厚薄上进行。磬体厚薄的变化，于磬块音高的改变最为敏感。这样，一方面调音的锉磨方式不至于太复杂，磨工量也不会过大，可起到事半功倍的效果；另一方面只进行磬体厚薄上的一些改变，于磬块的形制特征上并不显眼。调音完成以后，复原调音编磬整体的形制，基本上保持了盱眙出土仿玉编磬原有的形制特色。极个别的磬块可能在调音前与其标准音相比有所偏低。在这种情况下，势必要稍稍磨其两端以提高其发音频率。如果这种磨砺幅度很小的话，对编磬的形制来说也应该无伤大雅。

4. 调音磬的实施

通过对以上完成的几套复原仿玉编磬（原形磬）的测音研究，数据表明各套复原编磬的最低音在 b^1+28—c^2+8，最高音在 c^3+25—$^\#c^3$+38，音域在三个八度左右。而

---

① 参见王子初《江苏盱眙大云山一号墓出土仿玉玻璃编磬的复原研究》，《艺术百家》2016 年第 2 期，原表标注为表 12。

且各八度组内音列并不完整，各磬块的音高也未出现明显的音阶序列关系，并不符合编磬原件无论其在墓坑中的位置，还是其磬块的大小序列，也不符合同时期山东洛庄王墓的编磬规制，即均分为两个音组、每组均以不完整的七声音阶为音高序列的情况。前文的分析已可说明两点：其一，出土玉编磬本身，是根据实用器的要求制作的乐器，绝不是明器的规制；其二，编磬的磬坯制成以后，并没有完成下一步的工序——调音。所以，盱眙出土的大云山1号汉墓仿玉玻璃编磬的乐器性质，应该是一套没有完成调音的实用乐器。

在课题组负责人王子初教授的协调下，以湖北省博物馆张翔、余文扬、张明华三位专家，中国矿业大学朱国伟博士伉俪及武汉精密制造厂李明安厂长等人，组成了复原盱眙大云山出土仿玉玻璃编磬调音小组，于2015年4月13日进驻上海嘉定琉园水晶制品有限公司，调音工作揭开序幕。

原盱眙大云山出土仿玉玻璃编磬调音小组的工作，从厂方已初步完成玉编磬F1（复原仿玉编磬第一套）开始着手。为了使调音工作中取得的数据资料更为精确，工作程序更为合理科学，调音小组对编磬F1进行了全面的考察检测。检查了编磬的外观有无明显的瑕疵，耳测了每一磬块的发音情况，对每一磬的形制数据做了重新测量。同时要求厂方完成仿玉编磬F1的全面加工程序。之后，调音小组全面测量了这套编磬在未调音之前（即为"原形磬"时的状态）的音高频率数据，作为这套乐器的原始资料保存。在这一过程中，调音小组积极与参加编磬调音的技工们进行沟通，并通过考察，初步获得了琉园厂配合调音小组工作的技工们的情况、工厂用于玻璃研磨的机械设备及其工作原理。

工作随之进入编磬调音的试验阶段。

调音小组取样磬3件，实施对磬块分阶段的调音研磨，记录下每一次的磨时、磨量，粗磨还是细磨，直至各磬块达到设定的音高标准（误差在5音分以内）。在与技工们的合作中，调音小组通过细致的分析比较，初步掌握了磬块调音时的磨量、磨时与其音高变化的相对关系。

再对初步完成调音的3件样磬进行最后的工艺程序——喷砂、喷水砂、修整、酸洗、抛光等后续程序，观察并记录磬块的音高变化。试验表明，这些后续工艺程序对于磬块音高的影响极微，可以忽略不计。专家还发现，调好音的磬块，过一会儿复测，往往会出现音高的少许变化。经专家们研究发现，调音时工人是用水砂在磨床上进行研磨，磨完以后还要放到水中冲洗一下再拿去测音。所以测音时的磬块总是湿漉漉的。过一会儿复测的时候，磬块已经完全晾干了。原来，这种仿玉高铅玻璃制成的磬块，干湿对其音高也有一定的影响。通过调音小组的进一步试验证明，这种干湿的影响，在5音分上下。如果在调音时提前考虑到这一误差的补正，即调音时各磬块均调到5音分上下，磬块晾干以后就恰到好处了。很快，调音小组完成了F1的调音，并在以后的几天里经过几次复测，观察 F1 的音高，仅有极细微的变化，完全可以忽略不计。

琉园厂的技工们积极主动地配合调音小组的工作，在调试 F1 的过程中，起到了重要的作用。他们一开始并不了解调音小组要做什么，所以也不知道他们需要做些什么。给乐器编磬调音，这是他们从来没有接触过的任务。后来，了解了"编磬调音"是什么意思，并很快对这一工作归纳总结，因此与调音小组的专家沟通得越来越好，工作效率越来越高，还给专家们提出了不少可行性意见。特别是他们提出，不必用"多少音分、多少频率"与操作人员交流，只需告诉他们"磨时（碾磨时间）""磨式（粗磨或细磨）"即可。如某磬块需要降低 100 音分，我们根据前面的经验，告诉工人"粗磨 10 分钟"。磨工完成后测音，发现磬块已经降低了 70 音分；再告诉工人继续"粗磨 2 分钟"；完成后再测音，磬块又降低了 15 音分；告诉工人再"细磨 2 分钟"；完成后再测音，磬块又降低了 10 音分；此时磬块的音高为 +5 音分，已经达标。但是根据经验，调音磨工是水磨，待磬块干了以后，音高会发生 +5 音分左右的变化。所以告诉工人"再细磨半分钟"；完成后再测音，磬块音高误差降低至 −5 音分时，待磬块晾干后就正好完全达标了。

在调音的过程中，为了避免出现调磨过头的情况，每一次的调磨量都控制得较小，尤其是在没有把握的情况下，往往是一点一点地调磨；越接近标准音高，磨量控制得越小。平均每一个磬块的调音，要前后调磨二三十次甚至更多，才能完成。因为一旦磨过了头，导致音偏低了，就要通过"磨其端"（《考工记·磬氏》）来补救，这样就不得不改变磬块的五边形外形，改变出土编磬的基本形状。这有悖于我们对盱眙江都王刘非墓出土仿玉编磬的调音原则：因磬块的厚薄作用于人们视觉的影响较小，而相对于磬块的音高来说却十分敏感，故盱眙玉编磬的调音原则上只在磬块的厚薄上进行。一般情况下不改变磬块的五边形外形，以给观众呈现一个出土原件的基本完整的形象。

图 3-1-19　调音中的复原盱眙编磬　　图 3-1-20　调音小组的专家正在测音

图 3-1-21　琉园厂技工正在修磨磬端 　　图 3-1-22　琉园厂技工正在修磨磬底[①]

由于工厂的环境与条件的局限，设在二楼的研磨车间噪声太大，现场无法测音，所以每块磬每磨一次，就要搬到三楼的过道上去，测音结束了再搬回二楼车间，告诉工人再磨几分钟。磬块由高铅钡玻璃制成，光含铅量就达34%，所以十分沉重，大的磬块达10多千克。这样楼上楼下，调音工程人员十分辛苦，但最终还是很好地完成了全部4套88件磬块的测音任务。

工人小张建议，玉编磬的外观可以采用"哑光"的磨砂效果。这样做的原因，一是可以使编磬在烧制成型的过程中遗留在块料之间较为呆板的纹理稍显弱化、柔和；二是可以较好地彰显出青玉晶莹剔透的色泽与质感；三是工艺流程上不做抛光，可大大省时省力。课题组采纳了这一建议。

调音小组的工作，在琉园厂自总经理、项目主管到实际操作的技工们的配合下，至4月20日，已经全面、顺利地完成了所有复原仿玉玻璃编磬的调音任务。根据预定的规范，所有磬块的音高误差基本都控制在正负5音分以内。

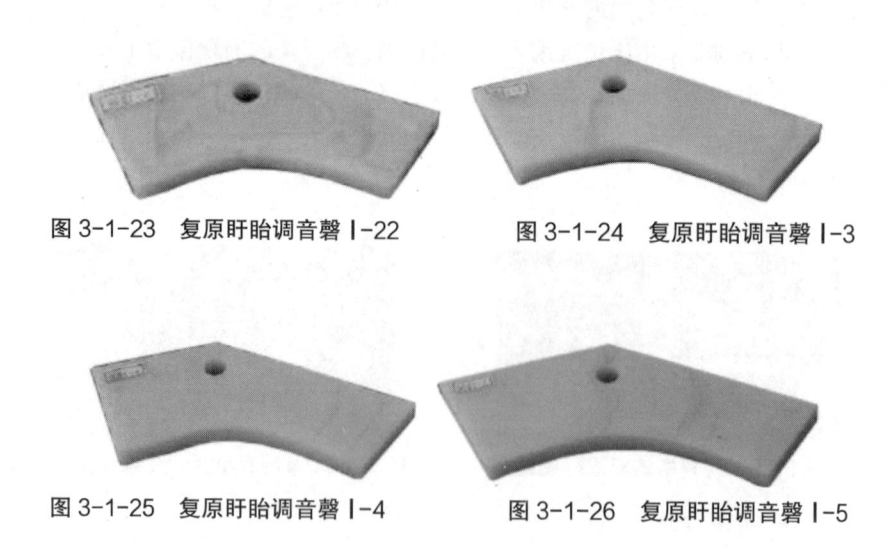

图 3-1-23　复原盱眙调音磬 I-22　　图 3-1-24　复原盱眙调音磬 I-3

图 3-1-25　复原盱眙调音磬 I-4　　图 3-1-26　复原盱眙调音磬 I-5

[①] 参见王子初《江苏盱眙大云山一号墓出土仿玉玻璃编磬的复原研究》，《艺术百家》2016年第2期，原图标注为图47—50。

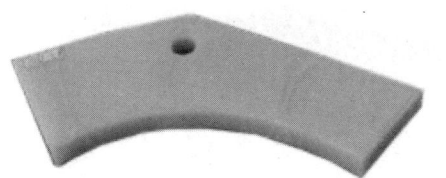

图 3-1-27　复原盱眙调音磬Ⅰ-6 　　　　　图 3-1-28　复原盱眙调音磬Ⅰ-7

图 3-1-29　复原盱眙调音磬Ⅰ-8 　　　　　图 3-1-30　复原盱眙调音磬Ⅰ-9

图 3-1-31　复原盱眙调音磬Ⅰ-10 　　　　图 3-1-32 复原盱眙调音磬Ⅰ-11

图 3-1-33　复原盱眙调音磬Ⅰ-12 　　　　图 3-1-34　复原盱眙调音磬Ⅰ-13

图 3-1-35　复原盱眙调音磬Ⅰ-14 　　　　图 3-1-36　复原盱眙调音磬Ⅰ-15

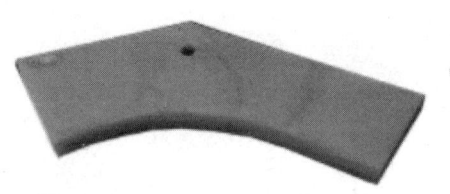

图 3-1-37　复原盱眙调音磬 I-16

图 3-1-38　复原盱眙调音磬 I-17

图 3-1-39　复原盱眙调音磬 I-18

图 3-1-40　复原盱眙调音磬 I-19

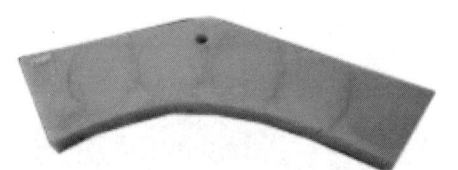

图 3-1-41　复原盱眙调音磬 I-20

图 3-1-42　复原盱眙调音磬 I-21[①]

以上通过音律调试的复原盱眙仿玉编磬中的"调音磬",除了这些玉编磬本身音响性能极佳、声音清脆悦耳之外,在音律上,由于在七声音阶之中加入了"二变"——变徵和闰二音,就可在三个常用调(即所谓"同韵三宫")内,演奏中外乐曲,可以较好地满足公共博物馆在展示陈列中与观众互动的需要。玉磬的声音穿透力极强。古书《淮南子·说山训》有云:"钟之与磬也,近之则钟音充,远之则磬音章。"充即充盈丰满;章即彰,扩散传远。意谓近听时,雄浑的钟声充满了人们的耳朵;远听时,人们能清晰地感受到编磬金属般的铿锵之声。《论语·泰伯篇第八》曰:"师挚之始,《关雎》之乱,洋洋乎盈耳哉!"从太师挚演奏的序曲,到最后《关雎》的结尾,丰富而优美的音乐在我耳边回荡——正是这种美好音乐的生动写照。

磬,作为一种具有 5000 多年历史的、中华民族特有的石制乐器,恰如其分地体现出了一种富有特色且强而有力的民族精神。数千年来,古代的文献屡屡提及神秘莫测的"玉磬",人们始终未得睹其真容。今天,在南京博物院的展厅里,借助古人

[①] 参见王子初《江苏盱眙大云山一号墓出土仿玉玻璃编磬的复原研究》,《艺术百家》2016 年第 2 期,原图标注为图 51—70。

江都王刘非慷慨提供的机会，借助今天课题组专家的智慧和琉园厂技工们的辛勤劳动，可以将这种绚丽夺目的玉磬真切地展示在人们眼前，让人们一睹其玉质晶莹剔透之芳容，还可以一饱其音乐清明透亮之耳福。

5. 盱眙仿玉编磬的复原讨论

复原的盱眙仿玉玻璃编磬的材质，其配方来源于对盱眙大云山1号墓出土编磬原件的取样分析，基本成分的主体为48%的二氧化硅、34%的氧化铅、14%的氧化钡。课题组要求工厂严格按此成分比例研制复原编磬。在最初用这一配方烧制出玻璃样品时，令人震惊——大家见到的这种光晕炫目的"玻璃"材料，它的美丽与天然玉比起来，有过之而无不及。而当大家在试奏用这种材料制成的样磬时，清澈透明、宛如金属的音响，让我们更震惊了——天下竟有如此美好的发音材料。这是我们始料不及的。

自新石器时代以来，中国人就发明并使用磬这种乐器。但考古发现的所有乐器磬，均为石质（当然玉本身也是一种石头，只是这种石头比起其他石头来说，更显细腻光润、晶莹剔透）；至西周以往，随着这种乐器的发展，人们对其材质的选择，已完全集中于一种软硬适中、质地均匀而分布广泛的石料——石灰石。考古发现的大量两周编磬，99%以上是由这种石料制成。石灰石一般也叫青石，实践证明，这的确是一种发音性能最佳的制磬石料。尽管古文献中屡屡提到磬中珍品——玉磬，人们却始终没有见到实物。《尚书·益稷》说乐正夔有："戛击鸣球，搏拊琴瑟。"孔颖达《疏》："《释器》云：球，玉也。鸣球谓击球使鸣。乐器惟磬用玉，故球为玉磬。"后世文献多引用。如宋代范成大《玉华楼夜醮》诗："知我万里遥相投，暗蜩奏乐锵鸣球。"明代刘基《遣兴》诗："艳艳霜林张绮缬，玎玎风叶落鸣球。"用的都是《尚书》玉磬之典。盱眙出土的玉编磬，采用人造的仿玉玻璃材料，并具有如此美好的音响性能，这说明2000多年前的古人选用它来制作乐器编磬，应该也是一种实践的成果。

而我们今天获得如此美好的乐器材料，确有一点偶然性——因为试验的结果本身难以预测；然而从另一方面来说，这一结果有其一定的必然性——毕竟考古发掘的事实以及出土的实物已清楚地表明，当时人们用其制作乐器，其背后的确隐藏着深刻的科学性和合理性。

本项目中所谓"复原仿玉玻璃编磬"完全依照出土原件复制。基本程序为：

（1）本课题组邀请国土资源部南京矿产资源监督检测中心地质地球化学、矿物和珠宝玉石鉴定专家汪建明高级工程师加入。对盱眙大云山江都王刘非墓出土的玻璃编磬原件进行取样分析，获得其材质全面的化学元素成分资料。由之判定其为中国古代特有的、最典型的古玻璃——铅钡玻璃。

（2）课题组邀请清华大学美术学院工艺美术系玻璃实验室关东海教授加入，关教授邀请上海琉园水晶制品有限公司共同研制这种古玻璃材料。经过琉园厂108次的烧制试验，终于制成了十分接近原物的玻璃材料。无论从其外观、色泽还是质地、化学成分等方面，几乎都可以达到乱真的境地。特别是实验证明，这种玻璃材料有着极为优良的音响性能，完全可以制作音乐性能十分优良的乐器——编磬。

（3）修复出土盱眙仿玉玻璃编磬原件。修复仅限于断裂、破碎部分的粘接归位，所有风化、残缺部分一律保持原状，不加修饰，不做任何改变。对修复后的磬块做三维扫描。取得完整的形制数据后进行电脑建模，复原编磬在古代尚未腐蚀风化时原始面貌的三维模型。再用3D打印的方法（后因3D打印成本太高，改用电脑雕刻的方法）制成工程塑料的阳模，交由工厂翻制耐高温的石膏阴模，再在模中填装炼制好的玻璃玉料，用电炉高温烧制出复原磬块。

本课题组在反复实验中也注意到，这种"玻璃玉"材料在制作工艺及外观上与出土原件尚存在一定差异。主要有以下两点：

（1）这种古代帝王作为"玉"来使用的材料，其玉质的乳浊效果，是借助材质内大量密集微气泡的存在，使透射的光线产生折射而形成的。而我们今天一时难以探知并掌握当时的这种工艺，只能暂时借助添加乳浊剂（氧化铝）的方法达到这种效果。

（2）由于这种材料的基本成分为48%的二氧化硅、34%的氧化铅、15%的氧化钡，课题组要求工厂严格按此成分比例研制复原编磬。但在用这种成分的玻璃块料烧制成品时，磬块产生了较为丰富的纹理，其中有一些纹理显得不甚自然。

以上两个问题，目前经过多次试验，厂方表示一时难以完全解决。因本课题的内容限制及资金的局限，与课题的委托方南京博物院商议，决定暂时存疑，以后另立课题做进一步研究。

第二节　基本内容及意义

文献的记载往往能使人们最直接地了解历史，但文物的出土却更具有还原历史原貌的作用。2009年，江苏盱眙大云山1号汉墓仿玉玻璃编磬的出土，给中国音乐及科技考古带来了空前的震撼。复原编磬对研究乐器性质及音律、汉初宫廷礼制和古代玻璃制造工艺具有十分重要的意义。王子初先生于2016年第2期的《艺术百家》中发表的论文《江苏盱眙大云山一号墓出土仿玉玻璃编磬的复原研究》一文是出土乐器复原研究中的翘楚，作者用翔实客观的实验数据、丰富直观的实物图片向我们展现了编磬复原的全过程，为乐器复原研究做出了重要贡献。

全文共由五个部分组成。

第一部分——编磬簨虡的复制。作者首先指出，江苏盱眙大云山汉墓出土的编磬簨虡的基本结构、造型工艺以及保存情况与同墓出土的编钟簨虡基本相同。大云山汉墓玻璃编磬的复原包括与编磬同出的簨虡的复制与复原，簨虡的复制也包括了簨虡青铜构件的复制和已经残腐殆尽的木质彩绘横梁的复原。其次，作者分别对复制与复原的步骤进行了详细的说明与图片呈现。

第二部分——编磬的材质与配方。作者在这一部分主要介绍了玻璃编磬的复原过程，包括编磬材质与配方的选择等步骤。作者指出，编磬出土之后，课题组首先委托考古研究员取样送至北京进行了化学成分的分析，得出了编磬的表层及心材主要成分为白铅矿、含有少量白云石及微量微斜长石的结论。而后，经国土资源部专家的现场考察，又发现了编磬材质中有大量气泡和人为搅动的痕迹，加之历史背景的分析从而确定了编磬材质为玻璃而非玉料。之后课题组又委托其进行了编磬复原的先决条件——物化特性分析，即通过试验研究与编磬复原烧制实验的方法确定了编磬的古配方成分，并且提出了之后工作的方向：编磬的颜色确认、色泽与质地的保真度以及编磬音律的获得。课题研究组将复原编磬的类型分成了两种，要求尽可能体现出土编磬原件特征的展览用磬与需要进行适当优化改良的演奏用磬。展览用磬只用确定编磬色泽、造型、质地、成分，音高则不需要人为控制；反之，演奏编磬则首先要考虑音响性能。经过不断实验，完成了第一批编磬的成品生产，但却由于编磬原材料的原产地矿区移动，导致了原材料微量元素的变化致使编磬声音喑哑，音响性能不佳。此后，课题组调整了复原的原则（复制古磬应遵循声音为主，其次是颜色，再次是成分）后终于取得了编磬复原工作的胜利。复原的结果显示出西汉时期高超的琉璃工艺。

第三部分——复原仿玉玻璃编磬的设计与制作。这一部分，作者主要对于复原的编磬进行了编列以及音乐性能方面的研究。首先，作者通过编磬形制、厚度、出土位置以及与洛庄汉墓的对比分析得出复原编磬的编列应为20件，删除了1号与22号磬，保留了五边形的造型。其次，对复制的编磬进行音高的测定，音程、音列的分析，从而确定全套编磬的音域范围，并进一步对乐器进行定性分析——编磬为实用器还是明器。再次，作者列出包括20件编磬的通长、通高、频率、测音、调音标准及固定唱名的表格，直观地向我们呈现了编磬的数据，并得出编磬的音列结构本身不适用于实际音乐的演奏的结论。最后，作者进一步对编磬的功能进行了探讨，由于西汉玻璃的珍贵性、造型设计的规范统一性、质地的厚重以及江都王刘非时代的背景分析得出，编磬虽然音律无序、音阶不整，但应该是一套没有完成最后调音的实用乐器。

第四部分——编磬烧铸流程。作者指出全套编磬的复原工艺流程分为制模和填料烧结以及后期加工两个部分。在制模的部分，课题组选用的是价廉物美的电子雕刻技术，先烧制出编磬的阳模，再翻制出阴模，经过反复修整耐高温石膏阴模后方可进行批量生产。有了阴模之后，便可以进行填料烧结成型，待冷却之后打碎石膏阴模就可以得到磬块毛坯，但还需要后续工序如去除磬面气泡杂质、测听音乐性能、抛光等来实现与电脑中设定的磬块形制的一致性。而用于博物馆的调音磬还需要进行一道调校音律的工序。

第五部分——调音磬的操作理念与调音的实施。作者在这一部分首先对编磬调音的历史渊源进行了一定的梳理论述，通过大量的出土文物实证与文献记载，得出结论：打磨磬的两面，磬体变薄，可以使其音高降低；打磨两端，磬的长度缩短，可以使其音高提高。其次，作者对调音磬的音律设计进行了探讨，遵循调音磬的音律不能超越历史的局限，应符合当时的社会条件，编磬的调性应该与同墓出土的编钟相同等原则，得出复原编磬的调音音律表，并且确定了编磬的五边形基本形制。再次，介绍了调音磬的实施过程，先是测量出调音前的编磬音高频率数据作为原始资料再进行分阶段调音研磨。另外，专家发现，调好音的磬块音高过一会儿进行复测会出现些许的音高偏差，得知干湿度对磬块音高也具有一定的影响，于是采取了技术上多磨半分钟的办法，使得磬块晾干后音高完全达标，终于使人们得以见到古文献中"金钟玉磬"的实物真容。最后，作者对盱眙仿玉编磬的复原研究进行了总结以及学术讨论，并提出了复原的编磬材质——玻璃玉在制作工艺以及外观上与出土原件存在着差异，由于课题内容与资金的局限，只待未来时机成熟后做进一步的研究。

文章用通俗易懂的语言对复原玻璃编磬的制作全过程进行了详细的记录说明。还包括与编磬同出的簨虡复原以及编磬复原的前期工作、编磬后期调音的技术操作等内容。这些为乐器的复原研究提供了思路、树立了标杆。

出土乐器是音乐考古学研究对象中最重要的组成部分，但往往由于制作材料的特殊以及历经时间的久远而无法完整地保存至今。因此，对部分残损的出土乐器进行复原复制，可以使乐器尽可能地还原其本身的样子，透过乐器能够探知当时真正存在过的音乐活动，进而达到了解并阐明人类音乐艺术发展的历史及其规律的目的。课题组与南京博物院、清华大学美术学院、上海琉园水晶制品有限公司通力合作，终于使人们得以见到古文献中"金钟玉磬"的实物真容。王子初先生的文章开启了玻璃编磬复原研究的先河，也大大丰富和拓展了中国音乐考古学的研究方法。

第二章　如何评测编钟的音乐性能

第一节　原文

韩宝强：《如何评测编钟的音乐性能》

——《黄钟（武汉音乐学院学报）》2018年第3期

40年前，随着曾侯乙编钟"一钟双音"的奇特现象重现人间，对中国古代编钟的研究不断掀起波澜。从已发表的编钟研究文献看，其内容涵盖了考古学、史学、古文字学、乐律学、中国科技发展史和青铜铸造技术等领域，但涉及编钟音乐性能的研究较为少见。编钟在中国古代集礼器和乐器为一身，在当代则主要作为乐器而存在。因此，对编钟音乐性能的研究不可或缺。

本文在对乐器音乐性能做简要论述的基础上，根据多年参与出土编钟测量、古钟复制及新铸编钟工作的经历，提出评价编钟音乐性能的方法，旨在为今人考察古代编钟音乐性能、铸造性能优良的新编钟提供有益帮助。

一、影响乐器音乐性能的因素

乐器作为演奏音乐的重要工具，其本身最具价值的部分应当是展现音乐艺术的能力，简言之即"音乐性能"。有些乐器，如年代久远或造型精美的乐器虽具有较高的工艺收藏品价值，但对一名演奏者来说，唯有音乐性能高的乐器才会得到演奏家的青睐，也才能在音乐舞台上崭露头角。

世界上的乐器形态各异，演奏方式变化万千，其音乐性能也各不相同。如何才能判断乐器音乐性能的高下？笔者认为可从两个方面加以判定：第一是乐器本身的发声性能，第二是乐器的控制性能。

图3-2-1归纳了决定乐器音乐性能的基本要素，以及这些要素与乐器构造上的关联。以民族乐器阮为例，其音乐性能由声音性能和控制性能两大因素决定。声音性能包含了音高、音量、音长和音色四种要素；控制性能包含操控性、坚固性、适应性和移动性四种要素。每个要素中又可细分出一些更具体的性能指标。如音高要素中，音准、音域都是衡量阮的音乐性能的重要指标，而控制这些指标的，则是乐器的振动体、共鸣体（耦合体）和调控装置；再如音量要素中，衡量乐器质量高下

的并非所发音量的绝对值，而是其动态范围，即所能发出最小和最大音量的区间值，动态范围越大，说明乐器音量变化的可能性越大，音乐表现力越强。如图 3-2-1 所示，控制音量和动态范围指标的，则是乐器的共鸣（耦合体）、振动体和激励体。音长（延音）和音色（音质）二种要素与乐器构造的关系将在后面与编钟联系起来阐述。

乐器的声音性能主要取决于乐器的声学构成①，包括振动体、激励体、共鸣体和调控系统。声学构成越完备，乐器的声音性能越强大。

图 3-2-1　乐器音乐性能与乐器构造的关联②

乐器控制性能是构成乐器音乐性能的另一个重要因素，相对于声音性能而言，乐器控制性能对音乐演出的成功更具影响力，因为它不仅直接影响演奏家技巧的发挥，还会影响乐器声音的稳定性。乐器控制性能主要受结构设计、机械性能、材料特性和制作工艺等因素的影响，相关内容也将在后面与编钟联系起来阐述。

二、编钟音乐性能分析

通过对发声性能和控制性能二种因素分析，也可归纳出中国编钟的音乐性能。

（一）音高、音准、音域

先说编钟的音高。在声学分类上，中国古代编钟属于类板体乐器，即振动模式归为板体。与弦鸣或气鸣乐器相比，板振动体鸣乐器在音高听感上有着先天不足：在自然振动状态下，其所产生的各分音之间的频率不是简单整数比关系，因而无法发出非常清晰的音高。图 3-2-2 分别为钢琴和编钟的频谱③，二者基音相同，都接近

---

① 关于乐器声学构成理论详见韩宝强《音的历程——现代音乐声学导论》第九章第一节，人民音乐出版社 2016 年版。
② 参见韩宝强《如何评测编钟的音乐性能》，《黄钟（武汉音乐学院学报）》2018 年第 3 期，原图标注为图 1。
③ 编钟音响是曾侯乙编钟中层 3—9 正鼓音。

A3（小字组 A），但上方分音序列却迥然不同，前者分音频率与基音呈整数比关系，后者则完全杂乱无章。因而在主观听感上，前者音高清晰稳定，后者则比较含混。请注意此编钟的音高已经过调整，因而基音还比较准确。

再说编钟音准。通过测量数据可知，古代编钟音准度普遍较低，这依然与其振动体特性有密切关联：由于编钟钟体并不是一块理想的"板"，且造型多变，无法确定板体形态与分音频率的准确关系，因而编钟调音主要依赖铸钟工匠的经验。

古今钟匠对双音编钟毛坯进行调音时总要面对数个难关：首先要从纷杂的分音列中找到基音所在，通过锉磨编钟正、侧鼓音局部使其音准基本到位；然后再努力调整振动模态，让正、侧鼓音尽可能分离、互不干扰；最后要尽可能去掉或减弱分音列中那些构成不协和关系的分音，以便消除或减弱不良拍音的声响。

现代制钟者可借助声学测量仪器直观地看到编钟分音列状况，并使用电动锉磨工具进行调音。即便如此，铸钟单位也仅能做到对小字组 C 以上音区的编钟有较好的音准掌控。对小字组以下音区的编钟，所有调音者的信心依然不足。即便精心调校的编钟，也很难获得像管弦乐器那样完美的音准。[①] 古代钟匠"以耳齐其声"，使用粗砺磨石进行调音，因而古代编钟音准不佳的问题也就不难理解了。今天当我们面对一些音准不佳的出土编钟时，切勿以为是滥竽充数的工匠所为，须知在没有可视化声学测量仪器和机械化锉磨工具的情况下，能够让编钟发出乐音声响已经很不容易。由此而言，40 年前出土的曾侯乙编钟肯定是由当时众多身怀绝技、经验丰富的工匠合力所为。

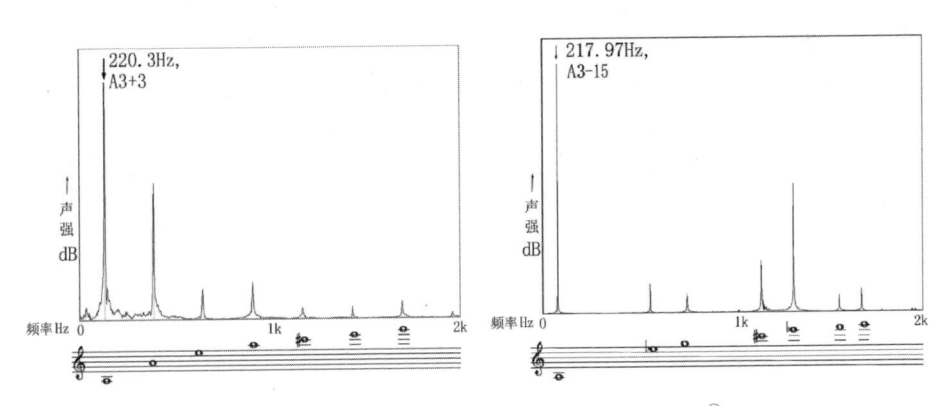

图 3-2-2　钢琴（左）、编钟（右）频谱比较[②]

[①] 关于编钟音准问题笔者曾专门撰文谈及，详见韩宝强《编钟声学特性及其在音乐中的应用》，《演艺设备与科技》2008 年第 1 期。

[②] 参见韩宝强《如何评测编钟的音乐性能》，《黄钟（武汉音乐学院学报）》2018 年第 3 期，原图标注为图 2。

关于编钟音域，从既有考古资料看，古代编钟音域绝大部分不超过三个八度，曾侯乙编钟只是特例。这种情况一方面与制钟成本有关，另一方面也受限于编钟无法控制的延音，在音长（延音）一节将继续讨论此问题。

（二）音量、动态范围

音乐中常用的"音量"，是我们主观感知声音的大小，与其对应的物理量是声压。由于人耳可感声压变化区间值很大（100万倍），表述起来不方便，科学家遂使用"声压级"来表示声音的强弱，声压级与声压是对数关系，单位为"分贝"（dB）。相对于音高和音准，编钟的音量和动态范围指标都比较优异，在2米距离可测得声压级最高达120分贝（A计权），即使在辉煌的管弦乐队中也能脱颖而出，其最大动态范围可达110分贝，属于音乐性能极高的打击乐器，自然得到古代宫廷的偏爱。此外，洪大的钟声也让其在世界范围内的宗教和礼仪场所担当重任。

（三）音长（延音）

精准控制乐器发声时长，是现代乐器所努力追求的，但在古代，受科技发展水平限制，乐器普遍缺乏对发声时长的控制。编钟是典型例证，一旦敲响基本无法控制延续时间。许多低音大钟敲击后的延时长达数十秒。即便小型高音钮钟，如果合金配比中铅成分不足，也可能有较长的延时。据有关学者研究，古代钟匠已懂得利用改变合金配比的方式对编钟延音加以微小调整，但依然无法随意控制编钟延时。[①]这一短板决定了编钟并不适合用于在乐队中演奏旋律声部。古人"金石以动之，丝竹以行之"的配器之道，说明早期音乐家早已深谙编钟无法控制音长的弊端，故扬长避短，只让其担当增强音乐动力的角色。今日作曲家亦应牢记此规。

（四）音色、音质

什么样的编钟音色最好？恐怕没人能讲清楚。在乐音四要素中，人们对音色的认知最为模糊，因为科学界尚未找到一种与音色感知完全相对应的客观指标。《新格罗夫音乐与音乐家辞典》将音色（tone color, timber）定义为"在音高、音量、音长相同条件下区别于其他声音的属性"[②]，此意说明音色不可名状。正因为如此，人们对编钟音色的评价也比较模糊。音乐家对音质（tone quality）的理解似乎更为统一，即声音品质或声音质量。相对于音色，音质可有高下之分。譬如纯正、不含杂音的乐音就是好音质，反之则是差的音质。

钟的音色深受各国人民喜爱，但不同地区对钟的音色有不同追求，这主要缘于不同地区社会制度和文化背景的差异。以西洋圆钟为例，由于其广泛应用于宗教场

---

① 参见王子初、李明安《江苏盱眙大云山1号墓出土西汉编钟的复制研究》，《艺术百家》2018年第1期。
② Charles Taylor, "timbre", *The New Grove Dictionary of Music and Musicians*, London:Macmillan, 1980, Vol.18, p.823.

合，不仅形状与中国合瓦形钟不同，音色也大相径庭。（见图3-2-3）

图 3-2-3 西洋圆钟（左）与中国合瓦形钟（右）[1]

荷兰研究者从16世纪开始对圆钟进行研究，将不同钟声成分分别命名为"嗡音"（hum tone）、"基音"（prime tone）、"敲击音"（strike tone）等。人耳能感觉嗡音的存在，但无法明判音高；基音决定圆钟的基本音高；敲击音是人们在击钟一刹那感觉到的音，但会瞬间消失。荷兰钟匠通过调整钟形和钟壁厚度，使本来不协和的分音与基音构成了小三度、纯五度和大三度关系，因而能发出圆润、悠长的钟声效果。但圆钟的钟形不利于声音衰减而基本不用于演奏音乐。在西洋管弦乐队中，常用控制性能良好的管钟来替代圆钟。

图3-2-4说明了一个经过调音后的圆钟的振动节线分布和相应泛音情况。

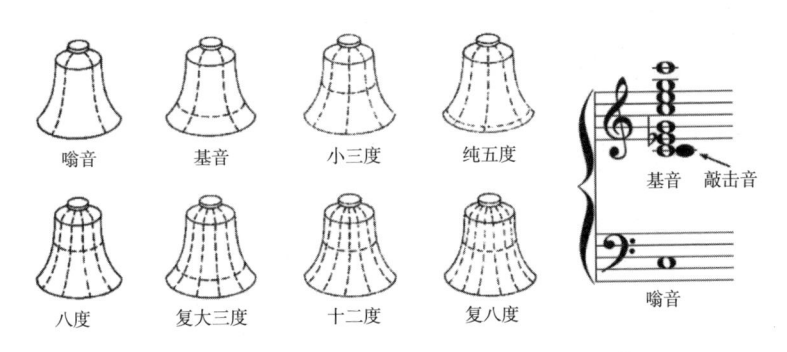

图 3-2-4 圆钟振动节线分布及泛音成分[2]

---

[1] 参见韩宝强《如何评测编钟的音乐性能》，《黄钟（武汉音乐学院学报）》2018年第3期，原图标注为图3。
[2] 参见韩宝强《如何评测编钟的音乐性能》，《黄钟（武汉音乐学院学报）》2018年第3期，原图标注为图4。

前面已经介绍了合瓦形编钟的分音与基音不是协和关系,因而音色不如圆钟和谐、圆润,但因其延时相对较短,且一钟双音,可以用较少的钟演奏较多的音,故可在宫廷中用于演奏音乐。从某种意义上讲,中国双音编钟是以牺牲音色为代价来满足音高的丰富性的。

编钟音色还与合金配比、浇铸工艺有极大关联性,国内一些铸钟单位利用先进的冶炼设备和技术,通过掌控合金配比及炉温等因素,已可以控制出炉编钟的基本音色。但如何通过调整、改变分音列结构来优化音色依然是铸钟人在探索的难题。

(五)正侧鼓音隔离度

"正侧鼓音隔离度"是笔者专为中国双音编钟创设的概念,用以衡量双音编钟正、侧鼓音分离的程度。熟悉双音编钟的人都知道,双音编钟并非如想象的那样能发出两个独立且清晰的乐音。多数情况是:敲击正鼓音时,总会听到侧鼓音也伴随发声,反之亦然。

以曾侯乙编钟下层1组的第1号编钟(简称下1-1)为例,敲击正鼓音时,几乎听不到侧鼓音。但敲击侧鼓音时,则能听到正鼓音。通过频谱分析可清晰地看出这一点。(见图3-2-5、图3-2-6)

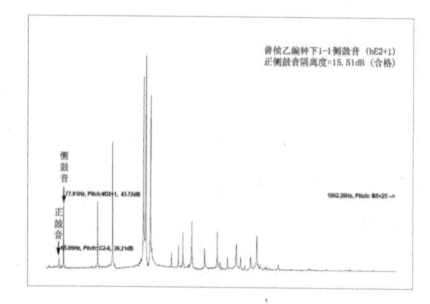

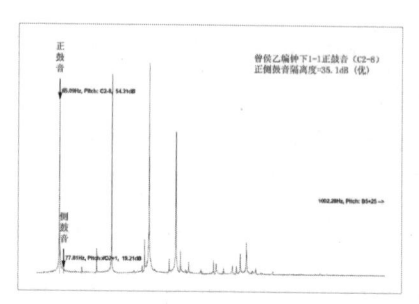

图3-2-5　曾侯乙编钟下1-1正鼓音频谱图　图3-2-6　曾侯乙编钟下1-1侧鼓音频谱图[①]

造成这种现象的物理原因,是由于编钟正、侧鼓音的敲击点与振动节线位置调校不精,属于双音编钟制造中常见的问题。[②]

鉴于这种混音情况普遍存在,且对编钟音准和音色质量影响极大,笔者遂于1999年提出用"隔离度"(isolation)来检测正、侧鼓音分离程度,量值为敲击音与伴生音二者间的分贝差,具体测量方法见后。

上述5个要素基本可以表征编钟的声音性能。概而言之,在乐器家族中,编钟

[①] 参见韩宝强《如何评测编钟的音乐性能》,《黄钟(武汉音乐学院学报)》2018年第3期,原图5、图6。

[②] 参见韩宝强《音的历程——现代音乐声学导论》第十二章第五节,人民音乐出版社2016年版。

的音量、动态范围表现较为优异，音色、音质次之，音准、音域更次之，最差的是音长（延音）控制。

相对于声音性能，编钟的控制性能一目了然：其坚固耐用性、环境适应性首屈一指，操控灵活性次之，移动、便携性则倒数第一。这种特性与其身份——宫廷礼乐重器——完全吻合。由此言之，编钟的第一身份并非现代意义上的音乐工具，而是艺术化的权威工具，象征性远大于音乐实用性，若不加以改造必将被现代音乐舞台抛弃。

三、编钟音乐性能的评测

1999年以前，我国制钟界对编钟音乐性能的评判基本上是沿袭古人之法：用耳朵听。此法优点是简单易行，但问题也显而易见：声音看不见摸不着，由于不同人之间存在个体生理差异导致听觉敏锐度不同，加之听觉审美习惯的差异，对同一枚钟的音响就可能产生不同评价。譬如在音准方面，由于人对音高感觉本身就有误差，单凭听觉根本无法保证编钟的音准[1]；对编钟的音色，有人偏爱明亮，有人偏爱柔和；在延时方面，有人偏爱余音袅袅，有人则倾向短促收尾（有利于演奏快速乐曲）。1999年，随着"中华和钟"项目的开展，人们开始采用客观、科学的方法来评测编钟的音乐性能。[2]

中华和钟是我国编钟铸造史上规模最大的一套编钟。由34枚钮钟、56枚甬钟、18枚镈钟，共计108枚钟组成，除镈钟为单音钟外，其余90枚皆为双音钟。铸钟之初，为保证整套编钟的音乐性能，中国科学院委托中国艺术研究院音乐研究所制定一套编钟音乐性能检测方案，笔者作为音乐性能检测小组负责人主持了检测方案制定，并全程参与了检测工作。后经国内一些单位应用实践[3]，证明该检测方案比较合理，且行之有效。为满足更多相关单位需要，笔者参考近年一些新的实践案例，重新对原方案进行调整和补充，在此提出供大家参考。

《编钟音乐性能评测方法》（2018年版）

（一）本方法根据1999年5月制订的《中华和钟音乐性能检测方案》修订而成，仅适用于评测中国古代单音或双音编钟的音乐性能。

（二）参与评测人员应具有良好听力，掌握基本乐理知识，并能熟练应用检测仪器。

（三）编钟评测工作应遵循以下基本原则。

---

[1] 参见韩宝强《音乐家的音准感——与律学有关的听觉心理研究》，《中国音乐学》1992年第3期。
[2] "中华和钟"项目于1999年2月在中国科学院立项，1999年12月25日通过验收。该钟现存放在北京劳动人民文化宫（太庙）内。有关中华和钟的含义可参见《中华人民共和国年鉴2000》。
[3] 已知单位如武汉机械工艺研究所、武汉精密铸造有限公司等。

1.能够采用客观评测的项目应以客观检测为基本手段，辅以主观评测人员的评价结果。主观评测人员数量至少在 3 名以上（含 3 名）。

2.无法采用客观评测的项目应以主观评价为基本手段，辅以客观测量。

3.当主观评价结果出现不一致时，以多数评测人的评价作为最后判定标准。

（四）评测工作应当在符合国际标准的听音室环境中进行。

（五）客观评测所用仪器应符合国际声学检测标准。

（六）编钟音乐性能评测项目包括：1.音准；2.音色；3.音量；4.延时；5.正侧鼓音隔离度。音准、音量、延时和正侧鼓音隔离度应采用客观检测，辅以主观评价。音色应采用主观评价方式检测，辅以频谱检测。

（七）音准检测方法及合格标准。

1.在距钟体下沿水平方向 1m 处设置传声器，以中等力度敲击编钟，用高精度音高测量仪器测得音高数据。

2.以国际标准音高 A4=440Hz 为基准，以不同律制的相关数值为目标，用高精度音高测量仪器对编钟进行客观测量。单音钟以最低分音为其客观音高。双音钟以第一分音作为正鼓音客观音高，以第二分音作为侧鼓音客观音高。

3.检测低于 130Hz 的低音钟时，如果出现客观音高与主观音高不一致的情况[①]，应以客观检测结果为最后判定标准。

4.不同音区或不同形制编钟应采用不同音高误差标准，具体为：

（1）小型钮钟，或高于 520Hz 的编钟，误差在 ±3 音分以内即为合格。

（2）中型甬钟，或频率处于 130Hz 至 520Hz 之间的编钟，误差在 ±6 音分以内即为合格。

（3）大型甬钟和镈钟，或低于 130Hz 的编钟，误差在 ±12 音分以内即为合格。

（八）音色检测方法及合格标准。

1.以主观评价作为基础评价手段。当主观评价人员意见出现严重分歧时，将参考频谱测量结果重新进行主观评价。

2.编钟总体音色符合以下要求即视为合格。

（1）声音纯正；

（2）无杂音；

（3）无不良拍音。

3.对不同音区或不同形制编钟可增加以下评价标准。

（1）小型钮钟或高于 520Hz 的编钟，要求音色清亮、圆润；

（2）中型甬钟或频率处于 130Hz 至 520Hz 之间的编钟，要求音色圆润、清晰；

---

① 这是由于人耳听觉对低音区不敏感，常常将编钟分音列中高端分音作为编钟的音高所致。

（3）大型甬钟和镈钟，或低于130Hz的编钟，要求音色浑厚、饱满。

（九）音量检测方法及合格标准。

1. 在距钟体下沿水平方向1m处设置传声器，以中等力度敲击编钟，用高精度声级计测得编钟分贝值。

2. 不同形制编钟的音量处于以下区间值内，即视为合格。

（1）小型编钟30—45dB（A 计权，下同）；

（2）中型编钟35—50dB；

（3）大型编钟40—55dB。

（十）延时检测方法及合格标准。

1. 编钟自然延时的定义为：自编钟激发后声音强度下降30dB 所经历的时程。

2. 在距钟体下沿水平方向1m处设置传声器，以中等力度敲击编钟，用高精度声波记录仪测得编钟自然延时。

3. 不同形制编钟的自然延时处于以下区间内，即视为合格。

（1）小型编钟自然延时1—2 秒；

（2）中型编钟自然延时3—5 秒；

（3）大型编钟自然延时6—10 秒。

（十一）正、侧鼓音隔离度检测方法及等级标准。

1. 正、侧鼓音隔离度的定义为：敲击音与伴生音之间的分贝差值。

2. 在距钟体下沿水平方向1m处设置传声器，以中等力度敲击编钟，用高精度频谱分析仪分别测得敲击音与伴生音的分贝值。

3. 以客观测量结果作为主要评价依据，辅以主观评价人员的评价意见。

4. 编钟正、侧鼓音隔离度数值及相应等级标准。

（1）隔离度在10dB 以下，不合格；

（2）隔离度在10—20dB，合格；

（3）隔离度在20—30dB，良好；

（4）隔离度在30dB 以上，优秀。

四、结语

距曾侯乙编钟的铸造时代已过去了2000多年，距曾钟出土也已40年。抚今追昔，笔者一方面为华夏编钟文化的博大精深而自豪，另一方面也为如何发扬光大这一宝贵遗产而焦虑：作为乐器的编钟必须要活跃于艺术舞台才有光明前景，然而笨重的体积、昂贵的价格、单一的音色、无法控制的延时，种种因素极大桎梏了作曲者的想象，也限制了编钟的应用空间和演出场景。君不见许多复制和新制的大型编钟被"打入冷宫"，不仅与音乐无缘，甚至尘封数年不见天日。如何拯救、复活编钟艺术是我们每一位编钟研究者和爱好者必须思考并付诸行动的事情。

通过对编钟声学特性的研究，笔者提出编钟音乐性能评测方法，一方面是为解决编钟音响质量，更大目标是提示音乐界重视挖掘编钟的乐器属性，参考国际各种钟乐的发展模式，努力朝编列多样化、体积小型化、音响可控化、传播网络化方向发展，由此才能吸引作曲家用新型编钟进行创作。笔者深信，唯有让耳目一新的钟乐作品呈现在现代人的音乐舞台上，古老编钟才能发扬光大。

第二节　基本内容及意义

编钟音乐性能的评测在音乐考古学研究中是不可或缺的。早在 20 世纪初，刘复（刘半农）先生就开始对故宫、天坛所藏的编钟、编磬进行了测音和研究。经王子初先生对刘半农先生的测音研究工作进行系统梳理，音乐考古研究者们更深刻地认识到完善学科基础理论与研究方法的重要性。韩宝强先生于 2018 年在《黄钟（武汉音乐学院学报）》第 3 期上发表的《如何评测编钟的音乐性能》一文，对编钟的音乐性能、评测方案及评测意义进行了系统的阐述。

全文所探讨的学术问题主要体现在以下方面。

第一部分——影响乐器音乐性能的因素。作者认为判定乐器音乐性能的高下可通过两个方面，一是乐器本身的发声性能，二是乐器的控制性能。声音性能主要包含音高、音量、音长和音色四种要素；控制性能主要包含操控性、坚固性、适应性和移动性四种要素。乐器的声音性能主要取决于乐器的声学构成，而控制性能主要受结构设计、机械性能、材料特性和制作工艺等因素的影响。

第二部分——编钟音乐性能分析。作者以中国古代编钟为讨论对象，认为对编钟整体音乐性能的判定主要是根据乐器本身的发声性能以及乐器的控制性能。编钟的声音性能有音量动态范围大、音长延时长、音准度普遍较低的特点。洪大的钟声常常能在宗教和礼仪场所担当重任，但音长无法精准控制的这一短板决定了编钟不适用于在乐队中演奏旋律声部，而多承担增强音乐动力的角色。编钟的控制性能相较于声音性能则一目了然：其坚固耐用性、环境适应性首屈一指，操控灵活性次之，移动、便携性再次之。种种特性与编钟——宫廷礼乐重器这一定位完全吻合。

第三部分——编钟音乐性能的评测。作者对制钟界编钟音乐性能的评判方法进行了简要评述，并在中国艺术研究院音乐研究所制定的《中华和钟音乐性能检测方案》基础上，依据实践经验，进一步对原方案进行了调整和补充，并提供了修订后的《编钟音乐性能评测方法》（2018 年版）供读者参考。

评述： 在新一批学者前赴后继的探索下，音乐考古学研究中对于编钟等乐器音乐性能的研究方法不再止于测音，而是进一步结合音色、音准、延时、正侧鼓音隔离度等多维因素对编钟音乐性能进行综合评测，并制定了系统、规范的《编钟音乐性能评测方法》。韩宝强先生将其多年参与出土编钟测量、古钟复制及新铸编钟的工作经历与扎实的理论知识相结合，简明扼要地阐述了影响编钟等乐器音乐性能的主要因素，并探讨了导致古时编钟音准度低、音长不可控等特点的客观因素。作者提出《编钟音乐性能评测方法》，不仅是为解决编钟音响质量问题，而且希望能有更多的人关注编钟的发展，使编钟不只存在于博物馆中、研究所中，而能在中国乃至世界范围内"生生不息"。通过此文，作者不仅为读者介绍了编钟测音相关的基本知识，提供了科学的测音方案，而且以其开阔的视野与脚踏实地的精神影响了更多的研究者，更为中国编钟的复兴之路做出了积极的贡献。

第三章　音乐考古学研究：对象和方法

第一节　原文

方建军：《音乐考古学研究：对象和方法》

——《音乐研究》2018 年第 4 期

一

　　音乐考古学研究的对象是考古发现的音乐文化物质资料，总称为音乐遗存。音乐遗存分为遗物和遗迹两类，这里仅就音乐遗物略加论列。音乐遗物主要有四类，即乐器、乐谱、音乐文献、音乐图像，它们是音乐考古学的主要研究对象，其中又以乐器的研究为大宗。乐谱目前发现较少，出土音乐文献虽然较为少见，但数量并不算少，二者均具有重要的历史和学术价值。音乐图像的数量相对较多，有时能够提供其他三类音乐遗物没有的内容。

　　这四类音乐遗物各有自身的特点、优长和局限，它们之间既具有相对的独立性，又时常相互牵连、相互依傍，具有一定的互补性。

　　出土乐器大多数是古人使用的实用乐器，具有无可比拟的真实性和具体性。乐器埋葬于特定的出土单位，大多数情况下，它都有伴出物，具有一定的考古学环境，而不是孤立的存在。各种随葬品与乐器的共存关系，使乐器的存在具有一定的参照系。在这方面，它比文献孤立记载一种或一件乐器要全面和丰富得多。

　　乐器在古代社会的应用处于动态之中，经过埋葬之后便转入静态之下，以往使用它的主人已不复存在，如何制造、如何演奏、演奏什么以及当时的具体表演情形等，均难以获知其详。并且，出土乐器一般都为古代宫廷和贵族阶层所拥有，通过它只能了解这些特定阶层的音乐生活和音乐文化，而属于民间层面的乐器则较少发现，这是出土乐器自身的局限。

　　古乐谱虽然是弥足珍贵的音乐考古材料，但由于古乐谱在早期（公元前）尚不多见，后来则由于记录载体难以保存的原因，故目前发现的数量很少，估计其地下潜藏也不会很多。但即使如此，它仍是音乐考古学研究的对象之一，并且还可参考传世古乐谱对出土乐谱进行研究。不过，传世古乐谱和传世音乐文献一样，不应作为音乐考古学的研究对象。黄翔鹏主张将传世古乐谱的研究称为"曲调考证"[①]，应是比较合适的。

古乐谱是我们了解古代音乐作品具体构成的重要资料，甚至是唯一的资料，这是它自身的优长，但由于古乐谱使用的文字和符号与现今所见传世乐谱差异较大，加之有的乐器演奏谱存在定弦上的判定问题，所以对它的识读解译存在较大困难，研究结果也是仁智互见，甚至是大相径庭。另外，古乐谱记录的音乐作品缺少精确的节奏、节拍和时值，因此对它的解译复原就会存在一定的分歧，有时，同一首乐曲由不同的研究者解译，表现在音乐形态上会具有明显的差异。

音乐图像出自古代美术家之手，他们对于当时音乐事物的描绘各有自己的侧重，不一定都是从音乐专业的角度来创作。由于创作意图、图像主题、画面布局和艺术手法的不同，以及制作材料、工具和技术的限制，图像内容会有不同程度的省减，有些只是写意而非写实，有些则有所夸张，或具有象征性，甚至想象成分，不可能全部是现实音乐生活的真实写照。如古代乐队的组合，乐器的形制、件数和尺寸比例，弦乐器的弦数，吹管乐器的管数或指孔数等，都不是百分之百准确。

图像乐器虽然不是实物，但它是实物的形象再现，有的再现可能是比较真实的，有的可能只是轮廓式的，有的则可能是错误甚至虚构的，这都需要加以具体的辨析。如在中国出土的汉画像石和唐代壁画中，常见有乐人双手握持一小型乐器置于口边吹奏的形象，对此有埙、篪、贝等不同说法，但都是根据外形所做出的猜测。对于此类不具备观察条件的轮廓式模糊图像，应以暂且存疑为是。

失真的音乐图像，不仅能在考古发掘中见到，而且在传世的古代音乐图书和考古图书中，也存在图像不确甚至图像有误的情况。如宋代陈旸《乐书》所绘的埙、錞于等乐器，即与出土实物的形制不符。又如宋代吕大临《考古图》收录的编钟，所绘图像不确且无比例，这些都是应予以注意的。

验证音乐图像的正确性，需要用一定数量的同类图像资料加以比较，同时还需以图像和实物加以比较，以实物为验证图像的标准。当然，有些乐器图像虽然在出土实物中尚无所见，但恐不能简单认为图像有误，还应参考古代文献记载并耐心等待新的音乐考古发现。

音乐图像资料能够反映出不同品种的乐器，有些乐器品种迄今并无实物出土，恐怕今后也不会有大量发现。音乐图像中的器乐表演形象，有的描绘一件乐器，或展示一件乐器的演奏状态，有的反映出几件乐器的组合及其演奏情景，有的则是古代乐队的整体描绘。因此，音乐图像对于乐器的研究，不仅应关注乐器个体，还应包括乐器组合和乐队构成。

[①] 参见《中国音乐文物大系》总编辑部编《中国音乐文物大系》"前言"部分。

音乐图像有时反映出一定的乐器组合，有的可能是整体乐队，有的可能是乐队的局部，有的甚至是写意，即所描绘的乐队只是象征性的几件乐器，不一定是古代现实生活中的乐队乐器构成。如中国出土的东周时期青铜礼器，有些上面刻画有所谓宴乐图像，但其中只见编钟、编磬和建鼓等少数几种乐器，很少看到琴、瑟类弹弦乐器和吹管乐器，但不能据此便认为古代宴乐演奏不使用弦乐器和吹管乐器；而图像描绘的场面，也不一定必然是宴乐表演。从考古发现看，既有仅随葬编钟、编磬的墓葬，也有包含多种乐器随葬的墓葬，乐器的应用场合则不一定仅限于宴乐。

相对于立体图像的散置状态而言，有些平面图像（如壁画）反映的乐器组合或乐队构成则较为可信。但是，墓葬中出土的乐俑，其摆放或出土位置有时具有一定的随机性，不一定就是古代现实音乐生活中的乐队排列和组合方式。有时由于乐俑的出土位置被扰乱，发掘者在整理和发表材料或在后期布展时，将乐俑以主观意图加以组合，容易给人造成古代乐队或乐舞排列组合的错觉，这是需要加以注意的。

与古代文献对于音乐的描述相比，音乐图像具有较为直观的特点，是古代音乐活动和音乐器物的形象化和视觉化。音乐图像虽然不如出土乐器那样具有无比的真实性和具体性，但往往能够提供较为广阔的音乐表演场景，有时能够表现出某种音乐活动的整体或局部。与出土乐器相比，它有表演者甚至观赏者，以及表演的场面和环境，有乐器或乐队的排列组合，描绘了表演者（奏、唱、舞）的姿势、姿态和服饰，反映出乐器的配备、安置和演奏方式，体现了器乐演奏与其他表演的关系，因而具有自身的特点和优长。

出土音乐文献是古人对当时或之前音乐活动和音乐事物的描述和记录，具有相当的真实性，体现出重要的史料价值。历史上由于种种原因，传世文献会发生遗失乃至毁灭，如六经之一的《乐经》即已失传。古代文献流传至今，经过多次传抄、刊印，会发生一定程度的修改或窜乱，从而产生一些讹误，有时甚至包含有作伪成分。而出土文献往往能够提供传世文献没有的内容，弥补传世文献之缺，有些则可纠正传世文献的讹误。

出土文献有关音乐的记载，常能提供音乐活动的社会历史背景，以及与其他事物之间的相互联系，具有上下文语境和音乐事象的关联性，而不是孤立地记录一件乐器或一部音乐作品，这是它明显的优长。

不过，应该看到，出土文献犹如传世文献那样，主要记述统治阶层的日常生活和行为，其中的音乐事物自然属于统治阶层所有，而民间音乐则缺乏记载，这方面它与出土乐器具有同样的局限性。此外，出土文献里面专门记载音乐内容的书籍或篇章目前发现较少，而有关音乐的记载通常都是较为分散零碎的，往往穿插于其他出土文献之中，需要做专门的梳理和分析。

二

音乐遗存的时间跨度较长，因此集中对某一个或某几个历史时期的音乐遗存进行断代研究，可以形成音乐考古学的分期研究，从而出现石器时代音乐考古、青铜时代音乐考古，或某一国家和地区特定时代的音乐考古等。如中国的商周音乐考古、隋唐音乐考古，欧洲的史前音乐考古、中世纪音乐考古等，就是按照考古资料的时间范围而形成的分期研究。

音乐遗存分布于较广的地理范围之内，都属于特定的考古学文化。因此，从空间视域看，音乐考古学还能够从事分区或分域研究。在世界范围内，音乐考古学有以国家和地区为限的，也有以洲际为限者。如中国音乐考古、希腊音乐考古、埃及音乐考古、美索不达米亚音乐考古、斯堪的纳维亚音乐考古、地中海国家音乐考古、东亚音乐考古、欧洲音乐考古和南美洲音乐考古，等等。在同一个国家之内，还可进一步再行分区研究，如中国东周时期的音乐考古学研究，可以从历史地理学的角度，按当时的国别和族属分为周音乐考古、楚音乐考古、秦音乐考古、三晋音乐考古、吴越音乐考古和巴蜀音乐考古，等等。

对于上述四类音乐遗物进行专门研究，可以形成音乐考古学的分类研究。[①]集中研究出土乐器，可以形成古乐器学或乐器考古学；对出土乐谱进行研究，可以形成古乐谱学；对出土音乐图像进行研究，可以形成"古乐图像学"；对出土音乐文献进行研究，能够形成"古乐铭刻学"[②]。其中，有的音乐遗物还可做进一步的分类研究，如目前学术界对编钟、铜鼓、口弦（jew's harp）、里拉（lyre）等的集中研究，已经形成音乐考古学乐器类研究的分支。

音乐考古学的分期、分区和分类研究，既可以各自独立开展，成为音乐考古学的分支，也可以同时交叉进行，形成综合性研究。在从事音乐考古学的分期研究时，可以在同一时期再进行分区和分类研究。例如，要研究中国东周时期的编钟，似可将其分成春秋和战国两期进行研究，每一期再做分区或分域研究，每一区域又可单独进行编钟的类型划分，然后再进行进一步的综合研究。分区和分类研究，也可大体参照这样的分期研究模式开展。

三

相对于传世的音乐历史文献，考古发现的音乐遗存，犹如一系列需要读解的

[①] 参见方建军《音乐史学的一门新兴分支学科——音乐考古学》，《黄钟（武汉音乐学院学报）》1990年第3期。
[②] "古乐图像学"和"古乐铭刻学"的名称，系李纯一先生提出。参见李纯一《中国音乐考古学研究的对象和方法》，《中国音乐学》1991年第2期。

"地下音乐文本"[①]。音乐考古学的研究资料,本身即具有较强的综合性,而各种音乐文化物质资料之间,也具有多方面的联系。不同的音乐文化物质资料,与相关的学科领域发生直接或间接的联系。因此,认识和解释音乐考古资料的内涵,就不可能运用单一的理论、技术和方法,而必然要涉及诸多的理论、技术、方法和学科领域,以此来进行综合性的研究。

综合运用多学科融合的研究方法,是现代学术的普遍特点。新技术的不断发展和应用,为音乐考古学研究提供了契机。我们应及时学习和吸纳有关的科学技术和方法,只要能够达到音乐考古学研究的目的,即可法无定法。

由于音乐考古学试图重建考古实物所反映的某一历史时期人类音乐行为及其发展规律,所以必然要涉及较多的学科领域,以多学科知识或多学科协作的手段,来达到和实现研究的目标。总体来看,在音乐考古学的研究方法或涉及的学科领域中,考古学和音乐学应是最基本的两种,二者需要科学有效的结合。音乐考古学所应用的考古学方法,主要是考古类型学,当然也涉及考古地层学、考古学文化、古文字学、古人类学、实验考古学、民族考古学等;而音乐学方法则主要涉及音乐史学、乐器学、音乐声学和音乐人类学等,并通过乐器测音、音乐遗存的复原和模拟实验等特殊方法,来探索古代人类音乐行为和音乐文化的构成。

鉴于音乐遗存来源的考古学性质,我们不能脱离考古学来孤立地看待和处理音乐考古资料,或者仅从音乐学的角度来审视和研究它,那样就会使音乐遗存与考古学割裂或隔绝。音乐遗存分为遗迹和遗物两大类,遗迹通常是遗物的出土和存在单位,二者关系密切,相互依存,不可分割。因此,音乐考古学研究必须掌握与之有关的一切考古资料。诸如音乐遗存出土的地层、年代(时代)、考古学文化、共存物、墓葬情况(墓主、国别、族属等)、器物组合、人种分析等,都是音乐考古学研究必备的资料,需要与音乐遗存联系起来加以通盘考虑和分析。

就出土乐器而论,只关注乐器本身、仅掌握单一资料是远远不够的,需要密切追踪相邻和相关学科的研究成果,为音乐考古学研究奠定基础。如对于曾侯乙编钟的研究,就涉及古文字学、乐律学、音乐声学、音乐史学、冶铸学和化学等。因此,单纯从某一学科出发,只能认识事物的一个方面或一个侧面,而集聚多学科进行综合研究,则有可能较为全面地认识和分析音乐考古材料。

在关注乐器本体的同时,还应通览和把握与之共存的其他出土物品。也就是说,在研究过程中,既将音乐考古材料与一般考古材料有所分别,同时又需将音乐考古材料与一般考古材料加以整合。这是因为,出土乐器与一般考古发掘品有所不同,它是音乐制品而非一般生产和生活用品,所以它是一种特殊的考古材料,应该将其

[①] 方建军:《地下音乐文本的读解》"序",上海音乐学院出版社2006年版。

抽绎出来予以特别对待。同时，音乐考古材料又与一般考古材料具有相互间的有机联系，因而不能将其与一般考古材料绝然分离，而应厘清考古发现情况，将其纳入考古材料的整体系统之中来观照。

基于这样的认识，出土乐器的研究方法，似可归纳为由外部形制、内部结构再到音响性能的三层递进模式：外部形制—内部结构—音响性能。这种三层递进模式，也可表述为出土乐器的表层、内层和深层研究方法：表层研究—内层研究—深层研究。

出土乐器的三层递进研究模式，是由外到内、由视觉观察到听觉判断、由仪器测量到人脑分析的过程。

仅进行表层的乐器外部形制学（包括纹饰）研究，普通考古学即可胜任；乐器的内部结构与音响之间的关系，乐器的材料性质、化学成分和乐器形制的断层扫描等内层范围的考察分析，需要由音乐考古学者从事实物观测，并与有关学科的学者密切合作；声学特性、音乐性能和音乐分析等，则主要由具备音乐学术背景的音乐考古学者来完成。因此，音乐考古学研究是案头工作、田野调查工作和实验室工作相互渗透和融合的结果。

在对音乐遗存进行考古学观察的同时，还要参考传世古代文献记载，将考古发现与文献记载相结合，对音乐考古材料予以阐释。这就是王国维倡导的古史研究"二重证据法"[①]。因此，音乐考古学应将历时研究（diachronic study）与共时研究（synchronic study）结合起来。目前主要还是集中于音乐遗存的历时性探索，而在共时性研究方面则较为欠缺。音乐文化的存在和发展不是孤立的，而是与社会文化具有多方面的联系，因此不仅应将音乐考古材料置于历史的时间维度来中考察，而且需要将其纳入同时代社会文化的横向空间维度中来审视，这样才能纵横交织，从时间和空间维度来进行音乐考古学研究。

考古发掘揭示的音乐遗存，由过去的动态到现在的静态，使用它的原主人业已消逝于历史之中，我们只能"睹物思人"，并尽可能运用考古学环境并结合文献记载进行关联分析。因此，在从事音乐文化物质资料分析时，不能仅限于就物论物，而应联系到物背后的人。

由于考古发现的音乐遗存属于特定的时代，所以我们在进行必要的考古学分析之后，还要将其纳入音乐历史发展进程之中来考量。如果游离于音乐历史之外，不关心音乐考古资料的创造者和使用者，不考虑资料的人文属性，这些资料就徒成自然形态的物质。由此来看，音乐考古学应由纯物质层面的研究，进入文化的、精神的和人类行为方式的研究。音乐考古学应借鉴文化人类学的研究方法和研究成果，

---

① 王国维：《最近二三十年中中国新发见之学问》，载葛剑雄主编《王国维考古学文辑》，凤凰出版社2008年版，第87页。

体现音乐考古学研究的人文精神和人文关怀。

综上所论，音乐考古学对出土乐器的研究，实际应主要包括形制、音响、文化三个方面，其中的乐器形制研究，包括三层递进模式的外部形制（表层）和内部结构（内层）研究。

音乐考古学的研究工作，基本遵循由个体、群体到总体的研究路径，即由个别到一般、由小的综合到大的综合、从微观到宏观的研究过程。音乐考古学的个案分析是群体和总体分析的基础，也是一个必经的研究阶段，但仅有个案分析，就会只见树木而不见森林。因此，在个案分析之后，还应进行群体和总体的综合分析，以此来考察不同音乐考古学文化的特点以及它们之间的相互关系和作用，探索古代音乐文化发生、发展的历史过程和规律。

第二节　基本内容及意义

路漫漫其修远兮，音乐考古学上下而求索。经过几十年的发展积累，音乐考古学学科各方面的成熟度不断提升，所收获的成果也是显而易见的。但在此期间，学界对其学科性质、研究对象及方法还时有探讨，并提出了许多近似却又不完全相同的观点。方建军先生于2018年发表的《音乐考古学研究：对象和方法》一文，也对音乐考古学学科的研究对象及方法进行了探讨论述，文章言简意赅地梳理了学科研究中最重要的几大问题，对学科的建设和理论的完善做出了重要的贡献。

全文共由三个部分组成。

第一部分——音乐考古学研究对象：音乐遗物。作者在这一部分主要对音乐考古学的研究对象之"音乐遗物"进行了探讨。作者首先指出，音乐考古学研究的对象总称为音乐遗存。音乐遗存可分为遗物和遗迹两类。其次，作者将音乐遗物主要分为四类：乐器、乐谱、音乐文献和音乐图像。这四类音乐遗物各有特点、优长和局限性，它们独立又互补，相互依傍。作者对这四类音乐遗存分别进行了探讨论述：出土乐器具有无可比拟的真实性和具体性，但只能了解特定阶层的音乐；古乐谱是了解古代音乐作品具体构成的重要资料，但发现很少，且解读具有很强的主观性；音乐图像能提供较为广阔的音乐表演场景，但其真实性需要考量和多重验证；音乐文献中的出土音乐文献可以提供音乐活动的社会历史背景，但专门的音乐文献很少，局限性也是显而易见的。

第二部分——音乐考古学的研究类型。在这一部分，作者论述了音乐考古学的研究类型可以大致分为分期研究、分域研究和分类研究。首先，作者指出，由于音乐遗存的时间跨度较长，故可以对某一个或几个历史时期的音乐遗存进行断代分期研究。其次，作者指出，由于音乐遗存分布的地理范围较广，故可以在世界范围内从事分区或分域的研究。也可以在同一个国家内先分期再分域进行研究。再次，作者指出，可以对音乐遗物的四大类型进行专门的分类研究，便可以构成音乐考古学的分支学科。最后，作者指出，这三种研究类型既可以各自独立开展，也可以同时交叉进行，形成综合研究。

  第三部分——音乐考古学的研究方法。作者在这部分主要对音乐考古学的研究方法进行了一定的论述。首先，作者指出，音乐考古学的研究资料本身就具有较强的综合性，各种资料之间也具有多方面的联系，因此认识和揭示音乐考古资料的内涵必然要涉及诸多理论、技术、方法和学科领域，进行综合性的研究。其中最基本的两个学科就是考古学和音乐学。其次，作者指出，遗迹通常是遗物的出土和存在单位，不可分割。音乐考古学研究必须要掌握与之有关的一切考古资料，与遗存联系起来通盘分析。再次，就出土乐器而论，指出其研究方法可归纳为外部形制（表层研究）、内部结构（内层研究）、音响性能（深层研究）三层递进模式。最后，作者呼吁音乐考古学应由纯物质层面的研究进入文化、精神和人类行为方式的研究，应坚持由个别到一般，由微观到宏观，由个体、群体到总体的研究路径。

  评述：文章对音乐考古学研究的对象、类型、方法进行了系统的阐述，对完善音乐考古学这门学科的研究理论和方法具有很大的帮助。作者提出一个新颖的观点：将音乐考古学研究对象中的遗物分为四大类型，其中，将音乐文献、乐谱、音乐图像单独分类与乐器并置，并指出这四者的优点和局限性，四者相互独立又互相依存，需要进行结合才能够更好地解读材料，发挥实证的作用。作者还指出了音乐考古学中的三种专门性研究，其中分类研究可形成音乐考古学的分支学科。

  音乐考古学的学科交叉性决定了其最基本的两种研究方法和所涉学科是考古学和音乐学，又因其研究资料具有较强的综合性，故需要运用多种理论、技术、方法及学科领域来进行综合研究，将这些学科方法进行科学有效的结合，才能够更好地达到音乐考古学研究的目的。作者指出，对待材料，除了关注物质层面的内容，更需要探究和思考其背后的精神文化内涵，要借鉴文化人类学的研究方法及成果，体现音乐考古学的人文关怀，进而达到了解古代人类音乐生活的历史及规律这一目标。

第四章　从实验考古到实验音乐考古
——概念、分类及国外研究综述

第一节　原文

朱国伟：《从实验考古到实验音乐考古——概念、分类及国外研究综述》

——《中央音乐学院学报》2020 年第 4 期

　　实验考古在中国考古学界日益得到重视，特别在石器时代的各类研究中发挥了重要作用。实验考古方法在音乐考古领域的理论研究方面亦有着巨大的潜力。事实上，从 20 世纪 70 年代末曾侯乙编钟研究开始，实验音乐考古的尝试已在无意识的状态下萌芽、发展。其后，贾湖骨笛、曾侯乙墓系列乐器、大云山汉墓琉璃编磬的发现带来了实验音乐考古的一次次尝试。但中国实验音乐考古的进行，通常是因实际工作的需要，并非在以"实验考古研究"为目的的情况下进行的，直至目前，学界仍少有在方法论引导下主动、有意识地进行实验音乐考古的研究。关于中国实验音乐考古的已有探索，方建军先生新著《音乐考古学通论》包含一整章"复原和模拟实验"（第十三章）[1]，对实验音乐考古进行了学理讨论，其他学者也间有涉猎。然而因篇幅关系，本文已然要将国外一批文献整理略去，故国内的早期探索、研究及已有文献梳理都只得择时另文叙述，特此说明致歉。

　　本文主要通过对西方实验考古学的相关概念、分类，以及对国外实验音乐考古相关研究的梳理，尝试将"实验音乐考古"这一名称作为一种研究方法或技术手段进行系统介绍，对其概念、性质、形成、分类及已有研究进行较为完整的梳理与探讨，意在为今后该手段在国内更有效的运用提供一定理论基础。

---

[1] 撰写本文时，正值疫情遍布。《音乐考古学通论》由人民音乐出版社于 2020 年 4 月出版后，笔者身处美国疫情重镇洛杉矶，遗憾无法及时详睹拜读。再加本文内容已然偏长，且早先已有另撰一文来完善国内实验音乐考古状况梳理的打算（笔者曾于 2015 年"第 8 届东亚国际音乐考古学会年会"时做过关于国内的"实验音乐考古的探索及应用展望"报告），故本文对国内相关未涉文献只得从略，一并留作日后补足完善。

一、"实验音乐考古"的形成及其概念

"实验音乐考古"的概念形成来自"实验考古"。实验考古作为一种考古研究的实践历时已久,但作为专门的一种学科方法被提出,历史并不长。最早专文叙述实验考古的应是 1961 年康奈尔大学的阿歇尔(Robert Ascher)在《美国人类学》上发表的《实验考古》一文[①],该文并没有专门为该词的概念进行定义,文中大篇幅讲的是模仿实验(imitative experiment)作为实验考古中最重要手段对考古研究的重要作用,该文对实验考古研究的回顾和问题进行了阐析,认为模仿手段对于验证过去的文化行为(cultural behavior)有着关键作用,并总结了模仿实验研究的方法、程序和提高实验结果可信度的一些注意事项。此文中的以模拟为主要手段的实验考古方法被提出和认可后,"实验考古学"的概念得以被陆续发表探讨。

(一)实验考古概念

1966 年,英国考古学家科尔斯(Jonh Coles)也写了一篇名为《实验考古》的文章,给出了一个较早的定义,认为实验考古是对古物重建和功能探索相关的各种事实、理论和假设进行描述的便捷手段。[②] 这个定义更像是对实验考古作用的一个描述。科尔斯一直主张实验考古方法应以复制复现过去的环境和条件为主要手段,因此他把实验考古的应用分成两个部分:第一部分是尽量依照古法复制古物;第二部分利用这些复制产品去研究该器物的功能用途。值得一提的是,科尔斯在 1966 年这篇重要的实验考古理论开篇性的文章中,就列举了音乐考古的案例(他本人有音乐实践能力,吹过爵士小号),即对斯堪的纳维亚古青铜小号(lur)和爱尔兰铜号的研究。此前学者在古铜号上做过多次音乐实验,可以得到许多音[③],科尔斯指出虽然不能确定这些就是古人用的音,但可以知道其"能够"产生这些音也有意义,并在文中特别提醒,作为实验考古,对这些乐器进行测音时加上现代辅助工具是不对的,如首次对这种铜号进行的影响很大的发音实验就是在加装现代吹嘴的情况下进行的,使其造成误导;关于后者爱尔兰铜号,科尔斯自己有多方研究,其器形体较小,音很难取,只能发出三四个音[④];特别有一种吹口不在端口而在侧面的铜号,则基本只能

---

① Robert Ascher,"Experimental Archeology", *American Anthropologist*, Vol.63, No.4, 1961, pp.793-816.
② John M. Coles,"Experimental Archaeology", *Proceedings of the Society of Antiquaries of Scotland*, Vol.99, 1966—1967, pp.1-20.
③ Hans Christian Broholm, William P. Larsen and Godtfred Skjerne, *The Lures of the Bronze Age: An Archaeological, Technical and Musicological Investigation*, Denmark: Gyldendal, 1949.
④ J.M. Coles,"Irish Bronze Age Horns and Their Relations with Northern Europe", *Cambridge: Proceedings of the Prehistoric Society*, Vol. XXIX, 1963, p.337. 他提到这种号从 1860 年起不断被发现和研究,主要是类型研究,但却没人关注其制作和音乐,该文是第一次关注此类器物音乐。

发出一个音,且非常难吹,19 世纪曾有都柏林的罗伯特·鲍尔(Robert Ball)博士由于吹时太用力致血管爆破而去世的事件发生。这些可视为对实验音乐考古方法和实践理论的一些早期探索。

随着 20 世纪 60 年代阿歇尔、科尔斯等考古学家在考古实验方面的研究得到关注,这个领域很快得以壮大,其后几十年,一批专题会议及论文集应运而生,很多关于实验考古的定义便经常在这些论文集的编者介绍中不断得以讨论和阐发。[1] 从这些实验考古概念的梳理中可以看到,大多数方法、定义都比较突出的共同点是:复制研究是实验考古最为基本的手段,同时会强调材料与证据的充足,有明确的实验目的和验证过程,使整个研究有可控性和可重复性。

这里要特别关注的一个问题是实验考古是否可以包括"经验、体验"性的认知? 在 2019 年新出版的由奥沙利文(Aidan O'Sullivan)和海伍德(Christina Haywood)主编的论文集《实验考古学:制作、理解、说事》的前言中,对"实验考古学"的概念发展进行了梳理,指出早期以阿歇尔、科尔斯和雷诺兹(P.J.Reynolds)[2] 等人为代表的对实验考古的看法,都基于要用实证、科学的方法获取实验数据来验证、推论那些基于考古器物、建筑、技术、农业和古人行为实践等方面问题的假设,其方法非常注重科学性、可控性、可验证性。[3] 这些强调原则一直到 21 世纪初叶都是如此,如 2008 年欧南(Alan Outram)虽然提出各种"re-"(如复制、复建、复原、复现等)的说法不够准确表达实验考古的范围,认为过去是不可"复"的(他建议用"actualistic"一词代替),但他仍然在文中特别强调了实验中"实证、验证、假设的手段"的重要性,认为"经验"("experiential"或体验)不属于"实验"。[4] 有趣的是,坎宁安(Penny Cunningham)等人在同年出版的《实验中经历考古》一书中则提出了作为研究过去人类行为的考古是否应考虑在科学的基础上也要加入感受(如器物使

---

[1] Daniel Ingersoll, John E. Yellen and William Macdonald, eds., *Experimental Archaeologyt*, New York: Columbia University Press, 1977, p.xii; W.A.Longacre and J. M.Skibo, eds., *Kalinga Ethnoarchaeology: Expanding Method and Theory*, Washington, DC: The Smithsonian Institute Press, 1994, p.115; James R. Mathieu ed., *Experimental Archaeology: Replicating Past Objects Behaviors and Processes*, Oxford: BAR International Series, 2002, p.1; Frederick W.F. Foulds ed., *Experimental Archaeology and Theory: Recent Approaches to Archaeological Hypotheses*, Oxford: Oxbow Books, 2013, p.1; Chistina Souyoudzoglou-Haywood and Aidan O'Sullivan, eds., *Experimental Archaeology: Makings Understanding, Story-telling*, Oxford: Archaeopress, 2019, p.1.
[2] P. J. Reynolds,"The Nature of Experiment in Archaeology", in A. F. Harding ed., *Experiment and Design: Archaeological Studies in Honour of John Coles*, Barnsley: Oxbow, 1999, pp.156-162.
[3] Christina Souyoudzoglou-Haywood and Aidan O'Sullivan, eds., *Experimental Archaeology: Making, Understanding, Story-telling*, Oxford: Archaeopress, 2019, pp.1-4.
[4] Alan K.Outram,"Introduction to Experimental Archaeology", *World Archaeology*, Vol.40, No.1, 2008, pp.1-6.

用、居住体验）的分析。[①] 其后 2013 年的福尔德斯（Frederick Foulds）的书，2019 年的海伍德和奥沙利文的书，以及布朗（Carolyn Graves-Brown）的《埃及当前：经验与实验考古》一书[②]，都主张可以加入体验或人文方面的分析，认为这种研究有助于了解古人，也有利于博物馆的公共考古事业。这一探讨对于音乐实验考古来说尤为重要，因为涉及音乐的实验想完全避开经验分析，似乎很难。

（二）实验音乐考古的定义及范畴问题

实验音乐考古，其基础理念来自上述的实验考古，但专门对实验音乐考古作为独立学科分支或学科方法进行定义的还没有，通过相关研究可知其原因应是学者们自动将实验音乐考古看成实验考古的一部分，觉得没必要重新定义。但由于音乐艺术的特殊性，用实验考古方法研究音乐事项势必有一些特别之处，对此概念进行界定也有一定必要。

从前文实验考古概念的整理我们已经看到实验考古看重基于考古证据的、具可控性和可重复性的复制研究，在这些基础上方可尝试多角度或多途径的实验结论探讨。虽然后期关于实验考古研究范畴的探讨在要不要加入"体验"方面产生了争议，但至少说，自实验考古定义产生至今，实验考古的定义和描述最注重的还是建立在"复制"或"复现"之上的"科学"研究。

已有的对实验音乐考古进行过探讨的重要学者有英国哈德斯菲尔德大学的阿恩德·阿德杰·鲍斯（Arnd Adje Both）和德国考古研究所的雷卡多·艾希曼（Ricardo Eichmann），他们都长期致力于音乐考古领域的研究并成果卓著。在他们讨论实验音乐考古的文字中，也都遵循了实验考古的基本要素。

鲍斯先生在《音乐考古学：方法和理论的思考》一文中，肯定了实验音乐考古这一方法作为应用前景较广的新方法的价值，他总结实验考古是通过复制重现古代生活形态的手段进行古代事项的考古研究，认为这样的手段很明显地可运用于音乐考古研究。比如实验制作过程研究可提供精确的乐器学信息，因其所需前提条件往往是对制作材料的分析，包括对材料的产地、处理以及工艺的考虑。类似分析还能提供器物制造的特殊信息和古代加工材料的知识，以及制造完成后乐器的操作乃至演奏痕迹。针对音乐性，他指出实验音乐考古经常需要联合乐器制作者和音乐家施

[①] Penny Cunningham, Julia Heeb and Roeland Paardekoope, eds., *Experiencing Archaeology by Experiment: Proceedings of the Experimental Archaeology Conference, Exeter 2007*, Oxford: Oxbow Books, 2008.

[②] C. Graves-Brown, "Building Bridges: Experiential and Experimental", in C. Graves-Brown ed., *Egyptology in the Present: Experiential and Experimental Archaeology*, Swansea: The Classical Press of Wales, 2015, pp.ix-xxxviii.

行实验，同时也提醒了应当注意的问题。① 该文虽然没有对实验音乐考古进行专门定义，但在将实验音乐考古作为一种研究手段方面，提出了很多涉及其对象、方法和音乐特殊性的论述。

艾希曼先生在《斯普林格系统音乐学手册》中的"音乐考古"条目中，有对实验音乐考古的介绍，他认为用实验考古手段获知的乐器生产和乐器处理的信息能很好地用来诠释乐器学细节信息以及演奏法，对乐器的复制和声音情况的了解有助于演奏性实验的开展，并指出这将是未来考古声学研究能结出大量成果的领域，同时提醒这些研究需要可靠的资料支持。② 其后在2018年，艾希曼参与组织的由国际音乐考古学会主办的"实验音乐考古专题研讨会"中，他做了开篇的方法论方面的报告《关于实验音乐考古的一些经验》，在此报告中，他强调了复制研究的准备工作和复制过程当中的细节关注，指出从这些复制研究中可发现很多新问题，甚至对原器制作者的专业知识会有所揭示。同时也指出古乐器复制研究需要有明确的研究目标，以及研究的标准性问题需要注意。③ 这些论点大都直接与实验考古在音乐学当中应用的特殊性相关。

基于以上对实验考古概念的梳理以及对实验音乐考古作为音乐考古学学科方法的前人论述，笔者拟对实验音乐考古的概念试定义如下：实验音乐考古是根据考古资料，通过对文物本身和制作过程的复制或模拟，来实现对音乐文物和事项的材料、结构、成形过程、功能以及声音特性/音乐性能等方面的认知或检验，进而对古代音乐技巧和音乐行为得以有更深入的实证性认知。

如果具体到乐器上，通过实验音乐考古手段，则可对乐器的形制、制造、调音、发声音域、演奏方式、音响特点与音乐性能等诸多方面的内容或技术，进行比单纯出土乐器本体研究更为详尽的研究。在此，笔者拟继续对实验音乐考古的范畴问题做几点更有针对性的探讨。

首先，实验音乐考古是音乐考古的一种研究手段，其作用的对象是音乐考古遗存。然而，音乐考古的范畴仍缺少公认的界定标准。中外对音乐考古进行过定义的

---

① Arnd A. Both, "Music Archaeology: Some Methodological and Theoretical Considerations", *Yearbook for Traditional Music*, Vol.41, 2009, pp.1–11. 该文已有中译本发表，参见［英］阿恩德·阿德杰·鲍斯《音乐考古学：方法和理论的思考》，方雪扬译，《黄钟（武汉音乐学院学报）》2014年第2期。
② Ricardo Eichmann, "Music Archaeology", in Rolf Bader ed., *Springer Handbook of Systematic Musicology*, Berlin: Springer-Verlag, 2018, pp.1008–1011.
③ Ricardo Eichmann, "Susanna Schulz 'Experiences in Experimental Music Archaeology'". 该文为2018年4月13日在德国勃兰登堡举行的"实验音乐考古"专题研讨会的一篇报告。会议材料由鲍斯先生电邮，在此表示感谢！

文献不下 20 部 / 篇，对此国内已有多位学者先后做过梳理[1]，可以看见在这些定义中，基本都将研究对象锁定于"音乐活动遗存""音乐历史"，对象描述中多分为"乐器""音乐图像""乐俑""出土乐谱"等与音乐活动直接相关之事物。即国内学界较一致地将音乐考古对象定位在用作发声的器体和描绘有音乐内容的图像和造像等上面。而在国外情况则复杂一些，除音乐考古学的称谓有"music archaeology""musical archaeology""archaeomusicology"等多种外，还有大批量的声音考古研究。其相应也包括多种称谓，笔者所见其名称被讨论并得到多次应用的就有"archaeoacoustics"[2]"acoustic archaeology"[3]"auditory archaeology"[4]"sound archaeology"[5]"sonic archaeology"[6]等。它们的研究范畴包含部分音乐考古的范畴，另外还有大量的非直接与音乐相关遗存的研究，比如常见的有考古遗址的声场效果研究、古代器物的发声可能性研究、乐器在特定遗址中的声音效果，以及古乐器或遗址声场与脑神经反应的相关性研究等。在此，基于以上对音乐考古的基本理解，笔者会将这一部分的大多内容排除在实验音乐考古的讨论范围之外。

其次，实验音乐考古作为一种研究方法，其基本程序和原则要参照实验考古的已有定义。即这一方法应以复制研究为最基本的手段，强调材料与证据的充足，且必须有明确的实验目的和验证过程。在此需要指出的是"实验考古"与"实验室考古"二者概念的区别，前者以复制研究来探索古代遗存的特点属性，后者则以实验室科学检测分析及参数分析为主要手段，应归入科技考古。[7] 目前中国已经涉及的音乐考古研究中，实验室考古已经占有很大分量，如曾侯乙墓发掘后，对曾侯乙编钟的合金比例的认识，通过频谱分析和全息摄影对一钟双音的认识，以及对编钟各个

---

[1] 参见方建军《音乐史学的一门新兴分支学科——音乐考古学》，《黄钟（武汉音乐学院学报）》1990 年第 3 期；冯光生《合谋与互动——谈音乐考古学与考古学的关系》，《音乐研究》2012 年第 5 期；曹晓卿《中西方音乐考古学学科定义对比研究综述》，《中国音乐》2014 年第 1 期；方建军《音乐考古学：名称、定义和学科属性》，《音乐研究》2016 年第 3 期。

[2] Christopher Scarre and Graeme Lawson, *Archaeoacoustics*, Cambridge: McDonald Institute for Archaeological Research, 2006.

[3] Paul Devereux, *Stone Age Soundtracks: The Acoustic Archaeology of Ancient Sites*, London: Vega, 2001.

[4] Steve Mills, *Auditory Archaeology: Understanding Sound and Hearing in the Past*, Walnut Creek: Left Coast Press, 2014.

[5] Rupert Till, "Sound Archaeology: An Interdisciplinary Perspective", in Linda C. Eneix ed., *Archaeoacoustics: The Archaeology of Sounds*, Myakka: OTS Foundation, 2014, pp. 23-32.

[6] Ros Bandt, "Sonic Archaeologies: Towards a Methodology for 'Rehearing' the Past", in Linda C. Eneix ed., *Archaeoacoustics: The Archaeology of Sound*, Myakka: OTS Foundation, 2014, pp. 87-98.

[7] 参见贺云翱《"实验方法"在考古学中的运用——考古学者的"利器"之六》，《大众考古》2014 年第 1 期。

结构功能的分析等[1]；再如对盱眙大云山一号汉墓出土琉璃编磬复制实验的成分配方与音质检测的工作[2]。这些实验室音乐考古同样为认识古代音乐文物的性能提供了科学的认知手段并取得了卓越的成果，但它们不完全属于实验音乐考古。

再次，实验音乐考古针对音乐的特殊性，有必要纳入"体验性实验"的部分。同时也应尽量保证"实验"作为科学方法的"可控性"与"可重复性"。比如在探索古乐器演奏方法的问题上，通过对古乐器原样的复制，进而在复制乐器上进行古人演奏手段的推测是十分必要的工作，但这种推测显然需要体验感知的加入。例如一些失传乐器的演奏，利用文献、图像资料对演奏实验的方法进行合理选择，使学理知识与演奏实验得到有效结合，并将演奏实验的过程详细记录，便能形成演奏实验报告，并能随时用作检验和修正。如笔者曾指导学生一起对失传乐器"筑"的演奏方式进行实验探索，是通过汉代出土实物结构结合多幅击筑图画像以及文献描述所进行的推演。[3] 当然，即使工作做到了细致有理，但其结果仍然并不一定与古代事实吻合一致，这也是实验考古的普遍特性，即实验考古很少有结论性答案，不宜以绝对的口气来做结论，其意义更多地在于避免考古学家贸然下想象性的结论。[4] 也即欧南所说："如果实验成功则被视为验证'有效'，但有效并非等于'事实'。"[5] 这在音乐体验性实验的部分尤其值得警惕关注。

最后，关于实验音乐考古的性质，应该明确它是音乐考古研究的一种方法或手段。虽然其也可称作"实验音乐考古学"，但它尚不是一种具有学科性质的存在，包括"实验考古"也是如此。

二、实验音乐考古的分类

实验音乐考古虽然在研究手段上采取了比较一致的复制复原实验途径，但因其目标和对象的多样性，对其进行分类仍非常有必要。此分类仍可以先从实验考古的分类史中汲取前期经验，然后根据音乐对象与研究目标的特殊性制定更有针对性的分类。

（一）实验考古分类现状

实验考古在国外仍是相对年轻的学问，研究实践虽多有进行，但学理分类并未

---

[1] 参见曾侯乙编钟复制研究组《曾侯乙编钟复制研究中的科学技术工作》，《江汉考古》1981年第S1期。
[2] 参见王子初《江苏盱眙大云山一号墓出土仿玉玻璃编磬的复原研究》，《艺术百家》2016年第2期。
[3] 参见徐文鸣《古筑的历史研究及复原开发》，硕士学位论文，中国矿业大学，2019年；柳潇然《古筑的演奏技法及音乐声学特征》，学士学位论文，中国矿业大学，2020年。
[4] 参见陈淳编著《考古学理论》，复旦大学出版社2004年版，第207页。
[5] Alan K. Outram,"Introduction to Experimental Archaeology", *World Archaeology*, Vol.40, No.1, 2008, pp.1–6.

取得共识，呈现的仍是分散型的"各抒己见"之态。早期的阿歇尔和科尔斯，在描述实验考古时已体现出专门分类的意识，阿歇尔在《实验考古》一文的开篇将实验考古描述为三类研究[1]，一种是想象性实验（imaginative experiment），一种是比较性实验（comparative experiments），一种是他列为重点的模仿性实验（imitative experiment），这种分类可以认为是根据实验的动机意识划分的。科尔斯继 1966 年发表《实验考古》文章后，20 世纪 70 年代出版了两本最早以"实验考古"命名的专著。专著中的分章体现出他的分类标准大致是人类活动的生产对象，1973 年《实验的考古学》分为食物、重工业和轻工业[2]，1979 年《实验考古学》则分为生业（subsistence）、居址、艺术工艺品和"生与死"（最后的"life and death"从字面上不好理解含义，其内容为通过实验来探索和重构物质表象以外的古人的生存、生活方式）。另外在其后多部论文集中还出现按材料或按时期分类的，属于常见的考古分类方式，用来作为实验音乐考古种类划分并不十分合适。

在西方学者专门涉及实验考古分类的论述中，出现的两种标准值得引起注意，一是依据实验复制的层次分类，二是依据实验的目标分类。

根据实验复制的层次分类方法在科尔斯的论述中已有所见，他在《实验考古：理论与原则》一文中，又将实验分为展示性实验、生产性实验和功能性实验，是从简单的视觉复制到精确的制作复制，再到复制后的功能应用测试，并且可以重复实验得到更多结果，最终由实验得到社会解释。[3]1999 年，雷诺兹《考古学中的实验特性》一文则将实验考古分为了五个层次：一是构建，即根据考古资料的原样重建；二是过程与功能实验，如工具功能和技术作用过程的探知实验；三是累积，如考古事物和现象的形成过程模拟以及埋葬后的自然作用过程模拟；四是终局试验，是结合前三项手段的长期、系统、复杂的模拟研究；五是技术创新，指针对考古技术本身的实验和检验，如探测技术方面的试验与验证。[4]这也属于依据操作和研究层次进行划分。

根据研究目的所进行的分类，代表性的研究可见 1977 年英格索尔（Daniel Ingersoll）、耶伦（John E.Yellen）和麦克唐纳（William Macdonald）的《实验考古》论文集，前言中他们将实验分为：1. 已知器物或活动的可控性复制；2. 为检验某种方法假

---

[1] Robert Ascher,"Experimental Archeology", *American Anthropologist*, Vol.63, No.4, 1961, pp.793–816.

[2] John Morton Coles, *Archaeology by Experiment*, London: Hutchinson, 1973.

[3] John Morton Coles,"Experimental Archaeology–Theory and Principles", in Sean McGrail ed., *Sources and Techniques in Boat Archaeology*, Oxford: British Archaeological Reports（International Series 29）, 1977, pp.233–240.

[4] Peter J. Reynolds,"The Nature of Experiment in Archaeology", in John M. Colesed, *Experiment and Design: Archaeological Studies in Honour of John Coles*, Barnsley: Oxbow Books, 1999, pp.387–394.

设的有效性而设计的实验，这种实验的数据和结果是已知的，操作的过程是先推论已知结果和数据是如何得到或形成的，然后通过实验来验证推论的正确性；3. 背景形成认知实验，主要是对遗址形成和退化过程的实验论证；4. 最后是结合民族志数据的实验。[①]

2002年，马修（James Mathieu）对实验考古的分类则似乎将目标的分类与层次的分类结合到了一起，他将其分为四类：一是实体复制（object replication），包括外观复制、功能复制（function replicas，不必全过程真实复原，只是与功能相关的要真实复原）和全真复制（full replicas）来验证某些问题；二是行为性复制（behavioral replication），包括功能性复制（functional replication，真实复制，用以验证行为假设）、比较实验和现象研究；三是过程复制（process replication），包括形成过程、技术过程和模拟研究；四是系统复制（system replication），包括民族考古学和民族志相结合的研究，作者对这点有妥协说明，认为可算实验考古也可不算，称其为社会实验。[②] 马修这一层次与目标相结合的分类思想，笔者认为对实验音乐考古的分类最有借鉴意义。

（二）实验音乐考古分类

在对实验音乐考古进行专门论述的前文中，所提两位学者也对其分类有所探讨。鲍斯认为实验音乐考古可以有两种主要分析路径：一是对原件复制或功能复制的实验性制造；二是在复制品上的演奏实验，这点也包括在原件上的演奏实验中。[③] 鲍斯的这种划分是基于实验目标的，即前一种是为了了解乐器制造和功能的实验，后者是为了探索乐器演奏性能的实验。

艾希曼的分类也是专门针对以乐器为主体的音乐文物的实验重建，分类标准在其论述中明确指出是依据研究目标，但内中也有层次性的递进之感。其第一种复制实验是只求形似，做到外貌上与原器物各细节相像，可供博物馆展览用，但不一定能供演奏；第二种是音乐考古用的复建，需要较精准地复现古代设计和制作技术，使其能用于音乐发声；第三种是可以用现代工具制作还原乐器，目的只是检验乐器的操作原理；第四种是主要依据研究者对古代图像和古代制作者的主观审美感受的诠释进行器物的复原。[④]

[①] Daniel Ingersoll, John E. Yellen and William Macdonald, eds., *Experimental Archaeology*, New York: Columbia University Press, 1977, p.xii.

[②] James R. Mathieu, *Experimental Archaeology: Replicating Past Objects, Behaviors and Processes*, Oxford: BAR Publishing (International Series 1035), 2002, pp.1-10.

[③] Arnd Both,"Music Archaeology: Some Methodological and Theoretical Considerations", in *Yearbook Far Traditional Music*, Vol.41, 2009, pp.1-11.

[④] Ricardo Eichmann,"Music Archaeology", in Rolf Bader ed. *Springer Handbook of Systematic Musicology*, Berlin: Springer, 2018, p.1008.

此二人的分类，都有对音乐对象的针对性，后者更是结合了层次与目的的双重考虑，本文拟结合以上诸分类观点的精神，结合大量已有的实验音乐考古研究实践（见本文第三部分），亦根据实验音乐考古层次与目标的双重标准，试将实验音乐考古研究分成基本的四类（本文第三部分据实际情况还加入其他类），依据层次排列如下。

第一层次是外形复制。根据完整或残损的乐器，包括较写实的雕塑和图像资料，复制外形相同的音乐文物实物，可供展览，也可供尺寸数据或外形结构方面的研究，如果复制的是原实用器，也能通过复制了解乐器作为发声器所发声音的基本音响面貌（测音）。

第二层次是全真复原。包括器体材料、内部结构及制作手段的复原，如此复原的乐器应当具备接近历史样貌的发声条件，可供发声测音研究及乐器制作过程研究。当然，真正的"全真"复原是很难真正实现的，此名只是借马修的全真复制（full replicas）理念表达这样一种追求。

第三层次是在复原的基础上加入演奏实验的功能复原实验。其中很重要的是乐器的演奏技法、音乐性能研究。这类复原依据目的，可采用全过程复原或掺用现代技术复原。

第四层次是更多地加入体验性的实验研究，但实验过程须是可追踪的，实验结论描述须是可验证的，实验涉及的方法手段最好有历史依据可参考。其中包括音乐合奏实验、古乐整体声景复原效果实验等。

三、国外研究综述

追溯实验音乐考古的研究历史，我们可以从实验考古学开拓人之一科尔斯的书中找到一批早期案例。在科尔斯20世纪六七十年代论述实验考古的著述中，乐器研究一直是他的预设主题之一，在其1973年实验考古奠基性的专著《实验的考古学》中，专门设有"乐器"一节[①]，对各类乐器的已有资料或研究进行举例，并对实验考古在各类乐器研究中可发挥的作用进行了评估。他还在其中多处阐述到音乐在实验考古中的特殊性。首先他认为在史前，"音乐"本身实已无记录，但乐器种类和数量很多，我们可以通过乐器得到声音，纵使这些声音是不是与古人听到的相同无法被确知，但仍有意义，如对骨笛的测音能知其潜在取音范围及相似的古代音响；其次他警示对古乐器的考古实验或许是最难做到不会"无意间扭曲证据"的；再次他仍提醒实验者应尽量诚实地尊重原貌的实验而非任意地调用现代辅助手段技术，并以1939年著名的图坦卡门古小号演奏广播为例，指出当时加用了演奏者自己的吹嘴是一种无效的表演实验，并说这是音乐考古领域的危险症状；最后他还对各类乐器的

---

① John Morton Coles, *Archaeology by Experiment*, London: Hutchinson, 1973, pp.158–167.

相关案例进行了阐发。①

其后在许多实验考古研究者编写的论文集中都收有音响研究的案例,但在这些考古学家和声学家主导的音响研究中,出现最多的一种研究是遗址的声学效果研究,最常见的就是检测遗址的声音环境,遗址种类包括岩壁(特别是有岩画的壁和峭壁)、石圈、灯塔、雕石柱、地宫、墓室、祭坛、寺庙或神庙、城墙或建筑墙、城堡、教堂、古剧场等。其研究方法主要是通过声学仪器,测量考古环境中的发声效果及人脑感知(即包括物理声和心理声的效果测试),如史前建筑及特殊自然景观的回声效果,建筑或器具对发声器或人声的扩音或其他音效,古代巨石结构的音效还原,以及某地段自然环境的综合音效(可包含水流声、风声、雷声和其他声响及环境底噪)等。这类研究中与音乐考古相关的非常少,虽然有部分实验是在遗址场所播放音乐声然后测试音乐效果,但这样的研究仍是音乐考古的边缘性研究对象,在此不展开综述。这些论文集中也有一部分是针对乐器认定或乐器制作过程的研究,属于实验音乐考古,将在后面的分类综述中涉及。

在实验音乐考古的已有工作中,国际音乐考古学会(ISGMA)发挥了最大作用:一是该学会出版的系列年刊,包含大量的实验音乐考古研究案例,笔者对这一系列年刊进行筛选后,析出与实验音乐考古有关的论文52篇(篇幅关系,表略),占该学会成立后所出10本系列文集论文总数(343篇)的15%余;二是该学会在2018年首次组织召开了实验音乐考古专题研讨会,虽然并非属于整体年会(乃特别策划的专题会议),但仍吸引了一批学者参与,产生了积极影响,为实验音乐考古的首次国际专题研讨会,有着历史意义(此前,在2008年柏林办的年会中也曾设过"实验考古"分论题)。

下面笔者将依据以上对实验音乐考古的定义,将国外实验音乐考古的已有研究进行分类综述。综述的分类主要依照以上设定的分类标准,外加两种较特殊的类别,共计6类:1. 外形复制;2. 全真复原;3. 复制与演奏实验;4. 音乐表现力实验;5. 乐器认定与功能实验;6. 其他。当然,研究的实际内容是复杂的,不可避免会出现介于两类或多类间的中间类别状态,只能择其主要方面进行归类。

第一类,外形复制实验,主要是对乐器基本结构与外形、装饰的研究与复原,可使用现代科技与工具实施复原。其中也包括对出土器物原件的实验修复研究。这一类别可分为两个层次,第一层次是外形复原后,乐器无法实质发声或发声无参考意义,即纯粹的"外形"复原,第二层次则是在尺寸和结构上复制出土原器,可以对其进行测声并进行基本音响形态的了解。但它们都不是基于原材质、原技术进行全真复原的实验考古理念,"实验"分量相对偏低,尽管其在国内外都是音乐考古

---

① John Morton Coles, *Archaeology by Experiment*, London: Hutchinson, 1973, pp.158–166.

常见的研究手段。国际音乐考古学会系列论文集中定睛于这一层次的研究至少有 16 篇，这一部分中主要涉及的乐器有哨、骨笛、铜号、竖琴、奥洛斯（Aulos）、鼓及几件弦乐器，实验内容是外形复原、原件修复和测音实验，以了解乐器的基本面貌。这其中有复制乐器供博物馆参观和观众体验的[1]，有通过复制实验评价原器物的设计情况和性能的[2]，有结合实验研究对原件残件进行复原和测试的[3]，这些研究都使实验思维在其中起到积极作用。期刊文章还有英国雷丁大学兰德尔斯（J.G.Landels）发表于《世界考古》的《奥洛斯管修复及音高推测研究》，该文结合图像及两支出土时相对完整的奥洛斯管，对当地该型管的修复情况和问题进行了描述，其主要目的是通过奥洛斯管的外形尺寸进行音律计算、推测音高（并未进一步实验制作复原管）。而对于文物的全真修复和声音重现，他认为是个难度极大的工作。[4] 中国对出土古乐器常使用现代手段进行复制，特别是金属类乐器，国外也有，如受"欧洲音乐考古项目"资助的意大利图西亚大学团队对罗马庞贝遗址里的一种金属号（cornua）进行了

---

[1] Fraser Hunter, "Reconstructing the Carnyx", in Ellen Hickmann, Ingo Laufs and Ricardo Eichmann eds., *Music Archaeology of Early Metal Ages*, Rahden: Verlag Marie Leidorf, 2000, pp.341–345; Joachim Schween, "Klänge der Bronzezet' im Niedersächsischen Landesmuseum Hannover", in Ellen Hickmann, Anne Draffkorn Kilmer and Ricardo Eichmann eds., *The Archaeology of Sound Origin and Organisation* (Studien zur Musikarchäologie III), Rahden: Verlag Marie Leidorf, 2002, pp.187–191.

[2] Simon O'Dwyer, John Creed and John Kenny, "An Trumpa Creda 'Construction and exploration'", in Ellen Hickmann, Anne Draffkorn Kilmer and Ricardo Eichmann eds., *The Archaeology of Sound Origin and Organisation* (Studien zur Musikarchologie III), Rahden: Verlag Marie Leidorf, 2002, pp.193–204; Stefan Hagel, "Understanding the Aulos in the Berlin Egyptian Museum 12461/12462", in Ricardo Eichmann, Ellen Hickmann and Lars-Christian Koch eds., *Musical Perceptions–Past and Present: On Ethnographic Analogy in Music Archaeology* (Studien zur Musikarchäologic VII), Rahden: Verlag Marie Leidorf, 2010, pp.67–87; Arnd Adje Both, "Adrián Velázquez Castro 'The Sound of the Earth: Aztec Shell Rattles'", in Ricardo Eichmann, Ellen Hickmann and Lars-Christian Koch eds., *Musical Perceptions–Past and Present: On Ethnographic Analogy in Music Archaeology* (Studien zur Musikarchäologie VII), Rahden: Verlag Marie Leidorf, 2010, pp.223–261.

[3] Simon O'Dwyer, "An Guth Cuilce 'The Mayophone: Study and Reproduction'", in Ellen Hickmann and Ricardo Eichmann eds., *Music-Archaeological Sources: Finds, Oral Transmission, Written Evidence* (Studien zur Musikarchäologie IV), Rahden: Verlag Marie Leidorf, 2004, pp.393–407; Verónica Estevez and Sebastián Núñes, "Two Dutch Citterns from a 17th Centuiy Shipwreck: Description of the Remains and of the Reconstruction", in Ellen Hickmann and Ricardo Eichmann eds., *Music-Archaeological Sources: Finds, Oral Transmission, Written Evidence Studien zur Musikarchäologie IV*), Rahden: Verlag Marie Leidorf, 2004, pp.451–459; Dorota Poplawska and Magdalena Nogal, "The Medieval Chordophones in Polish Excavations: The Trails of Reconstructing Their Tailpieces and Strings", in Ricardo Eichmann, Jianjun Fang and Lars-Christian Koch eds., *Sound from the Past: The Interpretation of Musical Artifacts in an Archaeological Context* (Studien zur Musikarchäologie VIII), Rahden: Verlag Marie Leidorf, 2012, pp.423–426.

[4] J.G. Landels, "The Reconstruction of Ancient Greek Auloi", *World Archaeology*, Vol.12, No.3, 1981, pp.298–302.

现代多种科学手段如无损扫描、合金检测、焊接材料和方法等分析，最终得以复原该乐器。[1] 这样的重建如做到内外都与古物一致，就可以进行一定的乐器演奏和音乐性能研究（归入第三类）。

对于是否需对出土乐器原件进行修复，在国内外考古、博物馆行业，大多不提倡残件以外的复原性添加，即使添加也最好有明显区分。但是由于展览或保存的需要，又多会进行一定程度的清理和修复，那么多大程度的修复算是合理的，一直是难以解决的伦理难题。在国际铜管学会杂志的创刊号上有篇文章专门讨论了出土管乐器修复与否和存在问题的文章，作者罗伯特·巴克莱（Robert Barclay）结合多次经历，最后认为文物复制研究还是更应该被提倡，原件实验存在的许多危险和问题仍是难以逾越的。[2] 笔者认为即使要在原件上修复或添加外物，在条件合适的情况下也需在替代品上先行实验复制，保证操作的安全及结果的效用。

第二类为全真复原实验。重在通过实验进行对结构与制作过程的细致探索，包括对基本音响呈现的要求。这里包含制作过程复制和基本音响呈现两块内容，但与后一类"复制与演奏实验"以关注乐器声音呈现为研究重点相比，本部分的复制重在乐器本身的物质特征研究。国际音乐考古学会系列论文集中也有许多案例涉及这一领域，计有8篇，主要涉及的乐器有铜号、骨号、骨笛/骨哨、琉特琴、里拉琴等，都对乐器制作进行了详细探索，包括制作工具、制作手段、制作困难等方面的分析与实验。[3] 有的实验还得出了一些很具体的结论参考，如古法制作一支"carnyx"

---

[1] Claudia Pelosi, Giorgia Agresti, Peter Holmes, Alessandro Eivas, Stefano De Angeli and Ulderico Santamaria,"An X-Ray Fluorescence Investigation of Ancient Roman Musical Instruments and Replica Production under the Aegis of the European Music Archaeological Project", *International Journal of Conservation Science*, Special issue 2, 2016, pp.847–856.

[2] Robert Barclay,"Ethics in the Conservation and Restoration of Early Brass Instruments", *Historic Brass Society Journal*, Vol.1, 1989, pp.75–81.

[3] Ricardo Eichmann,"The Design of Ancient Egyptian Spike Lute", in Ellen Hickmann and Ricardo Eichmann eds., *Music-Archaeological Sources: Finds, Oral Transmission, Written Evidence*（*Studien zur Musikarchäologie* Ⅳ）, Rahden: Verlag Marie Leidorf, 2004, pp.363–371; Carlos García Benito, Raquel Jiménez Pasalodos and Juan Jesús Padilla Fernández,"The Clay Rattles of the Numantine Museum of Soria（Spain）: An Approach from Experimental Archaeology", in Ricardo Eichmann, Jianjun Fang and Lars-Christian Koch eds., *Papers from the 8th Symposium of the International Study Group on Music Archaeology in Suzhou and Beijing, China, 20–25 October, 2012*, Rahden: Verlag Marie Leidorf, 2014, pp.47–63; Riitta Rainio,"Sucked Trumpets in Prehistoric Europe and North America？A Technological, Acoustical and Experimental Study", in Ricardo Eichmann, Lais-Christian Koch and Jianjun Fang eds., *Sound-Object-Culture-History*（*Studien zur Musikarchäologie* Ⅹ）, Rahden: Verlag Marie Leidorf, 2016, pp.151–168.

铜号（一种长筒铜号）大概要花 400 小时[1]；做一支中开口型骨哨基本只要刮削和切磨两个步骤，有时需要钻孔术，如果先湿润骨胚的话，开一个骨孔的时间能降至一小时以下[2]；并能通过使用痕迹分析对乐器持握和吹奏方式进行揭示[3]。期刊文章方面，音乐学界和考古学界都有对乐器制作过程的关注，特别是通过原始工具和材料制作来逐步呈现出考古出土乐器成品的研究。如西班牙萨拉戈萨大学贝尼托（Carlos Benito）等几名史前专业研究人员对著名的伊斯图里茨成批骨管乐器进行了制作研究，选用类原始骨材，用石器制孔、穿孔，对比不同方法钻孔的效率高低，过程呈现很详细，做完后再进行痕迹比较，在最后部分的音乐考古声学分析中还分析了三种可能的吹奏发声模式，特别实验讨论了簧片的问题。[4] 这类研究比较受实验考古界人士喜欢，如布朗（Andrew Gilreath-Brown）和佩雷斯（Tanya Peres）二人是对出土的美国土著龟甲摇响器遗留痕迹做了科学的细部参数分析后，进行了器物复原等研究。[5] 还有亚伯（Jonathan Abel）等人对美洲出土海螺号的过程复制及结合现场环境的声学测试研究。[6] 这类研究都对乐器原始制作方法进行探求，是最具一般实验考古学性质的一类研究，注重过程、实验证据的可靠性，使成果可供检测评价。

  器物制作过程探索一直是实验考古界的研究热点，同样在音乐考古界也早有关注。在国际音乐考古学会成为独立学会前，音乐考古人员通常依附于国际传统音乐学会，并在 20 世纪 80 年代设置成立有专门的音乐考古分组，该分组第二次的主题会议后出版了两本论文集，里面包含有多篇关注出土乐器制作过程的文章。其中第

---

[1] John Creed, "Reconstructing the Deskford Carnyx", in Ellen Hickmann, Ingo Laufs and Ricardo Eichmann eds., *Music Archaeology of Early Metal Ages* (*Studien zur Musikarchäologie Ⅱ*), Rahden: Verlag Marie Leidorf, 2000, pp.347-350.

[2] Jesús Salius, "The Davant Pau Aerophone: Use-wear Analysis, Hypotheses and Purposes", in Ricardo Eichmann, Jianjun Fang and Lars-Christian Koch eds., *Papers from the 8th Symposium of the International Study Group on Music Archaeology in Suzhou and Beijing, China, 20-25 October, 2012*, Rahden: Verlag Marie Leidorf, 2014, pp.173-180.

[3] Marta Alcolea Gracia, Carlos García Benito and Carlos Mazo Pérez, "Reproduction of an Upper Palaeolithic Bird-Bone Pipe with Finger Holes from Isturitz: First Experiments", in Ricardo Eichmann, Lars-Christian Koch and Jianjun Fang eds., *Sound-Object-Culture-History* (*Studien zur Musikarchäologie X*), Rahden: Verlag Marie Leidorf, 2016, pp.213-223.

[4] Carlos García Benito, Marta Alcolea and Carlos Mazo, "Experimental Study of the *Aerophone of Isturitz*: Manufacture, Use-wear Analysis and Acoustic Tests", *Quaternary International*, Vol.421, No.9, 2016, pp.239-254.

[5] Andrew Gillreath-Brown and Tanya M. Peres, "An Experimental Study of Turtle Shell Rattle Production and the Implications for Archaeofaunal Assemblages", *Plos One*, Vol.13, No.8, 2018, pp.1-32.

[6] Jonathan S. Abel, Perry Raymond Cook, Miriam A. Kolar and John W. Rick, "Ancient Pututus Contextualized: Integiative Archaeoacoustics at Chavin de Huemtar, Peru", in Matthias Stockli and Arnd Adje Both eds., *Flower World-Mundo Florulo*, Vol. 1: Music Archaeology of the Americas, Berlin: Ekho Verlag, 2012, pp.23-53.

一本中容易引起注意的是两篇古代鼓类乐器的制作探索，对做皮、鼓身、蒙皮等制作方法都进行了实验和呈现[1]；第二本是专门关于古铜号（lur）的研究文集，也有关于这种铜号制作技术的实验探讨[2]。

第三类是复制与演奏实验，与第二类重在材料、制作技术和结构重现的实验目的相比，这一类的重点放在仿真复原后的乐器音声能力的测试上。这一部分的作者以音乐学研究者为主体，国际音乐考古学会系列论文集涉及这一领域的文章有15篇，乐器对象以骨笛与铜号为主，骨笛（哨）研究主要在于其演奏和音乐表现能力上，试证明在旧石器时代发声器已经达到的高度[3]；铜号研究主要在于吹嘴类型以及吹奏法的讨论和实验上[4]；另外还包括弦乐器复原的调音及演奏法探索[5]，以及古风笛、吹瓶等其他发声器的演奏探求[6]。期刊上，古典学与音乐学出身的海伦·罗伯茨（Hel-

---

[1] Anders Lindahl,"Simulated Manufacture of Prehistoric Ceramic Drums"; Lena Alebo,"Manufacturing of Drumskins and Tendon Strings for Prehistoric Musical Instruments", in Cajsa S. Lund ed., *Second Conference of the ICTM Study Group on Music Archaeology I: General Studies*, Stockholm: Kungliga Musikaliska Akademien, 1986, pp.29–48.

[2] Peter Holmes and Nik Stanbury,"Presentation and Discussion of a Project: The Replication of Late Bronze-Age Lurs",in Cajsa S. Lund, *Second Conference of the ICTM Study Group on Music Archaeology II: The Bronze Lurs*, Stockholm: Kungliga Musikaliska Akademien, 1986, pp.151–186.

[3] Francesco D'Errico and Graeme Lawson,"Microscopic, Experimental and Theoretical Re-assessment of Upper Palaeolithic Bird-Bone Pipes from Isturitz, France: Ergonomics of Design, Systems of Notation and the Origins of Musical Traditions", in Ellen Hickmann, Anne Draffkom Kilmer and Ricardo Eichmann eds., *The Archaeology of Sound Origin and Organisation*（*Studien zur Musikarchäologie II*）, Rahden: Verlag Marie Leidorf, 2002, pp.119–142; Nicholas J.Conard and Maria Malina,"New Evidence for the Origins of Music from the Caves of the Swabian Jura", in Arnd Adje Both, Ricardo Eichmann, Ellen Hickmann and Lars-Christian Koch eds., *Challenges and Ojectives in Music Archaeology*（*Sudien zur Musikarchäologie VI*）, Rahden: Verlag Marie Leidorf, 2008, pp.13–22.

[4] Joachim Schween,"Bemerkungen zum Spiel auf der Nachbildung eines jungbronzezeitlichen Lurenmundstückes vom Typ Brudevlte Nr.5"; D. Murray Campbell and Thomas Macgillivray,"Acoustics of the Carnyx", in Ellen Hickmann, Ingo Laufs and Ricardo Eichmann eds., *Music Archaeology of Early Metal Ages*（*Studien zur Musikarchäologie II*）, Rahden: Verlag Marie Leidorf, 2000, pp.307–312、357–363.

[5] Valerij Aleksandrovič Svobodov,"Zur Rekonstruktion der Saitenstimmung von archäologischen Chordophonen", in Ellen Hickmann, Ingo Laufs and Ricardo Eichmann eds., *Music Archaeologyof EarlyMetal Ages*（*Studien zur Musikarchäologie II*）, Rahden: Verlag Marie Leidorf, 2000, pp.87–92.

[6] Jean-Pierre van Hees,"Playing the Blija Bagpipe Again: Reconstruction and Rediscovery of the Musical Resources of an Early Fourteenth-Century Bagpipe", in Ricardo Eichmann, Jianjun Fang and Lars-Christian Koch eds., *Sound from the Past: The Interpretation of Musical Arlfacts in an Archaeological Context*（*Studien zur Musikarchäologie VIII*）, Rahden: Verlag Marie Leidorf, 2012, pp. 161–174; José Pérez de Arce Antoncich,"Whistling Bottles: Sound, Mind, and Water", in Ellen Hickmann, Arnd Adje Both and Ricardo Eichmann eds., *Music Archaeology in Contexts: Archaeological Semantics, Historical Implications, Socio-Culural Connotations*（*Studien zur Musikarchäologie V*）, Rahden: Verlag Marie Leidorf, 2006, pp.161–182.

en Roberts）在 1981 年就实验了一种古希腊龟甲里拉琴的复原，原物只有残件，《荷马史诗》对这种乐器有片段记载，作者基于此，在对希腊地区多种龟壳材料做筛选后选出与古物匹配高的品种，通过较原始的方法在钻孔、支架、张弦方面进行了多方实验，制成复原件，并对调音方法、持握方式等进行了对比性的思考。[1]

为了较真实地对古乐器进行复原，用现代检测技术对原出土物进行检测也成为必要手段，如此才能更确信地说明复原成品与原物的吻合性。苏格兰音乐家约翰·珀瑟（John Purser）曾对一支爱尔兰厄恩湖木号进行研究复原，该号属 8—9 世纪遗物，通过检测得知该号由紫杉木号体和青铜料外箍组成；随后他结合图像与文献进行了重制（reconstruction，他认为木制品无法真正完全复制，所以应该用这一词），尽量使用了偏原始的方法，关键点是木材拼接好外形后要不漏气；成功后便对该乐器进行了发声方式和所发音高范围的测量，并在实验吹奏后，认为该器音色变化丰富、可产生泛音，如用现代循环呼吸及舌头技巧能吹的音响更丰富，并实验了与复原里拉琴的合奏。[2] 现代技术有时也会出现在制作和评价过程中，这样做的目的更多地在于对古代成品乐器的性能了解上。希腊库马齐斯（Koumartzis）等多位教授对赫尔墨斯希腊七弦琴的复制则充斥着现代手段：通过 3D 扫描和现代检测了解乐器，用计算机辅助设计建模加现代手段重制乐器，用音频计算分析软件测量和评价乐器性能，唯一注意尝试的复原过程是材料尽量选用了古材料，包括发声弦用的是羊肠弦，最后做出的乐器在声音要求上能达到现代乐器使用的正常标准。[3] 这样的探索显然是有益的，但其是否还属于实验考古范畴可能会引起争议，因为糅合了更多实验室考古内容。

另外，应该再次提及前述的 2018 年德国"实验音乐考古专题研讨会"，会议收录了 18 篇论文摘要，其中有 11 篇是关于乐器复制和演奏实验的，另有 2 篇方法专论也是涉及该问题，涉及乐器包括里拉琴、骨笛、"carnyx"号、土哨、木笛、骨排箫、口弦、提琴等。这足以说明这一版块可视为目前音乐学界在实验音乐考古研究中的重心所在。

第四类，音乐表现力实验，是在复制基础上加入了表演性质的实验探索，带有体验性的认知。这类研究多是在实践中完成，学理性偏弱，故以此为主题撰文发表在重要期刊和论文集上的较少。作为实验音乐考古研究时，这类研究一般出现在复

---

[1] Helen Roberts,"Reconstruction the Greek tortoise-shell lyre", *World Archaeology*, Vol.12, No.3, 1981, pp.303-312.

[2] John Purses,"Reconstructing the River Erne Horn", *Ulster Journal of Archaeology Third Series*, Vol.61, 2002, pp.17-25.

[3] N. Koumartzis, D. Tzetzis, P. Kyratsis and R. G. Kotsakis,"A New Music Instrument from Ancient Times: Modern Reconstruction of the Greek Lyre of Hermes using 3D Laser Scanning, Advanced Computer Aided Design and Audio Analysis", *Journal of New Music Research*, Vol.44, No.4, 2015, pp.324-346.

制研究结束后的扩展讨论部分。国际音乐考古学会系列论文集较明显地涉及这一领域的文章有 5 篇，其中有以某一种乐器为主进行合奏性能的探索[1]，也有以整体乐队综合考虑的合奏试验[2]。其他文章方面，事实上前面第三类案例中约翰·珀瑟和库马齐斯发起的那两项研究，在最后阶段都加入了体验性认知的环节，前者用现代吹奏技法探索音响效果并与其他乐器合奏观察乐队效果，后者也邀请了演奏家用已知的古希腊音阶进行了乐器演奏，并进行了音乐效果评价。另外，考古声学"Archaeo-acoustics" 2014 年会议论文集上发表的意大利学者布兰比拉（Emma Brambilla）和科伦坡（Diego Colombo）对欧洲铁器时代后期的高卢七弦里拉进行了复制，并用此进行里拉复原演出。[3] 此演出包括与凯尔特人相关的声乐、器乐合奏，还收集听众感受意见纳入论文，是很典型的这一类别研究。这一类的探索更多的是在实践中进行发掘和应用，国际音乐考古学会年会的音乐会节目中常有相关表演被展现，瑞典音乐考古学家卡萨·隆德（Cajsa Lund）甚至组织出版过这类古风音乐的专辑唱片。[4] 类似音乐视频也在国外视频网站上能搜到不少。

　　第五类，乐器认定与功能实验，是比较特殊的一类研究，这一类的研究对象出土时通常归入不明器物的类别中，从而引发研究人员对其性质和功能进行推测性研究。而这种推测性研究大概率都是在实验中进行的。这些难以辨认的器物大多来自史前文化层，与乐器有关的对象常见的有石片、石块和骨管，也有木质弓形器、金属器等其他制品。这类研究在国际音乐考古学会系列论文集中呈现有 4 篇，研究对

---

[1] Joachim Schween, "Verehrt und miβ braucht: Zur Rezeptionsheschichte der bronzezeitlichen Luren im 19.und 20.Jahrhundert", in Ellen Hickmann and Ricardo Eichmann eds., *Music-Archaeological Sources: Finds, Oral Transmission, Writtn Evidence* (Studien zur Musikarchäologie IV), Rahden: Verlag Marie Leidorf, 2004, pp.193–220; Stefan Hagel, "Better Understanding the Louvre Aulos", in Ricardo Eichmann, Jianjun Fang and Lars-Christian Koch eds., *Papers from the 8th Symposium of the International Study Group on Music Archaeology in Suzhou and Beiing, China, 20–25 October, 2012*, Rahden: Verlag Marie Leidorf, 2014, pp. 131–142.

[2] Paul J. Reichlin and Conrad Steinmann, "Instruments and Their Music from the 5th Century BC in Classical Greece", in Ellen Hickmann, Arnd Adje Both and Ricardo Eichmann eds., *Music Archaeology in Contexts: Archaeological Semantics, Historical Implications, Socio-Cultural Connotations* (Studien zur Musikarchäologie V), Rahden: Verlag Marie Leidorf, 2006, pp.237–254; John Purses, "Listening to Picts", in Ellen Hickmann and Ricardo Eichmann eds., *Music-Archaeological Sources: Finds, Oral Transmission, Written Evidence* (Studien zur Musikarchäologie IV), Rahden: Verlag Marie Leidorf, 2004, pp.221–239.

[3] Emma Brambilla and Diego Colombo, "Feeling a Bard's Sound: A Six String Gallic Lyre's Experimental Reconstruction", in Linda C. Eneix ed., *Archaeoacoustics: The Archaeology of Sound*, Myakka: The OTS Foundation, 2014, pp.117–122.

[4] Cajsa S. Lund, *Fornnordiska klanger/The Sounds of Prehistoric Scandinavia* (CD including abooklet), Stockholm: Musica Sveciae, MSCD101, 1991.

象有弓形器（认为是一种以口为共鸣腔的单弦弓琴）[①]、管形器（认为有可能是编管类乐器）[②]、盾形器（认为是击奏响器）[③]，也有关于乐器种类的辨别问题（是"管"或是"笛"的认定）[④]。由于这类器物的出土容易引起研究者好奇，所以在音乐界和考古界期刊中都有不少文章发表。如早在1956年，伯纳德·法格（Bernard Fagg）就曾在《非洲音乐》期刊上发表文章，考证认为尼日利亚古遗址上的大型片状石块是古人音声仪式用的石锣类（Gong）乐器，依据的证据主要有民族志材料和声音检测评价，并做了演奏与合奏实验。[⑤] 还有学者试证明一些小型石片是打击乐器，如邓肯·考德威尔（Duncan Caldwell）通过形制痕迹、民族学和测音分析认为一种新英格兰出土的柱形石片不仅用作乐器，还是双音乐器[⑥]；伊丽莎白·布莱克（Elizabeth Blake）和伊恩·克罗斯（Ian Cross）也曾通过痕迹和音响途径试证明一种小石片是发声器[⑦]。

应该指出，这类实验及其结果是价值与风险并存的，其研究可能带来对史前音乐世界的更多认识，同时又很难保证研究的"准确性"。但实验考古正是提供了这样一种可能，为人们认知古代世界提供新的思考，并期望在更多证据的支持下使这些推测变得更具实证性。

---

① Gemma B.L. Coccolini, Emiliano Li Castro and Patrizia Petitti, "Sounding Tools and Symbols of Office, L10621: A Mouth Bow from the Molina di Ledro Pile-Dwelling?", in Arnd Adje Both, Ricardo Eichmann, Ellen Hickmann and Lars-Christian Koch eds., *Challenges and Obectives in Music Archaeology* (*Studien zur Musikarchäologie* Ⅵ), Rahden: Verlag Marie Leidorf, 2008, pp.45-49.

② Peter Holmes and Bernice Molloy, "The Charlesland (Wicklow) Pipes", in Ellen Hickmann, Arnd Adje Both and Ricardo Eichmann eds., *Music Archaeology in Contexts: Archaeological Semantics, Historical Implications, Socio-Cultural Connotations* (*Studien zur Musikarchäologie* Ⅴ), Rahden: Verlag Marie Leidorf, 2006, pp.15-40.

③ Cajsa S. Lund, "Sound Tools, Symbols or Something Quite Different? On Possible Percussion Instruments from Bronze-Age Sweden, including Methodological Aspects of Music-Archaeological Research", in Ricardo Eichmann, Jianjun Fang and Lars-Christian Koch eds., *Sound from the Past: The Interpretation of Musical Artifacts in an Archaeological Context* (*Studien zur Musikarchäologie* Ⅶ), Rahden: Verlag Marie Leidorf, 2012, pp.61-73.

④ Jean-Loup Ringot, "Upper Paleolithic Aerophones—Flute or Pipe? An Experimental Approach—Summary Report", in Ricardo Eichmann, Jianjun Fang and Lars-Christian Koch eds., *Sound from the Past: The Interpretation of Musical Artifacts in an Archaeological Context* (*Studien zur Musikarchäologie* Ⅷ), Rahden: Verlag Marie Leidorf, 2012, pp.389-391.

⑤ Bernard Fagg, "The Discovery of Multiple Rock Gongs in Nigeria", *African Music: Journal of the International Library of African Music*, Vol.1, No.3, 1956, pp.6-9. 其后他2004年在《加尔平协会杂志》(*Galpin Society*) 上有同类主题发表。

⑥ Duncan Caldwell, "A Possible New Class of Prehistoric Musical Instruments from New England: Portable Cylindrical Litho-phones", *American Antiquity*, Vol.78, No.3, 2013, pp. 520-535.

⑦ Elizabeth C. Blake and Ian Cross, "Flint Tools as Portable Sound-Producing Objects in the Upper Palaeolithic Context: An Ex-perimental Study", in Penny Cunningham, Julia Heeb and Roeland Paardekoope eds., *Experiencing Archaeology by Experiment: Proceedings of the Experimental Archaeology Conference, Exeter 2007*, Oxford: Oxbow Books, 2008, pp.1-20.

除以上五类研究外，还有一些研究也与实验音乐考古相关，如本文综述开头部分提到的对遗址的声音环境的检测，有一部分是结合遗址的仪式性迹象，对遗址的声音效果进行实验性探索和检测。还有学者考虑原始乐器制材的声学及神经学效果，用奶牛身上的部位做成笛、鼓、号、哨等乐器，在遗址中试声，做物理及神经检测，进而对早期人类的超自然感觉、超脱的愿望和仪式性进行思考。[1] 由于这些实验对象属于音乐考古的外缘，虽有思考价值，但起点多非实证性的，故仅列作扩展性的参考。国际音乐考古学会系列论文集中也有一些带有实验性质的文章不便列入实验音乐考古主要类别，如仅依据图像和文献描述进行的复原，无实物参照但有实验复原的理念[2]；又如乐器附件的研究（铜号附环及背戴方法）[3]。

四、结语

从以上研究综述可以看出，第一类与第二类研究，都是普通实验考古中存在的研究手段，而从第三类往后，都涉及了音乐考古作为以音乐为研究对象的特有学科内涵，而这些研究在实验音乐考古中已经得到了更多的关注，并且也有着更大的研究空间。故此，实验音乐考古虽为实验考古的一支，遵循着实验考古的基本原则，但同时又在实验考古的基础上有着明显的延伸，可以有自身特定的存在价值。将其作为音乐考古的特定研究方法将明显有利于音乐考古研究范围与研究内涵的扩展，其研究重技术性、科学性，研究思路清晰规范，研究结果可供审视检验，并且有着极大的研究空间。至此，我们可以说，实验音乐考古的技术手段完全有其独立存在的意义，对其性质、概念、分类等问题进行探讨都是于学科有益的。本文是基于国外已有成果的概论性研究，由于文献量较大，收集必不完全，目前仅是基于有限能力做了初步研究，意在抛砖引玉，敬请方家斧正。也望在今后的研究与讨论中让这一方法手段在中国音乐考古研究中发挥重要作用。

---

[1] Claire Marshall, "Breaking the Sound Barrier-New Directions for Complexity, Transformation and Reconstructive Practice in Experimental Neolithic Archaeoacoustics", in Dana Millson ed., *Experimentation and Interpretation: The Use of Experimental Archaeology in the Study of the Past*, Oxford and Oakville: Oxbow Books, 2010, pp.46–60.

[2] Margaret Bastin, "The Yal Harp of the Ancient Tamils", in Ellen Hickmann and Ricardo Eichmann eds., *Music-Archaeological Soures: Finds, Oral Transmission, Writen Evidence (Studien zur Musikarchäologie IV)*, Rahden: Verlag Marie Leidorf, 2004, pp.311–319; Peter Holmes, "The Greek and Etruscan Salpinx", in Arnd Adje Both, Ricardo Eichmann, Ellen Hickmann and Lars-Christian Koch eds., *Challenges and Objectives in Musie Archaeology (Studien zur Musikarchäologie VI)*, Rahden: Verlag Marie Leidorf, 2008, pp. 241–260.

[3] Simon O'Dwyer, "Boolybrien: The Personal Hoard of a Bronze Age Musician", in Ricardo Eichmann, Jianjun Fang and Lars-Christian Koch eds., *Papers from the 8th Symposium of the International Study Group on Music Archaeology in Suzhou and Beijing, China, 20–25 October, 2012*, Rahden: Verlag Marie Leidorf, 2014, pp.143–156.

第二节　基本内容

　　随着学科间不断交叉结合，新的学科门类如雨后春笋般应运而生。实验考古作为考古学的分支，在我国日益得到重视。朱国伟于2020年第4期《中央音乐学院学报》上发表的《从实验考古到实验音乐考古——概念、分类及国外研究综述》一文，对实验考古与实验音乐考古的关系，以及对实验音乐考古的概念、意义、分类进行了系统的阐述。

　　全文所探讨的学术问题主要体现在以下三个部分。

　　第一部分——实验音乐考古的形成及其概念。首先，作者对"实验考古"这一概念的形成进行了回顾，从实验考古概念的梳理中总结出了较为突出的共同点：复制研究是实验考古最为基本的手段，同时会强调材料与证据的充足，有明确的实验目的和验证过程，使整个研究有可控性和可重复性。[1] 其次，作者在前人研究的基础上进一步分析，尝试对实验音乐考古的概念定义：实验音乐考古是根据考古资料，通过对文物本身和制作过程的复制或模拟，来实现对音乐文物和事象的材料、结构、成形过程、功能以及声音特性、音乐性能等方面的认知和检验，进而对古代音乐技巧和音乐行为得以有更深入的实证性认知。[2]

　　第二部分——实验音乐考古的分类。作者首先对实验考古的分类现状进行阐述，实验考古作为一门相对年轻的学问，其学理分类尚未在学界取得共识。其次，作者根据实验音乐考古研究对象的特性，在西方学者的研究中发现了两种值得引起注意的分类标准，一是依据实验复制的层次分类，二是依据实验的目标分类。

　　第三部分——国外研究综述。作者通过追溯音乐考古的研究历史，依据上文中对实验音乐考古的定义，对国外实验音乐考古的已有研究进行分类综述。第一类为外形复制实验；第二类为全真复原实验；第三类为复制与演奏实验；第四类为音乐表现力实验；第五类为乐器认定与功能实验。

---

[1] 参见朱国伟《从实验考古到实验音乐考古——概念、分类及国外研究综述》，《中央音乐学院学报》2020年第4期。

[2] 参见朱国伟《从实验考古到实验音乐考古——概念、分类及国外研究综述》，《中央音乐学院学报》2020年第4期。

第三节 评述与相关成果研究

一、评述

20世纪中叶以来，国外的一批考古学家提出了"实验考古学"的概念，西方研究者对这一概念迅速展开了探讨与研究，但其中涉及"实验音乐考古"的研究较为少见。文章通过对国外"实验考古"概念形成的回顾，基于前人的概论性研究，对于国内外有关实验考古与实验音乐考古的概念、性质、分类等问题进行了深入探讨，进一步明确了实验音乐考古的内涵与外延，阐述了实验音乐考古在实际研究中的价值与独立存在的意义。作者以其开阔的国际视野，对国际音乐考古学会组织出版的10本系列论文集进行了整体综览与评述，梳理了国外自20世纪中叶以来与"实验考古"相关的概念与观点，较为全面、系统地阐述了实验考古在国外的研究现状。研读此文可见作者视野之开阔、思路之清晰，既有实证精神，又具备敏锐的思辨功力。在对于实验音乐考古这一概念的定义与实际研究中，作者展现了其不墨守成规的一面，不拘泥于音乐学学科或是考古学科，更不拘泥于国界，以十足开放的胸怀与心态为中国实验音乐考古的发展做出了积极的贡献。朱国伟先生在文中以国际视角与多重维度对实验音乐考古的发展与实践进行了详细的阐述与分析，为后来研究者了解和认识实验音乐考古提供了极大的便利。

二、拓展

1. 李幼平：《大晟钟的复原研究与仿（重）制试验》，《黄钟（武汉音乐学院学报）》2015年第4期。

2. 方建军：《音乐考古学：名称、定义和学科属性》，《音乐研究》2016年第3期。

3. 王清雷：《西周甬钟的考古类型学研究述评》，《音乐艺术（上海音乐学院学报）》2018年第4期。

4. 方建军：《音乐考古学研究：对象和方法》，《音乐研究》2018年第4期。

5. 王清雷、陈伟岸、曹葳蕤：《当代编钟铸造的实地考察与思考》，《人民音乐》2020年第7期。

第四篇

梯队建设与国外研究

第一章 *Suspended Music : Chime-Bells in the Culture of Bronze Age China*

第一节 引言及目录

Lothar von Falkenhausen, *Suspended music: Chime-Bells in the Culture of Bronze Age China*
——University of Calrfornia Press, 1993

一、INTRODUCTION: SETTING THE STAGE

In ancient China, the art of music was strictly regulated. The most impressive musical performances were embedded in ritual celebrations, to which was attributed the power to keep the cosmos in harmony; music, properly executed, defined and periodically reaffirmed the social order. When the classical texts discuss the subject of music, it is to this peculiarly empowering ceremonial music that they refer. Archaeological remains of musical instruments, commonly found associated with sacrificial vessels and other ritual paraphernalia, also hint at an underlying politico-religious significance. The purpose of this book is to explore the role and nature of early Chinese ritual music within its cultural matrix.[1]

Some Preconceptions

Texts transmitted from antiquity describe the exercise of music as intimately bound up with rulership. "Government is modeled upon music," says the Guo Yu 国 语(Narratives of the states), a fourth-century B.C. compilation,[2] explaining that a ruler's actions should strive to imitate musical harmony. In other texts, rulers are exhorted to use music to regulate the feel-

---

[1] See Merriam's (1960) definition of ethnomusicology.
[2] Guo Yu "Zhou Yu-xia" (Tiansheng Mingdao ed., 3: 14a).

ings as well as the behavior of their subjects. The Yue Ji 乐记 (Records on music, ca. third century B.C.) states:

The former kings paid close attention to what aroused the feelings [of the people]; they used ceremonies to guide [the people's] intentions, music to harmonize their sounds, regulations to unify their actions, and punishments to prevent conflict among them. Ceremonies and music, punishments and regulations—their ultimate aim is one: they are that by which the hearts-and-minds of the people are unified and the Way of order is produced.[①]

Here we find music portrayed as a government institution, along with ceremonies, regulations, and punishments. A virtuous ruler could employ music as an instrument in the exercise of power to induce social harmony. The Zhou Li 周礼 (Ritual system of the Zhou), an important ritual text probably dating to the third century B.C., therefore assigns the following duty to a "Minister of Rites" (Dazongbo 大宗伯):

With rites and music, he adjusts the transformations of Heaven and Earth and the production of all the material things, so as to serve the ghosts and spirits, to harmonize the multitudinous people, and to bring all the material things to perfection.[②]

But the Yue Ji, immediately after the passage quoted above, offers a second, somewhat divergent definition of music:

All musical tones are born in the hearts-and-minds of humans. The sentiments stir within and thereupon take shape as sounds, and when the sounds assume a pattern, they are called musical tones. Therefore, the musical tones of a well-ordered age are calm and full of joy about the harmony of its government. But the musical tones of an age in disorder are resentful and full of anger about the perversity of its government. The musical tones of a state that is doomed to perish are mournful and full of anxiety about the dire straits of its people. Truly, the Way of the sounds and musical tones is intimately linked to government.[③]

---

① Li Ji "Yueji" (Li Ji Zhushu 37:2a–3a, Couvreur, 47–48); identically in Shi Ji "Yueshu" (Zhonghua ed., 1179).
② Zhou Li: Chun'guan "Dazongbo" (Zhou Li Zhengyi 35:12a/b).
③ Li Ji "Yueji" (Li Ji Zhushu 37:2a–3a, Couvreur, 47–48); identically in Shi Ji "Yueshu" (Zhonghua ed., 1179).

According to this view, music operates in a spontaneous manner, objectively expressing the condition of the body politic.[①] In times of good government, music will be harmonizing in and of itself, thus compounding the positive effects of the rulers actions, but dissolute rulership will always be accompanied by disorderly music. In this sense, music may serve the sensitive ruler, or an outside observer, as a barometer for assessing the public morale. The Yue Ji elaborates:

> The accomplished man, ⋯ therefore, by scrutinizing sounds, comes to know musical tones. By scrutinizing musical tones, he comes to know music; by scrutinizing music, he comes to know government. With this, his knowledge of the Way is complete.[②]

The Yue Ji's somewhat ambivalent descriptions of how music and government interrelate may reflect different strata of Chinese musical thought. In a general way, however, the conception of music as a moral-political entity pervades the earliest textual sources on ancient Chinese musical theory, which date from the fourth to the second centuries B.C.[③] Their authors imputed a far-reaching cosmic effect to ritual music, whether conceived of as subject to a ruler's administration or as a political agent in itself. In the words of the Yue Ji:

> Music has its being in the harmony between Heaven and Earth. Ceremonies have their being in the hierarchical gradations between Heaven and Earth. When based on harmony, all material things will undergo their natural transformations [undisturbed]; when based on hierarchical gradations, the multitude of material things will have their [proper] distinctions. Music-making starts from Heaven, and the ceremonies are fixed by means of the Earth. If the fixing is faulty, disorder will ensue. If the [music-] making is faulty, disruption will ensue. Only after having become enlightened about Heaven and Earth can one make ritual and music prosper.[④]

Following such principles, most early Chinese literature on musical theory consists of at-

---

① See Henderson 1984, 23.
② Li Ji "Yueji" (Li Ji Zhushu 37:4b-5a, Couvreur, 50); identically in Shi Ji "Yueshu" (Zhonghua ed., 1184).
③ In addition to Guo Yu, Yue Ji (which is included in both the Li Ji and the "Yueshu" of Sima Qian's Shi Ji), and the Zhou Li, these sources include the Li Ji 礼记, the Guan Zi 管子, the Xun Zi 荀子, the LüShi Chunqiu 吕氏春秋, and the Huainan Zi 淮南子, For more information about these texts and the editions used for this study, see the Bibliography. The most comprehensive study of ancient Chinese musical thought is Kurihara 1978. For a brief general introduction in English, see DeWoskin 1982, 29-98.
④ Li Ji "Yueji" (Li Ji Zhushu 37:9a/b, Couvreur, 60-61); identically in Shi Ji "Yueshu" (Zhonghua ed., 1191).

tempts to integrate music into an intricate system of correlative cosmology.[①] The texts explain how music expresses the emanations of yin 阴 and yang 阳. They relate the Five Musical Tones (yin 音) to the Five Processes,[②] the Five Directions, the Five Tastes, the Five Colors, and so forth; and they match the Twelve Pitch Standards (lü 律) to the Twelve Months, the Twelve Terrestrial Branches,[③] and so forth. Even the musical instruments of the court orchestra, classified according to their eight different kinds of materials (metal, stone, clay, leather, silk, wood, gourd, and bamboo), are forced into a numerological straitjacket. In such a system, the potential impact of playing a single tone is immense, and the player's responsibility is enormous. Through its links with aesthetic, calendrical, astronomical, and geographical phenomena, musical performance embraces the entire universe. A ruler's use of music becomes an aspect of his role as a mediator between human society and the impersonal forces of the cosmos.

Such concepts have been basic to the received perceptions of ancient Chinese musical theory, both in China and abroad.[④] Many scholars have assumed that the post-fourth-century B.C. sources present a digest of knowledge accumulated over many centuries. But this assumption is questionable. The grandiose philosophical and cosmological ideas with which we find musical lore intertwined in those texts are clearly specific to one circumscribed period of Chinese intellectual history.[⑤] Correlative cosmology, in particular, became current during the century preceding the founding of the Chinese empire by the First Emperor of Qin 秦始皇 in 221 B.C. and continued to reign supreme during the Han dynasty (206 B.C.-A.D. 220). There is no reason to believe that it should have been applied to music before it entered the general discourse.[⑥] Although earlier classical texts—the Shi Jing 诗经 (Classic of poetry, ca. 900-700 B.C.) and the Lunyu 论语 (Analects of Confucius, fifth century B.C.), for instance—confirm that ritual music was of extraordinary importance in pre-Imperial China, they never even touch upon musical cosmology. Opinions of the late Eastern Zhou thinkers on

---

① On correlative cosmology, see Eberhard 1933, Henderson 1984, Schwartz 1985, 350-382, Graham 1986a and 1989, 313-356.

② The Five Processes (wuxing 五行), formerly known as the Five Elements, or Five Phases, are wood, fire, soil, metal, and water.

③ The Twelve Terrestrial Branches (dizhi 地支) are cyclical elements that, paired individually with the Ten Heavenly Stems (Tian' gan 天干), form the Cycle of Sixty, by which days are counted in the most ancient Chinese calendar systems. Good explanations and tables may be found in Dictionnaire francais de la langue chinoise, appendix 23-25.

④ See, for instance, Yang Yinliu 1980, van Aalst 1884, Laloy 1909, Picken 1957, Needham and Robinson 1962.

⑤ Henderson 1984, 30-46.

⑥ Pace Graham 1986a, 8 and 91.

music appear to have been highly diverse (see Chapter 9) ; correlative cosmology seems to have been, at first, only one of many acceptable ways of conceptualizing music.

For their ideal of music, the writers of the last centuries B.C. looked back to antiquity. What was it that they so esteemed about the glorious music of the Former Kings ? Can we know anything about such early music beyond a few vague lines in the Shi Jing ? Our chances would appear slim were it not for archaeological discoveries of a large number of musical instruments—flutes, mouth-organs, ocarinas, zithers, bell-chimes, lithophones, and drums—that have been excavated during the last four decades all over China. These finds make it possible to reconstruct the composition of ritual orchestras from Neolithic down to Imperial times, and thus to infer the timbre of ancient Chinese music. Archaeological context, moreover, confirms the notion of a highly politicized context of musical practice in Chinese antiquity (see Chapter I). But in and of themselves, the excavated musical instruments can tell us little about the intellectual dimension of music in their time—or so it appeared, until recently.

An Archaeological Sensation

In 1978, the discovery of the bells of Marquis Yi of Zeng 曾侯乙 (d. ca. 433 B.C.) thoroughly upset previously cherished preconceptions regarding pre-Imperial Chinese music (图略). Totally unprecedented and still virtually unparalleled in the archaeological record, the inscriptions on these bells provide a full and systemically coherent record of musical theory. The impact of this spectacular archaeological find on contemporary scholarship on early Chinese music has been revolutionary.

Marquis Yi's tomb is located at Leigudun, Suizhou (formerly Sui Xian, Hubei). It was found accidentally in September 1977 and excavated in the spring of the following year. A large bell found in the tomb, the Chu Wang Xiong Zhang-bo (see fig. 20), a gift (in some scholars' opinion, a posthumous gift) to Marquis Yi from Hui Wang of Chu 楚惠王 (personal name: Xiong Zhang 酓章, r. 488-432), is dated by inscription to the fifty-sixth year in the reign of that king (433 B.C.).[①] About Marquis Yi, who, to judge from his skeletal remains, died at

---

① The inscription is translated in Thorp 1981-82, 68. Two bells with exactly the same inscription were found in Anlu (Hubei) in the twelfth century (Xue Shanggong 薛尚功, Lidai zhongding yiqi kuanzhi j. 6:53a/b; a rubbing of unclear provenience is depicted in Wu Zhao 1980).These bells, long since lost, also featured tone-naming inscriptions similar to those seen on Marquis Yi's bells (with the curious exception of the Chu Wang Xiong Zhang-bo).For a long time, these inscribed tone names appeared enigmatic; Tang Lan 唐兰 (1933, 78) could do no more than to take them as proof that the tone names mentioned in the classical texts were actually used in pre-Qin music. It is now evident that they must have designated the two tones that could be produced on these bells. The two bells from Anlu almost certainly were part of a larger assemblage of musical instruments, some of which were buried in Marquis Yi's tomb.

around 45 years of age, we know nothing whatever from other sources. Even his state of Zeng is unattested in the historical records, ① though it is now quite well known through inscriptions on archaeologically excavated bronzes. It seems likely that a state named Zeng existed in the vicinity of Suizhou throughout much of the first millennium B.C.② Its geopolitical situation will be discussed in Chapter 1.③

Though less famous outside China than, for example, the terracotta army of the First Emperor of Qin near Xi'an (Shaanxi), Marquis Yi's tomb must rank as one of this century's most significant archaeological discoveries on a worldwide scale. Lavishly furnished and virtually undisturbed, it bears comparison with the tomb of the Pharaoh Tut-ankh-Amun-another historically ephemeral figure owing his fame mainly to archaeology. In its size and wealth, Marquis Yi's tomb exceeds all other known tombs of rulers in pre-Imperial China. The more than seven thousand items of funerary goods allow unprecedented insights into Chi-

---

① There were several states called Zeng in Bronze Age China; as a place name, Zeng 曾 is first attested in a late Shang oracle bone inscription (Chen Pan 1969, vol.4, 298b–299a; see also Li Xiandeng 1986). The only possible references in the transmitted textual sources to a Zeng in Hubei are the Zeng 缯 in Zou Zhuan 左传 Ai4 (HYI ed., 471) and Guo Yu "Zheng Yu" (Tiansheng Mingdao ed., 16:6a).

② By far the most, as well as the earliest, Zeng relics have been found within a 200km radius of Suizhou. The Zeng Taibao 曾大保 -gui, probably a late Western Zhou piece, was excavated in 1976 at Zhoujiagang, Suizhou; it is mentioned in passing in Jianghan Kaogu 1985 (1):106–107, 105 (inscription quoted in n. 4, p.105). Rong Geng 容庚 (1941, vol. 1, 474; vol.2, pl. 880) records an unprovenienced Zeng Taibao-pen, which, judging by its style, may date to about the same period. Springs and Autumns period Zeng bronzes have been found at Lianyuzui, Suizhou, in 1975 (Jianghan Kaogu 1980 [1]:97 and [2]:pl. 1; Zeng and Li 1980, 72 and 76–77) and, in association with objects of Chen 陈, at Jishiliang, Suizhou, in 1979 (Wenwu 1980 ([1]:34–41). The Zeng ZiZhongqi 曾子仲凄 -yan was discovered at Xiaoxiguan, Xinye (Henan), in 1971 (Wenwu 1973 [5]:14–20), and a ding inscribed by the same individual was found at nearby Duanying, Zaoyang (Hubei), in 1972 (Kaogu 1975 [4]:222–225). Vessels of Zeng and Huang were excavated together at Sujialong, Jingshan (Hubei), in 1966 (Wenwu 1972 [2]:47–53), and at Xiongjialaowan, Suizhou, in1970–1972 (Wenwu 1973 [5]:21–25), perhaps testifying to a tradition of hereditary intermarriage between the ruling families of Zeng and Huang 黄. The mid-Warring States period Zeng Ji Wuxu-hu 曾姬无恤壶 found in the tomb of King You of Chu (r.237-228 B.C.) at Zhujiaji, Shou Xian (Anhui), in the 1930s is the latest Zeng bronze vessel on record. Liu Jie (1958, 123) suggests that it may have been made for another Zeng princess married off to Huang, but this is impossible because Huang had been extinguished by Chu for more than two centuries before the hu was cast. It seems possible that the vessel in its archaeological context testifies, instead, to a marital alliance between Zeng and Chu.

③ See Chapter 1 under "The donors of Eastern Zhou bells." Li Xueqin argues that Zeng was identical with Sui 随, a well-documented state in the vicinity of Chu (Guangming Ribao, October 4, 1978 [not seen]; see Li Xueqin 1985, 181; more references in He Hao 1988). The arguments leveled against this view by Zeng and Li (1980) are unconvincing; nevertheless, Li's identification remains hypothetical.

nese aristocratic culture in the late fifth century B.C.[①]

In keeping with a practice, quite recent at the time, of fashioning large tombs in analogy with the abodes of the living, the Marquis's tomb（图略）displays the structure of an underground palace.[②] The layout and furnishings of its four chambers recreate the principal parts of a typical ruler's residence.[③] The eastern chamber corresponds to the ruler's private living quarters（qin 寝）; Marquis Yi was encoffined there in the company of eight young women, immolated to serve as his attendants in the other world. The northern chamber, the armory, contained a chariot and weapons; in the western chamber, the harem, excavators found the coffins of thirteen more female victims. The large chamber in the center of the tomb corresponds to the public part of the palace, the main hall and its courtyard, where the Marquis would have performed his ritual duties as ruler, offering sacrifices to his ancestors and entertaining guests. Consistent with such a function, this part of the tomb is furnished with ritual vessels and musical instruments.

In this central chamber, during several days following May 22, 1978, archaeologists unearthed the remains of a complete ritual orchestra, including the following instruments:

- seven large zithers（se 瑟）（图略）
- three mouth-organs（sheng 笙）（图略）
- two panpipes（paixiao 排箫）（图略）
- two transverse flutes（di 笛 or chi 篪）（图略）

---

① Even before the final archaeological report on Marquis Yi's tomb was published, scholarly articles concerning various aspects of the tomb numbered in the hundreds. Many are listed in this book's bibliography; for a more complete list of Chinese articles relating to the Zeng bells, see Hubei Sheng Bowuguan 1988. The preliminary archaeological report on the tomb（originally published in Wenwu 1979 [7] : 1-24）has been translated into English in Chinese Studies in Archaeology 1（1979-1980）, 3:3-45; the same issue of that journal（pp. 46-73）also carries the translation of an article on leather armor excavated in the tomb. Long abstracts of five other articles published at the same time as the preliminary report（including Qiu Xigui 1979 and Huang Xiangpeng 1979a）may be found in Dien, Riegel, and Price 1985, vol. 2, 760-778. Details regarding the discovery of the Zeng bells, as well as size measurements, are available in Tan and Fang 1988. Preliminary sources of illustrations include Sui Xian Zeng Hou Yi-mu, Hubei Suizhou Leigudun chutu wenwu, and Zhan'guo Zeng Hou Yi-mu chutu wenwu tu'an-xuan. The most comprehensive work on the tomb in a Western language is Thote 1985（see also Thote 1986）. Thorp（1981-1982）offers a comprehensive analysis of the art-historical aspects of the Leigudun finds in English. See also Li Xueqin 1985, 175-181.

② Yu Weichao 1980; Wu Hung 1988. This tendency is doubtless due to changing religious beliefs（Maspero 1950; Dien 1987; Graham 1989）.

③ Thorp 1981-1982, 75-76; Tanaka 1980.

· three drums of different types（图略）
· one lithophone of thirty-two chimestones（qing 磬）（图略），① and
· an assemblage of bell-chimes comprising sixty-five bells（图略）.

  The composition of this orchestra more or less accords with what had long been known from the Shi Jing and other texts, but the prominence of chimestones and bells is somewhat surprising. No other tomb in China has yielded comparable quantities of these two kinds of instruments, which in contemporary writings are referred to as "suspended music"（yuexuan 乐悬）.②

  Uniquely, moreover, the Zeng bells and chimestones are covered with inscriptions that record the names of the tones they emitted. These inscriptions constitute an indubitably authentic body of musical theory, predating the late.

  Pre-Qin texts by at least one century. They enable us to reconstruct important aspects of Chinese musical thinking in the fifth century. The sixty-five bells with their gold-inlaid inscriptions（图略）are of particular interest, for unlike the musical stones they are well-preserved and can still be played, emitting virtually, if not exactly, the same tones as when they were buried.③ We can thus verify the meaning of the theoretical information in the inscriptions by means of the tones of the bells themselves. When analyzed in conjunction, the bells and their inscriptions provide an entirely new perspective on the intellectual history of pre-Imperial Chinese music. They point to new ways of analyzing other music-related archaeological finds, especially bells. Through them we can gain a diachronic view of musical history spanning approximately one millennium before the Qin unification. Truly, using another Egyptian simile, the Zeng bells have provided the Rosetta Stone for the study of early Chinese music.④ Now, for the first time, the study of the material manifestations of music（or musical archaeology, as it is called by some scholars）can offer a new and different perspective on the transmitted musical lore. This book endeavors to present this new panorama of

---

① A lithophone is a musical instrument in which a number of tuned flat slabs of stone, usually of oblique L-shape, are suspended from a rack. In their musical role in the orchestra as well as in their playing technique, these instruments have much in common with chime-bells; they will be discussed intermittently throughout this book.
② The locus classicus of the term yuexuan is in Zhou Li: Chun' guan "Xiaoxu"（Zhou Li Zhengyi 44:14b–16b）.
③ Three sets of tone measurements taken on the Zeng bells have now been published; for bibliographic information, see Appendix 4.
④ Rossing 1987.

music in ancient China.

The Importance of Bells

Taking the Zeng finds as our point of reference, we shall, for several reasons, explore ancient Chinese ritual music from the vantage point of bells. Bell-chimes are a unique cultural contribution of the Chinese Bronze Age. Although bells have been made in metal-using cultures the world over, [1] Chinese bell-making traditions are of particularly long standing; the oldest known bell-like metal object in the world seems to be a late Neolithic (ca. 2000 B. C.) specimen from Shanxi province (图 略, see Chapters 4). China was also first in the production of tuned sets of bells. The chime-bells of the Chinese Bronze Age have no technological parallel in the ancient world. In Europe, the only other place where tuned sets of bells were used as musical instruments during the pre-industrial age, such cymbals and carillons were not made until the late Middle Ages, and these European bells differ from their ancient Chinese counterparts in all imaginable respects, most notably in bell-shape and manner of playing.[2] Considering their age and the conditions under which they were made, the craftsmanship and acoustical quality of the ancient Chinese bell-chimes, though imperfect, are impressive even by twentieth-century professional standards. Part 1 of this book (Chapters 1 through 3) presents the basic cultural and technological facts about those instruments.

One reason bell-chimes merit our particular attention is that they occupied a prominent position in the ancient Chinese ritual orchestra. More reliably than other kinds of musical instruments, bells can serve as an indicator of the social context of musical activity, for many bear inscriptions documenting important historical details about their owners. (The Zeng bells are so far unique in furnishing music-related information.) Alone among musical instruments, furthermore, bell-chimes and lithophones— "suspended music" —were subject to sumptuary regulations; consequently, even uninscribed bells, viewed in their archaeological contexts, embody significant social information. Bells appear frequently in the classical texts, sometimes as a synecdoche for music, and these textual loci can furnish additional clues to the cultural role of bells. Chapter 1 will establish the social and economic context of bells within the elite sphere of the early Chinese monarchic states.[3]

---

[1] Price 1983; Lehr 1987a.
[2] Cymbals were used from the tenth through the fifteenth centuries, after which they were displaced by carillons (Price 1983; this book is authoritative on the history of Western bells, though weak in its coverage of Chinese bells). For technological comparisons of Chinese and Western bells, see Rossing 1989a and b.
[3] Lithophones, which share some technological properties with bells, are far less frequently encountered in the archaeological record than chime-bells and are usually less well preserved. Inscribed specimens are rare.

We shall see that, during much of the Bronze Age, bells were status-defining luxury objects par excellence. More specifically than other instruments, bell-chimes represented the ritual music of the aristocracy during the Shang and Zhou dynasties, the music of the Former Kings so much regretted by later philosophers-to the extent that such music ever existed. Tied to the political fortunes of its aristocratic patrons, suspended music, unlike other components of the Shang and Zhou ritual orchestra, was never integrated into the new forms of music emerging at the end of the Warring States period; it is hardly an accident, therefore, that bell-chimes fell out of use with the demise of the traditional court music around that time. Given their chronological limitations, bellchimes may stand as Leitfossilien of Bronze Age music. The geographic distributions of the standard bell-types are quite restricted, and the elevated cultural status of bells may explain, at least in part, why local elites in the areas surrounding the realm of the early Chinese dynasties regarded bells as somehow symbolic of civilization.

As a consequence of their high prestige, considerable economic resources and technological acumen were expended on the manufacture of chime-bells. It is no exaggeration to say that they embody some of the highest achievements of science and technology of the Chinese Bronze Age. An approach that synthesizes the technological history of bells with what we know about Chinese musical theory may therefore yield important insights. How was technology put to the service of music? The answer to this question turns out to be unexpectedly complex. There are indications that preexisting musical concerns by no means always determined technological developments in musical-instrument manufacture; on the contrary, thinking about music may have been conditioned by the possibilities and limitations of instruments such as bells. Before we can hope to understand the musical theory documented by the Zeng bell inscriptions, we must investigate the material properties as well as the technological evolution of bells. Chapters 2 through 6 address these issues.

Of particular importance in elucidating the interrelation of technological development and the formation of musical theory is the "two-tone phenomenon," a crucial acoustical feature of ancient Chinese bells. The inscriptions on the Zeng bells (图略) show that each musical bell was designed to produce two distinct tones: the "A-tone," obtained by striking the lower portion (gu 鼓) of the bell in the center, and the "B-tone," obtained by striking the right or left side of the gu.[①] The two tones are clearly separated acoustically, usually by ei-

---

① In the Chinese literature, the "A-tone" is variously designated as guzhongyin 鼓中音, zhengguyin 正鼓音, or suiyin 隧音, and the "B-tone," as gupangyin 鼓旁音, ceguyin 侧鼓音, or guyin 鼓音. The "Sui-tone/Gu-tone" nomenclature has been variously adopted by Western and Japanese authors but is misleading in view of the actual meanings of the terms sui and gu (sec Chapter 2).

ther a minor or major third. Forgotten for two thousand years, the two-tone phenomenon was rediscovered only as a result of the excavation of the Zeng bells with their inscriptions placed on the respective striking points (图略). This finding came as a somewhat embarrassing surprise to scholars, since testable musical bells had long been available both in China and abroad.[1] The equally astonishing fact that the two-tone phenomenon is mentioned nowhere in the classical texts only illustrates the limited usefulness of these textual records for the study of technological history. The silence of the Kaogongji 考工记 (Notes on examining the artisans; now the final chapter of the Zhou Li but originally a separate manual itemizing the activities of artisans attached to the Zhou royal palace) is particularly surprising because it does contain a section describing the tasks of bell-casters attached to the royal court. We shall have more to say about the Kaogongji in the context of the technological aspects of bells in Chapters 2 and 3; it will become clear that the study of the extant bells yields far richer and more reliable evidence than that text.

Chapter 2 discusses the acoustic properties of the bell-types most commonly used as musical bells during the Chinese Bronze Age; Chapter 3 addresses issues related to manufacture. Both chapters incorporate information gained between 1979 and 1984, when an interdisciplinary team under the auspices of the State Bureau of Cultural Relics and the Hubei Provincial Government cast a replica of the entire Zeng bell assemblage.[2] This project, which must be counted among the major events in the history of experimental archaeology,[3] provided a valuable opportunity for experiments exploring some of the technical issues involved in manufacturing scaleable and tuneable bells.

Before moving on to issues of performance and musical theory, it is necessary to look at bell-chimes from a diachronic perspective. How did they come into being, and how did they

---

[1] After the Zeng finds had proved the existence of the "two tone phenomenon," several scholars asserted that they had been aware of it before. Ma Chengyuan (1981, 133) claimed to have discovered it in 1977 when examining the Qin Gong-yongzhong, and Wang Xiang (1981, 68) said it was discovered in the same year by a team of four researchers directed by Lü Ji during research on the Xing bells (see also Jiang Dingsui 1984, 93). Others maintain that the existence of a second tone on ancient bells was discovered by chance as early as 1958, during a performance of "The East is Red" on the Jingli-niuzhong on Radio Peking (Shen 1987, 104-105).

[2] Participating institutions included the Hubei Provincial Museum, Wuhan; the Research Institute for the History of the Natural Sciences of the Chinese Academy of Sciences, Beijing; the Wuhan Mechanical Technology Research Institute; the Foshan Nodular Cast Iron Research Institute; and the Wuhan Engineering Institute. See Hubei Sheng Bowuguan 1981.

[3] Preliminary summaries have been published in the 1981 (1) issue of Jianghan Kaogu; several of these articles are also included in Hua Jueming et al. 1986. See also Guan and Liu 1983, Huang Xiangpeng 1983, Zhong Hui 1983. Anonymous 1984, Wang Yuzhu et al. 1988, Tan and Feng 1988.

develop over time? Typological analysis can answer such questions. The wealth of useable archaeological material constitutes a further, pragmatic reason why bells lend themselves as a basis for the study of ancient Chinese musical history. Unlike most musical instruments, which were made of perishable materials, bronze bells have been preserved in relatively large numbers. The several thousand extant specimens (for a bibliographic listing, see Appendixes 1 and 2) fall into readily definable typological sequences. In Part II of this book (Chapters 4 and 5), we shall trace these sequences and establish their geographic distributions.

Beyond classification and dating, our aim in using the typological method will be to nail down successive steps in the invention of chimes of two-tone bells. Much but not all of this development took place in areas under the direct political control of the early royal dynasties in north China. The important contribution of bell-casters south of the Yangzi River to the invention of the classical two-tone bell is included in the narrative of Chapter 4, which covers the early Bronze Age through the middle of Western Zhou. Chapter 5 treats the emergence of the classical types of chime-bells in mid- to late Western Zhou and the evolution of various regional strains of bell manufacture during the Eastern Zhou period. During the same period, the paraphernalia of Zhou ritual music were also adopted in peripheral areas all around the Zhou cultural sphere; quite possibly, these bells of regional provenience document the gradual acculturation of local elites to the ways of the Zhou. Appendix 3 traces briefly the development of bells in peripheral areas.

Part III of this book (Chapters 6 through 9) tackles the complex issues of musical performance and theory from the perspective of the suspended music. A great advantage of using bells for musicological analysis is that they can still be played. Chapter 6 discusses techniques by which bells were played in antiquity. Moreover, because each bell can produce no more than two tones, there can be no ambiguity as to their intended tones, as there is, for example, on wind and string instruments. Virtually alone among surviving ancient musical instruments, bells provide useable tonal data that allow consideration of Bronze Age Chinese musical theory. In 1922, the distinguished Japanese musicologist Tanabe Hisao 田边尚雄 (1883-1983) performed the first modern frequency measurements on ten Western and Eastern Zhou bells in the Sumitomo collection;[①] in China, at roughly the same time, the linguist and folklorist Liu Fu 刘复 (1891-1934) measured the tones of both ancient and late Imperi-

---

[①] Tanabe's results were published as a supplement to Hamada 1924.

al chimestones and bells.[①]

Since the 1950s, this approach has been extended to many archaeological finds in China. Appendix 4 lists the most important tone measurements so far reported. The tone measurement methods and their validity are discussed in Chapter 6. In Chapter 7, using the evidence from the Zeng bells and their inscriptions, we shall examine the tone distributions on approximately two dozen bell-chimes dating from the thirteenth to the fourth century B.C. in chronological sequence. Through them, we can trace the progress, if not of early Chinese ritual music in general, at least of the sort of music performable on bell-chimes, as well as the development of bell-chimes into fully melodic instruments. While the scope of these preliminary results turns out to be somewhat narrow, the inscriptions on the suspended music of Zeng suggest a number of far-reaching conclusions about the music of the Chinese Bronze Age.

In Chapter 8, the system of tone nomenclature documented in the Zeng inscriptions is introduced. Comparison with the late pre-Qin texts highlights essential differences between musical theory before and after the rise of correlative cosmology. Chapter 9 attempts to mold the information collected in the preceding chapters into a coherent historical account of the development of classical Chinese musical theory during the Bronze Age, intertwined as it was with the rise and fall of dynastic ritual and of bell-manufacturing technology. The chapter emphasizes the importance of bells in the genesis of musical theory. At the end, ancient Chinese ritual music, while undeniably of great political importance, emerges stripped of the ballast of correlative cosmology.

Reconstruction of the music itself, unfortunately, must be postponed until archaeologists discover ancient Chinese musical scores. So far, we do not even know what kind of notation system was used by the ancient Chinese; conceivably, musical pieces were written

---

① Only the tone measurements on the bell-chime and lithophone at the Altar of Heaven in Beijing (Liu Fu 1932) were ever published . in 1930, Liu measured the tones of more than 500 bells and chimestones in the former Imperial Palace in Beijing (Jiang Dingsui 1984, 93; a manuscript article is mentioned in a footnote in Liu Fu 1934. Some of this information seems to have been used by Huang Xiangpeng 1978-1980) . Liu also measured the tones of chimestones newly excavated in the 1930s at Xincun, Xun Xian Henan)(a manuscript article is mentioned in Xun Xian Xincun, 66) .It appears that there are still plans to publish these seminal studies posthumously (Wang Zichu, personal communication 1990) .

down using the tone names of the Zeng inscriptions.[①] Today's performances on ancient or reconstructed instruments（图略）are no more than imaginative re-creations; this book may provide some hints to make them more historically accurate. For the time being, however, the music of the Chinese Bronze Age remains suspended in the depths of history.

二、CONTENTS

LIST OF ILLUSTRATIONS

LIST OF TABLES

ACKNOWLEDGMENTS

TO THE READER

INTRODUCTION: SETTING THE STAGE

Some Preconceptions

An Archaeological Sensation

The Importance of Bells

PART Ⅰ: RITES, TECHNOLOGY, AND POLITICAL MATRIX

1.Bells in a Bronze Age Culture

Main Functions of Bells

Ancestral Ritual

Banquets and Other Rituals

The Social Framework

Sumptuary Regulations

The Donors of Shang and Western Zhou Bells

The Donors of Easter Zhou Bells

Eastern Zhou Developments in Bell Usage

Economic Factors

Bells as Commodities

---

① That some notational system may have existed during late pre-Imperial times is suggested by the Bibliographical Treatise of the Han Shu, which mentions the texts and "tone compositions"（shengqu 声曲）for "seven songs from Henan dating to the Zhou," and "seventy-five folk-ballads dating to the Zhou" in the Han Imperial Library（Han Shu: Yiwenzhi "Shifu-lüe," 1955 indexed ed., 48-49）. At present, we cannot even begin to speculate about the prevalence of playing from such "sheet music" as opposed to the use of improvisational techniques.

Irregular Events in the Life of Bells
Personnel
Conclusion

2. Shape and Acoustic Properties of Chinese Musical Bells
Main Classes of Bells
Overall Appearance of Chinese Bells
The Tone
The "Two-Tone Phenomenon"
Standard Proportions
Designing a Chime
Conclusions

3. Chime-Bell Manufacture and Its Connotations
Casters' Priorities
The Material
Casting
Basic Casting Techniques of Shang and Western Zhou
Eastern Zhou Innovations
Chaplets and Spacers
The Casting Process
Alternative Techniques
The Technical Rationale for the Almond-Shaped Cross-Section
Tuning
The Finished Product

PART II: THE HISTORY OF CHINESE MUSICAL BELLS

4. Origins and Early Development
Typology and the History of Inventions
The Earliest Chinese Bells
The Emergence of Musical Bells
The Nao Bells of Southern China
Northern versus Southern Nao

The Emergence of the Xuan
Some Large Specimens
Genesis of the Standard Zhong Ornamentation Scheme
The Invention of Yongzhong
Changes in Nao Shape and Ornamentation
The Transition from Nao to Yongzhong
Intermezzo

5. Perfection and Decline
Chime-Bells of the Zhou Dynasty
Western Zhou and Early Eastern Zhou Yongzhong in North China
The Northward Diffusion of Yongzhong
Middle Western Zhou Yongzhong
Late Western Zhou Yongzhong
Early Eastern Zhou Yongzhong
The Origins and Spread of Bo
The First Niuzhong
Yongzhong, Bo, and Niuzhong in Eastern Zhou Times
Overall Trends
North-Central China
South-Central China
The End of the Zhou Bell-Manufacturing Tradition
Conclusion
Regionalisms

PART Ⅲ: MUSICAL PERFORMANCE AND MUSICAL THEORY
6. Playing the Bells
Prelude
Arranging the Bell-Chimes
Archaeological Evidence on the Composition of Chimes
Textual Records on the Composition of Chimes
Suspension
Performance
Playing Technique

The Bells in Concert
The Sound of Bells
The Tone-Measurement Data
Tone-Measuring Methods
The Condition of the Instruments
Circumstances of Measurement
Summary

7. The Tone Measurements and Their Interpretation
Charting the Tone Distributions
The Tones of Shang Dynasty Nao
Chimes of Mid-Western Zhou-Type Yongzhong
Late Western Zhou Chimes of Yongzhong
Chimes of the Springs and Autumns Period
The Zeng Bells
The Chimes of the Zeng Bell Assemblage
The Tone Distributions in Chimes M1 and M2
The Tone Distributions in Chimes L1+ 2 and M3
Tone Distributions in the Upper-Tier Niuzhong
The Zeng Bell Assemblage as a Whole
Other Warring States Period Chimes
Aberrant Cases
Interpretation
Musical versus Technological Evolution
Lithophones and the Importance of Pentatonic scale
The "Revolving Do"
The Problem of Intonation

8. Musical Theory through the Zeng Inscriptions
The Conception of Tone in the Zeng Inscriptions
The Yin Notes
The Lü Pitch Standards
Tone-Definition Distribution Patterns
The Historical Position of the Zeng Musical Terminology

Complementary Sets of Pitch Standards（Lü）

Conflation of yin and Lü

Generation of Notes by "Subtracting or Adding a Third"

Conclusions

9. Music Suspended: Tone Theory and Its Political Ramifications

Pitch-Pipes and Bells in Zhou Musical Theory

The Political Role of Pitch Standards

International Music

The Origins of Zhou Ritual Music

The Demise of Chime- Bell Music in Late Eastern Zhou

Envoi

APPENDIX 1: Bibliographical List of Archaeological Sites

APPENDIX 2: A Comprehensive, Typologically Arranged List of Chinese Musical Bells

APPENDIX 3: Bells from Zhou Peripheries

APPENDIX 4: Tone Measurements

第二节　评述与拓展

一、基本内容及意义

《乐悬：中国青铜时代的编钟》(*Suspended Music：Chime-Bells in the Culture of Bronze Age China*)一书由罗泰（Lothar von Falkenhausen）教授作于1993年，由加州大学出版社出版。该书以外文对中国古代的青铜礼乐制度进行了全面详细的介绍，充分体现出作者在分析我国考古资料时的轻车熟路和运用自如。该书成书于考古资料尚不充足的20世纪90年代，其中的一些观点是作者基于当时的考古资料不充分的情况下提出的，随着考古材料的不断充盈，罗泰教授于2018年12月参加的"中国早期编钟的新发现及其意义"的学术讲座中，对过去的一些观点也做出了修正、补充。该书的出版，无论是对于外国学者了解中国古代乐悬制度，还是对于中国学者的古代音乐研究都留下了浓墨重彩的一笔。

二、书评要义

叶娃：不过《乐悬：中国青铜时代的编钟》的研究目的并非"为编钟而编钟"，

却是相当清楚的。恰如其序言所云，该书希图借编钟研究，来探讨"中国古代礼乐在它赖以生存的文化构架中的性质和作用"，并借曾侯乙编钟及其铭文，来"重建春秋战国之际音乐思想中的重要方面"。按照这个思路，作者的研究对象就从编钟扩展到了社会，旁及文化和思想意识。从西方考古学和人类学的理论上讲，此种宏观的把握基于对考古器物与人们过去行为之间的同构，以及人们的行为与文化或文化构架的同构。罗泰之所以认为编钟在某种程度上"体现了整个社会的基本组织原则"，正是遵循这样的理论框架。他通过编钟研究来探讨中国古代音乐思想的发展，可以说在某种程度上回答了"后过程派"所强调的问题，即如何把"人"的思想意识和器物研究结合起来。也许人们会争辩道，曾侯乙编钟铭文语言直接表达出的思想概念，已使编钟超出了纯粹的"器物"范围。但无论如何，《乐悬：中国青铜时代的编钟》的研究并没有局限于器物研究的狭窄范围，其着眼点毋宁在于编钟制作的行为和社会发展的历史，以及这两者之间的关系，这一点却不容置疑。[1]

Yung Bell: This study is monumental in several respects. First of all, the book contains an enormous amount of data, neatly organized into four appendices for easy reference as one reads the main body of the text. Second, the historical scope of the book is remarkable. No musical instruments anywhere in the world are known to have played such an important role in a society over such a long period of continuous tradition. In a narrative that traces the earliest primitive bells and proto-bells to their sophisticated descendants and final demise, von Falkenhausen presents, albeit in broad strokes, nearly two thousand years of early Chinese history from a unique perspective. The third point to be noted is the breadth and comprehensiveness of the study. While the bells are first and foremost musical instruments, they are at the same time, as indeed are all musical instruments to various degrees, art objects, ritual paraphernalia, technological achievements, and symbols of the political and social dynamics of a community. Von Falkenhausen treats each of these aspects persuasively, producing a truly "ethnomusicological" study in the best sense of the word. The comprehensiveness renders this study relevant to all scholars interested in early China.[2]

---

[1] 叶娃：《编钟研究和〈考古"围城"〉》，《读书》1997年第4期。
[2] Yung Bell,"'book-review' Suspended Music: Chime-Bells in the Culture of Bronze Age China", *The Journal of Asian Studies*, Vol.55, No.1, 1996, pp.162-163.

第二章　春秋许公墓青铜编钟研究

学　　科： 音乐学
专业方向： 音乐考古学
指导教师： 王子初
作　　者： 陈　艳
完成时间： 2011 年

第一节　摘要、目录及结论

中文摘要

　　中国历史上，有关先秦青铜编钟的研究从未间断。近数十年，随着编钟考古新发现的层出不穷，引起历史学、文献学、考古学、铭刻学、音乐考古学等诸多学科领域学者的密切关注，促进了编钟研究不断深入与细化。从青铜编钟漫长的发展历程考察，不同时期的青铜编钟显现出不同的特性与风格。本文选取春秋时期许公墓青铜编钟作为研究对象，其因在于许钟具有其独一无二的特殊性和不可估量的学术价值与历史意义，但在古文献中对许国记载较少，从中仅可窥视其周初始封的世族身份与特殊的地理位置。然而，2002 年，许公墓的发掘，揭开了许国历史的面纱，尤其是许公墓编钟的出土，彰显出其非同寻常的学术价值与历史意义，促使笔者对其进行深入的研究。

　　许公墓青铜编钟包括钮钟 9 件、甬钟 20 件与两种形制的镈钟 8 件，组成一套 37 件的大型多元化组合编钟。本文以春秋钮钟、甬钟、镈钟的演进历程与许公墓编钟所呈现出的特征为主线，以许国在春秋时期的地理特点以及其在政治、经济、科技文化中所处的地位等为背景，借助考古发现与仅存的少量古文献记载，针对许公墓编钟进行全方位的、系统的综合性研究，探究许公墓编钟在中国青铜编钟发展史中所具有的价值和占据的地位。

　　文章分为七个部分。第一部分为绪论，从研究背景与选题、研究意义与方法、研究历史与现状等方面阐述许公墓编钟的研究意义。第二部分介绍许公墓的发现，介绍许国历史发展概况、许公墓及其编钟的出土情况。第三部分为甬钟研究，论述许公墓甬钟的形制、纹饰、音列、音梁结构，针对其编列、音列与西周晚至春秋晚期的甬钟资料进行对比，得出许公墓20件甬钟所形成10件组编列与音列的较强特殊性，体现出甬钟在礼乐制度中的特殊地位。第四部分为钮钟研究，论述许公墓钮钟的形制、纹饰、音列、音梁结构的特征，并对其编列、音列与西周晚至春秋晚期的钮钟资料进行比较分析，认为许公墓9件钮钟为编列常制，其音列可构成五声、七声音列，具有西周晚至春秋早中期钮钟编列与音列的典型特点。第五部分为镈钟研究，分析许公墓中两种不同形制的编镈——有脊镈钟和无脊镈钟。在许公墓编钟组合中，两种不同形制的编镈同出一墓，是该套编钟最为突出的特点。一般来讲，有脊镈钟的产生年代要早于无脊镈钟，两种形制的镈钟同出一墓则是前所未见的现象。通过对其形制、编列、音列的对比分析，特别是对其音梁与调音手法的探究，得出两组编镈虽在形制上具有明显的差别，但其4件成编的编列现象与音梁的铸造和调音锉磨手法的运用上，却有着较多的相似点，其产生年代虽有差别，但也不应相距太远。两组编镈虽音高含混不清，但其音列相连，具有支撑整套编钟低音与扩大音域的作用。第六部分为音列、音梁与组合研究，分别探讨了许公墓编钟的音列结构、音梁设置、组合形式，分析该套编钟音列结构与音域的衔接特点，探究其音梁设置与调音手法的共性与特殊性，从而确定其在青铜编钟发展历程中所具有的时代特征。指出该套编钟音列结构与组合蕴含着较多层次的密切关系，认为许公墓编钟组合是一种前所未见的组合形式，是春秋时期规模最大、形制最全、组合最独特的多元化大型组合编钟，是组合编钟迈向大型多元化组合编钟的雏形，在中国青铜编钟发展史中具有极其重要的价值和地位。第七部分为许公墓编钟价值研究，通过对许公墓甬钟、钮钟与镈钟的纹饰、音列、组合的分析研究，得出许公墓编钟的艺术价值所在；通过对许公墓编钟的铸造工艺、铜锡配比、金属含量，以及音梁结构设置及调音锉磨手法的运用研究，得出许公墓编钟在春秋时期青铜编钟铸造技术的高超水平与科学价值；从西周礼乐制度看许公墓编钟的历史价值，从文化内涵角度探讨许公墓编钟的独特性。

许公墓编钟不仅是目前中国大型组合编钟资料中唯一的年代最早、规模最大、形制最全的大型多元化组合编钟，更是春秋时期青铜编钟向大型组合编钟发展的雏形之作，在某种意义上弥补了先秦文献中的缺失，具有珍贵的史料价值。从许公墓编钟所体现出的文化属性来看，是中原礼乐文化与楚文化相融合的结晶，彰显出其以中原文化为主，兼有楚文化因素的文化内涵。

本文采用出土实物与文献相参照的方法，以多学科综合的视角将其纵向横向排比，从西周晚期至春秋晚期编钟的形制、纹饰、编列、音列、音梁与组合形式等方面一一对照，从而确定许公墓编钟所属年代与蕴含的艺术、科学、历史价值。深入拓展许公墓编钟研究的视角，以促进先秦青铜编钟研究的深入开展，引起对中原礼乐文化研究与春秋礼乐制度及编钟演化进程关系研究的关注，解析许公墓编钟之谜，为中国音乐历史的研究，特别是中国青铜编钟发展历史的研究，提供一个典型的标本与判断标尺。

关键词：春秋　许国　青铜编钟　许公墓编钟　音乐考古

目　录

绪论

一、叶县许公墓编钟的出土

二、研究价值与研究方法

三、编钟研究溯源

第一章　许国历史与许公墓

第一节　许国历史沿革

一、许国始封与迁徙

二、许灵公

第二节　许公墓及其编钟

一、许公墓

二、许公墓编钟

第三节　小结

第二章　甬钟研究

第一节　释"甬钟"

第二节　许公墓甬钟

一、许公墓甬钟形制

二、许公墓甬钟纹饰

三、许公墓甬钟音梁结构

第三节　许公墓甬钟编列

一、西周晚期至春秋早期甬钟编列

二、春秋中期甬钟编列

三、春秋晚期甬钟编列的流变

第四节　许公墓甬钟音列

一、西周晚期至春秋早期甬钟音列

二、许公墓甬钟音列

三、春秋中期甬钟音列

四、春秋晚期甬钟音列的流变

第五节　小结

第三章　钮钟研究

第一节　许公墓钮钟
一、许公墓钮钟形制
二、许公墓钮钟音梁结构
第二节　许公墓钮钟编列
一、西周晚期至春秋早期钮钟编列
二、春秋中期钮钟编列
三、春秋晚期钮钟编列的流变
第三节　许公墓钮钟音列
一、西周晚期至春秋早期钮钟音列
二、许公墓钮钟音列
三、春秋晚期钮钟音列的流变
第四节　小结
第四章　镈钟研究
第一节　许公墓镈钟
一、有脊镈钟形制与音梁
二、无脊镈钟形制与音梁
第二节　许公墓镈钟编列
一、早期镈钟编列
二、许公墓镈钟编列
三、春秋晚期镈钟编列的流变
第三节　许公墓镈钟音列
一、西周晚期至春秋早期镈钟音列
二、许公墓与春秋中期镈钟音列
三、春秋晚期镈钟音列的流变
第四节　小结
第五章　音列、音梁与组合研究
第一节　音列结构
一、许公墓编钟结构形式
二、音列结构形式
第二节　音梁设置与调音
一、音梁的形成与设置
二、许公墓编钟音梁设置
三、许公墓编钟调音手法
第三节　编钟组合

一、一元组合编钟

二、二元组合编钟

三、多元化组合编钟

四、许公墓编钟组合

第四节　小结

第六章　许公墓编钟价值

第一节　艺术价值

一、甬钟

二、钮钟

三、镈钟

四、多元化组合

第二节　科学价值

一、冶炼技术

二、铸造技术

三、音梁设置与调音技术

第三节　历史价值

一、许公墓出土编钟年代考证

二、礼乐制度在编钟上的体现

三、中原文化与楚文化的交融

第四节　小结

结语

参考文献

一、历史文献

二、著作

三、论文

附录　叶公好龙　许公宝钟——读陈艳《春秋许公墓青铜编钟研究》

后记

结　语

2002 年，叶县春秋许公墓编钟的发现，是中国音乐考古史上的一件值得关注的大事件，许公墓编钟在我国青铜编钟发展史上具有十分重要的意义。对许公墓出土编钟进行深入细致的综合性研究，对于厘清许国历史在两周时期的发展脉络，以及青铜乐钟在两周时期各诸侯国间的演变之轨迹，直至包括中国古代"礼乐制度"在春秋时期的演变与发展进程的探索，都具有重要的学术价值。本文以许公墓编钟的考古发现为切入点，运用考古材料与历史文献相结合的研究方法，并参考相关学科的研究成果，对许公墓出土的甬钟、钮钟、镈钟之文化特征、编列、音列等分别进行音乐考古学分析研究，对该套编钟的音律、音梁结构、调音手法与组合现象进行了较为详细的剖析，以图阐明其蕴含的历史、文化、艺术、科学价值以及文化属性。

文章用较新的视角和标准，评述了许公墓青铜编钟的音乐艺术价值。主要通过与历年出土的西周晚期至春秋晚期诸编钟的对比分析，考究许公墓编钟在中国青铜编钟发展史和音乐史上的艺术价值。其中的突出表现有钮钟的9件成编，音列承袭常制，钮钟整体音域宽广，音乐性能俱佳；甬钟的10件成编，音列拓展，音级数量增多，突破了8件制编列，呈现出叶县甬钟独有的编列现象；两组不同形制的镈钟，体现了组合上的独特形式。5组乐钟之间，各具特色又自成一体，衔接自然，至善至美。

通过对许公墓编钟在其形制音梁结构的设置、金属含量配比和铜锡定量的控制，以及其调音手法的使用和铸造、冶炼技术的进步等方面的分析，论述了许公墓编钟在科学、技术等方面的先进性。研究显示，许公墓编钟的铸造技术已处于东周早期青铜铸造技术日臻成熟的发展阶段，具有很高的学术与历史价值。

许公墓出土青铜兵器的铭文"许公宁戈"，以表明该墓的主人应是春秋中期的许国国君许公宁。通过对许公墓编钟的综合研究，考证了其铸造的年代。把许公墓编钟与各地考古出土的诸多属于西周晚期至春秋晚期的编钟的编列、音列与纹饰进行比较剖析，确定此套编钟的铸造年代应为春秋中期早段。文章指出，许公墓编钟是中国大型青铜编钟发展史上的一个独有的重要标本，在青铜乐钟组合演变发展中起到承上启下的作用，是促使形成战国初期辉煌大型组合编钟形成的雏形，也是目前所见中国青铜编钟史上春秋时期出现的一个形制最全的组合编钟，在中国先秦青铜编钟发展史上具有十分重要的地位，为相关的研究提供了珍贵的实物史料。

春秋时期，许国地理位置十分独特，即位于"中原之中"。其北邻郑国，南邻楚国，西有秦、晋，东有曹、宋等国。许国的政治、经济、科技文化，往往随着周边一些强大诸侯国的波动而波动。多种文化碰撞、交汇，许国深受其影响。在周初以往逐步完善起来的礼乐制度中，"乐"实质依附于"礼"。"乐"的内核即是乐悬制度，在以钟磬为主要内容的乐悬制度中，编钟的分量更重。编钟的使用，显示着各级贵族的名分、等级和权力。至春秋，社会上呈现"礼制崩坏"的现象。在许公墓编钟上也有深刻的表现。如编钟音律中"商"声的呈现和"徵不上正鼓"传统观念的突破，以及编列的打破常制等。许公墓编钟中"商"声出现在甬钟上，"徵"上正鼓，甬钟10件成编等，均突破了春秋早期8件制甬钟的常态。同时，许公墓编钟深受中原文化与楚文化的双重影响。一方面，许公墓出土的8件镈钟分二组，4件成编，不同钟型的有脊镈与无脊镈一并摆列；甲、乙二组甬钟 10 件成编，在音乐中承担表演旋律的功能；钮钟编列音列承袭常制，这些均在一定意义上呈现出了中原文化特性。另一方面，其甬钟、钮钟、无脊镈钟纹饰上的螺旋形枚的出现，又显示出了清楚的楚文化特征。可知，春秋时期的许国受到中原文化与楚文化的双重影响，体现出了当时周、楚文化交融的历史真实面貌。

虽然对许公墓编钟进行了较为系统的综合研究，但鉴于许国在历史文献记载中的相对缺乏、许公墓出土器物较为残破、许公墓编钟研究资料相对零散、文物保护政策限制等因素，研究过程中难免存在管中窥豹仅见一斑之嫌。如对许公墓编钟金属含量的测试，只是针对镈钟上部扉棱残件部位，无法做心材取样，故所做有关其金属成分的定量分析尚存缺憾。此外，从许公墓编钟编列组合的特性所彰显出的多钟型的组合现象与其早期的编悬上的变化之关系，还需做进一步的探讨分析。特别是其整套编钟上整齐划一的 36 个螺旋形枚的文化属性与发展脉络，值得进行认真解读。铸造编钟的金、锡配比与不同区域的矿料成分分析，涉及对乐钟音色的影响，对铜料来源的追索等课题，尚有继续探讨的余地。

第二节　相关成果

一、作者相关研究

1.《许公墓编镈探微》，《中国音乐学》2015 年第 2 期。

2.《从许公墓编钟窥视春秋礼乐文化的变迁》，《兰台世界》2015 年第 9 期。

3.《许公墓甬钟研究》，载《第七届东亚音乐考古国际学术研讨会文集》，2015 年。

4.《中州古韵，唐宋遗音——中原弦索乐》，载《"融会与启发：音乐学的多元视角"国际学术研讨会文集》，2015 年。

5.《钟鸣寰宇　律动千秋——来自许公墓镈钟的实证研究》，载《第五届东亚音乐考古学国际研讨会文集》，2013 年。

6.《许灵公墓出土编钟音乐文化因素分析》，《中原文物》2011 年第 2 期。

二、论文相关成果

1. 安金槐：《新干青铜器的重大发现揭开江南商代考古新篇章》，《中国文物报》1990 年 12 月 20 日。

2. 蔡全法：《新郑金城路铜器窖藏性质及其若干问题》，载《河南文物考古论集（二）》，中州古籍出版社 2000 年版。

3. 曹发展、陈国英：《咸阳地区出土青铜器》，《考古与文物》1981 年第 1 期。

4. 陈朝云：《商周中原文化对长江流域古代社会文明化进程的影响》，《学术月刊》2006 年第 7 期。

5. 陈艳：《许灵公墓出土编钟音乐文化因素分析》，《中原文物》2011 年第 2 期。

6. 高明：《中原地区东周时代青铜礼器研究》，《考古与文物》1981 年第 2—4 期。

7. 高西省：《青铜钟的形制、用途及其他》，《交响（西安音乐学院学报）》1990 年第 2 期。

8. 孔义龙：《西周晚期甬钟音列的定型及其设置规范》，《音乐研究》2007 年第 1 期。

9. 李幼平：《楚系乐器组合研究》，《黄钟（武汉音乐学院学报）》1992 年第 1 期。

10. 李学勤：《试论楚公逆编钟》，《文物》1995 年第 2 期。

11. 李零：《楚公逆镈》，《江汉考古》1983 年第 2 期。

12. ［德］罗泰：《论江西新干大洋洲出土的青铜乐器》，《江西文物》1991 年第 3 期。

13. 马承源：《商周青铜双音钟》，《考古学报》1981 年第 1 期。

14. 秦序：《先秦编钟"双音"规律的发现与研究》，《中国音乐学》1990 年第 3 期。

15. 仇凤琴：《商周镈之考古学研究》，《文物春秋》2004 年第 1 期。

16. 邵晓洁：《楚钟的纹饰及其礼乐象征》，《中国音乐学》2008 年第 3 期。

17. 唐兰：《西周铜器断代中的"康宫"问题》，《考古学报》1962 年第 1 期。

18. 王洪军：《出土东周中原体系青铜编钟编制区域特征探讨》，《黄钟（武汉音乐学院学报）》2000 年第 3 期。

第三章　集安高句丽墓壁画的音乐考古学研究

学　　科：音乐学
专业方向：音乐考古学
指导教师：王子初
作　　者：王希丹
完成时间：2016 年 4 月

第一节　摘要、目录及结论

中文摘要

　　本文以集安高句丽壁画墓中的乐舞、乐器图像为研究对象，从中国古代音乐史视角出发，在对集安高句丽壁画墓中音乐考古资料进行全面整理、分类、辨析工作的基础上，将其纳入 4—7 世纪的东亚音乐历史视野进行探讨，并在相关乐舞、乐器研究中进行纵向历史的比较分析，从而获得对 4—7 世纪高句丽社会音乐生活的认识。

　　目前所见的集安高句丽墓中，绘有音乐壁画的墓葬共计 7 座，包括舞踊墓、麻线沟 1 号墓、通沟 12 号墓、三室墓、长川 1 号墓、五盔坟 4 号墓和五盔坟 5 号墓，所见音乐壁画包括乐舞图和伎乐仙人图两种题材，反映了 4—7 世纪高句丽集安地区的舞蹈、乐器流传等音乐文化风貌。乐舞图见于舞踊墓、通沟 12 号墓、麻线沟 1 号墓和长川 1 号墓之中，本文探讨了乐舞图的分类、特点，指出高句丽乐舞与中原袖舞具有一定的渊源关系，其乐舞发展经历了四个阶段：风俗期、初盛期、全盛期和衰退期。伎乐仙人图见于舞踊墓、三室墓、长川 1 号墓、五盔坟 4 号墓和五盔坟 5 号墓之中，所见乐器包括弹拨乐器、吹奏乐器和打击乐器三大类，包括卧箜篌、其他琴筝类乐器、阮咸、其他琵琶类乐器、角、横笛类乐器（2 种）、竖笛类乐器、排箫、细腰鼓，共计 10 种。结合相关资料分析，本文指出高句丽可能流传的乐器包括琴、筝、卧箜篌、五弦琴、阮咸、五弦琵琶、角、横笛、义嘴笛、竽箫、桃皮竽箫、排箫、鼓、细腰鼓，共计 14 种，并包含一定的组合形式，其乐器流传及发展经历了三个阶段：萌芽期、全盛期和衰退期。

　　集安高句丽墓音乐壁画集中反映了 4—7 世纪高句丽的社会音乐生活，本文以此为基础，对 4 世纪至 7 世纪下半叶（灭国前）的高句丽音乐历史进行了梳理，兼及 4 世纪之前、灭国后的高句丽音乐历史，包括歌舞风俗、歌曲、舞蹈、鼓吹乐、乐器流传、音乐交流等方面内容。同时，本文探讨了古代高句丽音乐对中原地区、朝鲜半岛国家及日本音乐的影响。高句丽最初接受了汉文化的强势影响；在 4—6 世纪，高句丽音乐形成了自身的独特风格，流传于北燕、北魏、北周、南朝刘宋等中原地区，同时在本地的集安地区留下了乐舞、乐器等图像遗存；隋唐时期高句丽音乐由盛而衰、逐步融入唐朝的音乐文化之中。高句丽音乐与百济音乐产生于同一音乐文化母体，与新罗的音乐文化有着较为明显的差异，后世朝鲜半岛的乐器及舞蹈发展与高句丽不具有直接的继承关系。高句丽音乐在 6—7 世纪传入日本，直到 9 世纪中叶，逐渐融入日本雅乐之中。

关键词：高句丽墓壁画　集安　高句丽乐舞　伎乐仙人图　4—7 世纪

目　录

绪　论

　　一、集安高句丽壁画墓的发现与研究

　　二、乐舞与乐器图像

　　三、国内外研究现状综述

　　四、可以继续解决的问题

　　五、本书的基本论点

　　六、理论意义与实践价值

第一章　集安高句丽墓乐舞图研究

　第一节　乐舞图概述及分类

　　一、群舞图

　　二、双人舞、单人舞图

　　三、小结

　第二节　乐舞图的特点

　　一、歌唱

　　二、舞姿

　　三、伴奏乐器

　　四、其他

　第三节　相关乐舞图比较分析

　　一、朝鲜半岛公元 4—7 世纪壁画墓中的乐舞图

　　二、公元 2—7 世纪中国境内壁画墓中的乐舞图

　第四节　高句丽乐舞文化渊源及自身发展历程

一、高句丽乐舞与中原袖舞
　　二、高句丽乐舞的发展历程
第二章　集安高句丽墓伎乐仙人图研究
　第一节　弹拨乐器
　　一、琴筝类乐器
　　二、琵琶类乐器
　　三、其他弹拨乐器
　第二节　吹奏乐器
　　一、角
　　二、笛
　　三、排箫
　　四、其他吹奏乐器
　第三节　打击乐器
　　一、细腰鼓
　　二、其他打击乐器
　第四节　乐器组合
　　一、伎乐仙人图中的乐器组合
　　二、高丽伎中的乐器组合
　　三、鼓吹乐中的乐器组合
　第五节　从伎乐仙人图看公元4—7世纪高句丽的使用乐器
　　一、高句丽的思想信仰与伎乐仙人图
　　二、高句丽使用乐器的发展历程
第三章　集安高句丽墓音乐壁画的学术价值
　第一节　音乐壁画的演变
　　一、图像的组合
　　二、图像的演变
　　三、朝鲜半岛壁画墓中的图像组合及演变
　第二节　音乐史中的高句丽音乐研究
　　一、中国古代音乐史中的高句丽音乐研究现状
　　二、高句丽音乐研究的得与失
　第三节　集安高句丽墓音乐壁画的史学价值
　　一、公元4—7世纪高句丽音乐史的推进
　　二、古代少数民族音乐史的尝试
　　三、东亚音乐历史的深化

    四、图像类音乐文物研究的探讨
    五、高句丽整体研究的补充
  第四章 古代高句丽音乐的影响
    第一节 公元4—7世纪高句丽音乐史
      一、公元4世纪之前的高句丽音乐
      二、公元4世纪至灭国前的高句丽音乐
      三、政权覆灭后的高句丽音乐
    第二节 对中原地区的影响
      一、汉朝时期是否传入高句丽音乐
      二、高句丽音乐对魏晋南北朝时期音乐的影响
      三、高句丽音乐对隋唐时期音乐的影响
    第三节 对朝鲜半岛的影响
      一、公元4世纪之前的朝鲜半岛音乐文化
      二、高句丽音乐对百济、新罗音乐的影响
      三、高句丽音乐对后世朝鲜半岛音乐的影响
    第四节 对日本的影响
      一、传入日本的高句丽音乐
      二、日本雅乐中的高丽笛、高丽舞乐
      三、高句丽音乐在日本
结　论
参考文献
    一、中文参考文献
    二、外文文献
附　录
    附录一 集安高句丽墓音乐壁画总表
    附录二 中日韩高句丽音乐史籍汇要
    附录三 八种文献中高丽乐使用乐器表
    附录四 《唐六典·太常寺》载十部乐使用乐器表
后　记

结　论

集安高句丽墓壁画是高句丽考古、历史研究中的重要资料，它反映了高句丽墓葬文化的变迁，亦是高句丽社会生活的直观体现，从日常生活、社会风俗到神明意识，它多方面、多视角地展现着4—7世纪高句丽的社会文化生活，其中也蕴藏着高

句丽音乐的历史讯息。

　　集安高句丽墓音乐壁画是该时期高句丽音乐发展状况的镜像展现，是中国音乐史视域下高句丽音乐研究最为直接、典型的材料，在高句丽音乐历史研究中具有重要的史料价值，尚未获得足够的重视。尽管集安高句丽壁画墓研究在20世纪上半叶已经展开，其历史与考古研究取得了诸多成果，然而在中国古代音乐史学领域的吸收则较为缓慢，直到20世纪80年代，以集安高句丽墓音乐壁画为代表的高句丽音乐研究才逐渐获得诸领域专家、学者的关注。本文在以往研究的基础之上，对集安高句丽墓音乐壁画进行了较为全面而深入的分析。通过本文的研究可知：目前所见的集安高句丽墓中，绘有音乐壁画的墓葬共计7座，包括舞俑墓、麻线沟1号墓、通沟12号墓、三室墓、长川1号墓、五盔坟4号墓和五盔坟5号墓，所见音乐壁画分为乐舞图和伎乐仙人图两种题材，反映了4—7世纪高句丽集安地区的舞蹈、乐器流传等音乐文化风貌。在此基础上，本文对4—7世纪的高句丽音乐历史进行了梳理，同时探讨了高句丽音乐对中国中原地区、朝鲜半岛和日本音乐发展的影响。兹总结如下。

　　其一，乐舞图视域下的高句丽舞蹈史。集安高句丽墓壁画中的乐舞图见于舞俑墓、通沟12号墓、麻线沟1号墓和长川1号墓之中。乐舞图是高句丽世俗音乐生活的体现，比较忠实地反映了高句丽本地乐舞的原貌。通过分析可知：乐舞图分为群舞图、双人舞图和单人舞图等类型；其中包含了六式舞姿；伴奏乐器包括阮咸，五弦琴、琴筝类乐器三种；群舞中可能存在歌者；舞蹈者中男、女舞者皆有；表演者的服饰为高句丽的民族服饰；舞者"极长其袖"的服饰特点与舞姿特点密切相关；女舞者绘有妆容；舞蹈中使用了道具。集安高句丽墓壁画中的乐舞图显示了文化上的独特性，4—7世纪朝鲜半岛大同江、载宁江流域壁画中留存有高句丽墓壁画舞蹈图，其中所见的两式新舞姿是对集安高句丽墓所见乐舞图的补充。集安高句丽墓壁画所反映的高句丽乐舞与中原袖舞具有一定的渊源关系，它经历了四个发展阶段：第一阶段，高句丽建国之前（前37），为风俗期；第二阶段，建国至公元5世纪上半叶，为初盛期；第三阶段，5世纪中叶至7世纪中叶，为全盛期；第四阶段，高句丽灭国（668）后，为衰退期。

　　其二，伎乐仙人图视域下的乐器流传历史。集安高句丽墓壁画中的伎乐仙人图见于舞俑墓、三室墓、长川1号墓、五盔坟4号墓和五盔坟5号墓之中。手持乐器的仙人图景既是宝贵的音乐研究材料，又是重要的思想信仰依托，具有研究上的特殊性与含义的丰富性。通过分析可知：其中所见乐器包括弹拨乐器、吹奏乐器和打击乐器三大类，有卧箜篌、其他琴筝类乐器、阮咸，其他琵琶类乐器、角、横笛类乐器（2种）、竖笛类乐器、排箫和细腰鼓，共计10种；所见的乐器组合体现了以弹拨乐器、吹奏乐器为主到弹拨乐器、吹奏乐器和打击乐器三类齐备的组合形式。经过综合分析可知，4—7世纪流传于高句丽集安地区的乐器包括琴、筝、卧箜篌、五弦琴、阮咸、五弦琵琶、角、横笛、义嘴笛、竽篥、桃皮竽篥、排箫、鼓和细腰鼓，共计14种。高句丽的使用乐器及乐器流传、发展历史分为三个阶段：第一阶段，4世纪之前，为萌芽期；第二阶段，4世纪至7世纪下半叶，为全盛期；第三阶段，668年之后（灭国之后），为衰退期。

其三，4—7世纪高句丽音乐史。集安高句丽墓音乐壁画集中反映了4—7世纪高句丽的社会音乐生活，本文结合前述研究对4世纪至7世纪下半叶（灭国前）的高句丽音乐历史进行了梳理，同时兼及4世纪之前、灭国后的高句丽音乐历史。本书指出，4世纪之前，生活在中国东北地区、朝鲜半岛地区的民族、国家之中，有为数不少者喜爱歌舞，或有饮酒、歌舞风俗。高句丽民族与这些民族、国家长期杂居，亦展现出了相似的文化风貌；汉时鼓吹乐的传入使部分乐器在高句丽的流传成为可能。4—7世纪是高句丽经济文化最为鼎盛直至走向衰落的时期，这一时期的音乐风貌最能够体现高句丽的文化特色，具体体现在歌舞风俗、歌唱记载、乐舞、鼓吹乐、乐器、其他民俗活动中的音乐、音乐图像遗存及音乐交流等方面。668年，高句丽为唐王朝、新罗联军所灭，作为独立政权的高句丽消失不见，然而高句丽音乐并未停止流传，直到经历了数百年的时光才寝废而亡，具体体现于乐曲、乐舞、乐器及音乐交流等方面。

其四，高句丽音乐对中原地区、朝鲜半岛国家及日本音乐发展的影响。汉时是高句丽音乐自身萌芽、形成的时期。4—7世纪，高句丽的乐舞、乐器演奏发展均趋于成熟，形成了独特的音乐风格，并流传于北燕、北魏、北周、南朝刘宋等中原地区。隋唐时期是高句丽音乐发展由盛及衰的阶段，668年之后，作为唐朝宫廷俗乐的高丽乐部获得了近200年的传承，高句丽音乐亦随着迁入的原高句丽遗民逐渐融入唐朝多元的音乐文化之中。5世纪之后，高句丽完成了政治中心的转移，与百济和新罗并列成为朝鲜半岛的三个主要国家。百济音乐与高句丽音乐产生自同一母体音乐文化，与高句丽音乐保持着紧密的联系；新罗音乐与高句丽音乐有着明显的差异，然而两者存在音乐交流的可能。高丽时期仍留存有高句丽、百济、新罗的音乐，然而后世朝鲜半岛流传的乐器、舞蹈与高句丽的使用乐器、舞蹈已不具有直接的继承关系。高句丽音乐在6—7世纪之时传入日本，成为三韩乐中的一部分。7世纪高句丽灭国后，其音乐仍然在日本继续传承，直到9世纪中叶，随着日本自身雅乐制度的变迁，高句丽音乐逐渐融入日本雅乐"高丽乐"之中。

综上所述，通过对集安高句丽墓音乐壁画中乐舞图、伎乐仙人图的具体分析，我们得以对4—7世纪高句丽的音乐历史获得了一定认知。此时期为高句丽音乐全盛至衰落的重要阶段，是高句丽音乐历史中最为重要的历史时期。集安高句丽墓中的音乐壁画是目前所知最为典型的高句丽墓壁画音乐图像，凸显了高句丽的音乐文化特征。通过音乐壁画的对比可知，朝鲜半岛4—7世纪大同江、载宁江流域墓壁画具有"高句丽化"的过程，并非简单的"高句丽墓壁画"。由此可知，集安高句丽墓壁画的音乐考古学研究是 4—7 世纪高句丽音乐历史研究中的重要内容，亦是未来高句丽音乐全史研究的有力基础，具有多方面的学术价值：第一，它对目前所知最为直接、典型的高句丽音乐史料进行剖析，具有高句丽历史研究的重要意义；第二，它是对 4—7 世纪东北音乐历史的推进，亦是对中国古代少数民族音乐历史研究的尝试；第三，它对朝鲜半岛三国时期音乐历史研究具有重要意义，是对东亚音乐历史的深入细化；第四，它是对图像类音乐文物的实验研究，是探讨图像类音乐文物的研究方法；第五，它补充了高句丽研究中学科交叉的研究内容，进而对高句丽的整体研究有所裨益。

搁笔于此，深知本文有许多不完善之处，如与朝鲜半岛音乐发展的关系、高丽乐在日本右方乐中的遗存等问题还可以进一步深入挖掘。本文仅以目前所得恳请方家不吝斧正，日新又新，以期在未来的研究中更进一步。从某种意义上说，是集安高句丽墓壁画让高句丽音乐变得触手可及，它是一个历史的定点，让我们得以一窥 4—7 世纪高句丽的音乐风貌。尽管最终消失融入东亚音乐长河，高句丽音乐以其绽放的独特光彩在中国古代音乐历史乃至东亚音乐历史中拥有一席之地，曾经的袖舞飘转、流逝的弦管和鸣，凝结在集安高句丽墓音乐壁画的点点斑驳之中，冰冷的墙壁在手掌的轻抚下渐有温度，倾诉着一代先民的古老传奇。

第二节　相关成果

一、论文后续研究

1. 王希丹：《集安高句丽音乐文化研究》，《乐府新声（沈阳音乐学院学报）》2014 年第 1 期。

2. 王希丹：《论集安高句丽墓壁画中的细腰鼓》，《音乐研究》2016 年第 2 期。

3. 王希丹：《中国古代音乐史视域下高句丽音乐研究的得与失》，《天津音乐学院学报》2018 年第 1 期。

4. 王希丹：《朝鲜境内高句丽墓音乐壁画的内容、分类及特征》，《黄钟（武汉音乐学院学报）》2020 年第 2 期。

二、论文相关成果

（一）国内

1. 王承礼、韩淑华：《吉林辑安通沟第十二号高句丽壁画墓》，《考古》1964 年第 2 期。

2. 李殿福：《集安高句丽墓研究》，《考古学报》1980 年第 2 期。

3. 李殿福：《集安高句丽壁画初探》，《社会科学辑刊》1980 年第 4 期。

4. 方起东:《集安高句丽墓壁画中的舞乐》,《文物》1980 年第 7 期。

5. 李殿福:《唐代渤海贞孝公主墓壁画与高句丽壁画比较研究》,《黑龙江文物丛刊》1983 年第 2 期。

6. 方起东、林至德:《集安高句丽考古的新收获》,《文物》1984 年第 1 期。

7. 温玉成:《集安长川高句丽一号墓的佛教壁画》,《敦煌研究》2001 年第 1 期。

8. 温玉成:《集安长川一号高句丽墓佛教壁画研究》,《北方文物》2001 年第 2 期。

9. 李殿福:《高句丽古墓壁画反映高句丽社会生活习俗的研究》,《北方文物》2001 年第 3 期。

10. 王丽萍:《浅析高句丽舞乐在历史上的地位和作用》,《社会科学战线》2001 年第 6 期。

11. 赵霞:《高句丽乐舞与吴越文化的渊源窥探》,《绍兴文理学院学报(哲学社会科学版)》2002 年第 6 期。

12. 赵俊杰:《从壁画中轺车图像的演变看三座高句丽壁画墓的编年》,《北方文物》2012 年第 2 期。

13. 赵俊杰、梁建军:《朝鲜境内高句丽壁画墓的分布、形制与壁画主题》,载《边疆考古研究》(第 13 辑),科学出版社 2013 年版。

14. 郑开法:《中原汉唐墓室壁画对集安高句丽墓室壁画的影响》,硕士学位论文,东北师范大学,2013 年。

15. 魏存成:《新中国成立以来高句丽考古的主要发现与研究》,《社会科学战线》2014 年第 2 期。

16. 李京浩、杜锋、毕家义:《集安高句丽古墓壁画研究——集安将军坟部分壁画分析》,《艺术研究》2014 年第 3 期。

17. 黄龙顺:《高句丽古墓壁画与敦煌莫高窟壁画的比较研究》,博士学位论文,延边大学,2014 年。

18. 王放歌:《高句丽古墓壁画中的乐器》,《社会科学战线》2014 年第 6 期。

19. 李晓燕:《高句丽宫廷舞蹈的历史文化》,《乐府新声(沈阳音乐学院为学报)》2015 年第 2 期。

20. 田小书:《长川一号墓壁画在高句丽音乐史上的价值》,《交响(西安音乐学院学报)》2015 年第 4 期。

21. 杨雷:《古国的灵光——集安高句丽王陵及壁画的文化考古》,《艺术品》2017 年第 1 期。

22. 王子初:《走近真实的高句丽——读王希丹的〈集安高句丽墓壁画的音乐考古学研究〉》,《黄钟(武汉音乐学院学报)》2019 年第 2 期。

23. 吕蔷:《集安高句丽壁画墓中的乐器图像研究》,硕士学位论文,东北师范大

24. 蔺珂慧：《高句丽古墓壁画与辽阳汉墓壁画文献比较研究》，硕士学位论文，东北师范大学，2019年。

25. 魏存成：《申遗以来我国高句丽考古的主要发现与研究》，《中国边疆史地研究》2020年第3期。

26. 吕光：《集安高句丽五盔坟5号墓四神图研究》，博士学位论文，哈尔滨师范大学，2020年。

27. 隋郁：《高丽翻新枝　图像可证史——评〈集安高句丽墓壁画的音乐考古学研究〉》，《南京艺术学院学报（音乐与表演）》2021年第1期。

（二）国外

1. ［日］关野贞：《满洲辑安县及平壤附近的高句丽时代遗迹》，《考古学杂志》第五卷第三号，1914年。

2. ［日］岸边成雄：《鸭绿江に河畔の高句丽遗迹壁画上い见える歌舞音乐资料》，《东洋音乐研究》1937年第1期。

3. ［朝］全畴农：《关于高句丽古坟壁画上乐器的研究》，《音乐研究》1959年第3期。

4. ［朝］全畴农、奚传绩：《关于高句丽古坟壁画上乐器的研究（续）》，《音乐研究》1959年第4期。

5. ［韩］宋芳松：《长川一号坟的音乐史学检讨》，载《韩国古代音乐史研究》，一志社1985年版。

6. Song Bang-Song, "Koguryo Instruments in Tomb No. 1 at Ch'ang-ch'uan, Manchuria", *Musica asiatica* 6, Cambrigde University Press, 1991.

7. ［韩］昔贤珠：《乐浪高地和集安的高句丽音乐——以句丽古坟壁画的乐器为中心》，《艺术论文集》第11辑，釜山大学校，1996年。

8. ［韩］黄美衍：《对于集安五盔坟四号墓的奏乐图研究》，《民族音乐学报》10号，韩国民族音会，1997年。

9. ［韩］金源文：《长川1号坟五弦乐器上"对"的在考察》，《韶岩权五圣博士花甲纪念音乐学论丛》，论丛刊行委员会，2000年。

10. ［韩］李晋源：《关于高句丽横吹管乐器的研究》，《韩国音乐研究》第30辑，韩国国乐学会，2001年。

11. ［韩］宋芳松：《从音乐史上考察长川1号坟——以壁画的乐器为中心》，顾铭学译，《东北亚考古资料译文集》第4辑，北方文物杂志社2002年版。

12. ［韩］韩基博：《高丽时代杖鼓鼓腔研究》，硕士学位论文，韩国牧园大学，2012年。

第四章 两周越地青铜编钟研究

学　　科：音乐学
专业方向：音乐考古学
指导教师：王子初
作　　者：隋郁
完成时间：2016 年 4 月

第一节　摘要、目录及结论

中文摘要

在我国古代百越民族群体主要分布的皖南、江苏、浙江、江西、湖南、福建、广东、广西、云南、贵州等省区，出土了大量青铜乐钟，可证在距今 3000 多年前的商周时期，存在着与中原地区青铜文明并行存在的另一支青铜文明——百越地区青铜文明。本文是以出土于我国越族分布地区的两周时期青铜质编钟为分析对象，通过对相关资料的收集、整理、分析，以及对分析结果在理论层次的提升，所进行的专题研究。

本文对两周越地青铜编钟的研究，主要从编钟的形制、音乐性能、音响性能以及存在状态四个角度进行深入，不单对各套编钟自身所具有的乐器性能做出分析，还对各地区编钟共有的地域性特点给予总结。文中除较为常规的对编钟的纹饰、音列、宫音高度进行分析外，笔者还力图采用"定量分析"的模式，使用统计学标准差的方法，对两周越地青铜编钟的形制特点、形制规范性、与《考工记》所载钟形的关联程度，以及乐钟正侧鼓音程的音分值及偏离程度等一系列问题进行探索，以图揭示蕴含在乐钟数据资料中却不易被传统的"定性分析"觉察的现象与规律，挖掘其中有理性因素参与或制约的痕迹。

通过对编钟相关数据的定量分析，可以感知不同时期、不同地域的乐钟形制在设计、铸造层面所具有的规范性要求，可以发现形制规范性的程度在不同历史时期的变化，可以反映不同地域的乐钟形制所具有的不同特点。而钟形的特点以及规范程度的状况，亦与乐钟的音乐性能、音响性能以及钟上双音的存在状态密切相关。

总之，笔者对本文的定位，是通过对两周越族分布地区的青铜编钟进行技术分析，从而为越族分布地区的音乐文化、青铜文化全貌的研究贡献一份力量。

关键词： 越地　青铜编钟　标准差　形制规范　音乐性能　音响性能

目录

绪论
  一、研究对象和目的
  二、研究综述
  三、研究思路、方法及可行性
第一章　所涉编钟的分布及形制分析方法介绍
 第一节　从存世文物看两周越地青铜编钟的分布
  一、越地范围
  二、两周越地编钟分布状况概览
 第二节　统计学标准差在种类乐器形制分析中的运用
  一、标准差及其在考古学研究方法中的引入
  二、对钟类乐器的形制进行标准差分析的方法
  三、标准差在钟类乐器形制分析中的意义
第二章　两周越地青铜编钟的形制及其规范
 第一节　钟身形制标准差分析
  一、镈
  二、甬钟
  三、钮钟
  四、句鑃
  五、其他
 第二节　甬（钮）部形制标准差分析
  一、镈
  二、甬钟
  三、钮钟
  四、句鑃
 第三节　从出土实物看越地青铜编钟的形制规范
  一、镈
  二、甬钟
  三、钮钟

第三章　两周越地青铜编钟的音乐性能分析

第一节　正侧鼓音程关系分析

一、镈

二、甬钟

三、钮钟

四、句鑃

五、其他

第二节　音列推定及调高分析

一、镈

二、甬钟

三、钮钟

四、句鑃

五、其他

第三节　从出土实物看越地青铜编钟的音乐性能

一、镈

二、甬钟

三、钮钟

四、句鑃

五、其他

第四章　两周越地青铜编钟音响性能分析

第一节　钟腔内壁调音锉磨

一、挖"隧"调音

二、内唇锉磨

三、内唇、音梁多重锉磨

第二节　音响性能其他相关因素分析

一、形制因素

二、构造因素

三、用铜量

第五章　两周越地青铜编钟的存在状态

第一节　纹饰及其风格的转变

一、商

二、西周

三、东周
　第二节　形制的规范程度及特点
　　一、历时性结论
　　二、地域性结论
　第三节　双音状态的发展
　　一、历史性结论
　　二、地域性结论
结语
参考文献
一、古籍
二、著作
三、期刊论文
四、学位论文
五、发掘报告
附录

结　语

　　本书是以我国越族分布地区出土的两周时期青铜质编钟为关注点，通过对相关资料的收集、整理、分析，以及对分析结果在理论层次上的提升，所进行的专题研究。文中除较为常规的对编钟的纹饰、音列、宫音高度进行分析外，还力图采用"定量分析"的模式，使用统计学标准差的方法，对两周越地青铜编钟的形制特点、形制规范性、与《考工记》所载钟形的关系，以及乐钟正侧鼓音程的音分值及偏离程度等一系列问题进行探索，以图揭示蕴含在乐钟数据资料中却不易被传统的"定性分析"觉察的现象与规律，挖掘其中有理性因素参与或制约的痕迹。

　　关于统计学标准差的方法，文中对其从功能优势、学科融入历程、具体操作方法等多方面给予介绍。使用标准差的方法对编钟形制数据进行分析，是研究方法上的新尝试。笔者经过审慎的思考，对文中使用标准差的方法求得编钟形制总体标准差以及对比标准差的意义总结如下。

　　首先，求钟体各部位数据比例"总体标准差"的意义在于：（a）成编列的钟，其总体标准差的大小所指向的是此套钟在设计、制作层面的规范程度，总体标准差越小则全套钟的设计与制作越规范，反之则规范程度越弱；（b）同一地域所出土的同类、单件钟，其总体标准差的大小是此地区对此类钟在设计层面是否具有统一规范的显示，标准差越小则代表越可能具有一定之规，反之则代表形制差异较大而规范度较弱；(c) 当总体标准差较小时，则可将所统计的此组比值之平均值，视为此组钟体设计的相对规范，并将此相对规范与《考工记》所载理论规范相对比，进一步分析形制的差异；(d) 不同统计对象同组数据（如均为$\frac{舞脩}{舞广}$）的总体标准差可以进行比较，其所指向的是不同编钟相同部位设计规范程度的对比；(e) 相同统计对象的不同组数据之总体标准差可以进行比较，其所指向的是同一套编钟不同部位之间设计规范程度的差别；(f) 不同统计对象的不同组数据之总体标准差，笔者认为对其进行比较是无意义的。

其次，求钟体各部位数据比例"对比标准差"的意义在于：(a) 将《考工记》所载钟体各部位数据的比例作为 μ 值代入标准差公式，则得出所统计的钟体各部位数据比例与《考工记》所载比例的标准差，本文中称其为"对比标准差"；(b) 总体标准差较小的钟组，可通过对比标准差来与《考工记》所载钟形的设计规范相对比，对比标准差值的大小，所指向的是统计对象与《考工记》所载钟形在设计规范层面的离合程度，差值越大则说明其形制越有别于《考工记》，反之则说明其与《考工记》所载钟形在一定程度上相符，且存在相关的可能；(c) 不同统计对象同组数据之间的对比标准差可以进行比较，其所指向的是不同编钟相同部位的形制与《考工记》所载离合程度的对比；(d) 相同统计对象的不同组数据之对比标准差可以进行比较，其所指向的是同一套编钟不同部位的设计规范与《考工记》所载钟形差别的大小；(e) 不同统计对象的不同组数据之对比标准差，笔者认为对其进行比较是无意义的；(f) 统计对象的总体标准差与对比标准差越接近，则说明其平均值越贴近《考工记》所载比例；(g) 某组数据的总体标准差较小但对比标准差较大时，可将这组数据的平均值与《考工记》理论比例相比较，进一步分析此比值偏大或偏小与分母、分子的关系，进而把握钟体形制的细微区别；(h) 当数据分析结果呈现出总体标准差和对比标准差均较大的状况时，由于总体标准差大，说明统计对象自身所具有的统一规范性弱，因此哪怕是与《考工记》相对比的对比标准差亦大，也不能说明统计对象有别于《考工记》而趋向自成体系，因其形制的统一性差而无所谓"体系"可言。

最后，标准差的分析方法亦可以用来观察具有相同音程关系的、不同音分值的偏离程度，这一分析方法，已在本文第五章第三节针对越地乐钟正侧鼓音程音分值偏离程度的分析中加以使用，标准差大则音分值的偏离程度大，乐钟正侧鼓音程关系受理性因素制约的程度小；反之，则理性因素参与的可能性高，乐钟所发双音更可能摆脱了原生状态，而向更高层次的铸生、铸调阶段发展。需要强调的是，使用统计学标准差的方法，对乐钟正侧鼓音程音分值偏离程度的分析，其结果所指向的并非音程的准确性，而是音程的统一性。由于乐钟的定音尚处于"以耳齐其声"的阶段，对双音状态发展程度的推断不能仅以准确性来衡量，而应兼顾统一性；当多件钟的正侧鼓音程音分值标准差较小时（即偏离度较小），即使与相应音程的理论音分值之间有所偏差、音程关系尚未达到精准的程度，亦能反映出该音程在钟上双音中所表现出的统一性与理性约束；当多件钟正侧鼓音程音分值标准差较小，且与相应音程理论音分值较为相符时，则能反映出对音程关系理性约束的统一性与音程的精准性并重的状态。

以下以地域划分的方式，对本书关于越地编钟形制规范、双音状态的主要研究结论加以总结。

1. 江苏地区

江苏地区的编钟与《考工记》所载钟形的相符程度之高，是在除江苏以外的其他地区所未见的。江苏编镈具有"舞部及口部的浑圆程度较为接近"以及"钟身正面与侧面的外侈程度较为接近"的形制特征，且江苏地区的东周镈钟在设计、铸造方面，是存在较为统一的形制规范要求的。江苏地区成编、未成编的甬钟，其形制数据均在不同程度上显示出与《考工记》数据的相符。编钮钟的形制特点分为两类，一类为有别于《考工记》而自成体系，另一类则表现出既在一定程度上符合《考工记》，又不乏自身特点的强规范性。编句鑃的形制特点有别于以上状况，与同为江苏出土的其他类乐钟以及越地其他地区出土的编句鑃相比，江苏编句鑃的形制数据不但与《考工记》所载钟形存在很大差别，甚至其差别的程度都高于其他地区的编句鑃，且江苏编句鑃自身的规范性较差，不但远低于同为江苏出土的其他类编钟，更是不如其他地区所出土的编句鑃。由此可见，在历经长期对中原青铜乐钟的学习并模仿之后，越地人民特有的审美逐渐显现，产生了具有越地特色的青铜乐钟，表现出越文化兼收并蓄的特点以及强大的生命力。但从形制的规范程度来看，江苏地区中原系统的编钟（即镈、甬钟、钮钟）的规范性显然更强，编句鑃的规范程度较弱但越民族特色更加凸显。

从钟上双音的状态来看，东周江苏编句鑃能够通过"铸生"的方式较为稳定地把握住大二度音程的准确性；小三度音程音分值的偏离程度虽不大，但与小三度理论音分值相比仍然有偏差明显的状况存在，可见对这一音程关系的把握尚未达到精准的层次。江苏地区的编镈、编甬钟、编钮钟虽多经调锉，但其各个音程音分值的偏离度是高于东周时期的广东地区以及同为江苏出土的编句鑃的，可见偏差相对较大。

2. 广东地区

与江苏编钟在整体上所表现出的与《考工记》所载钟形的相符恰恰相反，广东乐钟的形制不但在设计、制作层面具有很强的规范性，更是在整体上表现出有别于《考工记》而自成体系的鲜明特点。广东编甬钟的形制基本上是一种"舞部及口部的浑圆程度较为接近"，以及"钟身正、侧面的外侈程度较为接近"的钟形。同时，由于这些编钟的形制比例数据在相当程度上表现出了近似性，因而笔者认为东周时期广东甬钟的设计、铸造，在一定范围内是存在较为统一的形制规范要求的。此外，从广东编甬钟的形制数据分析来看，与钟体修长程度相关的$\frac{铣长}{鼓间}$和$\frac{铣长}{鼓间}$两项，其对比标准差偏大程度相当高，在一项数据的标准差超过0.05就算偏大的统一标准下，广东甬钟这两项的对比标准差达到0.50至0.76，这一状况是在广东以外的其他越族分布地区未见的。从具体数据分析可知，这些编甬钟的钟身，特别是于口以上的修长程度，高于广东以外的任何区域。而这亦为广东编甬钟区别于其他地区编甬钟最显著的特点。

东周时期广东编钟的双音状态应主要处于"铸生"阶段，虽有部分乐钟经过调锉，但音准控制不佳，未表现出铸调双音对音准要求的精确度。此外，广东地区钟上双音的音程关系以大二度音程最为常见，且音分值偏离度大大低于其他音程，并与大二度的理论值十分贴合，可见非常规范、精确。这一状况从连山三水出土的两件西周未成编甬钟的测音数据中就已能看出。东周时期的广东编钟上出现的大二度音程更加精确，表现出在"铸生"状态下对规律性双音的理性追求与把握。

3. 湖南地区

从乐钟形制的规范性来看，湖南商铙的形制在一定程度上是具有统一的规范性要求的。这种统一的规范性由于存在于未成编的乐钟，而非具有统一设计理念的编钟，而更显难得。但到了西周时期，湖南铙的形制规范程度急剧减弱，从这些铙形制比例的标准差来看，可谓毫无规范性可言。湖南地区未成编甬钟的形制也出现了和铙相近的状况，自西周至东周这一时期的过渡中，湖南甬钟形制的规范程度明显减弱。湖南镈的形制规范状况则与铙和甬钟不同。从西周至东周时期镈钟形制比例的标准差来看，虽然湖南地区西周镈的数据有部分不全，但现有数据仍能粗略地显示出这一地区的西周镈与东周镈在形制上的规范程度基本相当，西周镈应该要更加规范些许，但程度有限。

从钟上双音的状态来看，在湖南商代大铙的正侧鼓音程关系中，小二度与大二度音程不但数量多，而且音程音分值的标准差大大低于小三度，可见二度音程音分值的稳定程度明显高于小三度，其原因在于湖南大铙的形制在商代时是具有相对统一的规范性要求的，而拥有较为稳定外型的钟原生的双音并不会偏离很大。也就是说，恰恰是商代湖南大铙在形制规范上所具有的稳定性，使得商铙所发出的二度音程虽属原生状态而非真正的双音，但其音分值的偏离程度并不高。西周时期，湖南未成编乐钟的正侧鼓音程关系，较为平均地分布于大二度、小三度和大三度之上，且与商代相比，大二度音分值的偏离程度明显提高，小三度的偏离度明显降低，大三度音程的偏离度很低。结合对湖南未成编乐钟形制的标准差分析来看，自商至西周，湖南未成编乐钟的形制标准差明显增大，在乐钟形制的规范程度整体上有所减弱、钟形并不统一的状况下，小三度音程音分值的偏离程度反而明显降低，且大三度音程音分值的偏离度很低，这其中明显蕴含对准确音程关系的理性追求。也就是说，湖南未成编乐钟的双音，至西周时期应已发展至"铸生"的阶段。东周时期，湖南未成编乐钟的正侧鼓音程关系均为三度音程，虽有未成编的湖南乐钟腔体内部存在调音锉磨的痕迹，但相同音程关系的音分值偏离度比西周时期偏高明显，可见尚未达到铸调双音的、成熟与精确的层次。

4. 江西地区

两周时期，江西地区在甬钟形制的设计与制作方面是存在较为统一的钟形特点的，编甬钟的外形基本上呈现舞部浑圆高于口部、正面外侈略大于侧面且外形较为短阔的特点。从乐钟形制的规范性来看，江西大铙在设计与制作的层面是具有相对一致的规范性要求的，且这一状况自商至西周一直存在。这一地区也出土了甬钟与钮钟，从标准差状况来看，江西地区这两类乐钟形制的规范性是不如铙的。

从双音状态来看，江西商代乐钟的钟上双音应该正处于原生双音的状态。西周时期，江西未成编乐钟的正侧鼓音程关系集中于大二度与小三度，正侧鼓双音的偏离度很低，且音程关系较为集中、准确，其中明显蕴含有别于原生双音状态的理性因素，应已达到铸生双音的层次。而江西西周编甬钟的钟上双音，应亦为铸生状态。由于物证少，无法对东周时期江西乐钟在整体上的双音状态做出推断。

5. 浙江地区

青铜乐钟在浙江地区极少出土，成编的乐钟更是少见。在笔者所查找到的出土资料中，属于本文核心范畴的仅有江山编甬钟以及配儿句鑃，而这两套编钟的形制数据不全，且无测音数据，实难推断出较为准确的结论。在本文针对浙江句鑃的分析中，结合了同为浙江出土的、未成编的其次句鑃的形制数据来一同观察，认为其次句鑃与配儿句鑃形制数据所反映出的特点并不一致。又由于其次句鑃自身形制数据与配儿句鑃相差较大，因而笔者认为从现有出土资料来看，浙江句鑃的形制并无统一的设计、制作规范。

与青铜乐钟的稀少形成对比，浙江地区的越国贵族墓葬出土了大量用作明器的陶瓷质仿青铜乐钟。对于这一现象，考古学界有两种截然不同的观点。较为普遍的观点认为，越国处蛮荒之地，国家经济实力较弱，铜矿资源匮乏，加上战争对生产力的破坏，使得越国只能将有限的青铜原料集中于兵器与生产工具的生产，并没有经济实力铸造青铜礼乐器。但为了保持贵族阶层的随葬风俗并维护该有的体面，结合当地原始瓷生产较为兴旺的状况，越国贵族选择使用相对廉价的陶瓷质仿青铜乐钟，代替贵重的青铜乐钟作为随葬品中的礼乐器。但有学者经研究驳斥了上述观点并指出：越国的铜矿资源并不稀缺；越国的民族基础是号称"百越之首"的于越，其经济实力绝非低至上层贵族连一件青铜器都无能力随葬的状况;使用仿铜原始瓷礼器代替青铜器随葬是于越人特有的葬俗,与经济实力无关;在于越建国之前的西周时期,便有着使用仿铜原始瓷礼器随葬的现象,而非于越建国后迫于战事、经济、资源的压力而出现的权宜之计,可见这是于越人的葬事习俗与文化传统。[①] 总之,从本文的形制分析结果来看,不论浙江地区的越人使用仿铜原始瓷礼器代替青铜器随葬是被迫接受还是主动选择,当地出土的仿青铜钟整体形制的规范性都是很差的;从对比标准差来看,其与《考工记》所载钟形的偏差相当大,两者存在关联的可能性极弱。应该由于是明器的原因,它们的制作者似乎并不关心其形制规范,而只求貌似。

6. 云南、贵州、广西地区

在云南、贵州与广西地区,均出土有羊角钮钟,其中属于本文核心研究范畴的仅有云南万家坝羊角钮编钟一套,由于羊角钮钟所具有的独特外形,对其形制进行分析是一个值得尝试的新实验。结合未成编的、非两周时期的羊角钮钟的形制来看:首先,东周至汉代,羊角钮编钟的形制标准差呈减小趋势,可见至少从现有材料来看,东周时期羊角钮钟的规范程度低于汉代;其次,与广西汉代羊角钮编钟相比,由于汉代云南羊角钮编钟的标准差数据更小,可见汉代云南羊角钮编钟的形制规范程度更高;最后,从未成编的羊角钮钟来看,云南地区的标准差最小,贵州次之,广西最大,由此说明云南羊角钮钟具有较大可能存在统一的形制规范性要求,而另两个地区存在这种统一规范要求的可能性很低。

关于钟上双音的存在状态,由于羊角钮钟的相关资料较少,因而仅能在有限的程度上进行观察。关于东周时期万家坝羊角钮编钟的双音状况,笔者认为无论是从各钟的正侧鼓音程关系来看,还是从其形制数据所反映出的双音性能来看,万家坝羊角钮编钟正侧鼓发音的不同应为"原生"状态,而非真正意义上的双音钟;从汉代羊角钮钟的测音数据来看,二度音程的偏离度比东周时期大,说明容县六王公社龙井土化羊角钮钟自身的双音音准较差,钟上双音应仍处于原生状态;但这一时期小三度音程的准确性却大大提高,这些羊角钮钟有可能处于原生双音向铸生双音转变的过渡阶段。

云南和广西地区还出土有筒形钟,其中属于本文核心范畴的仅有云南牟定筒形钟一套6件,惜其形制数据不全,无法进行形制分析。结合虽不属于两周时期,但形制数据相对较全的两套筒形编钟的形制标准差来看,广西罗泊湾筒形钟的3项标准差明显低于云南筒形钟,说明广西罗泊湾筒形编钟形制的规范性大大高于云南姚安筒形编钟。

由于筒形钟的资料不足以进行这类钟的双音性能观察,因此在此不进行总结性

[①] 参见陈元甫《越国贵族墓随葬陶瓷礼乐器葬俗探论》,《文物》2011年第4期;陈元甫《浙江地区战国原始瓷生产高度发展的原因探析》,《东南文化》2014年第6期。

论述。

7. 皖南地区

从现有出土资料来看，安徽地区在句鑃的设计、制作层面并未表现出统一的规范性特点。但从泾县南容句鑃和广德编句鑃自身所具的规范性来看，相对于浙江、江苏地区而言，安徽句鑃在设计、制作层面的规范程度是较高的。

除形制分析外，由于缺少测音数据，因而无法对皖南地区的编钟进行音乐性能、双音状态的观察。

8. 福建地区

在笔者所查找的资料范围内，福建地区未见有成编的乐钟出土。商代乐钟在福建地区的出土，仅见建瓯阳泽村铙1例，无法通过进行标准差分析去观察其自身以及整个福建地区乐钟形制的规范程度。这一地区还出土有西周时期的甬钟3例——武平平川甬钟、建瓯南雅甬钟、建瓯梅村铙。从这3例甬钟的总体标准差来看，福建地区的未成编甬钟，其舞部的浑圆程度及钟身的修长程度规范性较弱，但从整体上来看还是存在一定的规范性的，且将福建与广东两地的未成编甬钟标准差进行对比可知，福建未成编甬钟的规范程度是高于广东地区的。

第二节　相关成果

一、论文后续研究

1. 隋郁：《乐钟双音状态的标准差分析法之应用实证》，《中央音乐学院学报》2017年第3期。

2. 隋郁：《统计学标准差在钟类乐器分析中的操作方法及意义——以形制分析为例》，《艺术探索》2017年第6期。

3. 隋郁：《从标准差分析的角度看羊角钮钟的形制与双音状态——以云南万家坝羊角钮钟为主线》，《天津音乐学院学报》2017年第4期。

4. 隋郁：《先秦越地乐钟形制的地域性特点分析》，《人民音乐》2018年第8期。

5. 隋郁：《对音乐史学研究中使用"定量分析"的几点建议》，《人民音乐》2020年第8期。

二、论文相关成果

1. 张翔：《浙江萧山杜家村出土西周甬钟》，《文物》1985年第4期。

2. 蒋廷瑜：《广西贵县罗泊湾出土的乐器》，《中国音乐》1985年第3期。

3. 林蔚文：《古代南方越人音乐舞蹈略论》，《民族研究》1989年第5期。

4. 方建军：《吴越乐器句鑃及相关问题》,《乐器》1994 年第 2 期。

5. 徐孟东：《句鑃发微——对一种先秦乐器历史踪迹的寻觅与思考》,《中国音乐学》1994 年第 2 期。

6. 李学勤：《论"能原镈"》,《故宫博物院院刊》1999 年第 4 期。

7. 方建军：《长江流域出土商周乐器分区研究》,《星海音乐学院学报》2006 年第 2 期。

8. 向桃初：《南方系统商周铜镈再研究》,《南方文物》2007 年第 4 期。

9. 冯卓慧：《商周镈研究》,博士学位论文,中国艺术研究院,2008 年。

10. 费玲伢：《越国乐器研究》,《南方文物》2009 年第 2 期。

11. 朱国伟：《无锡鸿山越墓的音乐考古发现与研究》,硕士学位论文,中国艺术研究院,2010 年。

12. 马国伟：《句鑃研究》,硕士学位论文,中国艺术研究院,2012 年。

13. 马国伟：《先秦吴越音乐研究》,博士学位论文,中国艺术研究院,2015 年。

14. 王子初：《数与量的升华——写在〈两周越地青铜编钟研究〉出版之时》,《中国音乐》2019 年第 4 期。

第五章 西汉五弦筑研究

学　　科：音乐学
专业方向：音乐考古学
指导教师：王子初
作　　者：訾威
完成时间：2021 年 5 月

第一节 摘要、目录及结论

中文摘要

　　中国音乐考古学是一门新兴的交叉学科，以考古学和音乐史学为基础。以往的研究对象较侧重于出土乐器，又以容易保存下来的金石之乐为主。从春秋战国到两汉时期，是金石之乐向丝竹之乐转变的阶段，主要的丝弦乐器有琴、瑟、筝、筑四种。其中筑为击弦乐器，较其他三种弦数更少，最为特殊。作为一种富有历史阶段意义的古乐器，因其音乐性能而比一般的文物带有更多的历史信息。筑乐在汉代之后逐渐失传，这种乐器的形制、演奏技法和蕴含的乐律一直受到音乐史学家的关注。20 世纪陆续发现了几处有关古乐器筑的考古材料，失传千年的古乐器重新出现在世人面前，一时引起了广泛的讨论。这些探讨多出自音乐史学家根据自身的学识推断，今天来看相关结论则与历史上筑的真实情况并不完全相符。本文应用中国音乐考古学的基本研究方法，以考古发现筑的相关资料为研究对象，参考历史文献，对古乐器五弦筑开展了较为全面的研究。

　　本文第一章主要探讨了考古发现筑的类型问题。先秦两汉时期的筑被认为有三种类型：楚越之筑、吴越之筑和北方之筑。楚越之筑类型中，贵县罗泊湾明器残件为筑乐的信息并不确切，因此将楚越之筑说法修正为楚之筑，并将江苏邗江胡场一号墓明器列入其中；吴越之筑类型只涉及一件绍兴 306 号墓的铜屋乐俑模型，该墓葬的国属存在争议，模型中的乐器模型有误，也不能确认为击筑；北方之筑仅见于历史文献记载却未有形制描述，曾被疑似为北方之筑的考古图像，经辨认后确认为出行仪仗所用的兵礼器。先秦两汉时期筑的基本器型可以长沙渔阳王室墓出土的实物五弦筑为依据。对先秦两汉时期筑类型的重新认识，是探索筑的起源与演变的基础条件。

第二章以长沙渔阳王室墓发现的五弦筑为例，探讨了五弦筑筑身、柱码和击弦器弓子的形制问题。根据对长沙五弦筑及其柱码、弓子的调研，关于五弦筑的形制有了新认识：考察长沙市考古所的不同柱码，认为二层台式的桥形柱码为五弦筑所用，这种形制在后世逐渐取代拱形柱码，成为中国弦乐器活动柱码的主要形态；在疑似为五弦筑弓子的三种木棍中，只有最长的一件可作五弦筑的弓子，能在五弦筑上作击弦和轧弦演奏；由于五弦筑使用活动柱码，三种木棍都不能作拨弦演奏。正确认识五弦筑的筑身、柱码和弓子的形制，为复原五弦筑提供了依据，也为探索古代五弦筑的演奏技法做了有效限定。

第三章主要梳理与筑相关的史料，以近年来出土的五弦筑实物为参考，根据筑的发展历程，将历史上有关筑的音乐文献分为三个阶段进行研究。第一个阶段为先秦时期，文献表明筑的起源不晚于公元前233年，已在燕、赵、秦等地流传，可以演奏不同的调式。第二个阶段为秦汉至隋唐之前，秦时筑已进入宫廷，在汉高祖刘邦的影响下，筑乐盛行。第三个阶段为隋唐至宋代时期，筑在这一阶段完成了形制的转变，从五弦手持式筑演变为十二弦平放式筑，宋时筑增设十三弦，却终在大晟乐制成之后被罢用，退出音乐历史舞台。以此演变为依据，则可解释历史上不同时期的文献对筑的描述不同之缘故。

第四章对古乐器筑的起源试做分析。筑的起源有四种假说：一是源于劳动工具"筑杵"，二是源于南方竹筒琴，三是源于北方乐器，四是筑在不同地方分别产生。这四种起源假说，都仅限于"提出假说"阶段而没有进一步的说明。本章另辟蹊径，根据萨克斯的音乐地理文化圈理论，推导出筑的起源可能来自中原地区。同样起源于中原地区的准器均钟与筑在形制上极其相似，不应忽视二者之间的联系。

第五章对长沙渔阳王室墓的筑C:72进行了材质分析。结果表明，五弦筑使用的木料树种为木兰科，在南岭地区广泛分布，应是古代所言楸木的一种。这件五弦筑上有两种髹漆工艺，一种为褐色漆皮，分面漆、中涂和底漆三层；另一种为红色漆皮，只有颜料层和底涂层，红色颜料为朱砂，底涂层呈黑色，推断显色颜料为炭黑。在漆皮中发现有樟脑成分，这种工艺在湖北地区的战国漆器上也有发现。从材质和髹漆工艺来看，这件乐器应是在长沙本地制作而成，其工艺来源与曾同为楚地的湖北地区可能存在传播上的先后关系，为探索五弦筑的起源和传播路径提供了参考。同时，作为影响五弦筑音乐性能的重要因素，其材质分析结果也为复原五弦筑提供了可靠依据。

第六章详细记录了复原五弦筑的制作过程。主要分为两个阶段，第一阶段是复原前的准备工作，包括对五弦筑基础形制的测量、绘制施工图纸、准备木料和木工器具。第二阶段是复原制作过程，工序可依次概括为开粗坯、修形、打孔、零部件制作、上弦和校音。完整地复原五弦筑，是探索其音响性能、演奏技法的先决条件。

第七章讨论了五弦筑的演奏技法。在复原五弦筑的基础上，对前人推测的五弦筑演奏技法逐一尝试。结合考古发现有关击筑的图像分析，认为"柱后抑角、羽"变调法在五弦筑上很难实践。另外，还应注意到丝弦的物理性能决定了其音高的上限，实验分析表明五弦筑最细丝弦的半音高上限可能低于 F^4。

在结语中，回顾了古乐器筑的研究历程，指出研究者探究古筑的依据不同，得出的结论也会大相径庭。在"二重证据法"基础上，音乐考古学的研究还应开展田野调查、科学实验等，以丰富课题的研究手段，得出更准确的结论。近年来科技手段已在考古中得到广泛应用，这对于古乐器筑的研究同样有益。本文对古乐器筑的研究取得了新认识，有助于探索两汉时期的音乐史，其研究方法也可为其他弦乐器的音乐考古学研究提供参考。

关键词： 音乐考古　古乐器　筑　形制　材质　复原

目录

摘要

绪论

　　一、研究缘起及其意义

　　二、研究综述

　　三、研究难点、创新点与研究方法

第一章　考古发现筑的类型

　　一、楚越之筑

　　二、吴越之筑

　　三、北方之筑

　　四、小结

第二章　西汉五弦筑的形制、柱码和弓子

　　一、两类筑考古材料的划分

　　二、五弦筑身的形制特点

　　三、五弦筑的柱码

　　四、五弦筑的弓子

　　五、小结

第三章　有关筑的文献梳理

　　一、先秦时期

　　二、秦汉至南北朝时期

　　三、隋唐至宋代时期

四、小结

　第四章　筑的起源探索

　　一、筑的四种起源假说

　　二、筑乐的地理文化圈

　　三、筑乐的传播路径

　　四、五弦筑与均钟

　　五、小结

　第五章　西汉五弦筑的材料分析

　　一、长沙五弦筑的背景信息

　　二、五弦筑的实验分析

　　三、实验结果讨论

　　四、小结

　第六章　五弦筑的形制复原

　　一、复原五弦筑的准备工作

　　二、五弦筑的制作

　第七章　五弦筑的演奏技法

　　一、五弦筑与"柱后抑角、羽"变调法

　　二、五弦筑演奏的图像分析

　　三、五弦筑的音高限定

　　四、小结

结语

附录

参考文献

致谢

博士后期间发表的学术论文与研究成果

结　语

　　作为是一门新兴的考古学与音乐史学交叉学科，中国音乐考古学是通过对古代音乐文化遗迹和遗物的调查发掘，并对由此所得的实物资料进行分析判断来研究音乐历史的学问。其研究对象中，以古乐器为代表的音乐文物占了很大比重。中国传统乐器分类法"八音"又把乐器分成金、石、丝、竹、匏、土、革、木八类。过去几十年中，学界对金、石二类研究更多，主要是因为这两类音乐文物相对容易保存下来，其发音方式也便于测音；丝、竹之乐受材质的制约，往往无法长期保存至今，故与金、石二类相比，这类古乐器的音乐考古学研究就相对偏少。从上古时期至先秦阶段，中国古代社会的主流音乐形态是金石之乐逐渐向丝竹之乐转变。在春秋战国时期，这种变化最为明显，以琴、瑟、筝、筑为代表的四类丝弦乐器影响逐渐变大。如今，琴、筝则以改良的形态仍存于世，瑟、筑两类乐器则被历史淘汰，秦汉时期流行于社会的音乐也随着历史发展一去不复返。故对于秦汉时期的丝竹之乐研究，瑟、筑无疑是最好的研究对象；而筑的形制比瑟相对简单，更适合作为探索秦汉丝竹之乐的敲门砖。

从筑的研究回顾可以看出，研究者探究古筑依据不同，得出的结论也会大相径庭，例如对于筑的起源认识，就有南方起源和北方起源两种截然不同的看法。前文提出古筑的研究仍存在的问题，依据当前有限的历史文献和考古材料，似乎也无法继续深入。二重证据法在音乐史学研究中，固然比单纯的文献考据更具先进性，但也有其局限性，当考古材料匮乏时，相关问题仍无法得到解决。学界现在多提倡在二重证据法——在史料、考古材料基础上，开展田野调查、科学实验等，以丰富课题的研究手段，近年来科技手段已在考古中得到广泛应用，这对于古乐器筑的研究同样有益。本文在此基础上，对古乐器筑有了进一步的认识。过去学者认为古筑有多种类型，本文通过考察前人所述，对每种类型的筑逐一分析，以事实为依据进行了评判，认为能够确认无疑为筑的，只有五弦筑这一种类型，以长沙古坟垸渔阳王室墓出土的文物为代表。同时，关于古筑类型的探讨也反映了音乐考古学作为一门交叉学科需要研究者具备多方面知识，仅凭考古学或者音乐史学对文物类型进行判断并不能准确反映音乐文物的自身属性。另一个例子就是对筑的弓子认识，考古学家根据出土位置关系判断木棍可能与筑有关，音乐史学家根据经验判断可能为筑的击弦器，这都是符合当时具体条件的判断。根据笔者对筑演奏的深入实践，这样的木棍却无法实现演奏发音，令人感到遗憾。这充分说明音乐考古学作为一门交叉学科，其研究对象中的乐器与传统考古学的文物有很大区别，音乐文物不仅具有一般文物的形制特点，还有自身的音乐属性特点，尤其是需要发声的乐器，不通过测音、模拟演奏等方法无法准确认知其音响性能，进而影响到对其相关的史学认识和评价。

当代音乐考古发现表明，音乐考古所反映的中国古代历史不同阶段主要乐器的形态变化，往往不是一蹴而就的。例如先秦时期就开始出现编钟，其编制是随着历史推进逐渐完善的；金石之乐的没落也不是到了秦汉就戛然而止，西汉时期的编钟铸造仍能反映出一钟双音的技术。同样，先秦时期的丝竹之乐也必然经历了长期的演变，其背后暗含的时代特征、社会环境变化都值得仔细推敲。以筑乐为代表，流行于战国至两汉时期的丝弦乐器，其起源与发展是困扰学界多年的问题。在考古资料和历史文献有限的情况下，如何充分利用这些材料做出有益的推演，对进一步探索起到了指向作用，这种指向如果不经充分评判，难免会误导后学。中国音乐考古学起步于20世纪，至今不过百年，尚未完善自己的学科理论和研究系统；同时，因历史环境不同，中国的音乐考古与国外的音乐考古在理论和实践上有很大区别。在与国际音乐考古学接轨时，需充分比较、借鉴和吸收国外优秀的音乐考古理论，并学习先进的研究技术。本研究中借鉴萨克斯博士的音乐地理文化圈理论来探讨筑乐的起源问题，应是一种有益的尝试。同时，音乐考古中实验的实践性和客观性，将为以"音"为基本的传统音乐史学研究提供新的思路。

第二节　相关成果

1. 岳岩：《瑟·筑》，《中国音乐》1985年第2期。
2. 柳羽：《考筑》，《音乐研究》1987年第1期。
3. 杨和平：《古乐器"筑"研究综述》，《乐器》1993年第1期。
4. 项阳：《五弦筑定弦刍议》，《黄钟（武汉音乐学院学报）》1994年第3期。
5. 罗复常：《西汉筑为拉弦乐器的秘密》，《乐器》1994年第4期。
6. 项阳、杨应鱓、宋少华：《五弦筑研究——西汉长沙王后墓出土乐器研究之一》，《中国音乐学》1994年第3期。
7. 黄翔鹏：《秦汉相和乐器"筑"的首次发现及其意义》，《考古》1994年第8期。
8. 项阳、宋少华：《五弦筑的码子、弓子及其它相关问题》，《音乐研究》1996年第4期。
9. 冯洁轩：《中国最早的拉弦乐器"筑"考（上）》，《音乐研究》2000年第1期。
10. 冯洁轩：《中国最早的拉弦乐器"筑"考（下）》，《音乐研究》2000年第2期。
11. 李鄂权：《"筑"乐器源流初探》，载浙江省博物馆编《东方博物》（第七辑），浙江大学出版社2002年版。
12. 徐忠奎：《古代乐器"筑"的形制研究综述》，《民族音乐》2010年第1期。
13. 傅举有：《千年筑音仍绕梁》，《中国文物报》2011年10月26日。
14. 龚雪：《千古乐器　涅槃重生——论"沛筑"再度问世的研究意义与价值》，《乐器》2018年第4期。
15. 徐文鸣：《古乐器"筑"研究综述》，《北方音乐》2018年第5期。
16. 朱国伟：《汉代乐器形制演变考察之三：筑》，《乐器》2019年第2期。
17. 訾威：《古乐器"筑"的史料梳理——兼论筑的演变》，《人民音乐》2021第2期。